EN

Beijing

Tokyo

Hongkong

kutta

Bangkok

Manila

Saigon

Singapur

Wichtige Missionshäuser
im Überblick

AUSTRALIEN

Sydney

Melbourne

Kathryn Spink
MUTTER TERESA

Kathryn Spink

MUTTER TERESA

Ein Leben für die Barmherzigkeit

Biographie

Gustav Lübbe Verlag

Dieses Buch ist dem Andenken an Mutter Teresa, Ann Blaikie, Bunty Watts und Pater Van Exem gewidmet, denen ich unermeßliche Dankbarkeit schulde. Ebenso gehört mein Dank den vielen anderen – Schwestern, Brüdern, Mit-Arbeitern und Priestern – die mir weltweit so viel von ihrer Zeit geschenkt haben, von ihren Gaben, ihrer Gastfreundschaft und ihrem Verständnis während der Entstehung dieses Buches.

Mein herzlicher Dank gehört auch Cherry Fisher, meinem Agenten John Pawsey und vielen, vielen anderen, die mir Freunde und Begleiter auf meiner Reise waren und zu zahlreich sind, um hier einzeln genannt zu werden. Insbesondere aber einer bestimmten Person unter ihnen kann ich keine größere Anerkennung zeigen, als ihr zu sagen, daß sie mit großen persönlichen Opfern – ganz wie Mutter Teresa es gewünscht hätte – »etwas Wunderbares für Gott« geschaffen hat.

INHALT

DIE SPÄTEN JAHRE

ANHANG

DIE »MUTTER DER ARMEN« UND
DIE MISSION DER NÄCHSTENLIEBE

Mein erster Kontakt mit Mutter Teresa fand 1980 statt – über eine
rauschende Telefonleitung von London nach Kalkutta. Ich hatte in
einem verbeulten Aluminiumkoffer, der einer ihrer ersten Laienhel-
ferinnen gehörte, das inoffizielle Archiv ihrer internationalen Mission entdeckt. Zu diesem Zeitpunkt bestand die Mission bereits aus
den Missionarinnen der Nächstenliebe, einer entsprechenden
Männergemeinschaft, kontemplativen Zweigen der beiden Gemeinschaften, spirituellen Beziehungen zu über 400 angeschlossenen Gemeinschaften verschiedener Zugehörigkeit und einer Organisation
von mehreren tausend Helfern und Mit-Arbeitern auf fünf Kontinenten. Die Zeugnisse dessen, was Mutter Teresa mehrmals mit
einer gewissen Genugtuung als die »unorganisierteste Organisation
der Welt« bezeichnet hatte, umfaßten vergilbte Briefe, Artikel und
Zeitungsausschnitte, die aus einer vagen Voraussicht zusammenge-
worfen worden waren. Und doch trat aus ihnen, so schien es mir, die
Geschichte einer außerordentlichen Entwicklung hervor, die vor
etwa 32 Jahren begonnen hatte, als eine einzelne Frau in die Slums
von Kalkutta ging, um unter den Ärmsten der Armen als eine der
ihren zu leben.

Drei Nächte lang versuchte ich bis ins frühe Morgengrauen, Mutter Teresa zu erreichen. Beim dritten Mal meldete sie sich direkt –
wenn sie im Mutterhaus in Kalkutta war, ging sie nachts immer selbst
ans Telefon. Damals hatte Malcolm Muggeridge bereits »Mutter
Teresa. Ein Leben für die Ausgestoßenen« geschrieben, das Buch, das
der Welt über diese Frau und ihre Mission der Nächstenliebe die
Augen geöffnet hatte. Dazu kamen noch einige andere. Das sei genug,
erklärte mir Mutter Teresa. Es gebe kein weiteres Material. Aber mit
der Unbeirrbarkeit dessen, der bereits zu viel Schlaf geopfert hat, re-
dete ich auf sie ein. Wahrscheinlich, weil sie nicht unfreundlich sein
wollte, erklärte sie sich schließlich bereit, mich bei ihrem nächsten
Londoner Aufenthalt zu treffen. Das geschah dann auch, und in dem

spärlich möblierten Empfangszimmer des Londoner Hauses der
Schwestern erlebte ich zum erstenmal ihre Gabe, einem Gesprächs-
partner ihre ungeteilte Aufmerksamkeit zu widmen. Sie gab mir die
Erlaubnis zu schreiben und fügte hinzu, sie hoffe, daß ich kein eigenes Geld in dieses Unternehmen stecken würde. Sie war zwar Nobelpreisträgerin, hatte aber offenbar keine Ahnung davon, daß ihre Zustimmung zu diesem meinem ersten »richtigen Buch« mit all seinen
Fehlern und Mängeln ausreichte, um mir den Weg zu einer schrift-
stellerischen Laufbahn zu ebnen. Ich wußte es damals noch nicht,
sollte aber bald entdecken, daß es gerade jene nach allgemeinem Verständnis gegen mich sprechenden Eigenschaften waren, die schließlich zum günstigen Ausgehen unserer Begegnung beitrugen: meine
Jugend, meine mangelnde Erfahrung, mein Gefühl der Unzulänglich-
keit und meine Unsicherheit.

In den folgenden Jahren trafen wir uns bei zahlreichen Gelegenheiten in Indien, England, Frankreich, Rom oder in einer
schwarzen Gemeinde bei Kapstadt, an jenen wenigen Orten, die
Mutter Teresa in der ihr eigenen Geographie des Mitgefühls als solche ausgemacht hatte, wo die verlassenen Armen die besondere
Sorge der Missionarinnen der Nächstenliebe brauchten. Ich wurde
nicht nur Zeuge der Liebe und des leuchtenden Lächelns, die Mutter Teresa international bekannt machten, sondern auch ihrer
praktischen Fähigkeiten. Die Art und Weise, wie sie gerne die
Möbel im Hause der Schwestern umräumte, die Geschicklichkeit,
mit der sie ohne Organisation und Verwaltung irgendwie alles per-
fekt organisierte und verwaltete, das völlige Fehlen von Rührselig-
keit und ihre große Klugheit, die Hand in Hand gingen mit einem
intuitiven Verstehen, waren irdische Qualitäten Mutter Teresas,
die ihrem geistlichen Leben keinen Abbruch taten, sondern vielmehr davon geformt wurden. Ich lernte ihren Humor und ihre
Zähigkeit kennen. Sie war nicht nur demütig und zart, sondern
auch willensstark, energisch, entschlossen und vollkommen
furchtlos, denn Gott war auf ihrer Seite. Mit der ihr eigenen Zielstrebigkeit war nicht so leicht umzugehen. »Was Mutter will, das
bekommt sie«, war eine stehende Redewendung in ihrer Umgebung. Das wurde akzeptiert, weil sie mit der Kraft ihrer Überzeugung immer wieder außergewöhnliche Ziele erreicht hatte, aber

auch wegen der Liebe, die sie gab und einflößte, und weil ihr eigenes Herz, das alles sah und wußte, auch alles vergab. Auf geheimnisvolle Weise erhellte sie jeden und alles auf ihrem Weg.

Selbst eine Fahrt in einem Lieferwagen durch die staubigen, überfüllten Straßen von Kalkutta in der Gesellschaft von jemandem, der dort weithin als »Ma« oder »Mutter« bekannt war, konnte zu einer Schlüsselerfahrung werden. Alles begann und endete mit einem gemeinsamen Gebet, dem Aufsagen des Rosenkranzes. Da waren die natürlichen Grußgesten für jene Vorübergehenden, die den unverwechselbaren blaugesäumten weißen Sari und die vertrauten gebeugten Schultern erkannten und »Ma« nachsahen. Bisweilen lösten sich die Runzeln in ihrem Gesicht zu einem allumfassenden Lächeln auf, Antwort auf das Lächeln der anderen oder auf einen amüsanten Gedanken, auf die Vermutung etwa, daß ich, die ich sie und ihre Schwestern begleitete, eine Novizin wäre. Unablässig arbeiteten sich ihre starken, überproportional großen Hände still durch den Rosenkranz. Für Hindus ist das bloße Dasein in Gegenwart einer Heiligen eine Art Segen, »darshan«. Aus diesem Grund mühten sich zu Zeiten von Mahatma Gandhi unzählige Menschen über Meilen hinweg ab, um aus der Ferne einen Blick auf Indiens »Große Seele« werfen zu können. Und aus diesem Grund suchte nun arm und reich die Gesellschaft oder die bloße Gegenwart von Mutter Teresa. Mit der Zeit fing ich an, die Vorstellung des »darshan« zu respektieren, denn obwohl ich eigentlich skeptisch war, verließ ich Mutter Teresa nie, ohne mich besser zu fühlen, aufgerichtet, irgendwie gesegnet. Wie die Leprakranken auf dem Pflaster Kalkuttas fühlte auch ich mich in ihrer Gegenwart sicherer.

Ihre Hingabe bewegte sowohl die Armen wie die Mächtigen, ungeachtet der rassischen oder religiösen Zugehörigkeit. Ich habe Menschen bei ihrem Abschied weinen sehen, obwohl sie ihr nur über die Breite eines überfüllten Raumes hinweg »begegnet« waren. Indiens früherer Premierminister Jawaharlal Nehru konnte 1961 bei der Einweihung von Mutter Teresas erstem Kinderheim in Delhi nicht die Rührung in seiner Stimme verbergen, als er zu ihr sagte: »Glauben Sie mir, Mutter, wir brauchen Sie genauso, wie die Armen Ihrer bedürfen.« Der amerikanische Senator Edward Kennedy, der sie 1971 während des Bangladesh-Krieges bei der Arbeit sah, weinte öffentlich. Als Robert Runcie, der Erzbischof von Canterbury, im Dezember 1986 die Missionarinnen der Nächstenliebe in Kalkutta besuchte, berichtete er, er habe »Mutter Teresa zu Füßen fallen und diese küssen mögen«. Es sei, so sagte er, »das demütigendste und erhebendste Erlebnis meines Lebens« gewesen. Er war durchaus nicht der einzige, der solche Gefühle ausdrückte.

Im Februar 1991 fuhr ich wieder einmal nach Kalkutta, um Mutter Teresas Einwilligung zum Schreiben einzuholen. Ich wartete auf der Bank vor der Kapelle, von der man den Hof des Mutterhauses überblicken konnte, und sah zu, wie eine Prozession von Besuchern aus aller Herren Länder sich im Flur und auf der Treppe drängte, in der bloßen Hoffnung, sie zu sehen oder ihre Füße berühren zu können. Mutter Teresa war achtzig. Ihr Körper war stark gebeugt. Ihr Gesundheitszustand war alles andere als gut, und sie trug einen Schrittmacher, um ihre Herzschwäche auszugleichen. Sie sah zerbrechlich aus, und ihre Stimme war schwächer. Die blaugrauen Augen hatten etwas an Schärfe verloren. Aber der Einfluß dieser schmächtigen Frau wurde immer noch deutlich. Kleine handgeschriebene und mit »Mutter« unterzeichnete Notizen gaben Anweisungen für die geringfügigsten praktischen Einzelheiten. Im Innenhof des Mutterhauses standen zwei Wassertanks. »Schwestern, bitte laßt nichts oben auf dem Wassertank stehen«, mahnte eine sorgfältig handgeschriebene Notiz. »Danke, Mutter!« Es war eine Zeit heftiger internationaler Spannungen unmittelbar vor dem Golfkrieg. Vor der Kapelle legte die Kopie eines Briefes, den Mutter Teresa an die Präsidenten George Bush und Saddam Hussein geschrieben hatte, Zeugnis ab von der Rolle, die sie noch auf der Weltbühne spielte. Darin appellierte sie an die Politiker, den »Weg des Friedens« zu wählen.

»Sehr geehrter Herr Präsident George Bush und Präsident Saddam Hussein,

ich komme zu Ihnen mit Tränen in den Augen und Gottes Liebe im Herzen zur Fürsprache für die Armen und diejenigen, die arm werden, wenn der Krieg, den wir alle fürchten, zum Ausbruch kommt. Ich bitte Sie von ganzem Herzen, für Gottes Frieden zu arbeiten, hart zu arbeiten, und sich miteinander zu versöhnen.

Sie müssen beide Ihre Standpunkte vertreten und haben Ihre Völker zu versorgen, aber hören Sie bitte zuerst auf Ihn, der in die Welt kam, um uns Frieden zu lehren. Sie haben die Macht und die Stärke, Gottes Gegenwart und sein Bildnis zu zerstören, seine Männer, seine Frauen und seine Kinder. Hören Sie bitte auf den Willen Gottes. Gott hat uns geschaffen, um von seiner Liebe geliebt und nicht um durch unseren Haß zerstört zu werden.

Auf kurze Sicht mag es Gewinner und Verlierer in diesem Krieg geben, den wir alle fürchten, aber das kann niemals und wird niemals das Leiden, die Not und den Verlust von Leben rechtfertigen, die Ihre Waffen verursachen werden«.

In dem Brief bat Mutter Teresa im Namen der Unschuldigen, im Namen der Armen der Welt und derer, die durch den Krieg verarmen würden. Sie bat für die, die verwaisen, verwitwen und vereinsamen würden, und für die, denen »das wertvollste Gut, das Gott uns geben konnte, das Leben, entrissen wird«.

»Ich appelliere an Sie – Ihre Liebe, Ihre Liebe zu Gott und Ihren Mitmenschen. Im Namen Gottes und derer, die Sie arm machen werden, bitte ich Sie: Zerstören Sie nicht Leben und Frieden. Lassen Sie die Liebe und den Frieden siegen, und sorgen Sie dafür, daß Ihre Namen wegen des Guten, das Sie getan haben, der Freude und der Liebe, die Sie verbreitet haben, in Erinnerung bleiben.

Bitte beten Sie für mich und meine Schwestern, die wir versuchen, die Armen zu lieben und ihnen zu dienen, denn sie gehören Gott und werden in seinen Augen geliebt. Wir und unsere Armen beten für Sie. Wir beten, daß Sie lieben und umsorgen werden, was Gott Ihnen so liebevoll anvertraut hat.«

Der Brief war wie immer unterschrieben: »Gott segne Sie, M. Teresa, MC.« Sie hatte bereits den stellvertretenden Generalsekretär der Flüchtlingswohlfahrt und einen Priester, Pater Kevin Doheny, als persönliche Botschafter mit der Absicht entsandt, die festgefahrenen Positionen in Bagdad aufzubrechen. Die Geschichte sollte zeigen, daß solche Initiativen fehlschlagen können, aber ihre Urheberin war sichtlich entschlossen zu beweisen, daß, wenn der Frieden in der Welt zerstört würde, es nicht mangels energischer und beharrlicher Bemühungen war. Dieselbe Energie wurde in die zahllosen Begegnungen gegossen, die jeder einzelne Tag mit sich brachte,

in das Trösten einer weinenden Frau, deren Mann sie zusammen mit
den Kindern verlassen hatte, oder in eine Ansprache auf dem Sym-
posion »Frauen und Bibel«, das auf Anregung des Ordens, dem Mutter Teresa vor der Gründung ihres eigenen angehört hatte, im Loreto-
Haus abgehalten wurde. Wenn ein Mann im Hof oder im
Empfangszimmer des Mutterhauses Amok lief, die Vorhänge herun-
terriß und nach Mutter Teresa schrie, war sie es, der es gelang, ihn zu
beruhigen. Wenn nachts die Anrufe von den Schwestern aus aller
Welt kamen, war es stets sie, die ans Telefon ging. In der Nacht vor
meiner Ankunft war sie im Dunkeln gestürzt, als sie einen solchen
Anruf annehmen wollte. Aber als ich ihr zusah, wie sie dem scheinbar endlosen Strom der Besucher begegnete, waren da immer noch
eine gewisse Kraft und schlichte Geschicklichkeit in ihrem Körper
und ihren Bewegungen. In kurzer Zeit gelang es ihr, einen jeden zu
begrüßen und jedem ein Heiligenbild oder eine Gebetskarte zu geben.
Unvermeidlich erhob sich dabei die Frage, ob dies nur die religiöse
Variante eines Superstars war, der Autogramme verteilte, aber der
Eindruck dieser Begegnungen, wie kurz auch immer, war nicht zu
verkennen.

Offensichtlich war viel mehr von Mutter Teresa auf jene überge-
gangen, deren Hände sie ergriff, als bloße Worte oder die sentimenta-
len Bildchen, die schließlich selbst die geistig Höhergestellten schät-
zenlernen sollten. Für sie kam es auf jeden einzelnen an. »Ich glaube«,
sagte sie einmal, »an den zwischenmenschlichen Kontakt. Jeder ist
Christus für mich, und da es nur einen Jesus gibt, ist derjenige, den
ich treffe, in diesem Moment in der Welt der einzige.« Somit verließ
sie ein jeder belebt von der Überzeugung, daß er wenigstens für eine
Weile der einzige in der Welt gewesen war, der etwas bedeutete. Mutter Teresas Geheimnis, so behauptete sie selbst, waren das Gebet und
die zentrale Wirklichkeit Christi: Christus gegenwärtig und hungrig
und durstig in den Armen, was immer diese Armut auch sein mochte,
Christus, hingegeben im gebrochenen Brot der Eucharistie. Gleichermaßen waren die Ergebnisse, die Arbeit – das betonte sie mit Ehrfurcht in der Stimme – nicht die ihren, sondern die Gottes. Sie und
jene, die mit ihr arbeiteten, waren nur die Kanäle, die Werkzeuge seiner Liebe.

Ihre Reaktion auf meine Bitte war, wie zu erwarten, die Aufforderung zu beten. Die Demut und Einfachheit ihrer Einstellung dem eigenen Leben gegenüber war offensichtlich unberührt geblieben von der Tatsache, daß so viele bereit gewesen waren, sie noch zu ihren Lebzeiten zur Heiligen zu erklären. Im April 1990 hatte Papst Johannes Paul II. sie auf ihre Bitte hin der Stellung als Haupt der Missionarinnen der Nächstenliebe enthoben. Ihr persönlicher Wunsch war, so hatte sie es einem besonders Nahestehenden anvertraut, nach »Nirmal Hriday« zurückzukehren, in das Sterbehaus in Kalkutta, um dort wie in den ersten Tagen zu arbeiten, in aller Stille jenen Liebe und Pflege zu bringen, die deren am meisten bedurften, Christus in seiner kummervollsten Verkleidung. Offenbar war ihr nicht bewußt, daß die Hunderte, die täglich das Mutterhaus an der Acharya Jagadish Chandra Bose Road (früher: Lower Circular Road) betraten, ihr nun auf Schritt und Tritt folgen würden, daß ihr Leben öffentlicher Besitz war und daß das Interesse der Öffentlichkeit, mit dem sie sich zum Nutzen der Armen dieser Erde abgefunden hatte, das aber zweifellos eine ihrer größten persönlichen Belastungen darstellte, sie unerbittlich bis ans Ende ihrer Tage verfolgen würde.

Sie verbrachte mehrere Tage im Gebet. Dann erhielt ich urplötzlich die Aufforderung, zu ihr zu kommen: Ja, ich sollte schreiben, aber ich müsse es »zur Ehre Gottes« tun. Ich sollte über »den Geist und die Freude, Jesus in den Ärmsten der Armen und einander zu lieben«, schreiben und über das tiefgründige Leben des Gebets, das allein diese Liebe ermöglichte. Wie immer lag die Betonung nicht auf ihr selbst. Über die Jahre hinweg war sie stets verschlossen gewesen, was Fragen betraf, die darauf abzielten, in ihr persönliches Leben und ihre Motivation einzudringen. »Niemand denkt an den Füller, wenn er einen Brief liest«, schrieb sie einmal, um die Bedeutungslosigkeit solcher Überlegungen zu unterstreichen. »Man will nur den Geist des Menschen kennenlernen, der den Brief geschrieben hat. Das ist genau das, was ich in Gottes Händen bin – ein kleiner Stift. Gott schreibt seinen Liebesbrief an die Welt in dieser Weise, durch die Werke der Liebe.«

Wer auch immer versucht hat, Mutter Teresas Leben psychologisch zu deuten, ist stets frustriert geblieben. Ihr Leben ist nicht ohne Widersprüche – absurderweise wollen Kirchenmänner und -frauen oft nichts von Mutter Teresa hören –, aber es ist ein Leben von äußerster Schlichtheit, was die Frage der Motivation betrifft. Es mag im Zeitalter Sigmund Freuds für manchen unbefriedigend sein, daß es in ihrem Leben vieles gibt, das sich dem vernunftbetonten Forschen entzieht. Ihre Antwort auf derartige Fragen war immer »für Jesus«, »für die Liebe Gottes«. »Wenn Sie Jesus aus meinem Leben nehmen«, sagte sie einmal zu einer Gruppe von Reportern, »dann ist mein Leben ein bloßes Nichts.« Ein hinduistischer Beobachter am Rande dieses Geheimnisses, ein Mann, der sagte, er sei nicht sehr religiös, der aber Mutter Teresa jahrelang gekannt und ihr geholfen hatte, bestätigte ihre Behauptung, ohne es zu wollen. Er sagte, er sehe den erstaunlichen Umfang und die Früchte der Arbeit und sehe zugleich, daß an den Missionarinnen der Nächstenliebe und Mutter Teresa nichts Außergewöhnliches sei, und das könne er nur schwer auf einen Nenner bringen.

Der einzige akzeptable Grund, über ihr Leben zu schreiben, war für Mutter Teresa zu zeigen, was sie niemals als fehlenden Faktor in dieser Gleichung angezweifelt hatte. Für sie bestand der einzige annehmbare Vorwand, um die Lichter zu beschreiben, die sie auf ihrem Wege leiteten, darin, daß sie auch ein Licht für andere sein konnten; die einzige Berechtigung der Darstellung ihres aktuellen Wirkens konnte nur die sein, zu zeigen, was tatsächlich getan worden war und daß der Geist, in dem es getan wurde, weltweit derselbe war. Der Geist der Missionarinnen der Nächstenliebe war der eines »liebevollen Vertrauens, völliger Hingabe und Freudigkeit, so wie es Jesus und seine Mutter vorgelebt haben«. Das Aufrechterhalten dieses besonderen Geistes stellte sicher, daß die Arbeit nicht ihr eigenes Wirken war, sondern das Gottes, und nur, wenn es Gottes Werk war, würde es, ja sollte es fortdauern.

Als die Missionarinnen sich über die Erde ausbreiteten und die Last ihres eigenen fortschreitenden Alters schwerer wurde, war der Geist der Gemeinschaft ein Thema, das Mutter Teresa wiederholte Male aufgriff. Sie sagte mir, daß ich etwas Schönes über die Freude und über das innere Leben schreiben sollte, auf dem das aktive Leben gründete. »Durch das Leben der Seele«, so schrieb Mutter Teresa einmal, »vermittelt mir Jesus Christus seinen Geist. Er wird das Prinzip einer höheren Aktivität, die mich antreibt – sofern ich ihr kein Hindernis in den Weg lege, mit ihm, durch ihn und wie er zu denken, zu urteilen, zu lieben, zu leiden und zu handeln ... Wenn wir dieses innere Leben lernen, werden sich die Worte unseres Herrn in bezug auf uns erfüllen: ›Wer in mir bleibt und ich in ihm, solcher bringt reiche Frucht.‹« Sie machte das »Prinzip höherer Aktivität« in einer Weise zum Leitmotiv jeden Aspekts ihres Lebens, das derart »reiche Frucht getragen hat«, daß es ein und dasselbe ist, ob man über den Geist oder über Mutter Teresa schreibt.

Mutter Teresa aber ihr »Gewöhnlichsein« abzusprechen, das Menschsein, das ihr so reichlich zuteil geworden war, bedeutet, ihr Leben und sein leitendes »Prinzip« für die übrige Menschheit unerreichbar zu machen. Sie wollte nicht in höhere Sphären gehoben werden, genausowenig wie sie die Meinung derer schätzte, die die Armut, der sie ihr Leben gewidmet hatte, auf die erträgliche Entfernung irgendeines Dritte-Welt-Landes beschränkte.

Sie wußte, daß die Glorifizierung »Mutter Teresas« in Kalkutta von den Menschen dazu benutzt werden konnte, sich ihrer eigenen und unmittelbaren Verantwortung zu entziehen. Wie das Ausstellen eines Schecks in einem bequemen Lehnstuhl war der Applaus für Mutter Teresas unerreichbare Tugenden ein möglicher Puffer gegen wirkliches persönliches Engagement. So kam es, daß sie ihre eigene Schwäche immer wieder hervorhob. »Heiligkeit«, betonte sie, wenn man sie als lebende Heilige bezeichnete, »ist nicht der Luxus einiger weniger. Sie ist eine einfache Pflicht für Sie und mich.« »Wenn es Arme in der Welt gibt, dann deswegen, weil Sie und ich nicht genug geben.«

Mutter Teresas Gesicht mit dem betonten Kinn war irdisch, nicht verklärt. Menschen, die von blasser Frömmigkeit abgestoßen wurden, fanden darin Zähigkeit und Vitalität. Das Besondere, das die Runzeln von Zeit und Wetter ausglich und das häufig als »Lichtheit« bezeichnet wurde, konnte erstaunlicherweise genausogut als Fröhlichkeit beschrieben werden. Es war ein Gesicht, das, wie sie selbst, von einem in der Welt sehr gegenwärtigen göttlichen Geheimnis sprach. Sie glaubte an einen Gott, der unter uns wohnte, wahrer Gott und wahrer Mensch, und so verdammte sie nichts Menschliches. Vielmehr verherrlichte sie das Leben in uns, in unserer Welt und in unserem Universum. In ihren Siebzigern schrieb sie das Resümee ihrer eigenen Lebensphilosophie:

»Das Leben ist eine Gelegenheit, nutze sie.
Das Leben ist Schönheit, bewundere sie.
Das Leben ist Glückseligkeit, koste sie.
Das Leben ist ein Traum, verwirkliche ihn.
Das Leben ist eine Herausforderung, begegne ihr.
Das Leben ist eine Pflicht, erfülle sie.
Das Leben ist ein Spiel, spiele es.
Das Leben ist kostbar, paß darauf auf.
Das Leben ist Reichtum, bewahre ihn.
Das Leben ist Liebe, genieße sie.
Das Leben ist ein Geheimnis, erkenne es.
Das Leben ist ein Versprechen, erfülle es.
Das Leben ist Kummer, überwinde ihn.
Das Leben ist ein Lied, singe es.
Das Leben ist ein Kampf, nimm ihn an.
Das Leben ist eine Tragödie, widerstehe ihr.
Das Leben ist ein Abenteuer, wage es.
Das Leben ist Leben, rette es.
Das Leben ist Glück, mache es.
Das Leben ist zu wertvoll, zerstöre es nicht.«

Diese Worte stehen auf einem Plakat in einem Heim für Aids-Kranke,
das Mutter Teresa und ihre Schwestern zu Weihnachten 1985 mitten
in New York eröffneten. Sie nannte das Haus »Gift of Love« (Geschenk der Liebe).

DIE ANFANGSJAHRE
IN INDIEN

»DER VERBORGENE SCHATZ«

Die zweite Berufung Mutter Teresas

»Ich bin in einer glücklichen Familie aufgewachsen. Ich hatte einen Bruder und eine Schwester, aber darüber brauchen wir nicht zu sprechen. Es ist jetzt nicht mehr wichtig. Das Wichtige ist, Gottes Pfad zu folgen, auf dem er uns dazu anleitet, etwas Schönes für ihn zu tun.« Mutter Teresa wies immer wieder auf die Bedeutungslosigkeit ihres persönlichen Lebens hin und sprach wenig über ihre ersten Jahre. Wenn sie es doch tat, dann, um zu betonen, daß sie eine harmonische Kindheit hatte mit den Freuden an kleinen, alltäglichen Dingen und der Unterstützung durch eine liebevolle Familie. In späteren Jahren betonte sie stets die Bedeutung des unauffälligen und einfachen Lebens. Sie erinnerte daran, daß der Schreinersohn aus Nazareth 30 Jahre in einer Tischlerwerkstatt zugebracht hatte, bevor er seine öffentliche Rolle übernahm, und machte daran die beispielhafte Schlichtheit Jesu deutlich. Die Chronologie der Ereignisse in ihrem Leben interessierte sie wenig, und sie las auch nichts über sich, so daß lange Jahre in einer Reihe von Büchern fälschlicherweise der 27. August 1910 als ihr Geburtsdatum angegeben wurde. So steht es sogar in dem indischen Aufnahmeregister von Loreto. In Wirklichkeit, so vertraute sie einer Freundin, der amerikanischen Mit-Arbeiterin und Autorin Eileen Egan, an, war dies das Datum, an dem sie Gonxha Agnes Bojaxhiu getauft worden war. Dieses Datum, an dem ihr christliches Leben begann, war natürlich für Mutter Teresa wichtiger, doch ist sie nichtsdestoweniger einen Tag vorher im damals serbischen Skopje geboren.

Ihre Herkunft war nach den von ihrem Bruder Lazar und ihrem Vetter Lush Gjergji gewährten Einblicken tatsächlich im wesentlichen »normal«. Sie war das jüngste der drei Kinder von Nikola und Dranafile Bojaxhiu, die beide Albaner waren, aber ursprünglich aus Prizren stammten. Die Stadt gehörte in Mutter Teresas Kindheit zu

Jugoslawien, war einst aber Teil des serbischen Königreiches gewesen. Nikola entstammte einer großen und wohlhabenden Familie mit langer Handelstradition. Auch er war Kaufmann und Unternehmer, den es nach Skopje, dem großen Handelszentrum, zog. Nach Aussage des örtlichen Geistlichen kaufte Nikola gleich nach seiner Ankunft ein Haus und erwarb durch seine Handelsgeschäfte mit Hilfe eines Freundes in einer erfolgreichen Baufirma eine Anzahl von Gebäuden. In einem dieser Häuser lebte die Familie Bojaxhiu. Anfänglich versorgte Nikola die führenden Ärzte Skopjes mit Medikamenten. Später schloß er sich mit einem reichen italienischen Kaufmann zusammen, der mit zahlreichen Gütern wie Öl, Zucker, Stoff und Leder handelte, und er unternahm auch Geschäftsreisen in verschiedene europäische Länder. Nikola war ein fähiger Mann, der einen Platz im Stadtrat innehatte und eine führende Gestalt im Leben Skopjes wurde, ein Kunstmäzen und Unterstützer der Kirche. Er besaß eine ausgeprägte Sprachbegabung und beherrschte nicht nur Albanisch und Serbokroatisch, sondern auch Türkisch, Italienisch und Französisch. Er übte eine strikte Disziplin und hatte ein starkes Interesse an der Erziehung seiner Kinder. Bisweilen war er streng, stellte an seine Kinder hohe Erwartungen und mahnte sie, nicht zu vergessen, wessen Kinder sie waren. Seine Heimkehr wurde indes stets freudig erwartet, teils weil er immer Geschenke mitbrachte, hauptsächlich aber, weil er ein begabter Geschichtenerzähler war, der seine junge Zuhörerschaft mit packenden Reisebeschreibungen unterhielt.

Mutter Teresa hatte sehr traditionelle Vorstellungen von der Rolle der Frau im Hause, Vorstellungen, für die Drana Bojaxhiu das Beispiel gab. In einer der seltenen Erwähnungen ihrer Familie erinnerte sich die erwachsene Mutter Teresa daran, wie ihre Mutter sich während der Abwesenheit des Vaters um das Haus kümmerte, kochte, stopfte und andere häusliche Arbeiten ausführte, wie aber alle Arbeit zum Stillstand kam, sobald der Vater zurückkehrte. Ihre Mutter zog dann ein sauberes Kleid an, kämmte sich die Haare und sorgte dafür, daß die Kinder frisch und sauber zur Begrüßung erschienen.

Lazar, der drei Jahre älter war als Agnes, erinnerte sich an diese frühen Ereignisse als »friedlich und angenehm«. Sie spielten sich jedoch vor dem Hintergrund politischer Unruhen ab, die starke patriotische Gefühle und ein tiefes Gefühl nationaler Zugehörigkeit

erzeugten. In dem Jahr, als Agnes geboren wurde (1910), gab es die
ersten albanischen Aufstände. Zwei Jahre später brach der erste Bal-
kankrieg aus, Teil der Unruhen in den Balkanstaaten, die dann zum
Ausbruch des Ersten Weltkrieges führten. Innere Kämpfe gab es sowohl in Serbien wie im benachbarten Albanien. Albanien erlangte
im November 1912 seine Unabhängigkeit und raubte damit Serbien
den begehrten Küstenzugang, den dieses erst durch die Gründung
Jugoslawiens als Föderation mit fünf anderen Staaten wiedererhal-
ten sollte. Eine Atmosphäre der Feindseligkeit herrschte zwischen
Albanien und Serbien; verwurzelt in beiden Rassen, konnte sich die
Familie Bojaxhiu kaum aus dem Konflikt heraushalten. Und Nikola
Bojaxhiu mit seinen weitreichenden Geschäftsbeziehungen hatte
auch politische Interessen. Er zeigte seine Sympathie für die albanischen Freiheitskämpfer, indem er sie nicht nur finanziell unterstützte, sondern ihnen auch Gastfreundschaft gewährte.

Am 28. November 1912 wurde die albanische Unabhängigkeitser-
klärung im Hause Bojaxhiu mit einem Gelage und Festlichkeiten begangen. Nikola war von Natur aus ein gastlicher Mann, dessen Haus
von den Armen Skopjes bis hin zum ansässigen Erzbischof allen of-
fenstand. In dieser besonderen Nacht war das Haus mit führenden albanischen Patrioten gefüllt, die bis in den frühen Morgen hinein dis-
kutierten und zur Begleitung der Mandoline sangen. Ihr Gastgeber
machte aus seiner Gunst für die nationale Sache Albaniens keinen
Hehl. Dasselbe Engagement verwickelte ihn in eine Bewegung, die
nach dem Ersten Weltkrieg gegründet wurde, um die Provinz Kosovo
mit ihrer überwiegend albanischen Bevölkerung an Großalbanien anzuschließen. Zu diesem Zweck reiste Nikola Bojaxhiu 1919 einmal
250 Kilometer zu einem politischen Treffen in Belgrad. Er verließ das
Haus bei offenbar bester Gesundheit zusammen mit seinen Kollegen
vom Stadtrat. Als er in einer Kutsche in Begleitung des italienischen
Konsuls zurückkehrte, war er todkrank. Er hatte starke Blutungen
und wurde unverzüglich in das örtliche Krankenhaus gebracht, wo
eine Notoperation jedoch nichts mehr ausrichten konnte. Nikola
Bojaxhiu war erst 45 Jahre alt, als er starb. Ein Geheimnis umgibt
noch immer die Hintergründe seines Todes, aber es gab Familienmit-
glieder und Ärzte, die überzeugt waren, daß man ihn vergiftet hatte.
Der Schock durch den plötzlichen Tod ihres Mannes war verhee-

rend für Drana Bojaxhiu, verstärkt durch die Tatsache, daß nach
Nikolas Tod sein italienischer Geschäftspartner das gesamte Geschäft
an sich riß. Dranas eigene Verwandte waren Händler und Landbesit-
zer mit großen Besitztümern in Novo Selo, auf die sie einen Anspruch
hatte. Aber sie besaß keine Dokumente, die ihre Rechte belegten, und
wollte der Sache ohnehin nicht nachgehen. Sie und ihre Kinder besaßen also kaum mehr als das Dach über dem Kopf. Zum erstenmal
erfuhren die Bojaxhiu-Kinder, was es bedeutete, keine finanzielle
Sicherheit zu haben. Drana ließ jedoch nicht zu, daß ihre glückliche
Kindheit dadurch zerstört wurde. Nach einer Zeit der Trauer,
während derer sie sich sehr auf ihre älteste Tochter Aga stützte, die
damals fünfzehn war, übernahm sie ihre neue Rolle als Versorgerin
der Familie mit außergewöhnlicher Charakterstärke. Es war hauptsächlich der Einfluß ihrer frommen Mutter mit der Betonung nicht-
materieller Werte wie Freundlichkeit, Großzügigkeit und Mitleid mit
den Armen und Schwachen, durch den der Grundstein für Agnes'
künftiges Apostolat gelegt wurde. Agnes war erst acht Jahre alt, als
ihr Vater starb. »Heim«, so sagte sie in späteren Jahren, »ist da, wo
Mutter ist.« Besonders im hohen Alter wurden die körperlichen
Eigenschaften, die Mutter Teresa von ihrer Mutter geerbt hatte, deutlich sichtbar. Aber sie hatten zweifellos auch andere Gemeinsamkeiten, die so weit gingen, daß einige der bezeichnendsten Aussagen der
alten Mutter Teresa fast Wort für Wort ein Echo der spirituellen Anweisungen ihrer Mutter waren. Daher beispielsweise die oft wiederholte Anweisung: »Sei ganz für Gott da!«

Hatte das Haus Bojaxhiu immer allen offengestanden, so fanden
die Armen dort ein besonderes Willkommen. Eine ältere Frau war regelmäßig zu den Mahlzeiten ins Haus gekommen. »Heißt sie warm
willkommen, mit Liebe«, ermahnte Nikola die Seinen. »Mein Kind, iß
nie einen einzigen Bissen, ohne ihn mit anderen zu teilen.« Das war
eine Einstellung zu Menschen und Besitz, die Drana Bojaxhiu in
ihrer ernsthaften, höchst disziplinierten und zutiefst religiösen Art
sowohl teilte als auch ergänzte. Sie machte sich daran, nicht nur für
ihre eigenen Kinder zu nähen, zu sticken und Stoff zu verkaufen, sondern auch für Kinder finanziell noch schwächerer Eltern. Der Fami-
lientisch blieb weiterhin ein Treffpunkt für die Armen, derer sie sich
mit freundlicher Wärme annahm. Jahre später erinnerte sich Lazar

daran, seine Mutter gefragt zu haben, wer die Leute waren, die seine Mahlzeiten teilten. »Einige sind unsere Bekannten«, war die Antwort, »aber alle sind unsere Leute.« Nie ging jemand mit leeren Händen fort.

Mindestens einmal in der Woche besuchte Drana eine alte Frau, die von ihrer Familie verlassen worden war, um ihr Essen zu bringen und ihr Haus zu putzen. Sie wusch und fütterte File, eine von Schwären bedeckte Alkoholikerin, als sei sie ihr eigenes Kind. Die sechs Kinder einer armen Witwe wurden Mitglieder von Dranas eigener Familie, als ihre Mutter starb. Agnes begleitete bisweilen ihre Mutter auf ihren Gnadengängen, denn Drana war darauf bedacht, daß die Lektionen aktiver Liebe und die Bedeutung christlicher Lebensführung ihren Kindern vermittelt wurden, ohne daß sie dabei absichtlich die eigene Tugend hervorhob. »Wenn ihr Gutes tut«, so wies sie sie an, »so tut es still, als ob ihr einen Stein ins Meer werft.« Solche Lektionen wurden durch praktische Beispiele untermauert. Eine Geschichte von Mutter Teresa, die mehr wegen der enthaltenen spirituellen Einsicht bedeutsam ist als wegen des Einblicks in ihre Herkunft, berichtet, wie ihre Mutter eines Tages einen Korb guter Äpfel brachte. Sie rief ihre drei Kinder herbei, damit sie sich selbst überzeugten, wie vollkommen und makellos jeder Apfel war. Dann legte sie einen verfaulten Apfel dazwischen und deckte den Korb zu. Anderntags forderte sie die Kinder erneut auf, den Zustand der Äpfel zu prüfen. Viele hatten angefangen zu faulen. Es war ein Symbol für den schlechten Einfluß, dem man sich in der falschen Gesellschaft aussetzte.

»Eine Familie, die zusammen betet, bleibt zusammen.« Das war einer der Grundsätze der erwachsenen Mutter Teresa. Die Familie Bojaxhiu war seit Generationen katholisch. Das Gebet war ein wesentlicher Bestandteil ihres Familienlebens. Jeden Abend versammelten sie sich, um gemeinsam zu beten, und der regelmäßige Besuch der Gottesdienste war für sie eine Quelle großer Unterstützung. In Albanien betrug die katholische Bevölkerung bereits während der Zeit vor den Kriegen nie mehr als zehn Prozent, und die Mehrzahl der Bevölkerung waren Moslems. In Serbien war seit Jahrhunderten das griechisch-orthodoxe Bekenntnis in der Mehrheit. Das benachbarte Kroatien war weithin römisch-katholisch, aber es gab eine lange Geschichte der Feindschaft zwischen Serbien und Kroatien. Als zentraler Andachtsort diente für die Minderheit der Albaner daher die Heilig-Herz-Gemeindekirche in Skopje, die nicht nur eine spirituelle Rolle erfüllte, sondern auch eine kulturelle und identitätsfördernde. Gleichzeitig bewirkte das Nebeneinander verschiedener Religionen inmitten der zunehmend atheistischen Bevölkerung Skopjes eine gewisse Toleranz. Drana war ein aktives Mitglied der Heilig-Herz-Gemeinde, und ihre jüngere Tochter folgte ihr nach. Agnes war in Lazars Erinnerung ein von Natur aus gehorsames und bedächtiges Kind, dessen Beispiel die Mutter den beiden Geschwistern oft vor Augen hielt. Bereits in sehr frühem Alter ging sie regelmäßig zu den Gottesdiensten. Sie ging zuerst in eine konfessionelle Grundschule, besuchte dann aber eine staatliche Schule. Ihre religiöse Erziehung erhielt sie von zu Hause und von der Kirche. Die Familie Bojaxhiu war musikalisch. Singen, Musizieren und sogar das Komponieren waren anerkannte Bestandteile des Familienlebens. Das Erlernen der Mandoline stellte für Agnes keine besondere Schwierigkeit dar, und auch ihre musikalischen Begabungen fanden in der Heilig-Herz-Kirche ein Betätigungsfeld. Wie ihre Schwester Aga trat sie in den Kirchenchor ein, wo die beiden mit der Zeit als die »Nachtigallen« der Kirche bekannt werden sollten, die oft Solopartien zu singen hatten.

Mit zwölf fühlte sich Agnes zum religiösen Leben berufen. Es war eine intensive persönliche Erfahrung, über die sie nur äußerte, daß es nicht in Gestalt irgendeiner übernatürlichen oder prophetischen Erscheinung geschah: »Es ist etwas Privates. Es war keine Vision. Ich habe niemals Visionen gehabt.« Bevor sie das Haus verließ, um Nonne zu werden, hatte sie selbst niemals eine gesehen. Die Möglichkeit, daß ihr jüngstes Kind den religiösen Weg einschlagen würde, war für Drana dennoch keine völlige Überraschung; gegenüber den anderen Kindern hatte sie mehrmals angedeutet, daß Agnes nicht lange bei ihnen bleiben würde, entweder wegen ihrer schlechten Gesundheit, da das Mädchen schwach auf der Brust war und chronischen Husten hatte, oder weil sie aufgerufen würde, sich Gott hinzugeben. Sechs Jahre lang dachte Agnes darüber nach und betete. Sie gab selbst zu, daß es Zeiten gab, wo sie zweifelte, ob sie eine Berufung hatte, aber schließlich war sie doch überzeugt, daß sie ausersehen war, »völlig Gott zu gehören«. »Die Gottesmutter vom Schwarzen Berg in Letnice half mir, das zu erkennen.«

Die jährliche Pilgerfahrt zur Kapelle der Madonna von Letnice in den Bergen der Skopska Crna Gora (»Land der schwarzen Berge«) nordöstlich von Skopje war der Höhepunkt des Kirchenjahres. Die Familie Bojaxhiu fuhr jedesmal mit in einer Kutsche, die sich in die Scharen der Pilger, Katholiken wie Nichtkatholiken, einreihte, die alle zusammen als Glaubensakt diesen Weg gingen, singend und betend den Hügel hinauf. Manchmal jedoch richtete es Drana in Anbetracht von Agnes' schwacher Gesundheit so ein, daß das Mädchen den Schrein besuchte, wenn nicht so viele Menschen dabei waren. Agnes betete gerne allein in der Kapelle, und die dort verbrachten Momente scheinen für sie eine Quelle sowohl körperlicher wie auch geistiger Stärkung für den Rest des Jahres gewesen zu sein. Auch gaben sie ihr die gesuchte Bestätigung ihrer Berufung.

Ein kroatischer Jesuit, Pater Jambreković, prüfte in den Zeiten des Zweifels ihre Ernsthaftigkeit. Er war im Mai 1925 der Priester in der Heilig-Herz-Kirche geworden und hatte den jungen Leuten in der Gemeinde vieles Neue beigebracht: medizinisches Wissen, Naturwissenschaft, Dichtung, Drama und sogar Dirigieren. Er war es auch, der in Skopje eine Sodalität der Kinder Mariens einrichtete, eine christliche Gemeinschaft für Mädchen, in der Agnes ein aktives Mitglied war. Sie war ein beliebtes Kind von ansprechender Fröhlichkeit, die ihr viele Freundinnen bescherte. Jungen gegenuber war sie scheu, und sie neigte bisweilen dazu, sich zurückzuziehen und sich zu vergraben. Die Sodalität machte sie unter anderem mit den Forderungen der geistlichen Exerzitien des Ignatius von Loyola vertraut: »Was habe ich für Christus getan? Was tue ich für Christus? Was werde ich für Christus tun?« Agnes las gerne. Eine von Pater Jambreković eingerichtete Bücherei versorgte sie mit Büchern. Er rief ebenfalls eine gemischte katholische Jugendgruppe ins Leben, mit einem reichen Angebot an Wanderungen, Festen, Konzerten und anderen Ausflügen; er hatte überhaupt einen tiefgreifenden Einfluß auf das geistliche und kulturelle Leben seiner jungen Gemeindemitglieder. Auf Agnes' Frage, wie sie wissen könne, ob Gott sie rief, antwortete er, daß Freude an dem, was sie tat, der Beweis für die Richtigkeit jedes Unternehmens sei. Freude, betonte er, sei der Kompaß, der die Richtung des Lebens anzeige.

Als Jesuit gab Pater Jambreković seiner Gemeinde die Neuigkeiten über das Missionswerk der Gesellschaft Jesu weiter. Die allgemeine und weitreichende Welle der Begeisterung für die Mission war durch die zu dieser Zeit richtungweisenden Schriften von Papst Pius XI. ausgelöst worden. Im Jahre 1924 hatte sich eine Anzahl jugoslawischer Priester auf den Weg nach Bengalen gemacht, um dort in der Erzdiözese von Kalkutta Missionsarbeit zu leisten. Sie wurden zunächst zum Seminar nach Kurseong geschickt und anschließend in den Distrikt der 24-Parganas von Kalkutta sowie in die Sunderbans im Gangesdelta, von wo aus sie begeisterte und inspirierende Briefe über die Missionsarbeit bei den Armen und Kranken schrieben. Ihre Berichte, die gelegentlichen Besuche von Missionaren in Skopje und Pater Jambreković's eigene Begeisterung für das Werk gaben Agnes' Berufung ein Ziel. Als kleines Kind hatte sie schon davon geträumt, den Armen in Afrika zu helfen. Obwohl es Afrika gewesen war, das ihre Phantasie zuerst angeregt hatte, zogen nun die Briefe aus Indien ihre Aufmerksamkeit in eine andere Richtung. Agnes beeindruckte alle um sie her mit ihrem ausführlichen Wissen über die in verschiedenen Missionen unternommenen Aktivitäten. Sie verbrachte längere Perioden der Einkehr in Crna Gora (Montenegro), bevor sie mit achtzehn zu der Überzeugung kam, daß ihre eigene Berufung die einer Missionarin war, »hinauszuziehen und den Menschen das Leben Christi zu geben«.

Um diese Zeit war aus dem allgemein vorbildlichen, wenn auch bisweilen schalkhaften Kind eine attraktive junge Frau geworden, deren aktiver Beitrag zum Gemeindeleben sehr geschätzt wurde. Sie war eine geborene Organisatorin und so etwas wie eine treibende Kraft in allen unternommenen Aktivitäten. In der Schule war sie gut gewesen, wenn auch nicht so gut wie ihre ältere Schwester Aga, und sie hatte bereits eine gewisse Begabung entwickelt, ihr Wissen an andere weiterzugeben. Einige ihrer Klassenkameraden kamen zu ihr zur Nachhilfe. Manchmal hatte sie gehofft, eine Karriere als Musikerin oder Schriftstellerin zu machen. Sie liebte Gedichte und dichtete selbst. Zwei von ihr geschriebene Artikel wurden in der örtlichen Zeitung abgedruckt, und es gab manchen, der meinte, sie habe in dieser Hinsicht ein Talent, das sie entwickeln sollte. Die Entscheidung, eine Nonne im Missionsdienst zu werden, fiel ihr nicht leicht. Es war zweifellos ein Kampf, denn man kann mit Recht annehmen, daß die junge Agnes ihrer Familie zutiefst verbunden war und sich darauf freute, ein eigenes Heim und Kinder zu haben. Als im Oktober 1981 ein australischer Journalist fragte, ob die Mutter von Tausenden es vermisse, ein eigenes Kind zu haben, war Mutter Teresas Antwort: »Natürlich, natürlich, selbstverständlich. Das ist das Opfer, das wir bringen. Das ist unser Geschenk an Gott.« Sie wies rasch auf die vielen Vorzüge und Belohnungen ihres Lebens in Keuschheit hin. Zu diesem Zeitpunkt hatte ihre unermeßlich ausgedehnte Familie ihr Tausende von Kindern, Männern und Frauen beschert, die sie liebte. Das Opfer war dennoch da. Einem Missionsorden beizutreten, wie sie es in den zwanziger Jahren tat, bedeutete nicht nur das Gelübde der Keuschheit, sondern auch die mögliche lebenslange Trennung von den Blutsverwandten, den Freunden und der Heimat. Damals gab es wenig Gelegenheit zu Heimatbesuchen oder Reisen von Familienmitgliedern in fremde Länder. Dennoch beantragte Agnes die Aufnahme bei den Schwestern von Loreto, dem irischen Ableger der Englischen Fräulein, über deren Wirken die jugoslawischen Priester in Bengalen mit solcher Inbrunst geschrieben hatten, daß sie fasziniert gewesen war.

Als Agnes mit ihrer Mutter zum erstenmal über ihre Pläne sprach, verweigerte Drana zunächst ihre Erlaubnis, und zwar nicht deswegen, weil sie erstaunt war oder die Sache mißbilligte, sondern weil sie die Überzeugung ihrer Tochter prüfen wollte. Als jedoch klar wurde, daß Agnes nicht davon abzubringen war, ging Drana in ihr Zimmer, schloß die Tür und blieb dort 24 Stunden. Schließlich – ein großes persönliches Opfer – gab sie der Tochter ihren Segen, allerdings mit der Auflage, daß sie sich völlig und gläubig Gott hingeben solle. Jahre später, als sie auf diese wichtige Entscheidung zurückblickte, erinnerte sich Mutter Teresa, wie ihre Mutter ihr auferlegt hatte, »nur ganz für Gott und Jesus« dazusein. »Wenn ich meiner Berufung nicht treu geblieben wäre, hätte sie mich gerichtet, wie Gott mich richten würde: Eines Tages wird sie mich fragen: ›Mein Kind, hast du nur ganz Gott gelebt?‹«

Im Jahre 1928 war Lazar bereits mehrere Jahre von zu Hause fort. Er hatte zunächst ein Stipendium für ein Studium in Österreich gewonnen und hatte dann die albanische Militärakademie besucht. Am 1. September 1928 wurde Albanien unter König Zogu I. eine Monar-

chie, und der junge Zweite Leutnant Bojaxhiu schrieb sich unter die
Fahnen des neugekrönten Königs ein. Obwohl Lazar später darauf
hinwies, wie sehr Mutter Teresa ihrer tiefreligiösen Mutter ähnelte,
versetzte ihn die Nachricht von Agnes' Entschluß in Erstaunen. Er
schrieb ihr einen etwas hochfahrenden Brief mit der Frage, ob sie
wirklich wisse, was sie da tue. »Du denkst, Du bist wichtig«, war
Agnes' herausfordernde Antwort, »weil Du ein Offizier bist, der
einem König mit zwei Millionen Untertanen dient. Ich aber diene
dem König der ganzen Welt.«

Am Himmelfahrtstag 1928 gesellte sich Agnes zum letztenmal
zum Pilgerzug nach Letnice, und am Abend des 26. September bestieg
sie den Zug nach Zagreb. »Katolička Misija«, eine Zagreber Zeit-
schrift, die mit ihren regelmäßigen Berichten über die katholische
Missionsarbeit der kroatischen und slowenischen Missionare in Indien dazu beigetragen hatte, Agnes' Entscheidung herbeizuführen,
berichtete, wie etwa hundert tränenüberströmte Menschen ihr am
Skopjer Bahnhof bei ihrem Aufbruch in die Fremde Lebewohl sagten.
Agnes hoffte, daß sie in das Mutterhaus der Loreto-Schwestern in
Rathfarnham in Dublin geschickt würde. Sie verbrachte zusammen
mit ihrer Mutter und Aga einige Zeit in Zagreb; zu ihnen gesellte sich
Betika Kajnc, eine andere junge Frau, die sich dem Loreto-Orden anschließen wollte. Am 13. Oktober verließ sie dann ihre Mutter und
Schwester und machte sich auf eine lange und strapaziöse Zugfahrt
durch Europa. Damals hatten die Loreto-Schwestern eine Herberge in
Paris. Dort wurden die beiden Mädchen mit Hilfe eines Dolmetschers
der Jugoslawischen Botschaft von Mutter Eugene (sic!) MacAvin befragt, die dem Loreto-Heim in Auteuil vorstand. Auf Grund des Gesprächs empfahl Mutter Eugene MacAvin sie an die Generaloberin
des Ordens, Mutter M. Raphael Deasy in Rathfarnham.

Die beiden Mädchen erhielten ihre Postulantinnenhaube, die
Kopfbedeckung der Anwärterinnen, in der Dubliner Loreto-Abtei
Rathfarnham am 12. November 1928, verbrachten aber anschließend
nur sechs Wochen dort. Während dieser Zeit konzentrierten sie sich
hauptsächlich darauf, Englisch zu lernen, die Sprache, in der ihre
geistlichen Studien erfolgen sollten. Es ist verständlich, daß dieser
kurze Aufenthalt nur den Eindruck zweier junger Frauen hinterließ,
die sich pflichtgemäß in ein neues Leben mit einer Sprache fügten, die

ihnen völlig unbekannt war. Agnes Bojaxhiu sprach bei ihrer Ankunft kein Wort Englisch, hatte aber etwas von der Sprachbegabung ihres Vaters geerbt. In ihren Bemühungen stand ihr Schwester Mary Emanuel McDermott bei, die ebenfalls Postulantin in Rathfarnham war. Es war dennoch eine schwierige Aufgabe, und um den Lernprozeß zu beschleunigen, bekamen die beiden Postulantinnen die Auflage, sich nicht in ihrer eigenen Sprache zu unterhalten, eine Anweisung, die sie getreulich befolgten. Im Dezember 1928 schifften sie sich dann nach Indien ein, in eine neue Welt der Abgeschiedenheit und des Dienens. Gonxha Agnes Bojaxhiu hatte den Namen Schwester Maria Teresa des Jesuskindes angenommen – nach Thérèse de Lisieux, der »Kleinen Blume«, die den Weg zum Heiligsein durch Treue in kleinen Dingen gewiesen hatte, und nicht etwa – so betonte Mutter Teresa – nach der großen Teresa von Avila. Ihre Begleiterin hatte den Namen Maria Magdalena angenommen.

Die lange Reise durch den Sueskanal, das Rote Meer, den Indischen Ozean und schließlich die Bucht von Bengalen kann das Gefühl der Mädchen, von allem getrennt zu sein, was ihnen vertraut war, nur verstärkt haben. Weihnachten wurde auf hoher See begangen. Zusammen mit drei ebenfalls an Bord befindlichen Franziskanermissionarinnen sangen sie vor einer improvisierten Krippe aus Pappe unter dem Baldachin glitzernder Sterne Weihnachtslieder. Zu ihrem größten Bedauern, so berichtet Teresa in ihrem ersten Beitrag in »Katolička Misija« am 6. Januar 1929, gab es an Bord keinen katholischen Priester, der die Messe hätte zelebrieren können.

Der erste Hafen, den sie anliefen, bevor sie das »Land der Träume« erreichten, war Colombo, wo die hohen, fruchtschweren Palmen und die Schönheit der ganzen Natur sie überwältigte. Sie beobachtete das Leben in der Stadt mit »seltsamen Gefühlen«. Halbnackte Inder, deren Haut und Haare in der heißen Sonne schimmerten, Männer, die wie menschliche Pferde ihre kleinen Karren durch die überfüllten Straßen zogen, ihre eigene Fahrt mit einem solchen Wagen entgegen ihrer natürlichen Neigung und in ständigem Gebet, daß ihr Gewicht dem Läufer nicht zur Last falle – alle diese Erfahrungen hinterließen einen starken Eindruck und wurden niedergeschrieben. Dazu gehörte auch die Tatsache, die ihr viel Trost spendete – daß auf der letzten Etappe ein katholischer Priester mit an Bord war:

»Nun hatten wir endlich täglich eine Messe, und das Leben an
Bord schien uns nicht länger so trostlos. Es war kein sehr feierliches
Neujahrsfest, aber wir sangen dennoch das Te Deum in unseren Herzen. Gott sei Dank – wir begannen das neue Jahr gut, mit einer ge-
sungenen Messe, die uns majestätisch vorkam.«

Madras war der nächste Hafen, und dort war sie zutiefst erschüttert über die »unbeschreibliche« Armut und die seltsamen Gebräuche.
Ihr Kontakt mit den Armen Skopjes hatte sie in keiner Weise gegen
die extreme Not, der sie hier begegnete, unempfindlich gemacht:

»Viele Familien leben auf der Straße, an den Häuserwänden, sogar auf
überfüllten Plätzen. Tag und Nacht leben sie draußen auf Matten, die
sie sich aus Palmenblättern geflochten haben – oder häufig auch auf
dem nackten Boden. Sie sind alle so gut wie nackt, tragen höchstens
einen Lumpen als Lendentuch… Als wir die Straße entlanggingen,
stießen wir auf eine Familie, die sich um einen toten Verwandten
scharte, der in schäbige rote Lumpen gewickelt war, bestreut mit gelben Blumen, sein Gesicht mit bunten Streifen bemalt. Es war ein ent-
setzlicher Anblick. Wenn unsere Leute das nur alles sehen könnten,
so würden sie aufhören, ihr eigenes Unglück zu bejammern, und Gott
danken, daß er sie mit solcher Fülle gesegnet hat.«

Die beiden jungen Frauen aus Jugoslawien erreichten Kalkutta am
6. Januar 1929, aber ihre erste Begegnung mit Kiplings »Stadt der grau-
envollen Nacht« war nur kurz. Kaum eine Woche später wurden sie
nach Darjeeling geschickt, einem Bergort in etwa 2300 Metern Höhe
im Vorgebirge des Himalaya, um dort ihr Noviziat zu beginnen. Am
23. Mai 1929 wurde Teresa des Jesuskindes förmlich in den Loreto-
Orden als Novizin aufgenommen. Ein Eintrag in das indische Register
der Genossenschaft von Loreto hält fest, daß sie zu diesem Zeitpunkt
»die Ordenstracht empfing«. Monsignore Ferdinand Périer, der Erzbischof von Kalkutta, der viele Jahre später eine wichtige Rolle bei
ihrer Einführung in eine andere Form religiösen Lebens spielen sollte,
war bei der Feier zugegen, wo ihre Namensänderung und der Beginn
einer zweijährigen intensiven Unterweisung in die geistlichen Grundlagen und die Arbeit des Ordens offiziell bestätigt wurden. Das Noviziat war eine Zeit der Vorbereitung und der Probe für das Ordensleben.

Für die Schwestern von Loreto bedeutete es zugleich die Vorbereitung auf ihren besonderen Lehrauftrag, ein Apostolat, das Schwester
Teresas Talenten Rechnung trug und eine ihrer frühesten Hoffnungen erfüllte, die ihr das Ordensleben sonst möglicherweise verstellt
hätte. In die damals übliche unbequeme Tracht und den Schleier gekleidet, die dem indischen Klima kaum entsprachen, schickte sie sich
frohgemut und mit Unternehmungslust in ihr neues Leben, das auch
das Erlernen neuer Sprachen bedeutete: Hindi und Bengali.

Im Loreto-Haus in Kalkutta erinnerte sich 1991 Schwester Marie
Thérèse, die ein Jahr vor Mutter Teresa nach Indien gekommen war,
daß die junge Novizin »ein tolles Mädchen war, sehr fröhlich und aufgeweckt, immer guter Laune«. »Sie konnte damals nicht sehr viel Englisch, aber es war phantastisch, wie schnell sie es lernte. Sie war dazu
stets eine gute Arbeiterin. Sie legte sich sehr ins Zeug. Außerdem war
sie bereits als junge Schwester sehr freundlich und mitfühlend.«

Nach ihren ersten zeitlichen Gelübden am 24. Mai 1931 begann
Teresa, an der Schule der Schwestern von Loreto in der wohlhabenden
Gegend von Darjeeling zu arbeiten. Auch war sie für kurze Zeit Hilfskraft in einer kleinen Ambulanzstation. In der Novemberausgabe von
»Katolička Misija« berichtete sie darüber, wie sie zum erstenmal in
enge Berührung mit den notleidenden Armen Indiens kam:

»Viele kommen von weit her, laufen bis zu drei Stunden. In was für
einem Zustand sie sind! Ihre Ohren und Füße sind mit Schwären bedeckt. Auf ihrem Rücken sind Auswüchse und Wunden, dazu zahlreiche Geschwüre. Viele bleiben zu Hause, weil sie durch das Tropenfieber zu schwach sind, um zu kommen. Einer ist im letzten
Stadium der Schwindsucht. Viele brauchen Medizin. Es nimmt viel
Zeit in Anspruch, bis sie alle verarztet sind und ihnen die nötigen Ratschläge gegeben wurden. Man muß ihnen mindestens dreimal erklären, wie man eine bestimmte Medizin einnimmt, und jede Frage
dreimal wiederholen.«

Einmal kam ein Mann mit einem Bündel, aus dem etwas hervorragte,
das die junge Novizin zunächst für zwei trockene Zweige hielt, sich
dann aber als die abgemagerten Beine eines Knaben erwies, der so
schwach war, daß er bereits im Sterben lag:

»Der Mann hat Angst und sagt: ›Wenn Sie ihn nicht wollen, werfe ich ihn ins Gras. Die Schakale werden nicht die Nase rümpfen.‹ Mein Herz gefriert. Das arme Kind! Schwach und völlig blind. Mit viel Mitleid und Liebe nehme ich den Kleinen in meine Arme und falte ihn in meine Schürze. Das Kind hat eine zweite Mutter gefunden.«

Es gab für sie bereits eine enge und geheimnisvolle Beziehung zwischen dem verwundbaren Christus und den notleidenden Menschen, denen sie begegnete. In der Hospitalapotheke hing ein Bild von Christus, dem Erlöser, umgeben von einer Menge Leidender, auf deren Gesichtern die Martern ihres Lebens eingegraben waren. Jeden Morgen, wenn sie die Tür zur Veranda öffnete, auf der es von verzweifelt kranken Menschen wimmelte, betrachtete sie das Bild:

»Darauf ist alles, was ich empfinde, konzentriert. Ich denke: ›Jesus, es ist um deinetwillen und um der Seelen willen!‹«

In diesem Sinne wurde das Ereignis mit dem blinden Kind, das sie in ihrer Schürze eingewickelt hielt, für sie zum »krönenden Moment« des Tages:

»Wer immer ein Kind um meinetwillen aufnimmt, der nimmt mich auf‹, sagt der göttliche Freund aller Kinder.« (Mt. 18,5.)

Schwester Teresas zutiefst spirituelle Einstellung zum Leiden und eigentlich zu allen anderen Aspekten des religiösen Lebens blieb nicht unbemerkt. Schwester Marie Thérèse erinnerte sich an ihre Hingabe im Gebet, was Anlaß zu freundschaftlichen Neckereien gab, die gelassen hingenommen wurden. Im übrigen war sie eher unauffällig, nicht besonders gebildet, nicht übermäßig intelligent. Tatsächlich war es ihre Ungeschicklichkeit beim Anzünden der Kerzen, an die sich einige ihrer Mitschwestern am besten erinnern.

Von Darjeeling aus wurde sie nach Entali geschickt, eine der sechs Schulen, die die Schwestern von Loreto in Kalkutta leiteten. Dort, im Osten Kalkuttas, unterrichtete sie zunächst Erdkunde und dann Geschichte. Die Schule befand sich in einer imposanten Ansammlung von Gebäuden, die auf einem großen, von einer hohen Mauer umgebenen Gelände standen. Mutter Teresa besaß keine öffentlich anerkannte Qualifikation als Lehrerin, aber damals legte man, wie Schwester Marie Thérèse bemerkte, darauf nicht so viel Wert. Wer immer lehren konnte, bekam die Gelegenheit dazu, und Schwester Teresa

war offenbar im Klassenzimmer an der richtigen Stelle. In der ein-
drucksvollen, im klassischen Stil erbauten Anlage von Entali stand
ein Internat, das besonders für Mädchen aus gescheiterten Ehen,
Waisen und Halbwaisen bestimmt war. Hier war Englisch die Haupt-
sprache. In derselben Anlage gab es dazu St. Mary's High School für
bengalische Mädchen, wo in Bengali unterrichtet und Englisch als
zweite Fremdsprache gelehrt wurde. Diese Schule wurde von einer
den Schwestern von Loreto angegliederten Schwesterngemeinschaft,
den Töchtern der heiligen Anna, geführt, deren Mitglieder bengalische Frauen waren. Sie trugen blaue Saris und unterrichteten in ihrer
Muttersprache. In dieser bengalischen High School lehrte Schwester
Teresa und wurde »die bengalische Teresa« genannt, um sie von der
irischen Schwester Marie Thérèse zu unterscheiden.

In der ersten Zeit unterrichtete die »bengalische Teresa« auch an
der St. Teresa-Grundschule in einiger Entfernung von Entali. Man
täte dem Orden Unrecht, wenn man annehmen würde, daß die
Mauern des Schulkomplexes ihre Insassen von der Armut abschie-
den, dem bedrückenden Gegenbild zu der Pracht dieser Kolonial-
stadt ersten Ranges. Die besondere Aufgabe der Schwestern von
Loreto, der sie über die Jahre hinweg mit großem Erfolg treu geblieben waren, bestand darin, das Problem der Armut durch Erziehung
anzugehen. Im Jahre 1935 sah sich Schwester Teresa mit der Realität
der materiellen Not unter den Schülerinnen von St. Teresa konfrontiert. So ärmlich waren die Umstände, unter denen sie arbeitete,
daß sie die Lehrstunden damit begann, die Ärmel ihrer Tracht auf-
zurollen, Wasser und einen Besen zu holen und den Boden zu wi-
schen. Das verursachte großes Erstaunen unter den Kindern, die
daran gewöhnt waren, daß nur Angehörige der alleruntersten Kasten solche Schmutzarbeit erledigten. Der Schulraum, früher eine
längliche Kapelle, war jetzt in fünf Klassen unterteilt. Manchmal
mußte sie in stallähnlichen Hütten unterrichten oder einfach
draußen im Hof. Als sie zum erstenmal sah, wo die Kinder schliefen
und aßen, war sie nach ihren Worten »voller Herzensnot«. »Es ist
nicht möglich, schlimmere Armut zu finden«, schrieb sie. Aber die
Erfahrung dieser Armut ging Hand in Hand mit einer Lektion über
die gleichzeitige Fähigkeit, Glück zu empfinden. Die bloße Tatsache, daß sie ihre Hand auf jeden schmutzigen Kopf legte, verur-

sachte unaussprechliche Freude. »Von dem Tage an nannten sie
mich ›Ma‹, was ›Mutter‹ bedeutet. Wie wenig es braucht, um einfache Seelen glücklich zu machen!«

Am 24. Mai 1937 legte Schwester Teresa in Darjeeling die ewigen
Gelübde der Armut, der Keuschheit und des Gehorsams ab und erhielt damit, wie damals bei den Schwestern von Loreto üblich, den
Namen »Mutter Teresa«.

Kurz vorher war eines der ihr besonders vertrauten Slumkinder
ganz bleich und traurig zu ihr gekommen:

»Er fragte, ob ich zu ihnen zurückkommen werde, denn er hatte
gehört, daß ich eine ›Mutter‹ werden sollte. Er fing an zu weinen und
sagte durch seine Tränen hindurch: ›Oh, Ihr sollt keine Mutter werden!‹ Ich drückte ihn an mich und sagte: ›Was ist los? Sei ohne Sorge.
Ich komme zurück. Ich werde immer deine Ma sein.‹«

Jeden Sonntag besuchte sie die Armen in den »bustees«, den
Slumgebieten von Kalkutta. Sie konnte ihnen keine materielle Hilfe
leisten, denn Armut im Geiste und im Leben waren Kennzeichen
ihres geistlichen Standes. Irgendwie brachte sie es fertig, immer an
die schäbigsten Dinge in der Gemeinschaft zu kommen, die niemand
sonst wollte. In ihren Laken gab es mehr Flicken und Stopfstellen als
ursprünglichen Stoff. Im Alter waren ihre Füße mißgestaltet und
verformt, weil sie heimlich nur Schuhe aus zweiter Hand trug, die
ihr nicht richtig paßten. Aber die Erfahrung des Zusammenlebens
mit Indiens Armen bestätigte mehr und mehr die Lektion ihrer
Kindheit: Der Mangel an materiellen Dingen beeinträchtigt nicht
unbedingt die Fähigkeit zum Glücklichsein. Sie merkte, daß ihre
bloße Gegenwart oft ausreichte, um die Armen aufzuheitern. »O
Gott, wie leicht es ist, Glück an diesem Ort zu verbreiten«, schrieb sie
nach einem Besuch bei einer Frau, die nichts besaß, Mutter Teresa
aber mit einem Ausbruch großer Freude begrüßte. »Gib mir die
Kraft, stets das Licht ihres Lebens zu sein, damit ich sie schließlich
zu Dir führen kann!«

In Entali gab es eine Sodalität, die ähnlich arbeitete wie die, zu der
Mutter Teresa selbst als Mädchen in Skopje gehört hatte. Unter der
Anleitung eines belgischen Priesters, Pater Julien Henry, und mit
Mutter Teresas Ermutigung besuchten die Mitglieder Patienten im
örtlichen Krankenhaus und gingen in den Slum von Motijhil, der sich

mit seinen zusammengeschusterten Hütten und unbefestigten, stets von Menschen wimmelnden Wegen genau auf der anderen Seite der Anlage von Entali erstreckte.

Diese Besuche in den »bustees« wurden anschließend besprochen und immer wieder zur Aussage des Evangeliums in Bezug gesetzt. »Mutter Teresa war nicht nur unsere Lehrerin«, erinnerte sich eine ihrer damaligen Schülerinnen, die später auch Missionsschwester der Nächstenliebe werden sollte, »sondern sie zog uns ständig zu Christus hin. Ob wir nun Christen, Hindus oder Moslems waren – sie erzählte uns immer über Jesus, besonders gerne die Geschichte über die Samariterin. Wie Christus nach Wasser dürstete und wie ihn nach Liebe dürstet, und über die Heimsuchung, wie unsere Liebe Frau davoneilte, denn Wohltätigkeit kann nicht warten, und wir dürfen keine Zeit verlieren oder vorbeigehen.«

Während des Krieges nahm die Not in Kalkutta zu. Ganz Bengalen litt entsetzlich unter den Verwüstungen durch den Krieg, in den Indien von Großbritannien ohne vorherige Absprache hineingezogen worden war. Das Jahr 1943 brachte eine Hungersnot, deren Auswirkung noch verstärkt wurde durch die Beschlagnahme der Flußkähne, mit denen sonst der Reis aus den bengalischen Feldern hätte angeliefert werden können. Millionen Menschen verloren ihr Leben, und Unzählige strömten nach Kalkutta auf der Suche nach Nahrung und der Möglichkeit, sich ihren Lebensunterhalt zu verdienen. Mutter Marie Thérèse erinnerte sich an die wachsende Anzahl von »Kriegskindern«, die auf der Treppe der Schwestern von Loreto ausgesetzt wurden, und an das Durcheinander, als sie auf einmal 24 Babys da hatte, die alle mit der Flasche gefüttert werden mußten. Die meiste Zeit des Krieges, als die Japaner im benachbarten Burma saßen, verbrachten die 300 Waisen und andere Kinder von Entali aber in Klöstern außerhalb der Stadt. Die Anlage der Schwestern von Loreto wurde als britisches Militärhospital genutzt; die Schlafsäle waren für die Verwundeten bestimmt. Mutter Teresa blieb jedoch in Kalkutta. Die bengalische Schule wurde in die Convent Road verlegt, und als sie schließlich ihre letzten Gelübde als Schwester von Loreto abgelegt hatte, folgte sie einer Schwester von Loreto aus Mauritius, Mutter Cenacle, als Rektorin und Leiterin von drei oder vier Schwestern von Loreto und der indischen Gemeinschaft der Töchter der heiligen

Anna. Die »bengalische Teresa« setzte durch, daß weiterhin unterrichtet werden konnte.

Die Tatsache, daß sie blieb, als andere lieber fortgingen, beeindruckte ihre Schülerinnen tief. Sie war glücklich bei ihrer Arbeit und beliebt bei denen, die sie unterrichtete. Ihre bloße Abwesenheit vom Speiseraum bei den Mahlzeiten war Strafe genug, wenn die Mädchen sich nicht ordentlich benommen hatten. Kurz nach ihrer Ernennung zur Schulleiterin hatte sie ihrer Mutter geschrieben: »Das ist ein neues Leben. Unser Zentrum hier ist sehr schön. Ich bin Lehrerin und liebe die Arbeit. Ich bin außerdem die Leiterin der ganzen Schule, und alle haben mich gern.«

Damals lebte Drana in Tiranë (Tirana) in Albanien. Ihre ältere Tochter Aga war bis 1932 bei ihr in Skopje geblieben, dann aber zu Lazar nach Tiranë gezogen. Sie arbeitete dort zunächst als Übersetzerin aus dem Serbokroatischen ins Albanische und danach beim albanischen Rundfunk. Gemeinsam war es den Kindern gelungen, ihre Mutter zu überreden, zu ihnen zu kommen, und so war sie 1934 in die albanische Hauptstadt gezogen. Von dort kam ihre etwas strenge Erinnerung: »Liebes Kind, vergiß nicht, daß Du um der Armen willen nach Indien gegangen bist.« Sie fügte eine weitere Einsicht hinzu, die der Zukunft ihrer Tochter einen richtungweisenden Impuls gab:

»Erinnerst Du Dich an unsere File? Sie war von Schwären bedeckt. Was ihr aber weit mehr Leiden verursachte, war das Wissen, daß sie ganz allein in der Welt war. Wir taten, was wir konnten, aber das Schlimmste waren nicht die Schwären, sondern die Tatsache, daß ihre Familie sie verlassen hatte.«

Die Geschichte, wie sie eine Frau gerettet hatte, die in Kalkutta auf der Straße im Sterben lag, erzählte Mutter Teresa später immer wieder Zuhörern auf der ganzen Welt. Was diese Frau zum Weinen brachte – so gab sie ihnen zu verstehen –, war nicht die Tatsache, daß sie halb von Maden zernagt und dem Tode nahe war, sondern daß ihr Sohn sie verlassen hatte, daß sie allein und von ihrer eigenen Familie verstoßen war.

Vermutlich war es so, daß Mutter Teresa angesichts der Armut, des Hungers, der Unwissenheit und Verzweiflung, die sie, wenn auch nur in begrenzter Weise, gesehen hatte, fühlte, daß mehr von ihr verlangt wurde. Diejenigen, die ihr Leben als Schwester von Loreto teilten, wußten jedoch von keiner Unzufriedenheit. Ebensowenig der Priester, der sie 1944 zum erstenmal traf und der über 45 Jahre lang einer der engsten Freunde und Berater auf ihrer spirituellen Reise werden sollte.

Pater Céleste van Exem war ein belgischer Jesuit, ein Experte in Arabisch und moslemischen Glaubensfragen, der zuerst einige Zeit bei den Beduinen gelebt und ihren Geist, ihre Sprache und ihre Kultur in sich aufgenommen hatte. Er hatte auch Urdu studiert und war 1944 mit der Absicht nach Kalkutta gekommen, mit den Moslems der Stadt zu arbeiten. Er und zwei weitere Professoren fühlten die Berufung zu einer geistlich-intellektuellen Sendung und sahen sich in Kalkutta nach einem Haus um, in dem sie ihre Bücher unterbringen und von wo aus sie ihre Arbeit aufnehmen konnten. Schließlich gab ihnen ihr jesuitischer Superior ein Haus in Baitakkhana, gleich neben dem alptraumhaft überfüllten Sealdah-Bahnhof und auch nicht sehr weit von Mutter Teresas Gemeinschaft an der Convent Road. Mit seinem charakteristischen Humor erinnerte er sich 1991 an seine erste Reaktion auf die Aussicht, wegen dieser Nähe täglich die Messe für Mutter Teresa und ihre Mitschwestern zelebrieren zu müssen: »Nein, Vater. Mein Provinzial hat mich wegen der Moslems nach Indien berufen und nicht wegen der Schwestern.« »Ich war ein junger Priester, der mit Intellektuellen arbeiten wollte«, gestand er. »Ich wollte nichts mit Nonnen zu tun haben.« Trotzdem ließ er sich widerstrebend eines Besseren belehren. Am 11. Juli 1944 begann er seine Arbeit in Baitakkhana, und am folgenden Tag traf er bei der Messe zum erstenmal mit Mutter Teresa zusammen. Sein Eindruck von ihr in jenen ersten Tagen war der einer einfachen Schwester, sehr fromm, voller Fürsorge für die Armen, aber in keiner Weise besonders bemerkenswert. Sie hingegen sah etwas Außergewöhnliches in ihm. Kurz darauf bat sie ihn, ihr geistlicher Führer und Vater zu werden. Er befürchtete erneut, von seiner eigentlichen Berufung abgebracht zu werden, und bat sie, ihren Antrag schriftlich an Erzbischof Ferdinand Périer zu stellen: »Es war das letzte, was ich tun wollte – der geistliche Vater einer Nonne zu werden.« Der Antrag wurde dennoch förmlich gestellt, und gemäß seinem Gehorsamkeitsgelübde geriet er so in eine Rolle, die er sich nicht ausgesucht hätte, durch die er aber Mutter Teresa als einen Menschen mit »intensivem spirituellen Leben« kennenlernen sollte.

Am Ende des Krieges zog die Gemeinschaft von Mutter Teresa zurück in das alte Kloster in Entali, und Mutter Teresa wurde als Oberin durch ihre Vorgängerin, Mutter Cenacle, ersetzt. Die Meinungen innerhalb der örtlichen kirchlichen Hierarchie über Mutter Teresas Fähigkeiten als Oberin waren geteilt gewesen. Mutter Cenacle war jedoch bereits in fortgeschrittenem Alter, und so war es Mutter Teresa, die weiter die eigentliche Arbeit tat. 1946 weitete sich der Konflikt zwischen Hindus und Moslems aus, der der Teilung und der Unabhängigkeit Indiens vorausging. Eine Weile gab es keine Lehrer für die Klassen vier bis zehn. Mutter Teresa übernahm sie alle und behielt jene Kinder bei sich, deren Familien zu weit entfernt lebten. Sie bemühte sich, ihre Gedanken von dem Blutvergießen auf den Straßen abzulenken. Einmal gab es nichts mehr zu essen, erinnerte sich eine ihrer Schülerinnen. »Mutter sagte zu uns: ›Ich gehe jetzt fort, und ihr, Kinder, bleibt in der Kapelle und betet.‹ Um vier Uhr war der Vorratsraum voll mit Gemüse und anderer Nahrung.«

Am 16. August 1946, der durch die Moslemische Liga zum Direct Action Day (Tag der Direkten Aktion) erklärt worden war, brachen in Kalkutta die Gewalttätigkeiten zwischen Moslems und Hindus aus. Der Nahrungsmittelnachschub kam zum Erliegen. Angesichts der 300 hungrigen Mädchen in der Entali-Internatsschule ging Mutter Teresa allein auf die Straße. Sie wurde von Soldaten gestoppt, die sie mit einer Lastwagenladung Reis in die Schule zurückbrachten. Es blieb ihr jedoch nicht erspart, die Schrecken des Blutbades mit anzusehen, dem 5000 Bewohner von Kalkutta zum Opfer fielen und in dem weitere 15 000 verwundet wurden.

Während dieses Tages war Mutter Teresa schwach und krank. In der Erinnerung von Mutter Marie Thérèse war sie immer etwas schwächlich gewesen: »Wir machten uns Sorgen um sie. Ich weiß nicht, ob sie es merkte, aber es war so … Wenn es um die Arbeit und die Lauferein ging, nahmen unsere Oberinnen besonders Rücksicht auf sie.« Mutter Teresa war schwach auf der Brust, und die Regionaloberin von Loreto befürchtete, daß sie TBC bekommen würde. Sie war angewiesen, jeden Nachmittag drei Stunden im Bett zu bleiben. In all den Jahren, in denen Pater van Exem ihr Betreuer war, war dies die einzige Zeit, in der er Mutter Teresa weinen sah: »Ich habe sie verstört gesehen, wenn eine Schwester starb – solche Dinge –, sonst habe

ich sie nie weinen sehen. Aber damals waren Tränen in ihren
Augen. Es war sehr hart für sie, im Bett bleiben zu müssen und
nicht arbeiten zu können.« Die Zeit der erzwungenen Ruhe gipfelte
in der Anweisung, sich zu Exerzitien in die Hügel nach Darjeeling
zurückzuziehen. Die Absicht dahinter war, daß sie im Interesse
ihrer Gesundheit eine Zeit geistiger Erneuerung und körperlicher
Erholung verbringen sollte. Statt dessen ereignete sich etwas anderes: Innerhalb des religiösen Lebens, für das sie sich bereits entschieden hatte, wurde sie zu einer anderen Art der Arbeit und des
Dienens berufen.

Am 10. September 1946, einem Tag, der heute jährlich von den
Missionarinnen der Nächstenliebe und den Mit-Arbeitern weltweit
als »Tag der Inspiration« begangen wird, geschah während der staubigen, ohrenbetäubenden Zugfahrt nach Darjeeling das, was Mutter
Teresa später »Ruf innerhalb der Berufung« nennen sollte. Es war
ein Erlebnis, über das sie nur selten sprach. »Der Ruf Gottes, eine
Missionarin der Nächstenliebe zu werden«, vertraute sie mir einmal
an, »ist der verborgene Schatz für mich, für den ich alles verkauft
habe, um ihn zu erwerben. Sie erinnern sich an das Evangelium, was
der Mann tat, als er den verborgenen Schatz fand – er verbarg ihn.
Das ist es, was ich für Gott tun möchte.« Die Botschaft, in welcher
Form sie auch vermittelt wurde, war dennoch sowohl einzigartig als
auch unzweideutig: »Ich sollte das Kloster verlassen und den Armen
helfen, indem ich unter ihnen lebte. Es war ein Befehl. Ihm nicht zu
folgen hätte bedeutet, das Gelübde zu brechen.«

»DER WILLE GOTTES«

DIE GRÜNDUNG DER GEMEINSCHAFT

In der Erinnerung von Pater van Exem könnte der »Tag der Inspiration« eher als »Tage der Inspiration« beschrieben werden, denn Mutter Teresa erhielt während der ganzen Zeit des Urlaubs weiterhin göttliche Eingebungen bezüglich der Arbeit, die sie in Angriff zu nehmen und wie sie diese durchzuführen hatte. Nach dem Erlebnis im Zug folgte eine Zeit der Stille, der Einsamkeit und des Gebets. Pater Pierre Fallon, der die Exerzitien leitete, bemerkte, daß Mutter Teresa noch tiefer ins Gebet versunken war als gewöhnlich und daß sie bisweilen etwas auf kleine Stückchen Papier schrieb.

Diese Notizen vertraute sie bei ihrer Rückkehr nach Entali im Oktober Pater van Exem an und bat ihn um seine Meinung und Führung. Er nahm die Zettel mit nach Baitakkhana und legte sie eine Weile unter ein Bild des Unbefleckten Herzen Mariens, das ihm Mutter Teresa zu Weihnachten geschenkt hatte. Als er sie zwei Stunden später zu Hause durchlas, fand er darin alle wesentlichen Elemente von Mutter Teresas weiterer Entwicklung: »Sie würde Loreto verlassen, ohne ihr Gelübde zu brechen. Sie würde eine neue Gemeinschaft gründen. Diese Gemeinschaft würde im Geist der Armut und der Fröhlichkeit für die Ärmsten der Armen in den Slums arbeiten. Es würde keine Institutionen, Hospitäler oder große Pflegestationen geben. Die Arbeit bezog sich auf die Verlassenen, die niemand haben, die Allerärmsten.«

Das Erlebnis im Zug nach Darjeeling und während der folgenden Tage hatte die Saat für Mutter Teresas Mission der Nächstenliebe gelegt. Die Erfahrung selbst bewahrte sie verschlossen in ihrem Herzen. Als sie im Oktober an die Loreto-Schule zurückkehrte, leitete sie Exerzitien zum Thema des Ausrufs des gekreuzigten Christus: »Mich dürstet«, und zur Bitte im Johannes-Evangelium an die Samariterin: »Gib mir zu trinken!« Aus der Eindringlichkeit, mit der sie damals sprach, und aus der ganz besonderen geistigen Blickweise, die später in den Statuten der von ihr gegründeten Gemeinschaft Niederschlag finden sollte, läßt sich etwas von der von ihr empfangenen Einsicht ablesen. Die Gemeinschaft sollte dem Unbefleckten Herzen Mariens, einer Form katholischer Volksfrömmigkeit, geweiht sein, heißt es in den Statuten, denn »es geschah durch ihr Bitten und durch ihre unablässige Fürsprache, daß die Gemeinschaft wuchs und weiter wächst«. Der ausdrückliche Zweck der Gemeinschaft war es, »das unendliche Verlangen des gekreuzigten Christus nach Seelenliebe zu stillen«. Die Bedeutung dieses übergeordneten Ziels sollte dadurch unterstrichen werden, daß im Laufe der Zeit alle Kapellen der Gemeinschaft weltweit mit der Inschrift versehen würden: »Mich dürstet.« Diejenigen, die sich berufen fühlten, diesen Durst zu stillen, indem sie zu den üblichen religiösen Gelübden von Armut, Keuschheit und Gehorsam ein viertes, einzigartiges ablegten, »mit ganzem Herzen den Ärmsten der Armen zu Diensten zu sein«, sollten »Missionarinnen der Nächstenliebe« genannt werden – Träger von Gottes Liebe. Dahinter stand Mutter Teresas Überzeugung, daß sich in Jesu Christi Worten »Mich dürstet« Gottes Sehnen widerspiegle, die Menschheit zu sich heranzuziehen. Sie sah in diesem Schrei den Ausdruck desselben Durstes, der der Frau am Brunnen Jakobs offenbart worden war, eines Durstes, der nicht durch Wasser allein gestillt werden konnte, sondern nach Liebe verlangte. Auch erkannte sie, daß die notwendige Liebe nur von Gott kommen konnte. Um ihre Träger zu sein, mußten die Missionarinnen daher selbst ihre Abhängigkeit von der Anweisung erkennen: »Wer Durst hat, komme zu mir, und es trinke, wer an mich glaubt« (Joh. 7,37). Denn die Worte »Mich dürstet« bedeuten zugleich den Durst des Menschen nach Gott. In den hungrigen, durstigen, gebrochenen Körpern der Armen sollten die Missionarinnen der Nächstenliebe auch den Christus sehen, der sich im Matthäus-Evangelium (25,35) besonders mit den Notleidenden identifiziert hatte: »Denn ich war hungrig, und ihr habt mir zu essen gegeben; ich war durstig, und ihr habt mir zu trinken gegeben; ich war fremd und obdachlos, und ihr habt mich aufgenommen; ich war nackt, und ihr habt mir Kleidung gegeben; ich war krank, und ihr habt mich besucht; ich war im Gefängnis, und ihr habt mich besucht.«

Der »Ruf innerhalb der Berufung« war, was Mutter Teresas Spiri-
tualität betraf, keine Aufforderung zu einer radikalen Wende. Die
Hingabe an Maria und das Unbefleckte Herz war tief im römisch-
katholischen Glauben ihrer albanischen Kindheit und im geistlichen
Leben der Schwestern von Loreto verwurzelt. Nach der Erinnerung
einer früheren Schülerin legte Mutter Teresa bereits während ihrer
Jahre als Lehrerin großen Wert auf die Bedeutung dessen, was am
Brunnen Jakobs zwischen Jesus und der Samariterin geschehen war.
Aber erst die Zeit sollte zeigen, welche außergewöhnlichen Dinge gewissermaßen zwingend und mit vollkommener Logik als Ergebnis
jener intensiven persönlichen Erfahrung einer frommen, ansonsten
aber eher unscheinbaren Frau geschahen, in einer Weise, daß man
von Charisma und göttlicher Gnade sprach. Mit der Zeit sollte offenbar werden, daß sie die Gabe hatte, Liebe auszustrahlen. Sie selbst gab
oft zu verstehen, daß die Fähigkeit, Gottes Liebe auszustrahlen,
zunächst von einem persönlichen inneren Kontakt mit der Liebe
Gottes abhing. Vielleicht beruhte der »Ruf innerhalb der Berufung«
auf einem solchen Kontakt. Tatsächlich sprachen jene, die sie in den
frühen Jahren der neuen Gemeinschaft kennenlernten, oft von dem
»Feuer«, das in ihr zu brennen schien. Dieser zweite Ruf war wohl für
sie ein Erlebnis gewesen, in dem sie Gottes durstige Liebe in ihrer
Wirklichkeit gesehen hatte, die sie zu einem besonderen Apostolat
hindrängte. Sobald sie den Auftrag einmal erhalten hatte, wäre es
weder ihrer eigenen Persönlichkeit noch ihrer religiösen Überzeugung gemäß gewesen, ungebührlich lange zu warten. Das Beispiel der
Heimsuchung der Jungfrau Maria stand ihr deutlich vor Augen, denn
sie hatte ihren jungen Schülerinnen oft gesagt: »Unsere Liebe Frau
ging in aller Eile, denn Wohltätigkeit duldet keinen Aufschub.«

Der Mann aber, den sie zu ihrem spirituellen Vater gewählt hatte,
forderte sie auf zu warten. Er begann in ihr ein »Einssein mit Gott« zu
erkennen, das seinen anfänglichen Eindruck von einer Frau, »die
sehr gut, sehr einfach, sehr demütig und sehr gehorsam war«, über-
stieg, aber es war nicht an ihm zu entscheiden, was Gottes Absicht
mit ihr war und was nicht. Es war ihm bewußt, daß er als junger Priester nicht allein die Verantwortung für das, was folgen würde, übernehmen konnte, und so beschloß Pater van Exem, daß sie vor weiteren Schritten bis Januar erst einmal beten sollten. Wenn es sich dann

endgültig als ein Ausdruck von Gottes Willen erweisen sollte, wollten sie die Sache mit Erzbischof Périer besprechen. Als der Januar 1947 nahte, wies er Mutter Teresa an, an den Erzbischof zu schreiben, und suchte ihn dann selbst auf. Die Antwort des Erzbischofs auf die Vermutung des jungen Mannes, daß Mutter Teresas Anliegen der Wille Gottes sei, stimmte mit seiner Erwartung überein: »Sie sind erst seit kurzem hier, und schon erzählen Sie den Nonnen, daß sie ihre Klöster verlassen sollen ... Sie sagen, das sei der Wille Gottes, einfach so. Ich bin ein Bischof, und ich gebe nicht vor zu wissen, was der Wille Gottes ist.« Dieser Tadel war der Grundtenor in dem Verhältnis Erzbischof Périers zu dem jüngeren Mann, wenn es um Mutter Teresa ging, aber Pater van Exem erkannte darin dennoch eine gewisse Weisheit und eine angemessene Prüfung seiner eigenen Überzeugung von der Richtigkeit von Mutter Teresas zweitem Ruf.

Es gab eine Reihe anderer religiöser Gemeinschaften in Kalkutta, die bereits für die Armen arbeiteten. Der Erzbischof war voller Zweifel, ob die Gründung einer weiteren wirklich gerechtfertigt sein konnte. Die Betonung bei Mutter Teresas Ansatz lag auf der Idee, selbst zu den Armen hinzugehen. Die Arbeit der Schwestern der Nächstenliebe oder der Töchter der heiligen Anna, zum Beispiel, wie verdienstvoll auch immer, wurde größtenteils innerhalb ihrer Klöster, Krankenhäuser und Pflegestationen ausgeführt. Wahrscheinlich bedurfte es also einer neuen Gemeinschaft, die sich in direkter Weise einem vorbehaltlosen, freien Dienst an den Ärmsten der Armen verschrieb. Aber der Bischof sah auch seine Verantwortung für diese Frau, die allein in den Slums von Indien leben und arbeiten wollte, eine Frau, die es nur der göttlichen Vorsehung überlassen wollte, für ihre eigenen Bedürfnisse und die derer zu sorgen, mit denen sie zusammengeführt wurde. Es war eine Zeit gesteigerten indischen Nationalgefühls. Mutter Teresa war Europäerin. Und neue Gemeinschaften entstanden gewöhnlich erst dann, wenn eine Gruppe bereits bestand. Welcher öffentlichen Kritik würde sich die römisch-katholische Kirche aussetzen, wenn sie einer Ausländerin erlaubte, allein auf die Straße zu gehen, um da zu tun, was nach menschlichem Ermessen ein Akt der Dummheit war? Der Erzbischof erinnerte Pater van Exem an eine andere Nonne, die das Gefühl gehabt hatte, es sei ihre Berufung, ihr Kloster zu verlassen und in ganz ähnlicher Weise zu wirken. Er hatte ihr davon abgeraten, und sie war kürzlich zu ihm gekommen und hatte ihm auf den Knien gedankt. Mutter Teresa mußte warten. Der Erzbischof gestattete einen an Rom gerichteten Antrag nicht vor Jahresfrist.

Mutter Teresa aber war entschlossen, sofort hinauszugehen, und drängte Pater van Exem immer wieder, noch einmal zum Erzbischof zu gehen, wo er stets dieselbe, sichtlich ärgerliche Antwort bekam. Sein geistlicher Auftrag war es somit, sich zu gedulden und vor allem, mit niemandem über ihren Antrag zu sprechen, noch nicht einmal mit ihren Oberen im Loreto-Kloster. Sie selbst erzählte niemandem etwas, auch nicht den jugoslawischen Priestern in Kalkutta, zu denen sie freundschaftliche Beziehungen unterhielt. Ebensowenig Pater Julien Henry, dem Pastor von St. Teresa's Church gleich neben der Anlage von Entali, der jeden Tag im Kloster war. Dennoch entgingen die häufigen Gespräche mit ihrem geistlichen Führer nicht ganz der Aufmerksamkeit ihrer Oberen. Im Rückblick meinte Pater van Exem, daß sie geahnt haben mußten, daß »etwas los war – sie wußten nur nicht, was«. Es war diese Ahnung, die dazu führte, daß Mutter Teresa kurz darauf in das Loreto-Kloster in Asansol, etwa drei Zugstunden von Kalkutta, abgeordnet wurde.

Damals, gestand Pater van Exem, sei er sehr erleichtert über das offenkundige Ende einer Verantwortung gewesen, die er nur widerwillig übernommen hatte. Als er aber Erzbischof Périer die Nachricht von Mutter Teresas Verlegung mitteilte, bestand dieser darauf, daß er seine Rolle als geistlicher Führer brieflich fortsetze. Zu dieser Zeit mußte jede Nonne ihre Briefe unverschlossen abgeben. Sie konnten von der Oberin gelesen werden und wurden erst beim Postausgang zugeklebt. Pater van Exem protestierte, daß diese obligatorische Prozedur jeglicher Schweigepflicht ein Ende setzen und Mutter Teresas Leben in der Gemeinschaft von Loreto unmöglich machen würde, und seinem Einwand wurde umgehend entsprochen. Mutter Teresa erhielt das Recht, an ihren Bischof und dieser an sie in einem verschlossenen Umschlag zu schreiben. Pater van Exem und sein geistlicher Schützling konnten somit über die erzbischöfliche Adresse korrespondieren. Erzbischof Périer fungierte als Vermittler und Postbote. Auf diese Weise schrieb Mutter Teresa zahlreiche Briefe an Pater van Exem, die dieser »wunderschön« und »poetisch« fand. Es waren Briefe, die nicht nur

Gewissensfragen betrafen, sondern auch ihr Leben in Asansol, wo sie wiederum Erdkunde unterrichtete und eine Gruppe von Kindern auf die Erstkommunion vorbereitete. Auch hatte sie die Aufsicht über den Klostergarten und schrieb in Briefen, die später fast alle vernichtet werden sollten, gefühlvoll über die Schönheit der Blumen, die sie pflegte. »In Asansol«, erinnerte sich Pater van Exem 1991, »war Mutter Teresa sehr glücklich. Dort hatte sie Zeit.«

Etwa fünf oder sechs Monate später saß sie wieder in seinem Beichtstuhl. Sie war auf besondere Anweisung von Erzbischof Périer nach Kalkutta zurückgebracht worden, der ihre Vorgesetzten davon in Kenntnis setzte, er habe »ernste Gründe«, sie dort haben zu wollen. Für Pater van Exem war dies ein deutlicher Hinweis darauf, daß Périer das Thema von Mutter Teresas zweitem Ruf sehr ernst nahm. Nichtsdestoweniger blieb der Erzbischof dabei, daß sie ein volles Jahr warten sollte, bevor weitere Schritte zu ihrem Fortgehen unternommen würden. Kurz darauf erkrankte der alte Mann schwer. Von Entali aus sandte ihm Mutter Teresa eine Botschaft, daß sie für ihn beten werde, und fragte, ob er, wenn er wieder gesund würde, dies als Zeichen ansehen würde, daß sie mit der Arbeit beginnen sollte. Der Erzbischof erholte sich tatsächlich, aber Pater van Exems Anfragen auf Mutter Teresas wiederholtes Drängen hin, daß »der Herr es jetzt wolle«, stießen auf taube Ohren. Seine ständigen Besuche im erzbischöflichen Sprechzimmer erregten auch langsam Anstoß bei seinen jesuitischen Vorgesetzten, die ihn verdächtigten, in Sachen des Apostolats über ihre Köpfe hinweg zu handeln. Insgeheim jedoch, ohne die Identität der Person zu verraten, beriet sich Erzbischof Périer mit Pater Henry über eine »Mutter«, die für die Armen direkt in Kalkutta arbeitete. Pater Henry reagierte positiv auf die Idee und feierte eine neuntägige Andacht für diese unbekannte »Mutter der Armen«. Der Erzbischof konsultierte ebenfalls den General der Gesellschaft Jesu und einen römischen Spezialisten für Kirchenrecht. Als Mutter Teresa im Januar 1948 erneut an den Erzbischof schrieb, gab er ihr endlich die Erlaubnis, die Gemeinschaft von Loreto zu verlassen, riet ihr jedoch, sich nicht direkt an Rom zu wenden, sondern zunächst an ihre Generaloberin in Rathfarnham.

Es war Pater van Exems Ansicht, daß Mutter Teresa einen Antrag auf Exklaustrierung (rechtliche Aussonderung aus dem gemeinschaftlichen Leben) stellen sollte, der ihr zwar erlauben würde, das Kloster zu verlassen, es ihr aber gestatten würde, weiterhin als Ordensfrau aufzutreten, die an ihr Gelübde gebunden und dem Erzbischof unterstellt wäre. Die Alternative, ein Antrag auf Säkularisierung (Entbindung von allen Gelübden), würde bedeuten, daß sie wieder eine Laienfrau wäre, was sie noch verwundbarer machen und womöglich den Respekt und das Vertrauen kosten würde, die Ordensleuten im allgemeinen von seiten der indischen Bevölkerung entgegengebracht wurden. Pater van Exem war besonders besorgt, daß sie die Achtung der bengalischen Mädchen verlieren könnte, für die sie bislang ein leuchtendes Beispiel gewesen war. Der Erzbischof war anderer Meinung. Seiner Ansicht nach mußte Mutter Teresa ihr völliges Vertrauen in Gott dadurch zeigen, daß sie ihre Säkularisierung beantragte. Sie sollte die Schwestern von Loreto ohne jegliche Hoffnung auf eine Rückkehr verlassen. Als Pater van Exem Mutter Teresa den Unterschied zwischen den beiden Anträgen erläuterte, entschied sie sich zunächst für die erste Möglichkeit, die es ihr gestatten würde, ihr Gelübde zu halten. Aber der Erzbischof las ihren handgeschriebenen Brief und strich deutlich das Wort »Exklaustrierung« durch. »Vertrau' auf Eure Generaloberin«, riet ihr ihr geistlicher Führer. »Sie wird wissen, was zu tun ist.« Gehorsam veränderte Mutter Teresa ihren Antrag zu einem auf Säkularisierung, und der Erzbischof selbst schrieb die endgültige Version ihres Antrags an Mutter Gertrude M. Kennedy, die Generaloberin der Gemeinschaft von Loreto.

In der zweiten Februarwoche 1948 wurde Pater van Exem von Baitakkhana in die erzbischöfliche Residenz befohlen. Mutter Gertrudes handschriftliche Antwort vom 2. Februar war seiner Aussage nach eine der schönsten, die er jemals gelesen hatte. Viele Jahre später waren die wesentlichen Inhalte des Schreibens noch in seinem Gedächtnis eingegraben:

»Da es sichtlich der Wille Gottes ist, gebe ich meine Erlaubnis, an die Kongregation in Rom zu schreiben und den Antrag zu stellen. Sprich nicht mit der Provinzialin. Sprich nicht mit Deinen Vorgesetzten. Sprich mit niemandem. Ich habe auch nicht mit meinen Beratern gesprochen. Meine Zustimmung reicht aus. Bitte jedoch nicht um Gewährung der Säkularisierung, sondern um die Exklaustrierung.«

Dennoch bestand Erzbischof Périer darauf, daß, wenn sie den Antrag in Rom über ihn stellen wollte, Mutter Teresa tun müsse, was er verlangt habe, nämlich um Säkularisierung nachsuchen. Erzbischof Périer war sehr bekannt und wurde von den indischen Bischöfen hochgeschätzt. Die Antwort auf einen über ihn gestellten Antrag würde viel rascher erfolgen als auf den eines relativ unbekannten jungen Priesters. Pater van Exem brachte daher die Antwort von Mutter Gertrude Kennedy zu seinem geistlichen Schützling, zusammen mit der Direktive des Erzbischofs, daß sie nun an die Glaubenskongregation einen Antrag auf Exklaustrierung stellen könne. »Wie schreibe ich an einen Kardinal?« war Mutter Teresas Reaktion. »Sie war zu einfach, um das zu wissen. Sie wußte überhaupt nicht, wo sie anfangen sollte. Ich sagte ihr, daß sie sich um das Wort ›Eminenz‹ keine Sorgen zu machen brauche, sondern schlicht ›Lieber Vater‹ schreiben und ganz einfach ihre Berufung zu den Ärmsten der Armen erklären solle.«

Noch einmal stellte Mutter Teresa ihren Antrag auf Exklaustrierung, so wie es ihre Generaloberin empfohlen hatte, und wiederum veränderte es der Erzbischof in Säkularisierung. Die endgültige Fassung enthielt dann den Ausdruck absoluten Vertrauens, den Erzbischof Périer von Anfang an gefordert hatte: »Da ich Gott völlig vertraue, bitte ich um Gewährung der Säkularisierung.« Mitte Februar 1948 sandte Périer Mutter Teresas Brief, zusammen mit einem Begleitschreiben über das Leben der Antragstellerin und ihre Arbeit in Kalkutta, an den Apostolischen Nuntius in Delhi zur Weiterreichung nach Rom. Aber erst Ende Juli wurde Pater van Exem in aller Eile per Telefon nochmals zum Erzbischof gerufen. Das Dekret vom 12. April 1948 war in der Nuntiatur in Delhi aufgehalten worden. Als Pater van Exem das erzbischöfliche Sprechzimmer betrat, hatte Périer den Text bereits aus dem Lateinischen ins Englische übersetzt und drei Kopien angefertigt. »Es hat geklappt«, begann er und erklärte, daß Mutter Teresa die Erlaubnis erhalten habe, die Gemeinschaft von Loreto zu verlassen. Es hatte sich so gefügt, daß anstatt ihrer Säkularisierung, die sie pflichtgemäß beantragt hatte, ihr die eigentlich angestrebte, auf ein Jahr befristete Exklaustrierung gewährt worden war. Nach Jahresverlauf solle ihr Recht, auf dieser Basis weiterzuarbeiten, vom »guten Willen des Erzbischofs« abhängen.

Das Dekret war mitten in der Woche angekommen. Der Erzbischof wollte nicht, daß die Arbeitswoche der Schwestern von Lo-

reto durch diese Nachricht unterbrochen wurde. Mutter Teresa sollte
trotz ihrer besorgten Nachfragen erst am darauffolgenden Sonntag
nach der Messe etwas erfahren. Also rief Pater van Exem sie am
Sonntag nach der Messe, aber vor seinem Frühstück, zu sich in das
große Klostergebäude von Entali. Die ungewöhnlich frühe Einladung
und der große Umschlag, den er in Händen hielt, machten ihr sofort
klar, daß das Dekret endlich angekommen war. Sie bat zunächst
darum, in der Kapelle beten zu dürfen, bevor sie seinen Inhalt erfuhr.
Im Sprechzimmer des Bischofs wartete Pater van Exem, während sie
betete, und teilte ihr dann die freudige Botschaft mit: »Mutter, Ihr
habt ein Dekret für Eure Exklaustrierung. Ich habe drei Kopien, die
Ihr unterzeichnen müßt: eine für Euch, eine für Rom, eine für den Bischof. Ihr habt diesen Status für ein Jahr. Ihr könnt die Arbeit tun.
Euer Vorgesetzter ist jetzt der Bischof von Kalkutta. Ihr seid keine
Nonne von Loreto mehr.«

»Vater«, fragte Mutter Teresa sofort, »kann ich jetzt in die Slums
gehen?« So rasch verließ sie das Kloster aber dann doch nicht. Erzbischof Périer hatte eine Schockreaktion bei einigen der Schwestern
vorausgesehen, und seine Befürchtungen waren nicht völlig unbe-
gründet. Als sie am 8. August den Inhalt des Dekrets erfuhr, wurde
Mutter Ita, die Oberin, eine Woche lang bettlägerig. Mutter Cenacle
weinte untröstlich über den Verlust ihrer unersetzlichen Helferin
und die Aussicht, mit ihren fortgeschrittenen Jahren die Last der bengalischen Schule allein tragen zu müssen. »Entweder ist es nicht der
Wille Gottes«, versuchte Pater van Exem die Tränenflut einzudäm-
men, »und in diesem Fall weint nicht, denn dann kommt sie ja
zurück, oder es ist der Wille Gottes, und dann wird sie nie zurückkommen.« Eine Notiz wurde an das Schwarze Brett geheftet, damit
alle Nonnen es lesen konnten: »Kritisiert nicht! Lobt nicht! Betet!«
Für die meisten war es eine völlige Überraschung, denn Mutter
Teresa hatte getreulich ihre Anweisungen zu schweigen eingehalten.
In der Erinnerung von Mutter Marie Thérèse waren viele traurig,
denn sie waren alle sehr freundlich miteinander umgegangen. Sie
waren ratlos. »Besonders wir jungen Schwestern konnten nicht verstehen, warum sie fortging.« Die Gemeinschaft von Loreto war be-
rechtigterweise in Kalkutta hoch angesehen. Konnte es wirklich der
Wille Gottes sein, einen solchen Orden zu verlassen?

Zur Vorbereitung ihres Aufbruchs kaufte Mutter Teresa drei Saris auf dem örtlichen Bazar: weiße Saris mit einer dreifach gestreiften Borte, die mit der Zeit die unverkennbare Tracht ihrer neuen Gemeinschaft werden sollte. Der Stoff war der billigste, den sie damals finden konnte, und die blauen Streifen gefielen ihr, denn Blau war die Farbe der Jungfrau Maria. In der Sakristei der Marienkapelle von Entali segnete Pater van Exem die Saris zusammen mit den weißen Kleidern, die darunter getragen werden sollten, im Beisein von Mutter Cenacle und Pater Henry. Sie hatten nun endlich erfahren, welche der Schwestern es war, die sich dazu berufen fühlte, unter den Armen als eine der ihren zu leben und zu arbeiten. Mutter Cenacle war noch voller Tränen, aber Mutter Teresa kniete still im Gebet, scheinbar unbewegt.

Am Abend des 16. August tauschte sie die Schwesterntracht, die sie während fast zwanzig Jahren als Schwester von Loreto getragen hatte, gegen die neue Tracht ihrer künftigen Gemeinschaft und verließ das Kloster von Loreto in aller Stille mit dem Taxi. Pater van Exem hielt es für sinnvoll, daß sich Mutter Teresa zunächst bei den Missionsärztlichen Schwestern im Holy Family Hospital in Patna etwas medizinisches Wissen und Erfahrung erwarb. Erzbischof Périer hatte diese Idee unterstützt, und Mutter Teresas Brief an Schwester Stephanie, die Oberin, war liebevoll beantwortet worden, mit dem Versprechen jeder erdenklichen Hilfe. Um den Nachtzug nach Patna zu erreichen, schlüpfte sie im Schutz der Dunkelheit durch die Klosterpforte. Sie nahm nur ihre Fahrkarte nach Patna und fünf Rupien mit. Die Schwestern von Loreto hätten sie sicher mit mehr ausgestattet, aber Mutter Teresa war entschlossen, ihr Vertrauen von Anfang an ganz auf die göttliche Fügung zu setzen, auch jetzt, wo sie den Schritt tat, von dem sie später zugab, daß es der schmerzlichste ihres Lebens gewesen sei. Sie war begierig darauf gewesen, mit der Arbeit zu beginnen. Das Warten war ein Härtetest für ihren Gehorsam. Auf der anderen Seite, so betonte sie später immer wieder, hatte Loreto in ihr Grundlagen für alles Folgende geschaffen. Dort hatte sie ein regelmäßiges, diszipliniert religiöses Leben geführt, das sie liebte, und eine Gemeinschaft gefunden, der sie sich fest verbunden fühlte. »Loreto zu verlassen«, gestand sie später, »war mein größtes Opfer, das schwerste, das ich je gebracht habe. Es war viel schwerer als der Abschied von meiner Familie und meiner Heimat, um das Klosterleben aufzunehmen. Loreto, meine spirituelle Erziehung, meine Arbeit dort, bedeuten mir alles.«

Sie war trotzdem eine Weile glücklich in Patna. Zu Beginn ihrer medizinischen Ausbildung schrieb sie ihrem geistlichen Vater, wie nervös sie war, wenn sie die winzigen Babys in den Arm nahm. Sie befürchtete, das zerbrechliche Leben aus ihnen herauszudrücken. Aber schon bald fühlte sie, daß sie alles gelernt hatte, was sie wissen mußte. Nach wenigen Wochen bat sie bereits um Erlaubnis, nach Kalkutta zurückzukehren und die Arbeit in den Slums aufzunehmen. Pater van Exem, der sich auf eine mindestens sechsmonatige, wenn nicht gar ganzjährige Ausbildungszeit eingestellt hatte, war völlig überrascht. Sowohl er als auch der Erzbischof waren der Ansicht, daß sie keinesfalls ihre Arbeit ohne angemessene medizinische Kenntnisse beginnen könne. Doch in ihren Briefen erklärte Mutter Teresa, daß sie sich in Patna mit Krankheiten beschäftigte, die es in den Slums nicht gab. Sie könnte viel mehr über Cholera, Schwären und Krankheiten der Slums lernen, schrieb sie, wenn sie tatsächlich dorthin ginge. Schließlich erklärte sich Pater van Exem bereit, sich bei seinem nächsten Aufenthalt in Patna mit Schwester Stephanie, der Oberin der Missionsärztlichen Schwestern, und einer der ärztlichen Schwestern zu treffen, die Mutter Teresa ausbildeten. Da er Mutter Teresa nie zuvor in einem Sari gesehen hatte, erkannte er sie nicht in der Gruppe der Krankenschwestern des Hospitals. Erst als er schließlich nach ihr fragte, protestierte sie: »Aber Vater, ich bin doch hier.« Noch unglücklicher stimmte ihn die Tatsache, daß sowohl Schwester Stephanie als auch die ärztliche Schwester übereinstimmend feststellten, daß Mutter Teresa nunmehr fähig sei, das Leben in den Slums zu beginnen. Pater van Exem befürchtete einen Skandal und – daraus folgend – ein Ende der Arbeit, falls sie einen Fehler machte. Mutter Teresa würde keinen Fehler machen, gab Schwester Stephanie zu verstehen. Außerdem gäbe es Menschen, die ihr helfen würden, Ärzte und Krankenschwestern, die auf sie zukommen und die Verantwortung mittragen würden.

In der kurzen Zeit, die sie bei ihnen war, hatte Mutter Teresa viel von den ärztlichen Schwestern gelernt, unter anderem etwas über die Regel des Gleichgewichts. Sie ging auf Mutter Denge zurück, ihre

Gründerin, die selbst beim Heiligen Stuhl für die Erlaubnis gekämpft hatte, in ihren Hospitälern Chirurgie und Geburtshilfe praktizieren zu dürfen. Mutter Teresa war fest entschlossen, eine Gemeinschaft zu gründen, deren Mitglieder das Leben der Armen Indiens teilten. Ihre Absicht war, daß sie und die Mädchen, deren Mitarbeit sie erhoffte, so leben, sich kleiden und essen würden wie die Ärmsten der Armen, die sie betreuen, nähren und kleiden würden wie den leidenden Christus. Die Ernährung der Schwestern sollte dementsprechend nur aus Reis und Salz bestehen, dem einfachsten bengalischen Essen. Die Erfahrung hatte jedoch den Missionsärztlichen Schwestern gezeigt, daß es ohne richtige Ernährung unmöglich war, über längere Zeit hinweg wirksam zu arbeiten. Mit der von Mutter Teresa beabsichtigten Ernährung würden ihre Schwestern bald selbst das Opfer der Mangelkrankheiten werden, an denen die Armen litten. In aller Demut nahm Mutter Teresa den Rat an. Als sie auf Empfehlung der Missionsärztlichen Schwestern die Erlaubnis erhielt, nach Kalkutta zurückzukehren, um in den Slums zu arbeiten, tat sie dies mit dem Vorsatz, daß diejenigen, die sich ihr in ihrer gewaltigen Aufgabe anschließen würden, den Lebensunterhalt haben sollten, den sie brauchten. In Gehorsam würden sie nicht mehr, aber auch nicht weniger essen als nötig.

Zunächst jedoch mußte das Problem einer geeigneten Unterkunft für Mutter Teresa selbst gelöst werden. Es gab damals zwar zahlreiche leerstehende große Gebäude. Sie gehörten Moslems, die Kalkutta verlassen hatten, um sich in Pakistan niederzulassen, aber sie waren nicht unbedingt geeignet für eine alleinstehende Frau. Erzbischof Périer verwarf Pater van Exems ursprünglichen Vorschlag, daß sie in einem der Karmeliterhäuser untergebracht werden sollte, da sonst deren kontemplatives Leben gestört werden würde. Pater van Exem wandte sich daher an die Gute Mutter der Kleinen Schwestern der Armen, die ein Haus führte, in dem etwa 200 ältere Menschen Unterkunft und Betreuung fanden. Die Gute Mutter nahm den Vorschlag mit Vorsicht auf. Da Mutter Teresa nicht mehr an eine religiöse Gemeinschaft gebunden war, mußte sie über sechzig sein, um als Insassin in Betracht zu kommen. Auf die Zusicherung hin, daß Mutter Teresa lediglich den Status der Exklaustrierung innehatte und immer noch Erzbischof Périer unterstand, stimmte die Oberin jedoch ihrer

Aufnahme zu. Innerhalb der Institution der Kleinen Schwestern der
Armen hatten sich die Mitglieder der Armut und dem Vertrauen auf
göttliche Vorsehung in ähnlicher Weise verschrieben, wie es Mutter
Teresa für sich vorsah. Von einem kleinen Zimmer auf der ersten
Etage, nahe der Pforte des St. Joseph's Home, würde sie nach der
Messe und dem Frühstück jeden Morgen in die Slums gehen können,
wo sie arbeiten wollte.

Im Jahre 1991 gingen die Erinnerungen Pater van Exems und Mutter Teresas bezüglich des Datums auseinander, an dem sie sich zum erstenmal nach Motijhil begab, in den Slum, den sie von den Fenstern des
Loreto-Klosters von Entali aus gesehen hatte. Einige Dokumente, die
aus dieser Zeit stammen, zusammen mit einer Fülle von Briefen, die
Mutter Teresa fast vom Beginn ihrer neuen Gemeinschaft an empfing,
bewahrte Pater van Exem auf. Es kam jedoch ein Zeitpunkt, an dem
Mutter Teresa darauf bestand, daß alles Tun Gottes Wirken war und
nicht das ihre und daß alle Dokumente vernichtet werden sollten. Die
Antwort ihres geistlichen Beraters war die, daß die Aufzeichnungen
nicht ihr Eigentum waren, sondern das der Gemeinschaft. Ohne die Erlaubnis des Bischofs könne er sie nicht vernichten. Sie solle sich an Erzbischof Périer wenden. Das tat sie, und der Erzbischof antwortete, daß
er Pater van Exem nur dann dazu veranlassen würde, wenn sie die Geschichte der Gemeinschaft schriebe. Dazu war sie jedoch nicht in der
Lage. Als Erzbischof Périer 1960 aus dem Amt schied, wandte sich Mutter Teresa an seinen Nachfolger Erzbischof Vivian Dyer, um die Erlaubnis zur Vernichtung der Dokumente zu bekommen. Zu ihrer Enttäuschung fragte er jedoch nach der Ansicht seines Vorgängers und zog
es vor, sie zu bestätigen. Auch bei seinem Amtsnachfolger war Mutter
Teresa erfolglos. Als Kardinal Lawrence Picachy die Nachfolge Erzbischof Albert D'Souzas antrat, wußte Mutter Teresa, was die Antwort
auf jeden ihrer Anträge sein würde. Einige Jahre später, zermürbt
durch Mutter Teresas ständiges Bitten, sandte ihr Pater van Exem die
zwei Kisten zu, die er so sorgfältig aufbewahrt hatte, mit der Auflage,
daß sie alles aufheben solle, das rechtmäßig der Gemeinschaft gehöre.
Die Frage der Verwendung dieser Dokumente war die einzige, über die
sie jemals aneinandergeraten waren. Schließlich hatte Mutter Teresa
ihren Willen durchgesetzt: »Sie wird ein paar Sachen aufgehoben
haben, aber nicht sehr viel.«

Mutter Teresa lebte immer in der unmittelbaren Gegenwart. Damit war sie viel zu sehr beschäftigt, um sich übermäßig um die Vergangenheit zu kümmern. Einige Zeugnisse sind dennoch erhalten. Auszüge aus einem Notizbuch, in das sie zu Anfang ihrer Arbeit in den Slums Einträge machte, halten als Datum ihres ersten Besuchs in Motijhil den 21. Dezember fest, aber ihr geistlicher Führer, der wohl wußte, wie wenig Bedeutung sie diesen Dingen beimaß, erinnerte sich an den 8. oder 9. Dezember. Sicher ist, daß sie sich acht Tage ganz zurückzog. Während dieser Zeit suchte er sie täglich auf, um ihr geistliche Anweisungen zu geben. Schließlich kam der Moment, wo sie den Bus nach Mauli Ali nahm, einem Bezirk, der mit der Zeit in einem Maße der Mittelpunkt ihrer Arbeit wurde, daß die Menschen dort der Straße den Spitznamen »Straße der Missionarin der Nächstenliebe« gaben. Von dort aus begab sie sich nach Motijhil und zu den Kindern, die bald ihre ersten Schüler wurden. Am Morgen des nächsten Tages warteten die Kinder schon auf sie auf den Treppen einer Eisenbahnbrücke, die hinunter in den Slum führte. Am 28. Dezember erhielt Mutter Teresa die Erlaubnis, eine Slumschule in Motijhil einzurichten. Die »Schule« war ein freier Platz zwischen den Hütten. Die Kinder kauerten auf dem nackten Boden, und Mutter Teresa ritzte die Buchstaben des bengalischen Alphabets mit einem Stock in den Boden. Trotzdem verdoppelte sich die Zahl der 21 Schüler des ersten Tages am zweiten und nahm ständig zu, bis das wiederholte Aufsagen des Alphabets in den schmutzigen, unbefestigten Gassen, die die Reihen der Notunterkünfte unterteilten, ein vertrautes Geräusch geworden war. Mutter Teresa notierte in ihrem Notizbuch: »Diejenigen, die nicht sauber waren, wusch ich erst einmal gründlich am Wassertank. Wir hatten Katechismus nach der ersten Lektion in Hygiene und der Lesestunde. Wir benutzten den Boden als Schreibtafel. Nach der Näharbeit gingen wir zu den Kranken.«

Sie notierte auch, daß sie bei dieser Gelegenheit viel lachte. Es war das erstemal, daß sie versucht hatte, solch kleine Kinder zu unterrichten. Dann gab es Zeiten, wo sie vor Aufgaben stand, die das Letzte von ihr forderten. Da gibt es die Geschichte, daß sie, als sie allein bei der Arbeit war, auf einen Mann stieß, dessen Daumen vom Wundbrand befallen war. Er mußte ganz offensichtlich entfernt werden, und so nahm sie, zweifellos mit einem Stoßgebet, eine Schere und schnitt zu.

Patient und Chirurgin fielen beide in Ohnmacht. Mit der Zeit jedoch, als die Menschen begriffen, was sie tat, gaben sie ihr Geld und kamen ihr zu Hilfe. Der Busfahrer auf der Strecke von St. Joseph's Home bestand darauf, daß sie den Platz neben ihm einnahm. Eine frühere Kollegin von St. Mary's half ihr bei ihrer Lehrtätigkeit. Mutter Teresa mietete in Motijhil zwei Hütten, von denen eine als Schule diente, in der die Schüler zu Mittag Milch bekamen und als Preise Seifenstücke. Irgendwie siegte die Liebe, mit der die Arbeit ausgeführt wurde, über die Unsinnigkeit, Frauen, die wahrscheinlich niemals lesen würden, das Alphabet beizubringen, und denen Hygiene, die sich niemals Seife kaufen konnten. Der andere Raum sollte als erstes Heim für die mittellosen Kranken und Sterbenden dienen. In ihrem Tagebuch beschrieb Mutter Teresa, wie das Erlebnis der Verlassenheit einer Sterbenden ihr die Augen für eine dringende Notwendigkeit öffnete, wie die Arbeit begann, als die Notleidenden sie brauchten:

»Ich sah eine Frau auf der Straße vor dem Campbell Hospital im Sterben liegen. Ich hob sie auf und brachte sie in das Hospital, aber sie wurde zurückgewiesen, weil sie krank war. Sie starb auf der Straße. Da wußte ich, daß ich ein Heim für Sterbende einrichten mußte, eine Bleibe für Menschen, die in den Himmel gingen.«

Eine alte moslemische Frau kam zu ihr nach Motijhil. »Ich möchte, daß Sie mir etwas versprechen«, bat sie eindringlich. »Wenn Sie hören, daß ich krank bin und sterbe, dann kommen Sie bitte, denn ich möchte bei Gott sterben.«

Bald konnte Mutter Teresa damit beginnen, andere anzuleiten, die Kranken und Alten zu besuchen, christliche Kinder im Katechismus zu unterweisen, moslemischen wie hinduistischen Familien in ihrer Armut in den Slums von Tiljala und Haora Trost zu bringen. Sie eröffnete eine Pflegestation bei der St. Teresa's Church. Die Arbeit nahm sie ganz in Beschlag. Der Durst nach den Seelen wurde stärker: »Wenn ich bei der Arbeit bin und die vielen Leidenden sehe, dann denke ich an nichts anderes als an sie und bin wirklich sehr glücklich.« Dennoch wäre es falsch zu glauben, sie sei einfach auf einer Woge des Enthusiasmus und gottgegebener Gnade davongetragen worden. Es fiel ihr nicht einfach alles leicht. Die rasche Zunahme der Arbeit verlangte täglich eine mühsame Anstrengung, um weiterzumachen. Die ersten Monate standen häufig unter dem Zeichen der

Einsamkeit, des Zweifels und der Versuchung, in die Geborgenheit der Gemeinschaft von Loreto zurückzukehren. Auch hier gibt ihr Tagebuch Aufschluß über ihren Kampf:

»Unser Herr will, daß ich eine freie Nonne bin, die die Armut des Kreuzes erträgt. Heute lernte ich eine gute Lektion. Die Armut der Armen muß entsetzlich hart für sie sein. Während ich nach einem Zuhause suchte, ging und ging ich, bis meine Arme und Beine schmerzten. Ich dachte daran, wie sehr sie an Körper und Seele leiden mußten, auf ihrer Suche nach einem Heim, nach Nahrung und Gesundheit. Dann erschien mir der Komfort von Loreto wie eine Versuchung. ›Du brauchst nur ein Wort zu sagen, und alles wird wieder dein sein‹, sagte der Versucher beständig. Aus freiem Entschluß, mein Gott, und aus Liebe zu dir wünsche ich zu bleiben und zu tun, was immer dein heiliger Wille von mir erwartet. Ich erlaubte mir keine einzige Träne.«

Dies, so erkannte sie, war die »dunkle Geburtsnacht der Gemeinschaft«. »Jedermann sieht meine Schwäche«, gestand sie ein, und es gab Zeiten, wo doch Tränen in ihre Augen stiegen. Nicht alle, die sie um Spenden anging, auch nicht in den Pfarreien, brachten ihr Verständnis entgegen. Ein Priester, den sie um Hilfe bat, behandelte sie, als tue sie etwas Schlechtes. Er teilte ihr mit, daß er sie überhaupt nicht verstehe, und verließ sie grußlos. Für den Augenblick mußte sie sich eingestehen, daß sie nicht gut im Betteln war – »Macht nichts, auch das wird kommen«.

Die Suche nach einem Haus, in dem sich andere zu ihr gesellen konnten, ging weiter. Mutter Teresa hatte wenig Zeit, sich darum zu kümmern, aber Pater Julien Henry und Pater van Exem durchstreiften Ost-Kalkutta. Schließlich, als sie die Suche fast aufgegeben hatten, kam Pater van Exem auf die Idee, Alfred Gomes zu fragen, einen von vier moslemischen Brüdern, der ein großes Anwesen in der Creek Lane hatte, gleich neben einem Grundstück, das sich zwei christliche Familien teilten. Zwei der Brüder hatten bei der Teilung Indiens beschlossen, nach Ost-Pakistan zu ziehen. Alfred Gomes war sofort damit einverstanden, daß Mutter Teresa einen Raum in der zweiten Etage erhalten solle. Zunächst mußte er jedoch seinen Brüdern in

Ost-Pakistan schreiben und einige Reparaturen im Obergeschoß erledigen lassen. Aber danach konnte Mutter Teresa den Raum kostenlos benutzen. Es war in vieler Hinsicht eine ideale Lage. In jenen Tagen beendete Mutter Teresa ihre Arbeit in den Slums gegen fünf oder sechs Uhr. Ihre Abende gehörten dem Gebet und dem Schreiben. Der Umstand, daß der Zugang zu ihrer Unterkunft durch die Familie von Michael Gomes führte (dem das Erdgeschoß bewohnenden Bruder von Alfred Gomes), hielt alle unwillkommenen Eindringlinge ab, wenn die Tagesarbeit getan war. Es war außerdem ein Ort, den Mutter Teresa als »reich in seiner Armut« beschrieb. Als die Gute Mutter der Kleinen Schwestern der Armen zur Besichtigung der Unterkunft kam, war sie von dessen spartanischem Zustand betroffen: »Nun, du hast ganz gewiß Jesus bei dir«, war ihr Kommentar. »Man kann nicht sagen, daß du Loreto verlassen hast, um reich zu werden.«

Zunächst hatte Mutter Teresa nichts als eine Bank, die als Bücherregal diente, eine Kiste als Tisch, einen Stuhl von der Guten Mutter und eine grüne Kommode, die als Altar diente. Die Schwestern von Loreto schickten ihr schließlich ein Bett. Dazu kam das Bild des Unbefleckten Herzens Mariens, das Mutter Teresa Pater van Exem geschenkt hatte, als sie noch in Loreto war, und das er ihr nun zurückgab. Pater Julien Henry hatte ihr eine Statue Unserer Lieben Frau von Fatima für den Altar gegeben. »Ich freue mich darauf, dem Unbefleckten Herzen sein erstes Heiligtum in Kalkutta zu geben«, schrieb sie. »Der Ehrgeiz zu sehen, wie sie hier geliebt und wie ihr hier gedient wird, erfüllt mein Herz.« In der dritten Etage des Gebäudes befand sich ein großer Dachraum, der über die ganze Länge des Hauses ging. Später wurde er ihr zur Verfügung gestellt, als die ersten der Menschen eintrafen, deren Kommen Mutter Teresa erwartete. Am 28. Februar 1949 zog sie in ihr neues Heim in der Creek Lane. Es gab Zeiten, in denen sie so hungrig war, daß sie an Michael Gomes Zettel mit der Bitte um etwas Essen schreiben mußte: »Herr Gomes, ich habe nichts zu essen. Bitte geben Sie mir etwas zu essen.« In anderen Momenten fühlte sie sich sehr einsam – »Mein HERR, was für Qualen der Einsamkeit heute!« Sie setzte ihr Vertrauen auf die göttliche Vorsehung und auf das Unbefleckte Herz Mariens und betete häufig: »Ich habe keine Kinder, so wie du einst zu deinem geliebten Sohn sagtest: ›Sie haben keinen Wein‹.«

Am 19. März 1949 kam Subhasini Das, ein bengalisches Mädchen, das in der Klosterschule von Loreto eine ihrer Schülerinnen gewesen war, zu Mutter Teresa in ihr spärlich möbliertes Zimmer in der Creek Lane. Ihre Mutter hatte sie zuvor aus der Schule nehmen und verheiraten wollen, aber die Sache war vor Gericht gekommen. Mutter Teresa war als Zeugin aufgetreten, und die Hingabe des Mädchens an ihre Lehrerin war so deutlich gewesen, daß der Richter sie ihrer Obhut anvertraut hatte. Sie war die erste Postulantin und die künftige Schwester Agnes. Hatte Mutter Teresa auch kein Wort über ihren speziellen Grund, Loreto zu verlassen, gesagt, so hatte sie dennoch in einigen ihrer jungen Schülerinnen den Samen für eine dauerhafte Fürsorge für die Armen gesät. Sie war mit ihnen durch die Slums von Motijhil gegangen und hatte sie darauf aufmerksam gemacht, daß es jemanden geben sollte, der etwas für diese Bedürftigen tat. Kurz bevor Mutter Teresas Fortgehen bekannt gemacht wurde, hatte eine kleine Gruppe ihrer Schülerinnen beschlossen, daß sie etwas für die Armen tun wollten. Sie opferten die Hälfte ihrer Zeit, um den Bewohnern der Slums zu helfen. Sie hielten eine besondere neuntägige Andacht ab. Mutter Teresa war sogar so weit gegangen, daß sie sie fragte, ob sie bereit wären, die Schule noch vor den Abschlußexamen für den Dienst an den Armen zu verlassen. Magdalen Polton Gomes war unter denen, die mit »Ja« geantwortet hatten. Sie war eine glühende Vertreterin der indischen Unabhängigkeitsbewegung und den Briten gegenüber sehr feindlich eingestellt. Aber Mutter Teresa überzeugte sie davon, daß es besser sei, ihre jugendlichen Energien in die Liebe für die Armen zu lenken, und zwar nicht nur für die indischen, sondern für die aller Nationalitäten. »Es war wie ein Zauber«, erklärte sie später einmal. »Und ich war in diesem Zauber gefangen.« Ihr Vater war völlig gegen die Idee, daß sie zu Mutter Teresa stoßen sollte. Und dennoch wurde am 26. April Magdalen Gomes, die künftige Schwester Gertrude, Mutter Teresas zweite junge Gefährtin. Der Mai brachte die künftige Schwester Margaret Mary. Sie war damals erst sechzehn, und da es noch kein förmliches Noviziat in der Gemeinschaft gab, nahm Mutter Teresa sie einfach als »Tagesschülerin« an.

Mutter Teresa und die ersten Mädchen gingen regelmäßig in die Baitakkhana-Kirche. In der dortigen Sakristei erhielten sie Anweisungen hinsichtlich ihres religiösen Lebens, der geistigen Bedeutung des heiligen Ignatius von Loyola, des Geistes der Gemeinschaft, der Nächstenliebe gegenüber den Armen und der dazu gehörigen Motivation: Christi Gegenwart in ihnen. Als es allmählich immer mehr wurden, ging Pater van Exem dazu über, sie im Kloster zu unterweisen. Die ersten zehn Mädchen, die kamen, waren alle ehemalige Schülerinnen. Eine nach der anderen begannen sie ihren Hilfsdienst an den Ärmsten der Armen; sie gingen bettelnd von Tür zu Tür und brachten alles, was sie bekamen, zu den Hungernden in den Straßen, trösteten die Kranken und die Sterbenden und lehrten die Kinder die Würde des menschlichen Lebens. Manchmal wurden sie zurückgewiesen und beschimpft, sie handelten aber immer in der Überzeugung, daß sie auf die Botschaft des Matthäus-Evangeliums antworteten: »Was Ihr für einen meiner geringsten Brüder getan habt, das habt ihr mir getan.« (Mt. 25,40.)

Noch aber war die Gruppe um Mutter Teresa keine anerkannte Gemeinschaft. Es war einfach, wie Erzbischof Périer es nannte, eine Gruppe »frommer Frauen, die zusammen lebten«, die aber nicht das Recht hatten, das Sakrament in ihrem »Kloster« im Obergeschoß in der Creek Lane aufzubewahren. Statt dessen mußten sie täglich zur Messe in die St. Teresa's Church gehen. Am Ende des ersten Jahres hing die Fortsetzung der Arbeit von Mutter Teresa immer noch von der Entscheidung des Erzbischofs ab, desgleichen der Antrag in Rom auf förmliche Anerkennung der Gemeinschaft. Erzbischof Périer erwog die Sache mit Wohlwollen und zog wieder einmal Pater van Exem zu Rate. Diesmal stellte er ihm die Frage, ob er von irgendeinem Tadel an Mutter Teresa gehört habe. Zögernd berichtete der junge Priester, daß der Pfarrer von St. Thomas' Church das Wirken von Mutter Teresa als »die Grillen des Teufels« beschrieben hatte: Mutter Teresa habe an der St. Mary's School für bengalische Mädchen wertvolle Arbeit geleistet. Niemand habe sie seither ersetzen können. Sie habe etwas Sicheres, Gutes für eine Sache mit unklarem Ausgang aufgegeben. Ein solches Handeln, so das Argument, konnte nur das Werk des Teufels sein. Erzürnt sandte der Erzbischof Pater van Exem zum Pfarrer von St. Thomas, um ihn aufzufordern, diese Behauptung zurückzunehmen. Andernfalls werde er seines Postens enthoben. Solch einer Aufforderung war kaum Widerstand zu leisten, und so widerrief der Pfarrer von St. Thomas seine frühere Bemerkung. Erz-

bischof Périer war jedoch noch nicht beruhigt und stellte weitere
Nachforschungen an. Schließlich aber schrieb er den notwendigen
Brief nach Rom.

Sehr kurzfristig wurde dann Pater van Exem aufgefordert, bis
April 1950 ausgearbeitete Statuten für die geplante Gemeinschaft vorzulegen. Mutter Teresa hatte 1948 und 1949 selbst die ersten »Regeln«
in einem kleinen gelben Notizbuch niedergeschrieben, kannte sich
aber im Kirchenrecht nicht aus und wußte nicht, wie solche Statuten
förmlich abzufassen waren. Als die erste Version dem Jesuitenpater
vorgelegt wurde, befand er, daß das Englisch miserabel sei. Der Geist
der Statuten blieb zwar im wesentlichen der Geist Mutter Teresas,
aber Pater van Exem mußte unter ihrer Anregung noch vieles hinzufügen. Die Statuten wurden hauptsächlich auf der Grundlage der Regeln von Loreto entwickelt, die wiederum auf jesuitischen Regeln
fußten, besonders in bezug auf das Gebot des Gehorsams und der
Hingabe an das Heilige Herz Jesu als Sitz der Liebe. Das Armutsgebot
wollte Mutter Teresa konsequent angewandt sehen. Ihre Forderung
war gewesen, daß die Missionarinnen der Nächstenliebe die Gebäude, von denen aus sie den Armen dienten, nicht besitzen sollten.
Sie sollten der Kirche gehören, so daß die Armut der Gemeinschaft
gewahrt bliebe, aber der Status der katholischen Kirche in Indien
hatte diese Idee zunichte gemacht. Es blieb jedoch viel von dem franziskanischen Ideal im Armutsgebot der Missionarinnen der Nächstenliebe. In ähnlicher Weise hatte das Verhältnis von Arbeit und
Gebet vieles gemein mit der Benediktinerregel des »ora et labora«. Ein
Mitglied von Pater van Exems Orden hatte eine Stelle am Obersten
Gerichtshof in Kalkutta, wo er einen guten Maschinenschreiber
kannte. So wurden in aller Eile sechs Kopien der Statuten der Missionarinnen der Nächstenliebe im Obersten Gerichtshof in Kalkutta ge-
tippt, so daß Erzbischof Périer sie im April 1950 mit nach Rom nehmen konnte.

Es erhoben sich Fragen praktischer Art bezüglich der Ordenstracht der Schwestern, Fragen, die zu beantworten Mutter Teresa
überlassen wurde. Eine der künftigen Missionarinnen der Nächstenliebe wurde in einen schlichten weißen Sari und ein kurzärmeliges
Gewand gesteckt, eine andere als Novizin in einen weißen Sari nebst
Gewand gekleidet, dessen Ärmel den ganzen Arm bedeckten. Mutter

Teresa selbst posierte als vollgültige Ordensschwester mit dem typischen weißen blaugesäumten Sari. Die Fotografien wurden sodann nach Rom zur Begutachtung geschickt. Kurz danach kam dann Papst Pius' XII. Bestätigung der Einrichtung der neuen Gemeinschaft.

Am 7. Oktober 1950 zelebrierte Erzbischof Périer zum erstenmal die Messe an dem Altar in der winzigen Kapelle im Obergeschoß von Alfred Gomes' Haus in der Creek Lane. Eine große Gemeinde hatte sich versammelt, um zuzuhören, wie Pater van Exem das Gründungsdekret verlas. Es beschrieb, wie »eine kleine Gruppe von Frauen unter der Führung von Schwester M. Teresa es sich mit ganzem Herzen und zu großem Gewinn für die Seelen zur Aufgabe gemacht hat, den Armen zu helfen – den Kindern, Erwachsenen, den Alten und Kranken, in dieser unserer Millionenstadt«. Es erwähnte weiterhin die »ernsthafte Prüfung« der Gruppe auf den Antrag hin, als religiöse Gemeinschaft anerkannt zu werden, sowie den Beschluß, daß »kein anderer bestehender Orden den Zweck erfüllt, den diese neue Institution anstrebt«. Schließlich wurde darauf hingewiesen, daß »jene, die dieser Institution beitreten wollen, entschlossen sein müssen, sich unablässig dafür einzusetzen, in Städten und Dörfern, sogar in elendesten Umständen, die Ärmsten, Verlassenen, die Kranken, Siechen und Sterbenden aufzusuchen, sie mit allem Fleiß zu versorgen und ihnen die Botschaft des Christentums zu bringen, mit der zielstrebigen Absicht, ihre Bekehrung und Heiligung zu erreichen... Dazu werden sie jegliche andere apostolische Arbeit und Aufgaben verrichten, wie niedrig und erbärmlich sie auch sein mögen.« Das Dekret wurde am Tag des Festes des Heiligsten Rosenkranzes, dem 7. Oktober 1951, mit Erzbischof Périers Unterschrift und Siegel versehen, und noch am selben Tag begannen die elf, die sich zu Mutter Teresa gesellt hatten, ihr Postulat als Missionarinnen der Nächstenliebe.

Damals dauerte die heute einjährige Anwartschaft nur sechs Monate. Pater van Exem mußte demzufolge für den 11. April 1952 eine Aufnahmezeremonie vorbereiten. Er bezog die Anregungen dafür aus den Zeremonien der Karmeliterinnen und anderer Orden in Kalkutta. In seiner Aufnahmezeremonie kamen die Novizinnen in bengalischer Brauttracht in die Kathedrale. Es war eine wunderschöne und denkwürdige Feier, mit der Mutter Teresa, die selbst als Novizin aufgenommen wurde, sehr zufrieden war. Für ein bengalisches

Mädchen war das Abschneiden ihres Haares ein besonderes Opfer.
Ein Einbeziehen dieses Aktes in die Liturgie war bedeutsam und
rechtfertigte die dafür aufgewendete Zeit – wenigstens waren einige
der Anwesenden dieser Meinung. Mit seinem charakteristischen
Humor erinnerte sich Pater van Exem Jahre später an die Reaktion
der Leute in der Umgebung, als sie so viele bengalische Bräute per Bus
ankommen sahen, und an den Kommentar eines Priesters bezüglich
der Dauer der Zeremonie des Haarabschneidens: »Die Ordination
eines Priesters dauert zwei Stunden, die Weihe eines Bischofs drei
und die Aufnahme einer Missionarin der Nächstenliebe vier.«

In ihrem Kloster pflegten die neuen Novizinnen den Geist der Gesellschaft, zu dem nicht nur »liebevolles Vertrauen« und »völlige Hingabe« gehörten, sondern auch »Heiterkeit«. Die Pflichten von Gebet
und Arbeit wurden getreulich erfüllt. In ihrem Tagebuch notierte
Mutter Teresa, wie wunderbar die Stille eingehalten wurde, wie die
Inbrunst der jungen Novizinnen sie veranlaßte, ihnen zu folgen, und
wie die Armut, »die in den Plänen so klar erscheint«, nun tatsächlich
Gestalt annahm. Die Novizinnen wuschen sich und ihre Kleidung in
gemeinschaftlichen Eimern. Sie putzten ihre Zähne mit Asche. Ihre
Kleidungsstücke waren in einem kleinen »potla« oder Bündel aufge-
rollt, das zugleich die Funktion eines zusätzlichen Kopfkissens hatte,
wenn jemand in der Nacht hustete. Trotz der provisorischen Möblie-
rung war das Obergeschoß in der Creek Lane makellos und ordentlich, und so blieb es auch, als der einzelne große Raum und die winzige Kapelle kaum noch genügend Schlaf- und Lebensraum für die
wachsende Mitgliederzahl boten. Es wurde klar, daß die Missionsschwestern der Nächstenliebe sich nach einer größeren Behausung
umsehen mußten. Als die Not wuchs, begann die kleine Gemeinschaft inbrünstig dafür zu beten, daß ihnen ein dauerhafteres Stammhaus beschieden werde. »Ich hatte Unserer Lieben Frau 85 000 Me-
morares zu beten versprochen«, berichtete später Mutter Teresa im
Vertrauen. Aber die Gemeinde war noch so klein, daß sie, die immer
praktisch Denkende, allen Kindern und anderen Menschen in ihrer
Obhut das Memorare beibrachte, um die erforderliche Anzahl an Gebeten zu erreichen. »Und bald hatten wir das Haus.«

Es gehörte einem Herrn Islam, einem pensionierten Beamten, der
von den Jesuiten in Kalkutta erzogen worden war. Wie viele Moslems

in dieser Zeit wollte er nach Pakistan ziehen und deshalb sein Anwesen verkaufen, das er sich an einer der Hauptstraßen von Kalkutta gebaut hatte. Bei einem Treffen mit Mutter Teresa und Schwester Gertrude war er sehr überrascht, daß sein Vorhaben, das Haus zu verkaufen, bekannt war. Er betonte immer wieder, er habe niemandem von seinen Verkaufsabsichten erzählt – es war nur ein Plan, den er insgeheim gefaßt hatte. Als Pater Julien Henry die Verhandlungen im Namen Mutter Teresas aufnahm, ergab es sich, daß Islam bereit war, das Haus für weniger als den Grundstückspreis zu verkaufen. Pater van Exem erinnerte sich an den Abschied des alten Mannes von seinem Eigentum. Der Priester wartete allein im Vorzimmer, während der Moslem zu der nahe gelegenen Moschee ging, um zu beten. Als er zurückkam, blieb er vor dem Gebäude stehen und weinte. »Ich habe dies Haus von Gott bekommen«, sagte er, »und ich gebe es ihm zurück.« Pater van Exem hörte von diesem großherzigen Wohltäter nichts mehr, aber das finanzielle Zugeständnis bei dem Verkauf des Anwesens erwies sich als außerordentlich bedeutsam. Der Erzbischof von Kalkutta bestätigte unverzüglich den Kauf und streckte das nötige Kapital vor. Die Missionarinnen der Nächstenliebe zogen in das Gebäude ein, das bis auf den heutigen Tag ihr Stammhaus ist. Das Anwesen bestand aus zwei Häusern mit einem Hof in der Mitte, an der damaligen Lower Circular Road, der heutigen Acharya Jagadish Chandra Bose Road, mitten im Herzen von Kalkutta. Der Umzug fand entweder im Februar oder im März 1953 statt. Daß sogar die unmittelbar daran Beteiligten sich nicht auf ein genaues Datum einigen können, zeigt, wie allumfassend die Arbeit bei den Armen bereits geworden war.

Vor dem Gebäude ergoß sich ein Strudel lärmender Fußgänger, Straßenbahnen und Autos. Die Geräusche der überfüllten Stadt, vorüberziehende hinduistische Prozessionen, Riksha-Klingeln und politische Aufmärsche unterbrachen oft die Gebete der Schwestern oder übertönten sie sogar völlig. Es bot seinen neuen Bewohnern viel Platz, woran sie nicht gewöhnt waren. Es hatte eine größere Kapelle und einen Speisesaal, und zum erstenmal hatte Mutter Teresa ein eigenes Zimmer. Trotzdem behielt die Gemeinschaft eine von Armut geprägte Lebensart bei, die so wichtig war. »Unsere rigorose Armut ist unsere Sicherheit«, sagte sie nachdrücklich, wenn später jemand

den Missionarinnen der Nächstenliebe etwas schenken wollte, das
für den Spender zum Grundbedarf des Lebens gehörte, für die
Schwestern aber nur ein unnötiger Luxus war. »Wir wollen nicht das
tun, was andere Orden durch die Geschichte hindurch getan haben,
und damit beginnen, daß wir den Armen helfen, nur um schließlich
ungewollt den Reichen zu dienen. Um diejenigen, die nichts haben,
zu verstehen und ihnen helfen zu können, müssen wir wie sie
leben… Der einzige Unterschied ist der, daß diese Leute von Geburt
an arm sind und wir durch eigene Entscheidung.« In jenen frühen
Tagen konnten sie aber die Armut ihres Lebens ohne Probleme bei-
behalten.

Offiziell besaßen die jungen Missionarinnen der Nächstenliebe
nur ihre Baumwollsaris und Gewänder, grobe Unterwäsche, ein Paar
Sandalen, das an ihrer linken Schulter angebrachte Kruzifix, einen
Rosenkranz, einen Schirm, um sich vor dem Monsunregen zu schützen, einen Metalleimer zum Waschen und eine dünne Strohmatte als
Bett. Da sie völlig von der Großzügigkeit anderer abhängig waren,
herrschte aber tatsächlich auch an diesen Grunddingen oft Mangel.
Mutter Teresa selbst war inzwischen erfahrener in der Kunst des Bet-
telns geworden, und die Schwestern lernten von ihr: »Mutter gab uns
die Liebe zum Betteln von Tür zu Tür. Wir nahmen einen großen Öl-
kanister und holten Essensreste von Familien aus der Canal Street,
die Mutter Teresa dann am Nachmittag in die Pflegestation für be-
dürftige Kinder brachte.« Canal Street war ein Bezirk nicht weit von
der Lower Circular Road, deren Anwohner selbst recht arm waren,
aber dennoch bereit, das wenige, was sie hatten, zu teilen. Die Schwestern bettelten aber für die von ihnen Betreuten und nicht für ihre eigenen Bedürfnisse. Die Erinnerungen der ersten Schwestern sind
daher durchsetzt von Erzählungen über Improvisationen, die mit
grenzenlosem Humor bewältigt werden mußten. Einmal teilte Mutter
Teresa ein einziges Paar Sandalen drei verschiedenen Schwestern zu,
die es alle brauchten. Das Problem wurde dadurch gelöst, daß die
jüngste die Erlaubnis bekam, die Sandalen zu tragen.

Ein andermal war das einzige verfügbare Paar Schuhe, das eine
Schwester hatte, um zur Kirche zu gehen, ein Paar rote Stöckel-
schuhe. Ihr humpelndes Auftreten in solch unangemessenem Schuh-
werk rief allgemeine Heiterkeit hervor. Manchmal waren die Gewän-

der aus alten Säcken gemacht, die ursprünglich Bulgurweizen enthalten hatten. Die Aufdrucke darauf konnten nicht immer herausgewaschen werden und waren manchmal durch den dünnen Sari hindurch sichtbar. Einmal waren unter den sauberen Falten am Rücken einer Schwester deutlich die Worte »Nicht zum Wiederverkauf bestimmt« zu erkennen. Aus amerikanischem Armeekhaki machten sich die Schwestern Beutel, in denen sie eine Flasche Trinkwasser mitnahmen, wenn sie in der Hitze zur Arbeit hinausgingen. Mutter Teresa wollte nicht, daß sie von den Armen das ohnehin knappe Wasser annahmen, das sie ihren Gästen sonst angeboten hätten. Einmal gab es zu Weihnachten für die Christmette nicht genügend Schultertücher für die Schwestern im Haus, aber irgendwie sollten sie ja alle für ihren Gang zur Heilig-Herz-Kirche in Dharamtala gleich aussehen. Die Schwestern, für die es kein Schultertuch gab, waren also gezwungen, sich ihre Bettlaken umzulegen.

Armut im Leben war etwas, das die jungen künftigen Schwestern erwartet, ja ersehnt hatten. In der Tat war die Disziplin, mehr zu essen, als ihr Appetit von ihnen verlangte, oft eine härtere Prüfung, als zu hungern. Die Tage waren lang und hart. In der Woche standen sie um 4.40 Uhr auf; auf das Benedicamus Domino folgte die Antwortstrophe des Deo Gratias. Der Sonntag begann noch früher, um 4.15 Uhr. Sie zogen sich neben dem Bett an, mit dem Bettlaken über dem Kopf. Dann gingen sie nach unten und wuschen sich das Gesicht mit Wasser, das sie mit leeren Milchpulverdosen aus einem Tank im Hof schöpften. Sie wuschen sich mit Seifenstücken, die in sechs Stücke geteilt worden waren und die sowohl für den Körper wie für die Wäsche benutzt wurden. Die Zeit zwischen 5.15 Uhr und 6.45 Uhr war dem Morgengebet, der Meditation und der Messe vorbehalten. Dann tranken sie vor dem Frühstück ein Glas Wasser. Tee gab es damals nicht. Kalte Milch konnte mit amerikanischem Milchpulver gemacht werden; dazu gab es die fünf obligatorischen »chapattis« (Weizenfladen), die mit »ghee« (Butterschmalz) bestrichen wurden. Die Schwestern waren angehalten, rasch zu essen, eine Vitaminpille zu nehmen, und um 7.45 Uhr waren sie draußen auf den Straßen von Kalkutta, um für die Ärmsten der Armen zu sorgen. Irgendwie schafften sie es, bei aller Beschränktheit der Einrichtung, zwischendrin noch ihr vorgeschriebenes tägliches Bad zu nehmen und die am Vortag getragene Wäsche in einem Eimer zu waschen. Kurz nach Mittag kehrten sie in das Mutterhaus zurück, um zu beten, eine Mahlzeit aus fünf Löffeln Bulgurweizen und, sofern vorhanden, drei Bissen Fleisch zu sich zu nehmen. Nach dem Essen wurde die Hausarbeit erledigt, und danach bestand Mutter Teresa auf einer halben Stunde Ruhe. Es folgten ein Gebet und eine Tasse Tee mit zwei trockenen »chapattis«. Dem schloß sich eine halbe Stunde geistliche Lesung und Anweisungen von Mutter Teresa an. Und dann wieder zurück zu den Pflichten in der Stadt. Um sechs kehrten sie in das Mutterhaus zu Gebet und Verehrung des Sakraments zurück, gefolgt von einem Mahl aus Reis, »dal« (Brei aus Hülsenfrüchten) und Gemüse. Während dieser Zeit wurden geistliche Texte gelesen. Dann folgte die Zeit für das Stopfen, mit Rasierklinge, Nadel und Nähfaden in einer Zigarettenschachtel, danach etwas freie Zeit vor dem Abendgebet. Um zehn Uhr gingen sie zu Bett. Die freie Zeit gehörte zu den wenigen Momenten, wo über die für die Arbeit notwendige Kommunikation hinaus ein Gespräch erlaubt war. Das Zeichen für die Schwestern war das »Gelobt sei Jesus Christus«. Das »Amen« als Antwort hörte sich manchmal fast wie ein Stoßseufzer an. Endlich konnte man sich über die Erlebnisse des Tages aussprechen.

Nicht nur die Armen, denen die Missionarinnen der Nächstenliebe zu dienen versuchten, wiesen sie manchmal zurück. Die eigenen Familien der Mädchen waren oft beschämt, wenn sie ihnen auf der Straße oder auf dem Markt begegneten, in ihrer weißen indischen Witwentracht und in der Gesellschaft von Ausgestoßenen, und sie machten aus ihrer Mißbilligung keinen Hehl. Jahre später stellte sich zwar beim Vater eines der Mädchen ein Herzenswandel ein, aber in den ersten Tagen machte er seiner Tochter Vorwürfe, daß sie Mutter Teresa in die Slums begleitete. »Mein Sohn ist tot, mein einziger Sohn«, schrieb er ihr, »und Du läufst mit Mutter Teresa in den Slums herum.« Mit einer Härte, die sie selbst überraschte, antwortete die betreffende Schwester ihrem Vater, den sie zutiefst liebte: »Mein Bruder starb, und auch ich bin tot für Dich.«

Die körperlichen Bedingungen der Arbeit verlangten das Äußerste von den Schwestern. Wenn die jungen Novizinnen an den Sonntagen die Kinder für die Sonntagsschule einsammelten, mußten sie über Eisenbahnlinien steigen, Gräben überspringen und durch Tüm-

pel waten. In einem Fall gerieten zwei von ihnen in einen schweren
Gewitterregen. Die Wege durch den Slum wurden mehr als hüfthoch
überflutet. Mutter Teresa hatte sie angewiesen, wo immer sie gingen,
ihren Rosenkranz zu beten, »als eine herrliche Art des fortdauernden
Gebets«. Diese Praxis war so sehr ein Teil ihres Lebens geworden, daß
die Entfernungen in Rosenkränzen gemessen wurden. Aber in diesem Fall war sogar der Rosenkranz nicht ausreichend, um inmitten
des Gestanks und des Unrats und der verwesenden Kadaver ihren
Geist abzulenken. Statt dessen sangen sie das ganze Hochamt auf
Lateinisch.

Es gab Zeiten, wo es keinen Brennstoff gab, um das Essen zu kochen, aber mit fröhlicher Opferbereitschaft nahmen es die Schwestern hin, rohen Weizen zu essen, der manchmal über Nacht einge-
weicht worden war. Wenn das Currygericht bitter schmeckte und sie
nichts hatten, um es zu verbessern oder zu ersetzen, so aßen sie es auf
Mutter Teresas Vorschlag hin für die Bekehrung der Mau Mau in
Afrika. Nur donnerstags hatten die Mädchen etwas Freizeit. Da die
Sonntage der Pflege des Katechismus gewidmet waren, war der Donnerstag ein Tag der Erholung, frei von Arbeit außerhalb des Hauses,
dem Gebet und der Meditation gewidmet. Ganz am Anfang nahm
Mutter Teresa ihre Schützlinge am Donnerstag auf Erzbischof Périers
Anraten in den Garten eines Arztes zu einem Picknick mit.

Als ihr Talent zu betteln wuchs, wurde Mutter Teresa so etwas
wie der Dorn in den Augen der »edlen Spender«, aber in den Augen
ihrer Schwestern war sie von Anfang an ein Wunder. Unter sich
dachten sie sich aus, wie sie morgens Mutter Teresa in der Kapelle zu-
vorkommen könnten. Das gelang ihnen selten genug, obwohl Mutter
Teresa immer bis tief in die Nacht hinein arbeitete, ja, sich bisweilen
noch die Zeit abrang, eine Chronik der Gemeinschaft aufzuschreiben.
Sie wollte verhindern, daß eines Tages persönliche Dinge veröffentlicht wurden, die in ihren Augen keine Bedeutung hatten. Den Tag
über arbeitete sie mit unermüdlichem Fleiß und stets mit offensichtlicher Freude. Scheinbar konnte sie nichts erschrecken oder ein-
schüchtern. Angespornt von der Überzeugung, daß sie mit Gottes
Kraft alles erreichen konnte, war ihr nichts zu niedrig und kein Hindernis zu groß. »In Mutter sahen wir die Statuten verwirklicht«, berichtete später eine Schwester. »Die Freude, arm zu sein und hart zu

arbeiten.« Als Neuling hatte sie eines Tages die Toilette schmutzig vorgefunden und sie angeekelt verlassen. Mutter Teresa ging zufällig gerade vorbei, ohne die Schwester zu sehen. Sie krempelte sofort die Ärmel hoch, nahm einen Besen und putzte die Toilette selbst. Es war eine Lektion, die die Schwester nie vergessen sollte.

Akte des Gehorsams wurden ihnen ständig abverlangt. Sie mußten fünf »chapattis« essen, ob sie nun hungrig waren oder nicht. Wenn sie es nicht konnten, machte ihnen Mutter Teresa klar, daß sie nicht das Zeug dazu hatten, Missionarinnen der Nächstenliebe zu sein. Und sie mußten ständig Englisch miteinander sprechen. Die jungen Schülerinnen von Loreto, die ohne Schulabschluß abgegangen waren, sollten als künftige Missionarinnen der Nächstenliebe zusätzlich zu ihrer Arbeit ihre Ausbildung abschließen. Tatsächlich gelang es später einigen, ihre Ausbildung bei den Schwestern von Loreto fortzusetzen. Da sie einsah, daß die Gemeinschaft Mitglieder mit medizinischer Ausbildung brauchte, forderte Mutter Teresa von einigen ihrer ersten Zöglinge, Medizin zu studieren, trotz der Tatsache, daß das Medizinstudium für ein bengalisches Mädchen als Tabu betrachtet wurde, weil Männer und Frauen dadurch einander in unzulässiger Weise nahe kamen. Die Übungshefte der Studentinnen bestanden aus Etiketten, die sie von Milch- und Kakaopulverdosen abgelöst hatten. Die ehemaligen Schülerinnen von Loreto, die intelligent waren und aus kastenbewußten Familien stammten, sahen sich allen möglichen Erniedrigungen ausgesetzt. Aber Mutter Teresa erwartete von ihnen, daß sie glänzend abschnitten, und das taten sie auch. Wenn eine ihrer ehemaligen Schülerinnen nach beträchtlichen Anstrengungen eine Goldmedaille für ihre Leistungen erhielt, so forderte Mutter Teresa sie auf, sie der Zweitbesten zu geben. Die Missionarinnen der Nächstenliebe brauchten solche Dinge nicht.

Das visionäre Fieber, das in ihr brannte, ließ keine Kompromisse zu. Aber sie verlangte nichts von anderen, was sie nicht selbst zu tun bereit gewesen wäre. Sie gab ihnen Nachhilfe, arbeitete bis spät in die Nacht, wenn alle bereits schliefen, und hielt alle Sorgen von ihnen fern, verschwieg auch beispielsweise, wenn die kleine Blechdose, in der das Geld für die täglichen Bedürfnisse aufbewahrt wurde, wieder einmal leer war. Jene frühen Tage der Gemeinschaft schilderte Mutter Teresa später keineswegs als schwierig: »Schließlich war ich lange

Zeit in Indien gewesen und kannte die Leute. Es war nicht so schwer anzufangen. Die göttliche Vorsehung ist viel größer als unsere kleinen Gemüter und läßt uns nie im Stich.« Als die kleine Gemeinschaft in Kalkutta einmal wirklich nichts zu essen hatte, klopfte es plötzlich an die Tür. Eine Frau, die den Bewohnern der Nummer 54A an der Lower Circular Road völlig fremd war, stand im schmucklosen Eingang mit ein paar Tüten Reis. Sie sagte ihnen lediglich, daß ein unerklärlicher Impuls sie hierher geführt habe. In den Tüten war genau die richtige Menge Reis für das Abendessen.

Das war nur eines von zahlreichen ähnlichen Beispielen, die die Überzeugung nährten und stärkten, daß Gott die Bedürfnisse derer stillte, die ihm völlig vertrauten. Eines Tages bat Pater Julien Henry Mutter Teresa um Geld für Flugblätter. Mutter Teresa durchsuchte das Haus, fand aber nur zwei Rupien. Als er gerade gehen wollte, erinnerte sich Pater Henry jedoch an einen Brief, den er ihr geben sollte. Später am Abend öffnete Mutter Teresa den Brief und stellte fest, daß er eine Spende von 100 Rupien enthielt. Ihre Großzügigkeit war reichlich belohnt worden. Ein andermal wollten die Schwestern für eine neue Novizin eine Matratze nähen, hatten aber bald keine Baumwolle mehr. Mutter Teresa stellte sofort ihr Kopfkissen zur Verfügung, aber die Schwestern lehnten das Angebot ab, da sie der Ansicht waren, sie verdiene am Ende eines arbeitsamen Tages wirkliche Ruhe. Während Mutter Teresa weiter darauf bestand, erschien in der Tür ein Engländer mit einer Matratze unter dem Arm. Er kehrte am kommenden Tag nach England zurück, und es war ihm der Gedanke gekommen, daß die Missionarinnen der Nächstenliebe seine Matratze vielleicht brauchen könnten. Mutter Teresa kommentierte dieses Ereignis später so: »Es hätte am nächsten Tag geschehen können oder am Tag zuvor, aber nein – Gott in seiner Weisheit hatte den Fremden genau in dem Moment herbeigeführt, wo die Matratze gebraucht wurde.«

»Wir mußten mit der Arbeit beginnen, wir konnten nicht auf Geld warten, denn Leben und Armut waren überall«, erklärte Mutter Teresa. Und doch war irgendwie, wo immer Not war, ein Mittel da, um sie zu lindern, und es gab Freude und Frieden, der sich aus dieser Erfahrung ergab, und eine lebhafte Wertschätzung kleiner Dinge. In den frühen fünfziger Jahren sagte Monsignore Barber, damals Ge-

neralvikar von Kalkutta, über Mutter Teresa, sie habe ein Feuer in
sich, das sie wohl ihren Schwestern weitergebe. Das geschah durch
tägliche Anweisungen. Selbst wenn sie müde von der Arbeit zurückkehrte, vom Betteln und von Begegnungen mit Menschen, fand sie die
Zeit, ihre jungen Begleiterinnen zu unterweisen. Sie tat es außerdem
durch ihr lebendiges Vorbild. Eine der Schwestern erinnerte sich an
ihr erstes Weihnachtsfest als Missionarin der Nächstenliebe. An diesem Abend hatte ihr Mutter Teresa ein Beispiel der liebevollen Fürsorge für jede ihrer Schwestern gegeben und für die Freude, die sich
im Rahmen eines Lebens in Armut aus kleinen Dingen ergab:

»Der Speisesaal war wunderbar dekoriert mit Girlanden, Ballons
usw. Und auf jedem Platz stand auf dem Tisch eine weiße Tüte, auf
der geschrieben stand: ›Frohe Weihnachten für Schwester... von
Mutter‹. Mutter war in den Nächten aufgeblieben, um das alles für
uns herzurichten. In den Tüten waren unsere Post und Mutters Geschenke für uns. Wir bekamen alle dasselbe, außer den Stiften. Ich
bekam ein Stück Seife, eine Wäscheklammer, einen roten und einen
blauen Stift, ein Christophorus-Medaillon und die dazugehörigen Erläuterungen, einen Zettel mit erbaulichen Worten, Süßigkeiten und
einen Ballon. Wir waren über unsere Geschenke begeistert«, schrieb
die Schwester im Januar 1956, »da es nichts anderes gibt, das wir uns
überhaupt wünschen können. Die Seife war ein richtiges Gottesgeschenk.«

Zu diesem Zeitpunkt hatte die Arbeit der Missionarinnen der Nächstenliebe einen solchen Umfang angenommen, daß sie als die »ren-
nende Gemeinschaft« bekannt geworden waren. Am 12. April 1953
legte die erste Gruppe der Missionsschwestern der Nächstenliebe in
der römisch-katholischen Kathedrale von Kalkutta ihr erstes Gelübde
ab; während derselben Feier legte Mutter Teresa ihr letztes Gelübde
als Missionarin der Nächstenliebe ab. Nun erst durfte die Schwester,
die bekannt war für ihre Ungeschicklichkeit beim Anzünden der Kerzen für den Segen, Erzbischof Périer als Oberin der von ihr gegründeten Gemeinschaft folgen. Trotz seiner strengen Prüfung der Berufung Mutter Teresas hatte der Erzbischof die Gemeinschaft von
Anfang an mit Herzlichkeit und Interesse persönlich unterstützt. Er

kümmerte sich sogar um die Frage des Schuhwerks der Schwestern. Entgegen üblicher indischer Praxis bestand er darauf, daß sie zu ihrem Schutz auch im Haus Schuhe tragen sollten. Die Missionarinnen der Nächstenliebe erwiesen sich dieser besonderen Aufmerksamkeit würdig. Die Arbeit für die Armen, die eine einzelne Frau ohne besondere Vorkenntnisse aufgenommen hatte, war inzwischen derart erfolgreich und von einem so einzigartigen Geist getragen, daß Erzbischof Périer Ende der fünfziger Jahre öffentlich verkündete: »Hier ist offensichtlich der Finger Gottes am Werk.«

»KONTEMPLATIVE MENSCHEN IN DER WELT«

Die Missionarinnen der Nächstenliebe in Kalkutta

»Was für eine wunderbare Sache ist die Mission der Nächstenliebe«, schrieb Mutter Teresa, als sie und die Schwestern noch in der Creek Lane wohnten. »Die Höchsten und die Niedrigsten werden hier zusammengeführt.« Sie war im Hause von Lady Hazra gewesen, einer der einflußreichsten Persönlichkeiten von Kalkutta, um vor den Mitgliedern der All India Women's Conference über die Arbeit für die Ärmsten der Armen zu sprechen und ihre Hilfe zu erbitten. »Die Damen Sinha, Bose und Hazra« hatten sich »äußerst interessiert« gezeigt. Sie wollten Helferinnen in ihren Kreisen suchen.

Allmählich stießen weitere Helfer zu Mutter Teresas Missionarinnen der Nächstenliebe. Ärzte, Krankenschwestern und andere nichtkirchliche Helfer arbeiteten mit ihnen auf freiwilliger Basis zusammen. Immer neue Ambulanzstationen konnten eingerichtet werden, um die Krankheiten zu bekämpfen, die Unterernährung und Übervölkerung mit sich brachten. Die Calcutta Corporation, die Verwaltung der Stadt, hatte vor diesem Problem bereits kapituliert. Nach der Teilung des Landes in Indien und Pakistan war die Stadt Kalkutta voll von menschlichem Elend. Selbst die 3000 offiziellen Slums konnten die über zwei Millionen Obdachlosen nicht mehr beherbergen, die versuchten, ihr tägliches Brot von den Straßen der Metropole zu kratzen. Die zahllosen Hungernden, die ihre erbärmlichen Behausungen auf den Bahnsteigen einrichteten oder einfach auf der Straße schliefen und um ein kärgliches Auskommen kämpften, konnten nicht alle festgenommen oder irgendwie untergebracht werden. Die Gefängnisse quollen bereits über, und die Krankenhäuser platzten aus allen Nähten. Unterstützt von internationalen Hilfsorganisationen, richtete die indische Regierung Pflegestationen und Suppenküchen ein und brachte etwas Medizin und Kleidung in die Slums. Aber der Strom mittelloser Flüchtlinge aus Ost-Pakistan war schier unendlich, die Hilfsmaßnahmen waren hoffnungslos unzureichend, und die Hungernden und Kranken blieben sterbend dort liegen, wo sie hin fielen.

An einem Regentag im Jahre 1954 streckte ein nackter Bettler junge von 13 oder 14 Jahren seine ausgemergelten Glieder in einer wohlhabenden Gegend Kalkuttas aus, um zu sterben. Der Bewohner eines nahe gelegenen Hauses rief per Telefon eine Ambulanz herbei, und der Junge wurde ins Krankenhaus gebracht. Da er aber nackt war, hatte er offensichtlich auch kein Geld für eine Behandlung. In dem ohnehin schon überfüllten Krankenhaus nahm man ihn nicht auf, und sein armer, zum Skelett abgemagerter Körper wurde dahin zurückgebracht, wo man ihn gefunden hatte. Der junge Bettler starb allein und ohne Hilfe in der Gosse. Über den Vorfall wurde jedoch in der Presse berichtet. Die öffentliche Aufmerksamkeit wurde auf das Leiden dieses Jungen und Tausender anderer wie ihn gelenkt, die noch nicht einmal mit Würde sterben konnten.

Diese erhöhte öffentliche Anteilnahme verlieh Mutter Teresas Eingaben an die Behörden zusätzlichen Nachdruck. In der Tat ist ein Teil ihres damaligen Erfolgs sicher auf den Umstand zurückzuführen, daß die Arbeit, zu der sie sich bedingungslos berufen fühlte, den Nöten und Absichten von Regierung und Stadtverwaltung entgegenkam, die der Unmenge der Obdachlosen auf ihren Straßen nicht mehr Herr wurden. Die Stadtverwaltung suchte verzweifelt nach einer Lösung des Problems sterbender Armer auf den Straßen. Und da tauchte plötzlich eine Frau mit großer Energie und Zielstrebigkeit auf, die sich darum kümmern wollte. Sie hatte die Sterbenden zunächst in einer Hütte in den Slums betreut, aber schon nach kurzer Zeit war dort nicht mehr genug Platz. Sie besaß weder Kapital, noch war sie kredit würdig. Dennoch beantragte sie bei der Stadt ein »Haus«. Es war, so argumentierte sie, verständlich, daß die Krankenhäuser ihre verfüg baren Betten lieber den Patienten gaben, die Hoffnung auf Genesung hatten, als denen, die offensichtlich und unvermeidlich dazu ver dammt waren, an Unterernährung oder Altersschwäche zu sterben. Mutter Teresa bot den Behörden an, sich um die Hungernden zu küm mern, die völlig Mittellosen, für die, wenn überhaupt, wenig Aussicht auf Genesung bestand. Einige der Beamten waren bereits auf die Ar beit der Missionarinnen der Nächstenliebe und ihrer Helfer in den

Slums aufmerksam geworden. Ihnen kam der Gedanke, daß Mutter Teresa als Gegenleistung für das Geschenk eines »Hauses« das Gewissen der sozialer eingestellten Bürger von Kalkutta beruhigen würde. Die Kritik der Zeitungen an einer Stadt, die zuließ, daß Einwohner starben, ohne auch nur ein Dach über dem Kopf zu haben, würde endlich verstummen. Also bewilligten sie ihr für eine gewisse Zeit eine monatliche Geldsumme und die Nutzung der Pilgerschlafsäle am Kali-Tempel, einem imposanten Gebäude, das sich hoch über die überfüllten Straßen, Pilgerherbergen und »ghats« erhebt, wo die Toten eingeäschert werden.

Der Kalighat-Distrikt ist ein traditioneller Pilgerort der Hindus. Er liegt am Ufer des Hugli, in den die heiligen Wasser des Ganges fließen. Sein Tempel ist der mächtigen Kali gewidmet, der Göttin des Todes und der Fruchtbarkeit. Die hinduistische Legende berichtet, wie Kalis Vater ein Opfer darbrachte, um die Geburt eines Sohnes zu bewirken, und dabei versäumte, Shiva, Kalis Ehemann, in die Zeremonie einzuschließen. Zutiefst verletzt über diese Nachlässigkeit, beging Kali Selbstmord. Voller Kummer durchstreifte Shiva nun die Welt mit seinem toten Weib im Arm und bedrohte alles mit Zerstörung. Die Welt wurde gerettet durch Vishnu, der einen Diskus auf Kalis Leichnam schleuderte. Die verstreuten Teile Kalis fielen auf den Boden und heiligten die jeweiligen Orte. Der heiligste Ort war der, wo die Zehen von Kalis rechtem Fuß zur Ruhe kamen, der Kalighat. Inmitten der mit grellfarbigen Bildern der Göttin, Girlanden und vielfarbigen Pulvern voller Symbolkraft vollgepackten Straßenbuden ist der Kali-Tempel deshalb ein Hauptort der Anbetung und der religiösen Hingabe für die Hindus. Es ist der Wunsch jedes frommen Hindu, in Kalkutta im Kalighat eingeäschert zu werden.

Der städtische Gesundheitsbeamte, zufälligerweise ein Moslem, zeigte Mutter Teresa zwei große Räume, die im rechten Winkel zueinander lagen und durch einen Gang verbunden waren. Da hier früher die Pilger nach ihrer Anbetung der Göttin Kali gerastet hatten, gefielen sie Mutter Teresa besonders: »Das ist ein berühmter Hindu-Tempel, und Menschen waren hierhergekommen, um zu beten und zu ruhen, und so dachte ich, daß dies der beste Platz für unsere Leute sei, sich auszuruhen, bevor sie in den Himmel gingen; ich nahm auf der Stelle an.« Mutter Teresa und ihre Schwestern krempelten die

Ärmel hoch und machten sich an die Arbeit. Innerhalb von 24 Stunden hatten sie das schmutzige, leerstehende Gebäude zu ihrem »Nirmal Hriday«, einem Ort des »Unbefleckten Herzens« inmitten des Hinduismus verwandelt, nicht weit von einem Tempel, dessen Wände regelmäßig mit dem Blut von Opferschafen oder -ziegen bespritzt wurden. Niedrige Feldbetten oder Matratzen kamen auf die Simse, die auf den Seiten der beiden großen Räume verliefen. Darauf wurden die fast fleischlosen Körper der Menschen, an denen Krankheit und Maden zehrten, gebettet. Sie bekamen einen Ruheplatz im kühlen Dämmerlicht, das durch die kleinen hohen Fenster hoch oben in den Wänden fiel. Die erklärte Absicht derjenigen, die diese Todkranken ohne jedes Anzeichen von Ekel pflegten, war nicht, wie manche meinten, Anhänger des Hinduismus zu Christen zu konvertieren. Gegenleistung für Nahrung und Obdach war nicht die Annahme des christlichen oder gar des römisch-katholischen Bekenntnisses. Es wurde ihnen ermöglicht, so zu sterben, wie es in ihren heiligen Büchern stand, »sei es nun nach hinduistischem Glauben, moslemischem, buddhistischem, katholischem oder protestantischem oder irgendeinem anderen«. Die Kranken und die Obdachlosen, der auf der Straße aufgelesene Bettler, der von seiner Familie verstoßene Leprakranke, der vom Krankenhaus zurückgewiesene Sterbende – alle wurden aufgenommen, genährt, gewaschen und mit einem Ruheplatz versorgt. Zu Beginn fehlte es in diesem Sterbehaus am Nötigsten; es kam vor, daß Mutter Teresa Todkranke mit einer Schubkarre transportierte. Wem noch geholfen werden konnte, dem wurde jede mögliche medizinische Versorgung zuteil. Die Unheilbaren erhielten die Gelegenheit, in Würde zu sterben, nachdem sie die Sterbesakramente empfangen hatten: für Hindus war es das Ganges-Wasser auf den Lippen, für die Moslems Lesungen aus dem Koran, für die wenigen Christen die Letzte Ölung. Für Mutter Teresa und ihre Missionarinnen stand die Wiederherstellung der Gesundheit nicht im Vordergrund. Ebenso wichtig war es ihnen, den Sterbenden die Möglichkeit zu einem »schönen« Tod zu geben. Für sie war dieses Beiwort nicht absurd. »Ein schöner Tod«, meinten sie, »bedeutet für Menschen, die wie Tiere gelebt haben, daß sie wie Engel sterben – geliebt und angenommen.« Ein alter Mann, der niemals zuvor in einem Bett geschlafen hatte, brachte dies zum Ausdruck, als er den Metallrahmen seines

Bettes fest umgriff und mit einem strahlenden Lächeln sagte: »Nun kann ich wie ein Mensch sterben.«

In den ersten Tagen des »Nirmal Hriday« gab es dennoch eine ausgeprägt feindselige Haltung gegenüber der Ausländerin und ihren Helferinnen. Es wurde ihnen unterstellt, sie seien mit Hilfe eines moslemischen Gesundheitsbeamten in Hindu-Gebiet eingedrungen. Aber Bekehrung bedeutete für Mutter Teresa »Wandel des Herzens durch Liebe«. Bekehrung durch Zwang oder Bestechung betrachtete sie als schändlich, und die Aufgabe der Religion für einen Teller Reis hielt sie für eine schreckliche Erniedrigung. Doch es gab einige, denen das nicht sofort deutlich wurde. Steine flogen auf die Missionarinnen der Nächstenliebe, als sie versuchten, die Kranken in die spärlich beleuchtete Zufluchtsstätte zu tragen. Wiederholt wurden Mutter Teresa und ihre Schwestern von Hindus aufgesucht, die gegen ihre Anwesenheit protestierten. Ein Mann äußerte sogar eine Todesdrohung gegen Mutter Teresa. Wie schon bei anderen Gelegenheiten, als sie dem Tod gegenüberstand, antwortete sie schlicht, daß dadurch nur der Vorgang ihres »Heimgehens« zu Gott beschleunigt würde: »Wenn ihr uns tötet, würden wir nur hoffen, schneller zu Gott zu kommen.«

Einmal drang der Anführer einer Gruppe junger Leute, die Angst vor einer Christin hatten, die sich um nichtchristliche Sterbende kümmerte, in das »Nirmal Hriday« ein, um Mutter Teresa hinauszuwerfen. Als er jedoch sah, mit welcher Liebe die leidenden, ausgemergelten Körper der Armen behandelt wurden, kehrte er zu seinen protestierenden Genossen vor der Tür zurück. Er erklärte ihnen, er werde die Schwestern nur unter einer Bedingung vertreiben, daß sie nämlich ihre Mütter und Schwestern veranlaßten, denselben Dienst zu tun. Langsam aber sicher rief die Art, wie Mutter Teresa das Prinzip der Nächstenliebe vorlebte, Bewunderung hervor. Die, die eigentlich gekommen waren, um zu kritisieren, sahen zu, wie die Schwestern Kaliumpermanganat auf die madenwimmelnden Wunden der Sterbenden strichen. Sie erfuhren, wie Mutter Teresa einen jungen Hindu-Priester aus einer Lache von Erbrochenem und Kot gehoben und ihn hergebracht hatte, damit er versorgt wurde und in Frieden sterben konnte. »Wir beten eine Kali aus Stein an«, verkündete ein Priester aus dem angrenzenden Tempel, »aber dies ist eine richtige Ma-Kali, eine Kali aus Fleisch und Blut.«

Der Groll und die Drohungen ebbten ab. Der Widerstand gegen die Toten, die den orthodoxen Hindus als unrein gelten, blieb. Irgendwann stellte ein Mitglied des Stadtrats auch tatsächlich den Antrag, das Sterbehaus aus der Nachbarschaft des Tempels an einen anderen Ort zu verlegen. Die Stadtväter beschlossen nach reiflicher Überlegung, daß »das ›Nirmal Hriday Hospital‹ von seinem augenblicklichen Ort verlegt werden soll, sobald ein geeigneter Platz gefunden ist«. Offenbar wurde kein anderer geeigneter Ort gefunden, denn mit diesem Beschluß wurde die Sache ad acta gelegt. Hindu-Pilger auf dem Weg zum Tempel kamen herein und brachten einen Beitrag zum guten Werk. Jeden Monat sandte ein Geschäftsmann einen Botenjungen mit einer Ladung »bidis«, indischer Zigaretten, für die Insassen des Sterbehauses. Jedesmal bedachte ihn Mutter Teresa mit ihrem üblichen Segensgruß »Gott segne dich!«. Schließlich kam der Mann selbst, um die Zigaretten zu bringen. Er wollte den Segen für sich selbst, erklärte er, anstatt ihn seinen Dienern zu überlassen. An den Sonntagen kamen reiche Geschäftsleute und Damen der höheren Kasten ins »Nirmal Hriday«, um beim Waschen und Rasieren der Kranken zu helfen.

Mutter Teresas guter Ruf wuchs und zog Kreise. Nach einer Weile erhielt die kleine Statue der Gottesmutter, die in der Ecke einer der Räume stand, eine Krone, die aus den goldenen Nasenringen der Inderinnen gemacht war, die hier gestorben waren. Mutter Teresa sah die Nasenringe als wunderbares Geschenk an: »Die, die nichts hatten, haben der Gottesmutter eine Krone geschenkt.« »Nirmal Hriday« war nach ihrer Ansicht wahrhaftig das Schatzhaus Kalkuttas, denn die Menschen, die dort starben, gingen direkt zu Gott, »und wenn sie gehen, erzählen sie ihm über uns«. Sie entdeckte bald, daß es auch ein Ort war, der die Menschen verwandelte. Von denen, die in das Sterbehaus gingen, um die Wunden der Sterbenden zu reinigen oder die Ausscheidungen der Männer und Frauen auf den Reihen der Feldbetten abzuwaschen, um ihnen die Haare zu schneiden, sie mit ein bißchen Essen zu füttern oder einfach die Böden und Simse mit einer Mischung aus Wasser, Asche und einem starken Desinfektionsmittel abzuschrubben, gingen nur wenige ohne irgendeine Wandlung. Es gab Menschen, die so lange gehungert hatten, daß sie auch nicht die leichteste Nahrung zu sich nehmen konnten, Menschen, deren Körper halb von Maden zerfressen waren, und doch war es nicht der Ort des Schreckens, der es hätte sein können. Der einfache Akt des Haareschneidens konnte das strahlendste Lächeln hervorrufen. Jemandem einfach die Hand zu halten, dessen Leiden und dessen vorherige Einsamkeit außerhalb jeglicher Vorstellung lagen, konnte ihm die Erleichterung des Schlafes bringen. Mutter Teresa wurde klar, daß solche Erlebnisse ein besseres Verständnis förderten. Um Armut zu verstehen, so betonte sie immer öfter, mußte man sie berühren, nicht unbedingt in den zerbrochenen Körpern der Sterbenden, sondern wo immer man ihr auch begegnete. »Schaut euch nicht bloß wie Zuschauer um«, sagte sie zu denen, die kamen, um mit ihr zu arbeiten. »Macht eure Augen und Ohren richtig auf, dann werdet ihr merken, wie ihr helfen könnt.«

Die Arbeit mit den Kindern, die auf einem freien Platz zwischen den Hütten von Motijhil begonnen hatte, nahm ebenfalls zu. Sie wuchs mit dem Ziel, das Unmögliche zu erreichen – Liebe und Fürsorge für die anscheinend grenzenlose Zahl verlassener Kinder, die sich entweder selbst durchschlagen oder auf den Straßen von Kalkutta sterben mußten. Waisen, kranke, verkrüppelte oder geistig zurückgebliebene Kinder, deren Eltern nicht in der Lage gewesen waren, sie durchzubringen, Kinder, deren Mütter im »Nirmal Hriday« gestorben waren, Kinder von unverheirateten Müttern, die nie in ihre Familien aufgenommen worden wären – in all jenen sahen Mutter Teresa und die Missionarinnen der Nächstenliebe das Christuskind, für die ein Nazareth geschaffen werden mußte. Andere Akte der Nächstenliebe waren in diesem Bereich bereits unternommen worden, aber die Not war immer noch überwältigend groß. Und wieder einmal deckte sich Mutter Teresas Identifizierung mit dieser Not mit den offiziellen Problemen. Die Arbeit der Missionarinnen der Nächstenliebe fand Anerkennung auf höchster Ebene.

B. C. Roy, ein hoher Staatsmann und seit langen Jahren Regierungsvorstand von West-Bengalen, war zugleich ein Arzt, der dadurch in Kontakt mit seinem Beruf blieb, daß er täglich kostenlose Sprechstunden abhielt. Mutter Teresa stellte sich um sechs Uhr morgens in die Reihe, nicht unbedingt wegen eines ärztlichen Rates, sondern mit einer praktischen Bitte, beispielsweise um die Versorgung mit Strom oder Wasser in einem Slumbezirk. Nachdem er einige Male die Sache an die direkt Verantwortlichen weitergeleitet hatte, fing Roy an, Interesse an der beharrlichen kleinen Frau zu finden, die sich offensichtlich wirklich um die Armen in seinem »Problemstaat« kümmerte. Er bat sie in sein Büro. Die Türen der Regierungsstellen öffneten sich, und der oberste Minister schenkte ihr sein volles Vertrauen. Sie konnte ihn jederzeit ohne Vorankündigung aufsuchen. Am 23. September 1955 wurde »Shishu Bhavan«, das erste einer Reihe von Kinderheimen, in einem ganz gewöhnlichen zweistöckigen Gebäude mit einem großen Innenhof eröffnet, nur ein paar hundert Meter von dem Mutterhaus in der Lower Circular Road. Roy versuchte, Mutter Teresa zu Größerem anzuspornen: »Größer, Mutter, wir brauchen ein viel größeres Haus hier. Bauen Sie dieses aus. Und versuchen Sie, das Nachbargebäude zu kaufen. Ich werde Ihnen dabei helfen.«

Wie alle Unternehmungen der Missionarinnen der Nächstenliebe begann auch dieses eher unauffällig mit einer Gruppe kleiner kranker Kinder auf ein paar Feldbetten auf der unteren Veranda. Bald jedoch wurde die Pflegestation von ihrem ursprünglichen Ort bei der St. Teresa's Church ins »Shishu Bhavan« verlegt und entwickelte sich zu einer rasch wachsenden Zufluchtsstätte für verkrüppelte und unerwünschte Kinder und Säuglinge. Einige hatte man aus Mülleimern oder Abflüssen geholt, andere waren einfach auf dem Bahnsteig ausgesetzt worden. Fast alle litten an akuter Unterernährung und TBC; alle schrien nach Liebe. Jeden Tag wurden Kinder gefunden und von den Missionarinnen der Nächstenliebe in das Heim gebracht. Tragischer war es, wenn Eltern kamen, die nicht in der Lage waren, ihre Kinder zu ernähren und ihre Familie zu erhalten. Allmählich sprach es sich herum, und die Kinder wurden zum »Shishu Bhavan« geschickt – von der Polizei, von Sozialarbeitern, von Ärzten und schließlich von den Krankenhäusern. Einige der Säuglinge waren so winzig, daß sie kaum überleben konnten. Ältere Kinder mit ausgemergelten Gliedern, aufgeblähten Bäuchen und Augen, die vorzeitig gealtert schienen, waren für immer durch ihre Erfahrungen gezeichnet. Keinem Kind wurde jedoch jemals eine Heimstätte verweigert, selbst wenn es bedeutete, daß drei oder mehr Säuglinge in einem Feldbett oder einem Kasten schliefen, wo sie die nötige Lebenswärme durch eine elektrische Birne erhielten.

Mutter Teresas Ansatz zur Fürsorge für diese armen Wesen war
stets ein praktischer. Als sie »Shishu Bhavan« eröffnete, kaufte sie
drei alte Schreibmaschinen, auf denen sie den älteren Mädchen das
Maschineschreiben beibrachte, um so ihre Aussichten, eine Stelle zu
finden, zu verbessern. Wo immer möglich, mußten die Armen geheilt
und den Lernfähigen eine Ausbildung gegeben werden, um sie für die
Zukunft zu rüsten. Bei den meisten Kindern fand bereits im ersten
Jahr ein enormer Wandel statt. Zunächst gab es eine körperliche Veränderung, eine Gewichtszunahme. Die Scheuen verloren ihre
Zurückhaltung. Sobald die Kinder kräftiger wurden, kamen die, die
fähig waren, eine Ausbildung zu machen, auf richtige Schulen. Wer
nicht das Glück hatte, Eltern zu haben, sollte wenigstens ein Hand-
werk erlernen, die Jungen zum Beispiel Tischlern, die Mädchen
Nähen oder sonst eine gute Erziehung. Die von den Schwestern be-
triebenen Slumschulen waren staatlich nicht anerkannt, und keine
anerkannte Schule in Kalkutta nahm Kinder ohne Schulgeld an, obwohl manchmal finanzielle Zugeständnisse gemacht wurden. Eine
wohltätige Frau aus Kalkutta förderte jedoch die ersten zehn Kinder
für die ersten zehn Jahre, und andere Spender übernahmen im Laufe
der Zeit ähnliche Patenschaften. Die Zukunft einzelner Kinder war
somit über einige Jahre hinweg gesichert. Ein von indischen Pateneltern oder später dann von Pateneltern auf der ganzen Welt geför-
dertes Kind erhielt regelmäßig eine bestimmte Summe auf ein Konto.
Wenn das Kind das Schulalter erreicht hatte, wurde das Geld für seine
Ausbildung verwendet. Später dann, im Jahre 1975, wurde dieses
System individueller Patenschaft durch einen allgemeinen World
Child Welfare Fund (Welt-Kinderwohlfahrtsfonds) ersetzt, der alle
Spendenmittel gleichmäßig unter den Tausenden von Kindern auf-
teilte, die sich zu diesem Zeitpunkt in der Obhut der Missionarinnen
der Nächstenliebe befanden. Mutter Teresa, die damals noch weitgehend die Kontrolle über die Verwaltung dieser Mittel hatte, schrieb an
die Pateneltern der geförderten Kinder, daß der Verwaltungsaufwand
für eine individuelle Patenschaft für 5000 Kinder ihre Kräfte über-
steige: »Es wird fast unmöglich, alle Wünsche nach Berichten etc. zu
erfüllen, wie wir es am Anfang getan haben, als wir nur wenige Kinder hatten. Der zweite Grund ist der, daß es tatsächlich weit mehr als
5000 Kinder sind, da wir Häuser in 61 Städten eingerichtet haben.

Deshalb haben wir beschlossen, einen weltweiten Kinderwohlfahrts-
fonds einzurichten, aus dem wir allen hilfsbedürftigen Kindern helfen können.«

Welche Mittel auch immer zur Versorgung dieser Kinder bereit-
standen, Mutter Teresa, deren Identifizierung mit dem indischen
Volk tief verwurzelt war und die 1948 indische Staatsbürgerin wurde,
war sich deutlich der Notwendigkeit bewußt, diese Kinder für die
Anforderungen der indischen Gesellschaft zu rüsten. Einige der
Jugendlichen, die ins »Shishu Bhavan« kamen, wurden zu ihren
Eltern zurückgeschickt, sobald ihre Kraft und Gesundheit wiederhergestellt waren. Andere wurden adoptiert: Hindu-Kinder von
Hindu-Eltern, Christen-Kinder von Christen-Eltern und so fort.
Einige fanden Familien in anderen Ländern, wo immer eine sichere
und stabile Lebensgrundlage gewährleistet war, wobei gesetzliche Be-
schränkungen den Vorgang manchmal langwierig und schwierig ge-
stalteten. Die Mädchen, die in ihrer Obhut blieben, versuchte Mutter
Teresa nach indischem Brauch zu verheiraten. Die Herkunft der meisten Mädchen machte die traditionelle Aufgabe des Ehevermittlers
nicht leicht, aber es war sichergestellt, daß jedes Mädchen zumindest
eine Mitgift aus einem neuen Sari, einigen Trinkgefäßen und einem
Ehering hatte.

Die Freude der Bräute und zukünftigen Ehemänner, die im
»Shishu Bhavan« auf traditionelle Weise als Gäste begrüßt wurden,
von Kindern, die hier erfolgreich erzogen worden waren und nun ein
lebenswertes und würdiges Leben führten, von lächelnden jungen
Gesichtern, die Aufmerksamkeit und Liebe erweckten, durchdrang
die Atmosphäre von »Shishu Bhavan«. Da waren aber auch diejenigen, für die alle Hilfe der Missionarinnen zu spät kam. Neben den
Säuglingen, die den Schock der Frühgeburt, der Abtreibung oder des
Ausgesetztwerdens überlebten, gab es immer einige, die innerhalb
einer Stunde nach ihrer Ankunft starben. Mutter Teresas Haltung
schaffte den Übergang von der praktischen zur bedingungslosen
Liebe ohne offenen Widerspruch: »Ich kümmere mich nicht darum,
was die Leute über die Sterbequote sagen. Selbst dann, wenn sie eine
Stunde später sterben, müssen wir sie kommen lassen. Diese Kleinen
dürfen nicht unversorgt und ungeliebt sterben, denn auch ein winzi-
ges Baby kann fühlen.« Wenn sie starben, dann sollte es auf »schöne«

Weise geschehen, mit all der Liebe, die sie geben konnte, und sei es auch nur für einen Augenblick.

Mutter Teresa empfand die Ansicht, daß die Lösung des Problems der rasch zunehmenden Bevölkerung Indiens in Sterilisierung und Abtreibung lag, in höchstem Maße als greulich und unverständlich. Für sie war jedes Kind das Gotteskind; seine Tötung durch Abtreibung kam der Kreuzigung gleich. Sie stimmte den staatlichen Sterilisierungsprogrammen nicht zu. Während der ersten Amtsperiode Indira Gandhis als Premierministerin führte die Regierung ein Programm zur Sterilisierung von Männern und Frauen ein. Als Anreiz dienten materielle Vorteile. Die Sache wurde ein strittiger Punkt. Indira Gandhi hatte bereits in zahlreichen Fällen ihre Solidarität mit Mutter Teresa bekundet. Oft rief die Premierministerin nach Staatsbanketten die Missionarinnen der Nächstenliebe in Delhi an und bot ihnen die Reste an. Bei Besuchen Mutter Teresas in der Hauptstadt stand sie ihr stets zur Verfügung. Ihre Unterstützung der Sterilisierung jedoch bewirkte einen der seltenen Versuche Mutter Teresas, sich in einen Streit einzumischen, den man politisch nennen kann, der in ihren Augen jedoch im wesentlichen ethischer Art war. Sie überreichte ein Schreiben der Katholischen Bischofskonferenz, in dem gegen das Programm Stellung bezogen wurde. Sie informierte zugleich die Premierministerin, daß sie für das, was sie tat, keinen Segen ernten würde. Kurz darauf unterlag Frau Gandhi bei den Wahlen.

Selbst bei Leprakranken wollte Mutter Teresa trotz der Tatsache, daß sie häufig ihre Kinder ansteckten, die Sterilisierung nicht akzeptieren: »Ein Kind ist ihre einzige Freude im Leben. Die Reichen haben so viele andere Dinge. Wenn man ein Kind aus dem Hause eines Armen wegnimmt oder von einem Leprakranken, wer wird sie dann anlächeln oder ihnen helfen, daß es ihnen bessergeht?« Es war eine Logik, die im Einklang stand mit ihrem Prinzip, den Christus, den sie in jedem Menschen sah, »zu lieben, bis es weh tut«. Es war dieselbe Logik, die sie dazu brachte, dorthin zu gehen, wo andere Angst hatten, die ekelerregenden Wunden der Leprakranken zu pflegen oder unter großem persönlichem Risiko an Orten zu arbeiten, wo Gewalt und Schmerzen herrschten. Für sie war das »Schöne« an der unerwartetsten Stelle zu finden: »Sehr oft sehen wir eine Leprakranke, die

kaum noch gehen kann, über Meilen hinweg kommen, nur um eine
Schwester zu bitten, daß sie ihr Kind untersucht. Sie hat Anzeichen
von Lepra an dem Kind entdeckt, und deshalb kommt sie ... geht den
ganzen Weg. Wir hatten den wunderbaren Fall einer Frau, die kaum
noch Füße hatte, und sie war mehr als sechs Meilen gegangen. Sie
kam mit diesem Baby im Arm und sagte: ›Schwester, sieh mal, mein
Kind hat auch Lepra.‹ Die Schwester untersuchte das Kind, aber es
war keine Lepra, und die Frau war so glücklich, daß ihr Kind nicht
die Lepra hatte, daß sie es hoch nahm und den ganzen Weg zurückging. Sie machte noch nicht einmal Rast. Das ist etwas Wunderbares.«
Die Menschheit hatte nicht zu befinden, ob das lediglich potentielle
Schöne eine eher entbehrliche Sache war. Als 1968 Papst Paul VI. in
seiner »Enzyklika Humanae Vitae« die Abtreibung und alle Formen
von Geburtenkontrolle, außer der sich nach dem Monatszyklus rich-
tenden, verdammte, wies Mutter Teresa ihre Schwestern an, die Menschen, denen sie dienten, zu ermutigen, die päpstliche Anweisung mit
Freude zu befolgen, und sich nicht auf gegenteilige Diskussionen und
Argumente einzulassen.

Mutter Teresa machte sich daran, die Abtreibung mit Adoption zu
bekämpfen. Sie gab Nachricht an alle Kliniken, Krankenhäuser und
Polizeistationen: »Bitte tötet das Kind nicht. Wir nehmen es.« Sie be-
auftragte ihre jungen Schwestern, Plakate zu malen, die dieselbe Botschaft trugen. Im »Shishu Bhavan« erschienen zu jeder Tages- und
Nachtzeit unverheiratete Mütter auf der Suche nach einem Heim für
die Neugeborenen, die sie nicht behalten konnten. Die Nachfrage nach
diesen »ungewünschten« Kindern, auf die Mutter Teresa bei kinder-
losen Ehepaaren stieß, wurde ein weiterer »Segen Gottes für uns«. Die
Missionarinnen der Nächstenliebe fingen nun an, ihre Schützlinge
auch in dem zu unterweisen, was Mutter Teresa »heilige Familienplanung« nannte. Bald darauf kam eine junge Frau aus Mauritius zu den
Missionarinnen, die junge Ehepaare in ihrem Land in der Zyklus-Methode unterwiesen hatte. Ihre Erfahrungen flossen in das Informa-
tionsprogramm für Indien ein, das Mutter Teresa entwarf. 1967 war
ein sorgfältig strukturiertes natürliches Familienplanungsprogramm
ausgearbeitet. Trotz Mutter Teresas Nachdruck auf der Schönheit,
»aus Liebe füreinander enthaltsam zu sein«, und der Einfachheit der
Zyklus-Methode hatte die Vermittlung solcher Praktiken an Lepra-

patienten, Slumbewohner und Obdachlose ihre Grenzen. Es wurde die Geschichte einer Frau erzählt, die bereits mehrere Kinder geboren hatte und die nicht wieder schwanger werden wollte. Sie wurde in der »heiligen Familienplanung« unterwiesen und bekam eine Kette mit Kugeln verschiedener Farbe, um sie an die sicheren Tage ihres Zyklus zu erinnern. Etwas später kam sie zu einem der Zentren der Missionarinnen für natürliche Familienplanung zurück. Sie war verwirrt darüber, daß sie wieder ein Kind erwartete. »Ich habe die Kette um den Hals von Kali gelegt«, protestierte sie, »und trotzdem bin ich schwanger.« Dennoch konnte Mutter Teresa 1979 in ihrer Nobelpreis-Ansprache darauf hinweisen, daß in Kalkutta allein im Verlauf von sechs Jahren 61273 weniger Kinder in Familien geboren worden waren, die ohne die Zyklus-Methode zur Welt gekommen wären.

Auf die Frage, was sie mit ihrem ersten Gehalt anfangen werde, antwortete das erste Mädchen, das auf Grund des von Mutter Teresa im »Shishu Bhavan« erteilten Schreibmaschinenunterrichts eine Stelle gefunden hatte, daß sie ihren Vater, ihre Mutter und ihre zwei Brüder aus dem Motijhil-Slum herausholen wolle. »Shishu Bhavan« in Kalkutta wurde der Auslöser für viele ähnliche Erfolgsgeschichten. Es entwickelte sich zu einer der größten Wirkungsstätten der Missionarinnen der Nächstenliebe, zu einem regelrechten Bienenkorb ständiger Aktivität, stets von Kindern wimmelnd und immer das Ziel einer Menschenschlange, die auf Nahrung oder Medizin wartete. Mit der Zeit erhielten hier nicht nur Kinder Hilfe. Auch Hunderte von kranken Erwachsenen bekamen jede Woche freie Behandlung und Medikamente. Gekochtes Essen oder »kitcherie« wurde ebenfalls täglich an die Hungernden ausgegeben. Hier startete jeden Morgen eine von Papst Paul VI. gespendete Ambulanz, die Nahrungsmittel, Medikamente und Helfer zu nicht weniger als acht Leprastationen in einer Woche brachte, in denen Tausende von Opfern dieser Krankheit kostenlose Behandlung bekamen.

Das Bedürfnis, die Not der Leprakranken zu lindern, war lange Zeit ein besonderes Anliegen Mutter Teresas. Als Seuche, die in Gebieten mit großer Armut, beschränktem Lebensraum und Unterernährung rasch um sich greift, stellte die Lepra ein besonders dringendes Problem in und um Kalkutta dar, wo schlechte Ernährung, Überbevölkerung und unzulängliche medizinische Versorgung den

tragischen Überlebenskampf vieler Menschen bestimmten. Ein wesentlicher Prozentsatz der Leprafälle in Indien war nicht ansteckend,
aber es herrschte weitgehend Unkenntnis über die Krankheit an sich
und ihre mögliche Behandlung. Weit schwieriger als die Behandlung
der tatsächlichen Symptome, erkannte Mutter Teresa, war die
Bekämpfung der mit der Lepra verbundenen irrationalen Ängste und
Mythen. Ein Kranker, der die Verstoßung, Arbeitslosigkeit und Isolierung fürchtete, wenn seine Lepraerkrankung entdeckt wurde, hielt
die Krankheit versteckt, bis die fortgeschrittenen, offensichtlichen
Stadien eingetreten waren. Selbst dann weigerte sich der Betreffende
oft, in ein Krankenhaus zu gehen. Er hatte Angst vor einer Behandlung in der fremden Welt eines unpersönlichen Krankenhauses weit
weg von zu Hause und seiner Familie. Wahrscheinlich würde er so-
wieso nicht aufgenommen. Die Missionarinnen der Nächstenliebe
hatten in Gobra, einem Außenbezirk von Kalkutta, eine Leprastation
eingerichtet. Da wurde ebendiese Gegend in die Erweiterungspläne
der Stadt einbezogen. Hier lebten etwa einhundertfünfzig Leprakranke, die sonst gezwungen gewesen wären, auf den Müllhalden der
Stadt nach einem elenden Lebensunterhalt herumzustochern. Ihre
Häuser und das große Gebiet sollten enteignet und einem Neubauge-
biet einverleibt werden. Kalkuttas gesündere Bürger hätten niemals
akzeptiert, in unmittelbarer Nähe von Menschen mit der gefürchte-
ten Krankheit zu leben. Mutter Teresa kämpfte für diese Zuflucht-
stätte der Leprakranken, konnte bei den Behörden aber nur erreichen, daß die Evakuierung der Kolonie so lange hinausgezögert
wurde, bis eine Alternativlösung gefunden war. Man bot ihr einen
Ort im Bankura-Distrikt an, aber mit einiger Empörung wies sie darauf hin, daß es in dem vorgeschlagenen Gebiet noch nicht einmal die
wichtigste Voraussetzung für das Wohlergehen der Leprakranken
gab: eine ausreichende Wasserversorgung.
    Die Notlage der Leprakranken, die immer noch die »Unreinen«
der biblischen Zeit oder des mittelalterlichen Europa waren, wurde
ihr mit zunehmender Intensität deutlich, und mit der Hilfe einer
wachsenden Zahl engagierter Laien aus der englischen Gemeinschaft
Kalkuttas wurde sie zu einer entschiedenen Verfechterin ihrer Interessen. Jemand bemerkte einmal etwas vorwitzig vor Mutter Teresa,
daß er auch nicht für tausend englische Pfund einen Leprakranken

berühren würde. »Ich auch nicht«, antwortete sie prompt, »aber ich würde ihn um Gottes Liebe willen gerne pflegen.« Ein Leprafonds und ein Lepratag wurden ins Leben gerufen. Auf den Sammelbüchsen stand: »Berühre einen Leprakranken mit deinem Mitleid.« Aus der Sicht Mutter Teresas bestand die Aufforderung nicht nur darin, aus der Ferne etwas von seinem Reichtum abzugeben, sondern vielmehr aus Liebe zu jenem Christus zu handeln, dessen verstümmelte Hände und Füße keine Schmerzen fühlen konnten und daher jeder Form von Verletzung ausgesetzt waren. Es gab in Kalkutta einige, die mit sehr viel Großzügigkeit reagierten; es gab aber auch andere, deren Ängste und Mißtrauen weniger leicht zu überwinden waren.

Die Engländerin Ann Blaikie, deren Mann in den fünfziger Jahren als Rechtsanwalt für eine große englische Gesellschaft in Kalkutta arbeitete, wurde mit der Zeit zu einem Verbindungsglied für die Mit-Arbeiter der Missionarinnen der Nächstenliebe in aller Welt. Sie erinnerte sich, daß sie und ihr Ehemann einmal mit Mutter Teresa zu einem Landstück zwischen zwei Eisenbahnlinien gefahren waren, das für eine Lepraklinik in Frage kam. Der örtliche Gemeinderat hatte sich dort versammelt und mißbilligte das Projekt eindeutig. Sie fragten die Dorfbewohner, die natürlich auch alle aus Neugier gekommen waren, ob sie eine Lepraklinik wollten. Die Reaktion war unmißverständlich feindlich. Die Leute bewarfen die wohlmeinenden Eindringlinge mit Steinen, bis diese zu ihrem Wagen flüchteten. Stets bereit, die Hand der Vorsehung am Werk zu sehen, deutete Mutter Teresa diese Mißbilligung als Hinweis darauf, daß Gott vielleicht keine Lepraklinik an diesem besonderen Ort wolle, und schickte sich darein, für zwei Monate zu beten und abzuwarten, was Gott im Sinne hatte. Im Laufe der nächsten beiden Monate passierte folgendes: Zuerst schenkte ihr eine Elektrofirma 10 000 Rupien. Herr Sen, ein hinduistischer Spezialist für Leprabehandlung vom Carmichael Hospital für Tropenkrankheiten, zog sich von seinem offiziellen Posten zurück und bot Mutter Teresa den Rest seines Arbeitslebens an. Aus den USA kam ein Ambulanzfahrzeug. Die Grundlagen für die erste von Mutter Teresas mobilen Leprakliniken waren damit geschaffen.

Mit den mobilen Leprakliniken konnte nun eine viel größere Anzahl der indischen Leprakranken versorgt werden. Die Erfindung von

Sulfonamiden, Dapson oder DDS, einem besonderen Lepramittel, bedeutete, daß die Menschen zu Hause behandelt werden konnten. Die Krankenwagen brachten die Medikamente in die Gebiete, wo sie am dringendsten gebraucht wurden. Die Krankheit konnte zum Stillstand gebracht, in manchen Fällen sogar geheilt werden. Mehr noch – und das war von wesentlicher Bedeutung für Mutter Teresa: Der Patient mußte nicht aus seiner Familie herausgerissen werden, seiner wesentlichen Quelle von Liebe, oder aus seinem Beruf, der Quelle seiner Würde. Im September 1957 weihte Erzbischof Périer Mutter Teresas erste mobile Lepraklinik im »Shishu Bhavan« an der Lower Circular Road ein. Die Arbeit begann am 1. November dieses Jahres, und im folgenden Januar wurden bereits 600 Leprakranke regelmäßig betreut. Sen, den Mutter Teresa bei seinem Tod im August 1972 als »einen wunderbaren, heiligen Mann« beschrieb, vermittelte den Schwestern das Wissen, das sie für die Leprakliniken brauchten. Die Arbeit weitete sich rasch aus. Immer neue Leprazentren, die einmal in der Woche von der Ambulanz angefahren wurden, entstanden. 1958 äußerte ein Betroffener über die Arbeit der mobilen Klinik, daß sie an ein Wunder grenze:

»Hier in Haora erlebte ich ein Beispiel der Gnade – in einem weniger zynischen Zeitalter wäre es ein Wunder genannt worden. Ein Krankenwagen fuhr auf den leeren Platz, und in wenigen Minuten wimmelte es von Menschen um seine Türen. Keine gewöhnlichen Menschen. Außer den Zeichen abgrundtiefer Armut und Unterernährung, die auf ihren Gesichtern eingegraben waren, außer den sichtbaren Malen der Frustration und grober Behandlung gab es da die Narben einer tieferen Not – Lepra.«

In Gebieten, wo es besonders viele Leprakranke gab, hoffte Mutter Teresa, »stationäre wetterfeste Ambulanzen« einrichten zu können. Die erste dieser Stationen begann als mobile Klinik unter einem Baum auf einem Stück Land zwischen einer Eisenbahnlinie und der städtischen Kläranlage von Titagarh, wo sie eine bereits bestehende Leprakolonie versorgte. Die Erfahrung zeigte jedoch, daß der Gang zur Klinik und zurück oft die Heilung schwärender Füße verzögerte. Stationäre Einrichtungen waren nötig, um solche Patienten unterzubringen. Die Pflegestelle entwickelte sich zu einem stationären Zentrum, das im März 1959 offiziell eröffnet wurde. Mutter Teresa hatte

von Natur aus eine Scheu, in der Öffentlichkeit zu sprechen. Mit der
Zeit war sie dazu gezwungen, sich im Interesse der Armen der Welt
zu äußern, doch 1959 war sie damit noch sehr zurückhaltend. Aber
sie hatte ein intuitives Talent, die Gaben und Anlagen anderer zu entdecken und sie in vollem Umfang zu nutzen. Bei der Eröffnungsfeier
war es deshalb Ann Blaikie, die in Mutter Teresas Namen dem
Volkart Foundation Trust für die Finanzierung des Gebäudes der
Leprapflegestation in Titagarh dankte, dem Stadtrat von Titagarh für
die Bereitstellung des notwendigen Geländes und dem Sprecher der
West Bengal Assembly für die Eröffnung. Die Rede wurde vor einem
Publikum gehalten, das ein Reporter kurz als »gesellschaftliche Elite«
bezeichnete. Zuhörer waren aber auch – wenngleich sie nicht viel verstanden – 240 Leprakranke, die in Reihen saßen und auf ein verspro-
chenes Essen und eine Decke warteten. Nach der Ansprache wurden
Brötchen, Kekse, Orangen und Decken an sie verteilt: »Eine verkrüppelte Frau schälte eine Orange und fütterte ihr Kind. Ein Mann versuchte mit fingerlosen Händen, seinem kleinen Hund ein Stück Kuchen zu geben.« – Gesegnet vom Erzbischof von Kalkutta, versprach
diese neue Klinik, in der es nach frischer Farbe roch, ein helles
Leuchtfeuer am Rande des Landes der Verlorenen zu werden.

Kaum war die Klinik in Titagarh eröffnet, drängte der Vorsitzende
des Stadtrats Mutter Teresa, eine weitere in der Nähe zu eröffnen. Er
sah kommen, daß sonst alle Leprakranken aus der ganzen Gegend die
Klinik belagern würden. Zu dieser Zeit gab es 30 000 amtlich erfaßte
Leprakranke in Kalkutta, und Mutter Teresa behandelte bereits über
1000 von ihnen. »So wunderbar sind Gottes Wege«, war ihr Kommentar, »daß wir schließlich alle bekommen werden.«

Die Betreuung der Leprakranken bestand nicht nur aus der Verteilung von Sulfonamiden, der Behandlung zusätzlicher Gebrechen
und der kostenlosen Verteilung von Milch und Reis. Ebenso wichtig
war es, die Würde und das Vertrauen der Patienten wiederherzustellen, deren Selbstwertgefühl häufig durch die Angst untergraben war.
Aus diesem Grund wurden die Kranken ermutigt, sich nach Möglichkeit um ihre eigenen Belange zu kümmern. Denjenigen, die noch
ihre eigenen Hände benutzen konnten, zeigte man, wie sie sich
Schuhe aus Schaumgummiresten und alten Gummireifen anfertigen
konnten. Sie webten das Tuch für ihre eigenen Bandagen, nähten

ihre eigenen Kleider und brachten sogar einige Tischlerarbeiten zustande. Mit dem Wissen, daß viel zu erreichen war, besonders wenn die Krankheit im Frühstadium behandelt wurde, ermutigte Mutter Teresa ihre Schwestern, um sich herum auf erste Anzeichen der Krankheit zu achten. In manchen Fällen konnten Leprakranke in einem oder zwei Jahren vollständig geheilt werden. Einige Jahre nach der Eröffnung von Titagarh äußerte Mutter Teresa: »In Indien gilt der Spruch: einmal leprakrank, dann lebenslang. Sehr oft geschieht es dann, daß Familien zerbrechen, Leben zerbrechen. Unter unseren entstellten Bettlern sind Menschen, die einmal etwas darstellten im Leben. Letztes Weihnachten hatten wir ein Fest für alle unsere Leprakranken. Jeder bekam ein Paket mit Essen und Kleidung. In jedem Zentrum haben wir sie dazu gebracht, ihren eigenen Sprecher zu wählen, und sie haben ihren eigenen Rat, mit dem wir verhandeln können, wenn eine Gruppe aus vielen Tausenden besteht.« Sie erinnerte sich an einen dieser Sprecher, der sich erhob, um den Schwestern für ihr Geschenk und ihre Arbeit zu danken: »Vor ein paar Jahren«, hatte er gesagt, »war ich ein wichtiger Mann und arbeitete in Büros in einem großen Gebäude als Regierungsbeamter. Ich hatte eine Klimaanlage und Leute, die für mich alles taten. Es gab Leute, die sich vor mir verbeugten, wenn ich aus dem Büro kam, und ich hatte eine große Familie. Aber sobald sie entdeckten, daß ich die Lepra hatte, war das alles vorbei. Da war keine Klimaanlage mehr, keine Verehrer, kein Heim, keine Familie – nur diese jungen Schwestern, die mich nicht ablehnten und die nun meine Familie sind.«

Erlebnisse wie dieses spornten Mutter Teresa an, einen ihrer Herzenswünsche zu verwirklichen: einen Ort, an dem Leprakranke mit Würde leben und sterben konnten, wo sie ihren Lebensunterhalt verdienen und schöpferisch leben konnten. 34 Morgen Land, ein Geschenk der indischen Regierung, und eine Spende deutscher Kinder (Drei-Königs-Sänger) legten den Grundstein für dieses Projekt. Das Geschenk einer weißen Luxuslimousine brachte es seinem Ziel näher. Das Fahrzeug war 1964 für den Besuch Papst Pauls VI. in Indien bestimmt gewesen. Bei seiner Abreise beschloß der Papst, es Mutter Teresa zu schenken, um ihr bei der Arbeit zu helfen. Wenn die Bedürfnisse der Armen es erforderten, benutzte Mutter Teresa manchmal Autos, die ihr von britischen oder anderen Geschäftsleuten in Kalkutta zur Verfügung gestellt wurden. Grundsätzlich aber wollte sie niemandem den widersinnigen Anblick einer schmächtigen Person bieten, die wie eine der Allerärmsten gekleidet war und in einer Luxuslimousine durch die Straßen fuhr. Also erklärte sie das Auto zum Hauptgewinn in einer Tombola und nahm dadurch sehr viel mehr Geld ein, als wenn sie es normal verkauft hätte. Zu den etwa 30 im Bau befindlichen Gebäuden im Umkreis von sechs Autostunden um Kalkutta fügte das Geschenk des Papstes ein ansehnliches Krankenhaus hinzu. Eine weitere Spende vom Päpstlichen Werk der Glaubensverbreitung in Deutschland (Missio) ermöglichte den Bau eines Klosters und einer Kapelle. »Shanti Nagar« (der Friedensplatz) und die Erfüllung eines Traums wuchsen langsam zu einer grünen Oase inmitten einer Staubwüste.

Ein Brunnen wurde angelegt, in Teichen wurden Fische ausgesetzt, und Bananenstauden und Palmen wurden gepflanzt, lange bevor die ersten Leprafamilien ankamen. Die Bewohner sollten sich weitgehend selbst versorgen können. Die ersten Ankömmlinge lernten Ziegel brennen und halfen so beim Bau der Häuser für die, die noch kommen sollten. Obwohl sie manchmal durch schwer entstellte Glieder behindert waren, sorgten die Dorfbewohner für ihr eigenes Vieh, bauten ihren eigenen Reis an und pflügten ihre eigenen Reisfelder. Sie führten ihren eigenen Laden. Sie flochten Körbe, die in den Kohlengruben verwendet wurden, und gründeten sogar eine Druckerei. Mutter Teresas ursprünglicher Plan für »Shanti Nagar« sah die Ansiedlung von etwa vierhundert Familien vor, die alle in kostengünstigen, leicht zu pflegenden, aber ansehnlichen Hütten untergebracht werden und eine angemessene ärztliche Versorgung erhalten sollten. Ihre Antwort auf skeptische Fragen nach ausreichenden Geldmitteln oder chirurgischer Versorgung war wie immer, daß Gott schon dafür sorgen würde. Ein Arzt vom Zentrum für Lepraforschung in London erinnert sich amüsiert, wie sich der Wille Gottes in seinem Falle geäußert hatte. Eines Tages erhielt er aus heiterem Himmel einen Anruf:

»Ich spreche im Auftrag von Mutter Teresa‹, sagte die Stimme am Telefon. ›Können Sie mir sagen, wo ich eine Million Dapson-Tabletten kaufen kann?‹

Das konnte ich und sagte es ihr, fügte aber sicherheitshalber hinzu, daß ich gerne wüßte, ob sie den richtigen Leuten in der richtigen Dosis für die richtige Krankheit gegeben würden.«

Bald darauf war dieser Arzt selbst bei den Missionarinnen der Nächstenliebe in Indien und half ihnen, »ein Quentchen ärztliches Fachwissen zu ihrer christlichen Nächstenliebe hinzuzufügen, ein bißchen Diagnose und Behandlung zu ihrer Liebe und Sorgfalt«.

Nach menschlichen Maßstäben stand die ganze Missionsarbeit immer noch auf tönernen Füßen. Ob ärztliches Wissen und Können, die notwendige Medizin und Ausrüstung zur Verfügung standen, war völlig von göttlicher Vorsehung abhängig, ebenso wie das Leben der Schwestern selbst. Wenn immer mehr Insassen des Sterbehauses gesund wurden, dann nicht etwa, weil »Nirmal Hriday« eine bessere medizinische Hilfe bieten konnte als die Krankenhäuser. Die ausgebildeten Ärzte und Krankenschwestern, die dort auf freiwilliger Basis arbeiteten, waren entsetzt darüber, daß die grundlegendsten Hygieneregeln, die die Schwestern vor Infektionen und die »Patienten« vor gegenseitiger Ansteckung bewahren sollten, nicht eingehalten wurden. Die Missionarinnen durften keine Handschuhe tragen, wenn sie die madenzerfressenen Körper der Sterbenden berührten, und mußten die Leprakranken auch nicht auf eine Armeslänge Abstand halten, denn sie sorgten ja für den Körper Christi. Eine Anekdote, die Mutter Teresa gerne erzählte, handelt von einer jungen Novizin, die frühmorgens zum erstenmal ins »Nirmal Hriday« zur Arbeit geschickt wurde. Am Abend kehrte sie mit leuchtenden Augen zurück und verkündete ihre Freude darüber, daß sie den ganzen Tag über Christus berührt hatte.

Nach dieser Auffassung war es also nicht so wichtig, wie tüchtig oder wirksam jemand handelte, sondern wieviel Liebe er hineinlegte. Es bedeutete auch, daß die Berufung einer Missionarin der Nächstenliebe nicht als Aufforderung zu verstehen war, mit den Leprakranken zu arbeiten oder nach der Lösung für andere besondere Arten der Armut zu suchen, selbst wenn jemand offensichtlich ein Talent in einer bestimmten Richtung hatte. Oft fiel es den Brüdern und Schwestern schwer einzusehen, daß die Berufung eines Missionars der Nächstenliebe nicht darin bestand, diese Fähigkeiten an die Armen weiterzugeben. Es war vielmehr, »Jesus zu gehören«. Obwohl Mutter Teresa von Natur aus an schwere Arbeit gewöhnt und prak-

tisch orientiert war, war das ihr Hauptanliegen, bei dem sie völlig
kompromißlos war. Die Missionarinnen der Nächstenliebe waren
keine Sozialarbeiter. Die bloße Andeutung, daß dem so sei, reichte
aus, um ihr Kummer zu bereiten, denn ihre Aufgabe war es,
»kontemplative Menschen in der Welt« zu sein.

Beeindruckt vom Erfolg der Unternehmen der Missionarinnen
der Nächstenliebe, schrieben Regierungsbeamte in Delhi einmal an
Mutter Teresa und baten sie, einige ihrer Sozialarbeiter auszubilden.
Sie wollten, daß sie ihnen ihr Geheimnis mitteilte, das sie für irgendeine neuartige und fortgeschrittene Methode hielten, ein neues Kapitel in den Handbüchern für Soziologie. Mutter Teresa mußte ihre
Bitte abschlagen. Ihrer Ansicht nach war der »Erfolg« vollkommen
abhängig von dem Erkennen Christi in den Armen und von den geistlichen Werten, denen die Sozialarbeit, so gut und empfehlenswert sie
auch war, nur wenig Beachtung schenkte. Mutter Teresas Beziehung
zu Gott war eine sehr persönliche. »Ich habe keine Phantasie«, gestand sie einmal. »Ich kann mir Gott, den Vater, nicht vorstellen.
Alles, was ich sehen kann, ist Jesus.« Wenn sie die Armen sah, so sah
sie Jesus in jammervoller Verkleidung. Wenn sie von den Armen
schrieb, so hob sie das Wort »die Allerärmsten« in ähnlicher Weise
hervor wie das Wort »der Herr« oder »Jesus«. Es war der zurückgewiesene Jesus, den die Schwestern in jenen, denen sie dienten, sehen
und berühren sollten:

»Jedesmal, wenn Jesus seine Liebe für uns beweisen wollte, wurde er
von der Menschheit zurückgewiesen. Vor seiner Geburt baten seine
Eltern um einen einfachen Wohnplatz, und da war keiner, denn seine
Eltern waren arm. Der Gastwirt blickte auf das ärmliche Gewand von
Joseph, dem Zimmermann, und dachte sich, daß dieser nicht bezahlen könne. Also wies er ihn ab. Aber Mutter Erde öffnete eine Höhle
und nahm Gottes Sohn darin auf.

Genauso wurde er vor der Erlösung und Auferstehung von seinem
Volk zurückgewiesen. Sie wollten nicht ihn; sie wollten Cäsar. Sie
wollten nicht ihn; sie wollten Barabbas. Am Ende schien es, als ob
sein eigener Vater ihn nicht wollte, weil er so mit unseren Sünden bedeckt war, und er rief in seiner Einsamkeit aus: ›Mein Gott, mein
Gott, warum hast du mich verlassen?‹

Das Gestern ist immer Heute bei Gott. Deshalb steht Jesus heute mit unseren Sünden bedeckt in der Welt als mein Bruder und meine Schwester. Mag ich ihn? Wenn wir nicht aufpassen, werden die Reichtümer des weltlichen Geistes uns blind machen. Wir werden Gott nicht sehen können, denn Jesus hat gesagt: ›Selig, die ein reines Herz haben, denn sie werden Gott schauen.‹«

Ohne diese grundlegende geistliche Haltung, ohne die Reinheit des Herzens, die uns Gott sehen läßt, ohne den Rahmen und die Verwurzelung des religiösen Lebens wären die Schwestern nach Mutter Teresas Ansicht nicht in der Lage gewesen, den Sterbenden Frieden zu bringen, die offenen Wunden der Leprakranken zu berühren und den kleinen Lebensfunken in ausgesetzten Neugeborenen anzufachen. Es war nicht möglich, sich für das Apostolat einzusetzen, ohne eine Seele im Gebet zu sein.

Überhaupt kam dem Gebet eine herausragende Bedeutung zu, besonders bei der Feier des heiligen Abendmahls, denn darin bot sich Christus als Speise dar. Die Missionarinnen waren angehalten, auch außerhalb der gemeinsamen Gottesdienste während des Tages zu beten, zum Beispiel, wenn sie sich anzogen. Für jedes größere Kleidungsstück gab es ein besonderes Gebet. Bei dem Gewand beteten sie, daß es eine Erinnerung an ihre Trennung von der Welt und ihrer Eitelkeit war: »Laß die Welt nichts für mich sein und mich nichts für die Welt.« Der Gürtel, den sie um die Taille trugen, erinnerte sie daran, der engelhaften Reinheit Mariens nachzueifern, »umgeben und beschützt von jener absoluten Armut, die alles krönt, was ihr für Jesus tut«. Beim Anlegen der Saris sprachen sie die Worte: »O hochheilige Jungfrau Maria, bedecke mich mit dem Mantel deiner Demut und laß mich durch diesen Sari mehr und mehr dir gleichen.« Das Kruzifix erinnerte sie daran, daß sie die Gemahlinnen des gekreuzigten Christus waren: »Und als solche muß ich in allen Dingen das Leben eines Opfers leben und Jesu Arbeit als Missionarin der Nächstenliebe tun.« Wenn sie die Sandalen anzogen, gaben sie sich das Versprechen, Jesus zu folgen, »wo immer du auf Seelensuche gehen wirst, um jeden Preis für mich selbst und aus reiner Liebe zu dir«. Wenn sie auf der Straße gingen, glitten die Rosenkränze durch ihre Hände »als ein wunderbares Mittel, weiter zu beten«.

Mutter Teresa forderte sie auf, alle ihre Sinne beim Beten zu gebrauchen, besonders darauf zu achten, wie sie niederknieten, wie sie ihre Hände falteten, wie sie das Weihwasser schöpften. Sie hatten Heiligenbilder, um ihren Geist zu Gott zu erheben. Abends beteten sie mit dem Kruzifix in der Hand, während sie neben dem Bett niederknieten, bevor sie schlafen gingen. Den Tag über sollte die Arbeit so geschehen, daß Gebet und Handlung eins wurden. Sie sollten wirklich »Professionelle im Gebet« werden. Einmal jährlich nahm jede Schwester für acht Tage an Exerzitien nach den Regeln des heiligen Ignatius von Loyola teil. Später vertraute Mutter Teresa einmal einer Freundin an, daß sie solche Exerzitien für ihre Schwestern abhalten, sie anleiten und ihnen zuhören konnte, und daß es dennoch eine Zeit der Besinnung auch für sie selbst war. Gebet und Aktivität waren beständig und vollkommen in ihr verschmolzen.

Das Streben nach Vollkommenheit war es, was sie von ihren Schwestern forderte. Sie war eine gläubige Tochter der römisch-katholischen Kirche. Sie hatte gelobt, so sagte sie ihnen oft, der Mutter Kirche Heilige zu geben, und sie war streng bei ihrer Ausbildung zu diesem Ziel. Es reichte ihr nicht, daß die Schwestern lediglich gute Ordensfrauen waren. Sie wollte Gott ein vollkommenes Opfer darbringen, und nach ihrer Ansicht machte nur Heiligkeit das Geschenk vollkommen. Die Ordensregel oder die Statuten waren Ausdruck von »Gottes Willen«. Sie selbst und jene, die sie als ihre »liebsten Kinder« ansah, mußten diese Regeln genau kennen und sich ihnen überall und allezeit beugen, bis zum letzten Atemzug. Die Meditation am Donnerstagmorgen, dem Tag der Besinnung, war stets einem Punkt aus den Statuten gewidmet. Mutter Teresa hatte nie Theologie studiert, aber sie war von den Evangelien durchdrungen, und ihre Kenntnis vom Leben der Heiligen war umfassend. Manchmal nahm sie an der halben Stunde geistlicher Lesung teil, die sie ihren jungen Schwestern täglich verordnet hatte. Trotz aller Armut hatte Mutter Teresa von Anfang an Wert darauf gelegt, sich eine umfangreiche Bücherei zusammenzubetteln. Dadurch konnte sie ihre Zöglinge mit den geistlichen Quellen versorgen, die sie ihrer Ansicht nach brauchten. Die geistliche Unterweisung der Schwestern wurzelte darüber hinaus in ihren eigenen weitreichenden Kenntnissen über katholische religiöse Schriften. So konnte sie ihr Beharren auf der Bedeutung der Regeln mit dem Vergleich des heiligen Vinzenz untermauern, für den Regeln Flügel waren, »mit denen man zu Gott fliegt«. Oft schmückte sie ihre Unterweisung mit Beispielen von Heiligen oder von Menschen aus, die ein religiöses Leben geführt hatten.

Die Anweisungen an ihre Schwestern waren die eines Menschen, der fest an Disziplin glaubte – Gehorsam hatte »unverzüglich, einfach, blind und freudig« zu sein, denn »Jesus war getreu bis in den Tod«. Nächstenliebe war ausdrücklich in »Worten, Taten, Gedanken, Wünschen und Gefühlen, denn Jesus ging umher, um Gutes zu tun«. Das Prinzip der Armut war bei allen »Wünschen und Anliegen, Neigungen und Abneigungen« anzuwenden, denn »obwohl reich, machte sich Jesus arm für uns«. Keuschheit war zu leben »in Gedanken und Gefühlen, in Wünschen und Anliegen«. Auf der Straße sollten sie nicht auf weltliche Bilder oder Zeitschriften schauen, noch sollten sie leerem Gerede zuhören. Sie sollten »gefährliche Gelegenheiten« meiden und einander nicht berühren, denn »Jesus ist ein eifersüchtiger Geliebter«. Zweimal am Tag waren sie aufgefordert, ihr Gewissen in dieser und anderer Hinsicht gründlich zu prüfen.

Für Mutter Teresa war Nächstenliebe jedoch stets oberstes Gebot. Wenn ihre Forderungen auch hart klangen, direkt in der Formulierung und strikt in ihrer Erwartung, so muß man bedenken, daß sie Mädchen erzog, von denen sie einige als Schülerinnen gekannt hatte und von denen viele frisch von der Schule kamen. Mutter Teresa gab ihre Anweisungen auf der Grundlage der tiefen und zärtlichen Zuneigung, die sie ihnen entgegenbrachte, und mit dem klaren Verständnis, daß Freundlichkeit immer Vorrang hatte. Sie sagte ihnen, daß sie es vorziehe, wenn sie freundlichen Sinnes Fehler machten, als unfreundlichen Sinnes Wunder zu vollbringen, und sie lebte vor, was sie predigte. Sie mußte ihre Aufmerksamkeit auf die kleinen Einzelheiten des Lebens lenken, bevor die eine oder andere zur Oberin herangewachsen war. So ermahnte sie die Schwestern zum Beispiel, wenn Klagen kamen, daß sie so in ihren Rosenkranz versunken waren, wenn sie durch die Straßen von Kalkutta gingen, daß sie vergaßen, Menschen zu grüßen, die sie kannten. Mutter Teresa betonte, daß sie immer zuerst mit einem Lächeln grüßen mußten: »Wenn ihr ein bißchen Sorge tragt, euch vor Jesus in den Herzen der Priester und Ordensleute zu verneigen, denen ihr begegnet, wird euch das

1 Mutter Teresa, der »Engel der Armen«.
Geboren 1910 in Skopje, ging sie 1929 nach Indien,
um sich ganz der Armenpflege und der Mission
zu widmen. 1950 gründete sie den Orden »Missionarinnen der Nächstenliebe«, der weltweit tätig ist.
Für ihren aufopfernden Dienst der Menschlichkeit
erhielt sie 1979 den Friedensnobelpreis.

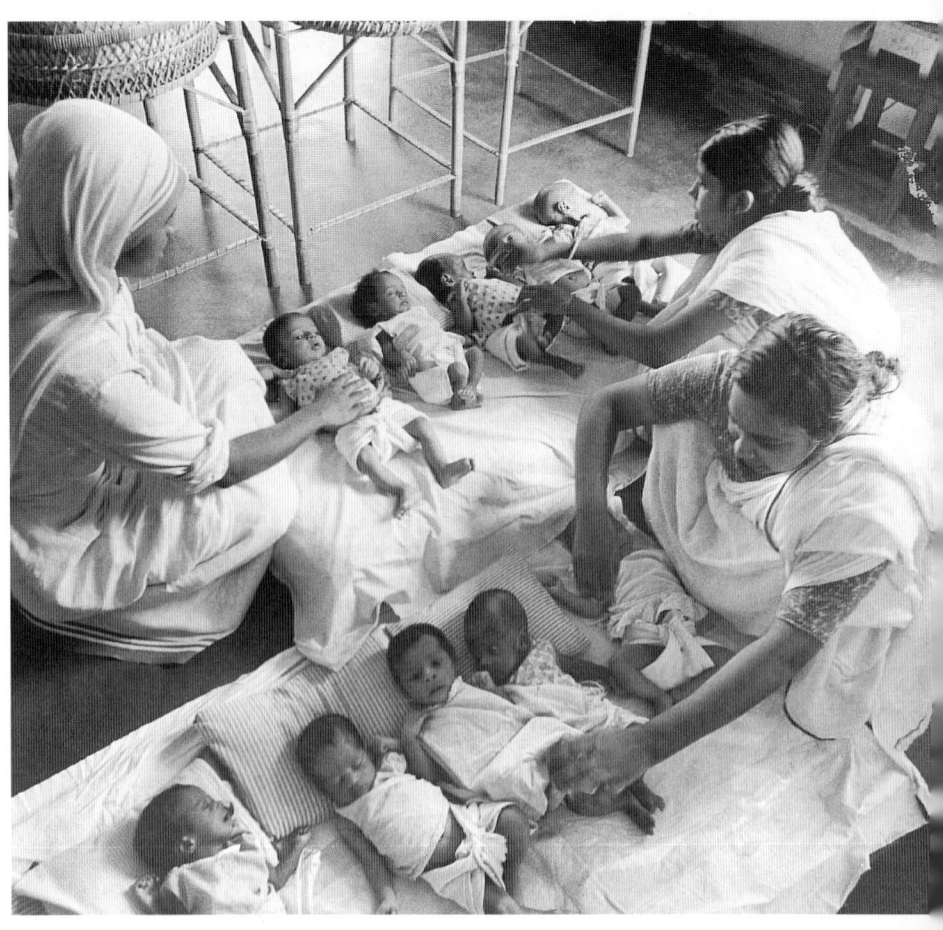

2–4 Der Dienst der »Missionarinnen der Nächstenliebe« erfordert ungeheure Kraft von jeder einzelnen der Schwestern. Sie pflegen Säuglinge, um die sich die Mütter nicht mehr kümmern können, und sie stehen Schwerkranken und Sterbenden oft in deren letzten Stunden bei. Vielleicht ist gerade dieses bedingungslose Opfer der Liebe der Grund für ihre Freude am Dasein.

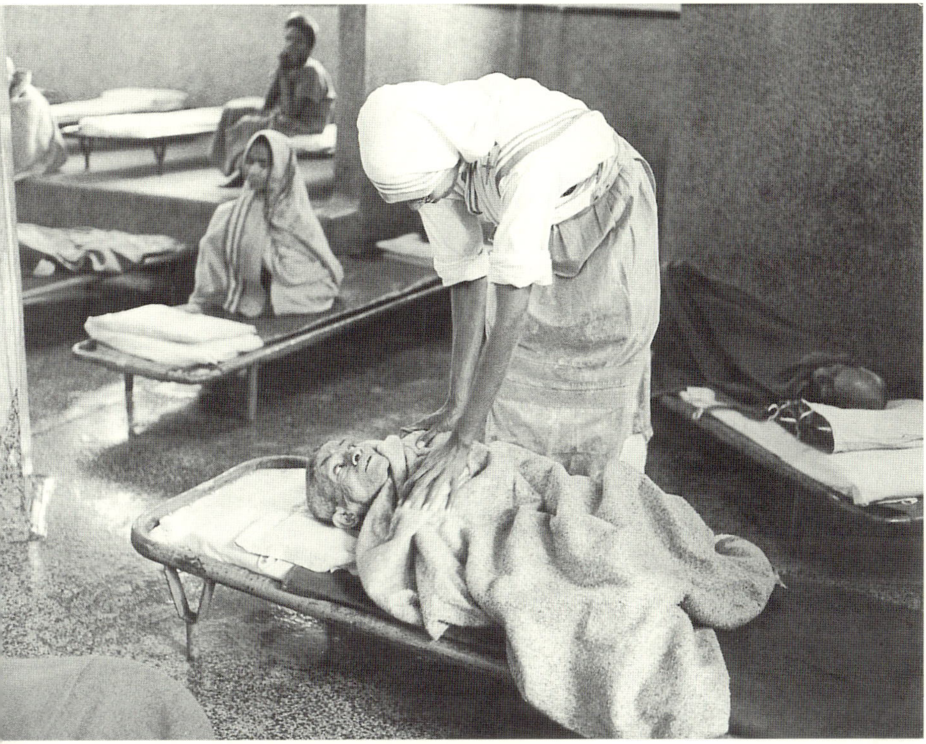

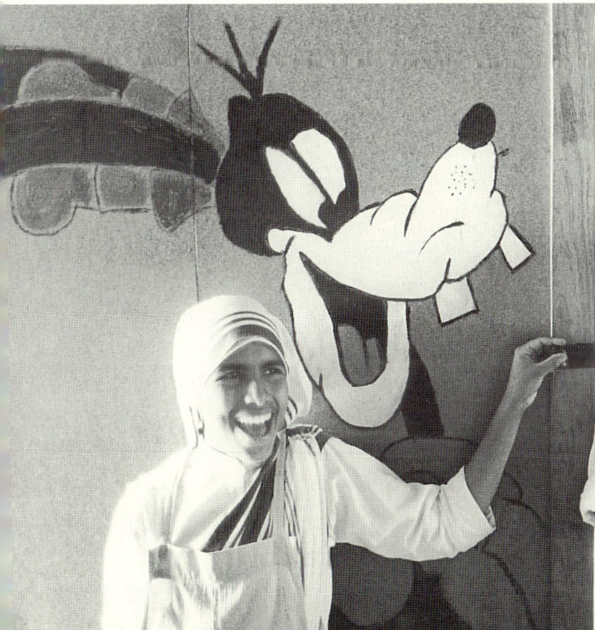

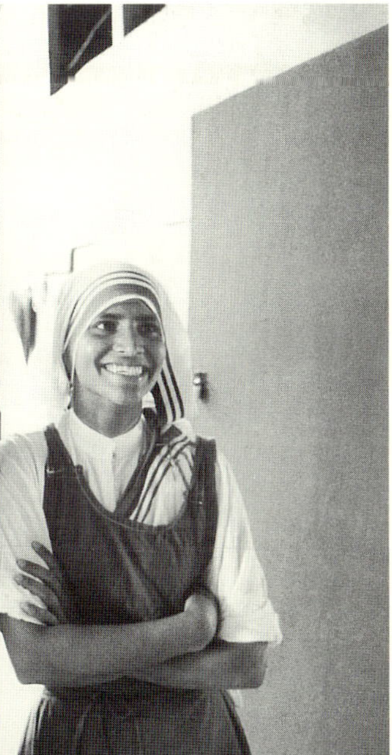

Die Sterbehalle in Kalkutta, in der die »Missionarinnen der Nächstenliebe« vielen der Ärmsten
auf dem Sterbebett zum ersten Mal in deren Leben
das Gefühl vermitteln können, Mensch zu sein.

6 Zwei herausragende religiöse Führer unserer
Zeit: Frère Roger Schutz, der in Taizé eine
dogmatisch und konfessionell nicht gebundene
christliche Gemeinschaft leitet, und Mutter Teresa.

7 Mutter Teresa trifft
Dom Hélder Câmara,
der in Brasilien ver-
sucht, die katholische
Kirche aus ihrer feu-
dalen Befangenheit zu
befreien, um sie als
sozial engagierte Kirche
für die Armen zu
öffnen.

8 Papst Paul VI.
verleiht Mutter Teresa
im Jahr 1971 den
»Friedensnobelpreis
Papst Johannes XXIII.«

9 Privataudienz bei Papst Johannes Paul II.
Mutter Teresa teilt viele seiner konservativen
Anschauungen, zum Beispiel auch dessen
Haltung zur Geburtenkontrolle.

nicht helfen, den Rosenkranz mit größerer Liebe zu beten?« Um
schön zu sein, mußte ihre Berufung voller Gedanken für andere sein.
Sie mußte auch voller Freude sein. Kandidatinnen, die den Missionarinnen der Nächstenliebe beitreten wollten, brauchten keine besonderen beruflichen Qualifikationen, sondern gesunden Menschenver-
stand und die Fähigkeit, Wissen zu erwerben. Insbesondere mußten
sie die Sprache derer lernen, denen sie dienen sollten. Wichtig war
vor allem, daß sie an Körper und Geist gesund waren, von der richtigen Absicht geleitet und von fröhlicher Natur. »Lächelnde Novizinnen«, sagte Mutter Teresa manchmal, »ich kann die Musik eures freudigen Lachens hören. Lernt, meine Kinder, heilig zu sein, denn wahre
Heiligkeit besteht darin, Gottes Willen mit einem Lächeln zu tun.«

Christus gegenwärtig im Hungernden, so daß »wir seine Liebe für
uns stillen können«; Christus, das Brot des Lebens, das fleischgewordene Wort, still gegenwärtig in der Feier des Abendmahls, »um unseren Hunger nach Liebe zu stillen« – Mutter Teresa war eine heilige
Vision Gottes zuteil geworden, der völlig gegenwärtig war in dieser
Welt. Erst mit der Zeit fing sie selbst an, das zu verstehen. Irgendwie
mußte sie ihren jungen Schwestern etwas von der Tiefe und dem
Reichtum mitteilen, die sie bereits kannte. Selbst wenn sie mit kleinen praktischen Überlegungen befaßt war, zum Beispiel, wie die
Schwestern sich die Haare schnitten, verlor sie nie den Bezug zu der
tieferen Vision. Was sie letztendlich in ihnen zu entfalten versuchte,
war »das ständige Bewußtsein göttlicher Gegenwart überall und in
jedem, besonders in unserem eigenen Herzen und in den Herzen der
Schwestern, mit denen wir zusammenleben, und in den Allerärmsten«. Sie wünschte, daß die Schwestern in Einheit mit Gott und miteinander lebten. Stille war die Wurzel dieser Einheit, denn Gott war
der »Freund der Stille«:

»Wir brauchen Stille, um allein mit Gott zu sein, zu ihm zu sprechen, ihm zuzuhören, über seine Worte tief in unseren Herzen nach-
zusinnen. Wir müssen allein mit Gott sein in der Stille, um erneuert
und gewandelt zu werden. Stille gibt uns einen neuen Ausblick auf
das Leben. Darin sind wir erfüllt von der Energie Gottes selbst, die
uns alles mit Freude tun läßt.«

Notwendigerweise mußte ihre Stille eine innere sein, da sie ja so
viel von ihrer Zeit inmitten von Lärm und Rastlosigkeit verbrachten.

Um wahre innere Stille möglich zu machen, sagte Mutter Teresa
ihren Schwestern, sie sollten sich in folgendem üben:

»Stille in den Augen zu erfahren, indem wir immer die Schönheit und
Güte Gottes suchen, und sie vor den Mängeln der anderen verschließen und vor allem, was sündhaft ist und die Seele stört.

Stille in den Ohren zu erfahren, indem wir immer auf die Stimme
Gottes und den Schrei der Armen und Notleidenden horchen, und sie
vor all den anderen Stimmen verschließen, die vom Bösen stammen
oder aus der gefallenen menschlichen Natur – Geschwätz, Gerüchte,
liebloses Gerede.

Stille der Zunge zu erfahren, indem wir Gott loben und das le-
benspendende Wort Gottes sprechen, das Wahrheit ist, erleuchtet und
inspiriert, Frieden, Hoffnung und Freude bringt, und indem wir uns
der Selbstrechtfertigung und jeglichen Wortes enthalten, das Dunkel,
Chaos, Schmerzen und Tod verursacht.

Stille des Geistes zu erfahren, indem wir ihn der Wahrheit und der
Erkenntnis Gottes im Gebet und in der Kontemplation öffnen, wie
Maria, die den Wundern des Herrn in ihrem Herzen nachsann, und
indem wir uns allen Unwahrheiten, Ablenkungen und zerstörerischen Gedanken wie vorschnellem Urteil, Verdächtigung oder Rach-
sucht gegenüber verschließen.

Stille des Herzens zu erfahren, indem wir Gott von ganzem Herzen, von ganzer Seele, mit ganzem Geiste und aller Kraft lieben und
einander, so wie Gott uns liebt, indem wir nach Gott allein verlangen
und alle Eigensucht, Haß, Neid, Eifersucht und Gier vermeiden.«

Verläßlichkeit in kleinen Dingen wurde Ausdruck von etwas Tie-
ferem: aufopfernder Liebe. In der Vorbereitung auf Weihnachten, der
Zeit des Jahres, wo »das Wort Fleisch wurde und unter uns wohnte«,
(Joh. 1,14), wurde eine leere Krippe in die Kapelle der Schwestern gestellt. Daneben befand sich eine Schachtel mit etwas Stroh. Während
der Adventszeit wurden die Schwestern aufgefordert, kleine persönliche Opfer darzubringen, beispielsweise jemandem beim Wassertank
den Vortritt zu lassen. Anschließend gingen sie heimlich in die Kapelle, zogen einen Strohhalm aus der Schachtel und legten ihn in die
Krippe. Auf diese Weise war das Jesuskind, wenn es zur Weihnacht in

die Krippe gelegt wurde, auf einem Lager gebettet, das von ihrer Liebe und ihrem Opfer angewärmt war.

Mutter Teresa lehrte ihre Schwestern die Bedeutung ihres Gehorsams gegenüber der Kirche und der Welt als Ganzes: »Ich hoffe und bete, daß ihr euch eurer Verantwortung gegenüber der Kirche bewußt seid. Ihr seid ein Zeichen Gottes, der Beweis für seine lebendige Liebe zu den Menschen.« Unter ihrer behutsamen Anleitung folgte das Gebetsleben der Missionarinnen dem liturgischen Kalender des römisch-katholischen Kirchenjahres. Der Mai war der Jungfrau Maria gewidmet; Juni dem Heiligen Herzen; im August kam das besondere Fest der Gemeinschaft, das Fest des Unbefleckten Herzens Mariens. Ihre Andachten galten aber nicht nur besonderen Ereignissen innerhalb der Gemeinschaft – als neue Häuser eröffnet wurden, wurde der Jahrestag der Gründung auf den Tafeln in allen Kapellen der Missionarinnen zur besonderen Erinnerung vermerkt –, sondern auch Ereignissen innerhalb der Kirche, dem mystischen Körper Christi, von dem Mutter Teresa einmal sagte, er bedeute ihr »alles«. Als im November 1964 die Nachricht vom bevorstehenden Besuch Papst Pauls VI. Kalkutta erreichte, rief sie die Schwestern auf, »viele Akte der Stille in Vorbereitung auf das Kommen des Heiligen Vaters« darzubringen. Nach seiner Abreise vollbrachten sie im Dezember »viele Akte der Nächstenliebe als Dank für den Besuch des Heiligen Vaters«.

Als die Arbeit sich ausweitete, geschah das nach Ansicht Mutter Teresas genauso, wie es nötig war. Es war eben gerade soviel da, wie gebraucht wurde. »Es ist Christi Gegenwart, die uns leitet«, betonte sie. »Wir machen keine Pläne, wir schaffen nicht den Boden für einen wirtschaftlichen Aufschwung. Alles geschieht entsprechend den Bedürfnissen der Armen. Wenn sie uns um Brot bitten, versuchen wir, es für sie zu beschaffen. Wenn sie niemanden haben, der ihnen die Kleider wäscht, waschen wir sie. Es ist die göttliche Vorsehung, die uns bei der Ausübung der Arbeit leitet und die uns die Mittel dazu zur Verfügung stellt.« Trotz dieses Vertrauens auf die göttliche Vorsehung erkannte sie die Notwendigkeit, das Wachstum dieses »geraden, wunderbaren, fruchttragenden Baumes« sicherzustellen. Sie wußte, daß sie Oberinnen brauchte, die die »Stelle Gottes« unter ihren Schwestern einnehmen sollten, damit sie nicht ständig unter ihnen sein mußte. Aber selbst als ihre Zeit immer knapper wurde, schrieb sie ihnen regelmäßig. Auch die Schwestern fingen bald an zu reisen. Als die Schiffssirenen am 31. Dezember 1958 in Kalkutta aufheulten, um das neue Jahr anzukündigen, dachte sie an jede einzelne ihrer Schwestern und »sehnte sich danach, Gott ein vollkommenes Opfer darzubringen, das aus unseren Herzen besteht«. Sie schrieb ihnen in einer Weise, die ihre außergewöhnliche Fähigkeit zeigte, mit den Schwierigkeiten und Anforderungen des täglichen Lebens der Schwestern in Kontakt zu bleiben. Sie schrieb ihnen von ihrem Wunsch, bei ihnen zu sein, wo immer sie waren: sie zu lieben, ihnen zu helfen und sie anzuleiten, Heilige zu werden.

MUTTER TERESA
UND DIE NOT DER WELT

»WENN ES ARME AUF DEM MOND GIBT...«

Die internationale Ausbreitung der Gemeinschaft

Während der ersten zehn Jahre nach der Gründung der Gemeinschaft der Missionarinnen der Nächstenliebe blieb die Arbeit auf die Diözese Kalkutta beschränkt. Das Kirchenrecht verbietet die Eröffnung weiterer Häuser außerhalb einer Diözese, wenn die Institution weniger als zehn Jahre alt ist, und der Erzbischof von Kalkutta legte auf die Einhaltung dieser Regel besonderen Wert. Mutter Teresa akzeptierte die allgemeine Weisheit dieser Beschränkung. Zehn Jahre, in denen sie das in ihr brennende Feuer auf andere übertragen konnte, in denen sie aus einigen ihrer jungen Schwestern Oberinnen machen konnte, durchdrungen von dem Geist der Gemeinschaft, und fähig, anderswo Neugründungen zu bewerkstelligen, waren keine übermäßig lange Zeit. 1959 jedoch, ein Jahr vor Abschluß der von der römisch-katholischen Kirche vorgeschriebenen Probezeit, brannten die Schwestern darauf, die in Kalkutta begonnene Arbeit auf ganz Indien auszuweiten, und der Erzbischof gab nach. Fast sofort wurden sie gebeten, Häuser in Ranchi, Delhi und Jhansi zu eröffnen, denn die Nachricht von ihrer Arbeit machte die Runde, und Bischöfe, die ihre Dienste brauchten, hießen sie gern in ihren Diözesen willkommen. In Delhi eröffneten die Missionarinnen der Nächstenliebe ein Kinderheim. Bei der Einweihungsfeier war der indische Premierminister, Jawaharlal Nehru, zugegen. Auf die Frage von Mutter Teresa, ob sie ihm etwas über die Arbeit der Gemeinschaft berichten solle, würdigte er die Erfolge der ersten zehn Jahre auf seine Weise. »Nein, Mutter«, antwortete er schlicht. »Sie brauchen mir nichts über Ihre Arbeit zu erzählen. Ich weiß davon. Deshalb bin ich ja gekommen.«

Die Arbeit, die Pandit Nehrus Anerkennung gewonnen hatte, weitete sich rasch auf viele andere größere und kleinere Städte aus, bis hin zur Prunkstadt Bombay, die sich einer imponierenden Anzahl palastartiger Herrenhäuser und einer Fülle katholischer Schulen, Colleges und Wohltätigkeitsinstitutionen rühmte. Mutter Teresa war nicht nur davon überzeugt, daß sie in Bombays gebildeter katholischer Gesellschaft freiwillige Helfer finden würde, sondern sie sah auch die Notwendigkeit ihrer Hilfe in der Stadt. Sie bot ihre Dienste Kardinal Gracias an, der ihr sofort antwortete, sie möge kommen und in seiner Erzdiözese arbeiten. Als Oberhaupt der römisch-katholischen Kirche in Bombay wußte Kardinal Gracias bereits von vielen Elendsvierteln, in denen seine wenigen Geistlichen nicht mehr viel ausrichten konnten. Mutter Teresa bestätigte sehr bald seinen Eindruck. Nach einer kurzen Inspektionsfahrt durch die Stadt machte sie die unpopuläre Bemerkung, daß die Slums von Bombay noch schlimmer seien als die von Kalkutta. Die Bürger von Bombay gaben nur widerwillig zu, daß es in ihrer Stadt, die so stolz auf ihre Strandpromenade und prächtigen Villen war, auch hoffnungslos überfüllte »chawls« gab, mehrstöckige Gebäude ohne ausreichende Luftzufuhr, wo das Wasser die engen Treppenhäuser hinaufgetragen werden mußte und die Kinder keinen Platz zum Spielen oder auch nur frische Luft zum Atmen hatten. Die Armen von Bombay, so betonte Mutter Teresa, schrien genauso laut nach Liebe wie die Bewohner von Kalkuttas »bustees«. Bald nach der Ankunft der Missionarinnen der Nächstenliebe in Bombay brachte eine Zeitung auf der Titelseite den Bericht über eine Frau, die allein und vernachlässigt mitten auf der Straße gestorben war. Ihr Leichnam hatte mehrere Stunden dagelegen, bevor ihn jemand wegtrug. Das Leidensmuster der Armut wiederholte sich ständig. Mit der Hilfe von Kardinal Gracias eröffnete Mutter Teresa ein Sterbehaus in Bombay.

1964 hatte Papst Paul VI. ihr die Luxuslimousine geschenkt. Es blieb nicht das einzige Zeichen päpstlicher Unterstützung für ihre Arbeit. Mutter Teresa stand mit unwandelbarer Treue hinter der Kirche und dem Stellvertreter Christi, selbst in den frühen Stadien der Missionarinnen der Nächstenliebe, und diese Tatsache blieb nicht unbeachtet. Weitere Geschenke folgten. Einmal übersandte ihr Paul VI. eine größere Geldsumme zu Weihnachten, was die Missionarinnen in die Lage versetzte, 5000 Kindern und Leprapatienten eine gute Mahlzeit und ein kleines Geschenk zu geben. Ein andermal stellte er ihnen die Mittel zur Verfügung, um 4000 Betten und Matratzen für die Armen zu kaufen sowie einen »päpstlichen« LKW, der eines Tages in einer überfüllten Einbahnstraße steckenblieb. Als der Polizist, der versuchte, den Stau aufzulösen, erfuhr, daß es ein Geschenk des Papstes sei, durfte der Fahrer weiterfahren und hörte die Bemerkung: »So, der Papst. Na, dann fahren Sie weiter.«

Am 1. Februar 1965, nur sechs Jahre, nachdem den Missionarinnen der Nächstenliebe erlaubt worden war, ihre Aktivitäten über die Erzdiözese von Kalkutta hinaus auszudehnen, erhielt die Gemeinschaft das Päpstliche Dekret der Belobigung durch die Heilige Kongregation für die Verkündigung des Glaubens. Im November 1960 war Mutter Teresa auf der Rückkehr aus den USA, wo sie auf Spendenmission gewesen war, nach Rom gereist, um den damaligen Papst, Johannes XXIII., um die päpstliche Anerkennung der Gemeinschaft zu bitten. Es war die erste internationale Reise, die sie von ihren Schwestern in Indien fortführte. Vor ihrer Abreise hatte sie Schwester Agnes zur Generalassistentin ernannt. Sie hatte den Schwestern ihr Vertrauen ausgesprochen und ihnen versichert, daß sie jede von ihnen, wie sie da waren, zu den Füßen des Stellvertreters Christi auf Erden tragen werde, denn sie wolle den Heiligen Vater bitten, die kleine Gemeinschaft in seine besondere Obhut zu nehmen.

Der Aufenthalt in Rom gab Mutter Teresa überdies Gelegenheit, ihren Bruder zu treffen, den sie seit 1924 nicht mehr gesehen hatte. Lazar lebte damals mit seiner Frau Maria und ihrer Tochter Aggi im Exil in Italien. Drana und Aga Bojaxhiu waren jedoch immer noch in Tiranë. Für Mutter Teresa und ihren Bruder war es ein ständiger Schmerz, daß die beiden dort abgeschnitten waren, ohne die Aussicht, jemals ein Land verlassen zu können, das damals allgemein als einer der strengsten kommunistischen Staaten in Europa galt.

Das Warten auf die Audienz in Rom war für Mutter Teresa nervenaufreibend. Der Antrag auf päpstliche Anerkennung der Missionarinnen war ein besonderer Schritt in ihrem religiösen Leben. Nach Aussage einer Schwester, die ihr damals nahestand, verlor Mutter Teresa den Mut, als es daran ging, den Antrag persönlich bei Papst Johannes XXIII. zu stellen. Sie bat lediglich um seinen Segen. Aber Kardinal Agagianian von der Heiligen Kongregation für die Verkündigung des Glaubens befragte sie genau nach den Statuten und der Arbeit der Missionarinnen. Offenbar fanden ihre Antworten seine Zustimmung, denn am 2. Mai 1965 erhielt die »Kleine Gesellschaft« in Indien den förmlichen Status einer Gemeinschaft nach päpstlichem Recht.

Der päpstliche Internuntius, Erzbischof Knox, kam von Delhi nach Kalkutta, um das Dekret öffentlich im Beisein von Erzbischof Périer, Pater van Exem und Pater Henry sowie der Provinzialin der Schwestern von Loreto zu verlesen. Man konnte bei dieser Gelegenheit Bänke, Stühle und Ventilatoren mieten; Mutter Teresa aber kauerte auf dem Boden, um die Nachricht des Heiligen Stuhls entgegenzunehmen:

»Zu dem Zwecke, daß das Apostolat unter den Armen wirksamer verbreitet werde, gründete der Ordinarius der Erzdiözese Kalkutta, Indien, vor etlichen Jahren eine fromme Gemeinschaft von Frauen, die er später zu der religiösen Kongregation der Missionsschwestern der Nächstenliebe erhob.

Da mit der Hilfe von Gottes Gnade die obengenannte Kongregation sehr stark gewachsen ist und ihre Schwestern in viele andere Diözesen Indiens entsandt hat, um die Werke der Nächstenliebe auszuführen, legten die Ordinarien der besagten Diözesen dem Heiligen Rat für die Verkündigung des Glaubens eine Petition vor, daß der Kongregation ein Dekret der Belobigung zuteil werde.

Unser Heiligster Vater Paul VI., nach göttlicher Vorsehung Papst, empfing diese Petition, die ihm vom unterzeichneten vorsitzenden Kardinal dieses Heiligen Rates bei der Audienz am 1. Februar 1965 A.D. vorgelegt wurde, und verlieh der Kongregation der Missionsschwestern der Nächstenliebe, deren Mutterhaus in der Erzdiözese Kalkutta liegt, das Dekret der Belobigung.

Dazu bestätigt der Heilige Rat die Statuten der Kongregation während sieben Jahren, entsprechend dem diesem Dekret beigefügten Text. Gegeben in Rom im Palast der Heiligen Kongregation für die Verkündigung des Glaubens.«

Das Dekret übertrug einer bis dahin bischöflichen Kongregation die Anerkennung des Heiligen Stuhls. Von nun an durfte an der Verfassung der Kongregation keine Veränderung ohne die Zustimmung des Papstes vorgenommen werden. In seiner Predigt gab der Internuntius den Missionarinnen drei Worte zur Erinnerung: »Zuversicht« in Gott an jedem Tage, »Ablösung« von den Gütern dieser Welt und »Hingabe«. Mit ihrem vierten Gelübde sollten sie, so sagte er, ein Feueropfer für Gott und die Ärmsten der Armen sein und sich immer das Beispiel Christi am Kreuze vor Augen halten, des Gottessohnes, der sich selbst aus Liebe zur Menschheit arm gemacht hatte.

Das »Feueropfer für Gott« breitete sich weiter in Indien aus. »Wir helfen, wo es nötig ist«, betonte Mutter Teresa immer wieder. Die Notwendigkeit der Hilfe, bei der die Missionarinnen stets den dürstenden Christus vor Augen hatten, erstreckte sich auf immer weitere Bereiche: Kliniken für die TBC-Kranken, Geburtskliniken, allgemeine Pflegestationen, mobile Leprakliniken, Nachtasyle für obdachlose Männer, Heime für verlassene Kinder, Sterbehäuser, Kindergärten, Grundschulen, Aufbauschulen, höhere Schulen, Handelsschulen, Ernährungsprogramme, Lepradörfer, Ausbildungsstätten für Tischler, Metallarbeiter, Stickerinnen, Näherinnen und andere Berufe, Anleitung in Kinderbetreuung und Haushaltsführung sowie Hilfsmaßnahmen im Fall von Notsituationen und Katastrophen wie Aufständen, Epidemien, Hungersnöten und Überschwemmungen.

Im Jahre 1977 verwüstete ein Wirbelsturm den Bundesstaat Andhra Pradesh und machte zwei Millionen Menschen obdachlos. Die Überschwemmungen und Verwüstungen kosteten Tausende von Menschenleben. Eine Flutwelle, die ein Augenzeuge als eine sechs Meter hohe Wassermauer beschrieb, raste bis auf über 20 Kilometer ins Land und zerstörte alles auf ihrer Bahn. Mutter Teresa versammelte unverzüglich eine Gruppe Schwestern, um den Opfern der Katastrophe zu helfen. Bei der Ankunft in dem Katastrophengebiet äußerte sie tief betroffen: »Niemals habe ich solche völlige Verwüstung, solch hoffnungsloses Leiden, solch einen gräßlichen Todesgeruch erlebt.« In der Mitte des Notstandsgebiets richtete sie ein Haus als Basis ein, von der aus zehn Missionarinnen der Nächstenliebe, zusammen mit der Christlichen Hilfe, dem Roten Kreuz und zwei weiteren Wohlfahrtsverbänden, rund um die Uhr arbeiten konnten: Sie versorgten einen endlosen Strom verwirrter Menschen, die zu sehr betäubt und erschüttert waren, um ihre Häuser wiederzufinden und aufzubauen, mit Nahrung, Unterkunft, Kleidung und Schutzimpfungen. Es erwies sich als eine von vielen ähnlichen Katastrophen, auf die Mutter Teresa beeindruckend schnell und wirkungsvoll reagierte. Sie

hatte eine wachsende Anzahl von Schwestern zu ihrer Verfügung, in
Gehorsam ergeben, alles Befohlene zu tun, und durch die Armut dazu
frei. Aufgrund ihrer Armut reisten sie mit so wenig persönlichem
Gepäck, daß es in einen Eimer oder eine Pappschachtel paßte.

Papst Paul VI. hatte Mutter Teresa sein Auto geschenkt, damit es
für ihre, wie er sagte, »universale Liebesmission« eingesetzt werden
konnte. Seine Worte erwiesen sich als prophetisch. Die erste Einladung, eine Stiftung außerhalb Indiens zu gründen, kam 1965 aus
Venezuela. Mutter Teresa wurde gebeten, ein Haus einzurichten, um
die Not der Millionen getaufter Katholiken in Lateinamerika zu
lindern. Viele von ihnen waren in ihrem Glauben schwankend geworden, hauptsächlich, weil es zu wenig Priester und Ordensleute
gab, die sie hätten unterweisen und führen können. Während eines
Besuchs in Rom bei der zweiten Sitzung des Zweiten Vatikanischen
Konzils hatte Erzbischof Knox, der Internuntius in Delhi, Bischof
Benitez aus Barquisimeto, einen südamerikanischen Bischof, getroffen, der ihm die geistliche Armut in seinem Land, besonders in einigen abgelegenen Orten seiner Diözese, eindringlich geschildert hatte.
Eine Gemeinschaft von Schwestern könne hier wirksam helfen. Insbesondere ginge es darum, den Frauen das Gefühl ihrer eigenen
Würde zu geben und ihnen praktische Fähigkeiten zu vermitteln.
Erzbischof Knox war sehr dafür, daß Mutter Teresa die Einladung
nach Venezuela annahm, aber sie reagierte zunächst zurückhaltend.
Sie hatte nicht das Gefühl, daß ihre Schwestern schon so weit fortgehen konnten. Sie war nicht sicher, ob sie bereits genügend vom Geist
der Gemeinschaft durchdrungen waren. Es war ja vor allem der Geist,
der ihrer Ansicht nach wichtig war; ohne den Geist würde die Arbeit
absterben. Die Missionarinnen der Nächstenliebe brauchten nicht
die zusätzliche Aufgabe, nach Venezuela zu gehen, protestierte sie,
aber der Erzbischof wies darauf hin, daß die Bedürfnisse der Kirche
und nicht die der Missionarinnen oberstes Gebot waren, und damit
war die Angelegenheit erledigt. Für Mutter Teresa waren die Autorität und die Erfordernisse der Kirche keine Streitfragen. Gegen Mitte
Juli 1965 begab sie sich mit fünf Schwestern nach Venezuela.

Mit seinen abgelegenen Dörfern – Lehmhütten eingebettet in das
üppige Grün des Dschungels – brachte Venezuela neue Herausforde-
rungen für die Missionarinnen der Nächstenliebe. Die Arbeitsbedin-

gungen im Rahmen der südamerikanischen Kultur waren ganz anders als alles, was sie in Indien erlebt hatten. Die Begegnung mit ungeweihten Ehen, in denen manchmal nur wenige Kinder tatsächlich leiblich Bruder und Schwester waren, war ihnen völlig unbekannt. Dennoch machten sich die Schwestern rasch an die Arbeit. Sie richteten ihr Hauptquartier in einer kleinen Stadt namens Cocorote ein, einer Pfarrei, die seit vielen Jahren verlassen gewesen war. Sie hielten Näh- und Schreibmaschinenkurse für die Mädchen aus der Umgebung ab. Sie unterrichteten Englisch und suchten die Kranken und Armen auf, brachten ihnen Seife und saubere Kleider. Der örtliche Gouverneur, Bartolomé Romero Aguero, wurde ihr Fürsprecher. Er versorgte sie kostenlos mit Benzin für einen Geländewagen, mit dem sie auf der Panamericana mit 90 Stundenkilometern zu ihren regelmäßigen Besuchen in den »campos« fuhren.

In Venezuela begann auch die Mitarbeit der Missionarinnen der Nächstenliebe bei der religiösen Erziehung. In einem Gebiet, wo ein hoffnungsloser Mangel an Priestern herrschte, waren sie in die Pflicht genommen, die Kinder auf die Erstkommunion und Firmung vorzubereiten. Später dann, im Jahre 1970, als sie eine Stiftung bei Caracas gründeten, übertrug Kardinal Quintero drei Missionarinnen der Nächstenliebe, zusammen mit Schwestern anderer Kongregationen, das Recht auf Spendung des Abendmahls. Die Schwestern brachten das heilige Abendmahl zu den Kranken, leiteten Begräbnisfeiern, wuschen und pflegten die Alten, fütterten die Hungrigen. Als 1972 Stürme entlang der Küste von Venezuela viele Häuser abdeckten, wurden sie zu freiwilligen Dacharbeitern. Dafür teilten die Leute das wenige mit ihnen, was sie hatten. Sie kamen mit Geschenken, einem Ei oder einer Banane. Noch viele Jahre später erinnerten sich die Schwestern an diese aufrichtigen, einfachen und freundlichen Menschen.

Seit der zweiten Hälfte der sechziger Jahre war Mutter Teresa immer häufiger auf Reisen. »Ich bin hier, weit weg in räumlicher Entfernung, aber mein Herz und meine Seele sind bei jeder von Euch«, schrieb sie an den kleinen Kern von Schwestern, den sie gerade in Venezuela zurückgelassen hatte. »Liebt einander; helft einander; seid freundlich zueinander.« Ihr Reisen zwang sie dazu, anderen Autorität zu übertragen. Schwester Agnes hatte die volle Verantwortung für die

Gemeinschaft, während sie von Indien fort war. Die Oberin in Venezuela hatte die gesetzliche Vollmacht, in ihrem Namen zu handeln.
Sie gab den Schwestern sehr genaue Anweisungen, was den Gehorsam und die Ausübung von Autorität betraf. Wenn die Schwestern in
ihren Vorgesetzten Gott sehen sollten, dann mußten die Vorgesetzten
dienen und nicht bedient werden. Mutter Teresas Reisen führten sie
auch immer wieder nach Rom. Am 15. Juli 1965 waren Mutter Teresa
und ihre Begleiterinnen unter 40 Personen, denen Papst Paul VI. eine
Privataudienz gewährte. Nachträglich beschrieb sie, daß der Papst bei
dem Treffen mit »sechs unbedeutenden kleinen Missionarinnen der
Nächstenliebe« große Freude zeigte, aber sonst sehr wortkarg war.
Schließlich bat er sie zu beten. Auch sagte er ihr, daß sie ihm schreiben solle und daß er sie wiedersehen wolle, wenn nicht eher, dann im
Himmel. Die Schwestern selbst waren derart in seinen Anblick versunken, daß sie sich an nichts mehr erinnern konnten.

1968 wurde Mutter Teresa gebeten, unter den Armen in Rom zu
arbeiten. Zunächst konnte sie das kaum glauben. In Rom gab es
bereits 22 000 Nonnen, die 1200 anderen Orden angehörten. Der
Antrag kam jedoch direkt vom Papst selbst. Bei Mutter Teresas enger
Verbundenheit mit der Kirche nahm sie die Gelegenheit, dort, mitten
im Zentrum der Christenheit, zu dienen, natürlich gerne wahr. Im
August kam sie mit einer Handvoll Schwestern auf dem Flughafen
an, wo sie von einem Bischof begrüßt und anschließend zu Gebet und
Danksagung in den Petersdom gebracht wurden. Angesichts der
Größe und Schönheit des Bauwerks fühlte sich Mutter Teresa ein
bißchen »wie eine Gefangene«, aber ihre Gedanken waren hauptsächlich beim Heiligen Vater, der am nächsten Tag zu einem Eucharisti-
schen Kongreß abreisen sollte. Die Versuche, eine geeignete Bleibe für
die Schwestern zu finden, waren anfangs erfolglos. »Es gab keinen
Platz in der Herberge«, stellte Mutter Teresa fest, »und das war sehr
gut.« Am folgenden Tag fand sie jedoch ein kleines Haus bei den
Armen der Stadt. Mutter Teresa freute sich darüber, daß es wahrscheinlich das ärmlichste Haus war, das die Missionarinnen je bewohnt hatten. Damit hatte die Gottesmutter ihrer Ansicht nach
wieder einmal einen wunderbaren Akt der Liebe vollbracht. Die
Schwestern zogen also in das Slumgebiet und begannen ihre Arbeit
bei Flüchtlingen aus Sizilien und Sardinien, die nur unqualifizierte

Arbeiten ausführen konnten und kein Anrecht auf staatliche Leistungen wie Kranken- und Sozialversicherung hatten.

Von nun an häuften sich die Anfragen und Bitten zur Einrichtung neuer Missionshäuser in aller Welt. Im September 1968 eröffneten die Schwestern ein Haus in Tabora, Tanzania. Mutter Teresa, die den Ozean überquerte, um die Dinge vorzubereiten, dachte verwundert darüber nach, daß sich ihr Kindheitswunsch, nach Afrika zu gehen, nun auf so unerwartete Weise erfüllte. Im gleichen Jahr bat Erzbischof Knox aus Australien, der Mutter Teresa noch von Indien her kannte, die Missionarinnen der Nächstenliebe, nach Melbourne zu kommen. Die »Not« dort war nicht die der Krankheit, des Hungers oder der Obdachlosigkeit. Drogensüchtige, Alkoholiker, ehemalige Gefangene, die einen neuen Anfang suchten, und jugendliche Straftäter, die der liebevollen Aufmerksamkeit bedurften, brauchten die Hilfe der Missionarinnen der Nächstenliebe.

Im Juli 1970 überquerten Erzbischof Pio Laghi, der apostolische Gesandte in Jerusalem, und Monsignore John Nolan, der Präsident der päpstlichen Mission in Palästina, die Waffenstillstandslinie zwischen Jerusalem und Amman, um Mutter Teresa und fünf andere Missionarinnen in Jordanien willkommen zu heißen. Die Bevölkerung der jordanischen Hauptstadt hatte sich seit dem Sechstage-Krieg zwischen Israel und den arabischen Staaten auf 650 000 Menschen erhöht, und unzählige Flüchtlinge lebten unter erbärmlichen Umständen am Rande der Stadt. Die Schwestern richteten sich vorübergehend in einer Schule ein, die von einer in Amman ansässigen Kongregation geleitet wurde. Sie lernten zunächst etwas Umgangsarabisch und suchten einige Räume, um darin ein festes Quartier im Armenviertel von Jebel el Jausa aufzuschlagen. Sie hatten aus Indien Bettzeug und Kartons mit Konserven für die Armen von Amman mitgebracht. Während des neuntägigen Bürgerkrieges führte eine Schwester ein Tagebuch. Die Einträge berichten über »in der Nähe einschlagende Bomben, große Kanonenkugeln, die wie Fliegen vorbeirasen, und auch Kugeln«. Sie enthalten auch einen Bericht darüber, wie eines Nachts Bewaffnete in das Haus der Missionarinnen der Nächstenliebe eindrangen, und über die Tage und Nächte, die sie nur im Flur zubrachten, weil die Fenster in den äußeren Zimmern durch schwere Artillerie zertrümmert worden waren.

Daß Armut nicht nur eine Frage materiellen Mangels war, wurde Mutter Teresa immer bedrückender bewußt. Im Winter 1970 besuchte sie England, um ein Heim in London einzurichten, wo ihre Schwestern ausgebildet werden sollten. Typischerweise suchte sie ein düsteres Terrassenhaus im Vorort Southall aus. Während ihres Aufenthalts verbrachte Mutter Teresa viele Stunden in den Slum- und Lasterbezirken der Hauptstadt. Von der Simon Community, einer Wohltätigkeitsstiftung, die sich um die Obdachlosen, Alkoholiker, Drogenabhängigen und anderen »Absteiger« kümmerte, wurde sie zu einem »Bummel« durch die Nachtlokale eingeladen. Sie sah die Stripclubs von Soho, sie bekam die Menschen zu sehen, die unter den Planen auf dem Baugerüst von St. Martin-in-the-Fields schliefen, und die Stadtstreicher, die sich unter den Eisenbahnbögen bei Charing Cross zusammengeschart hatten. Sie stieß auf einige der Obdachlosen, die sich auf den Gittern zusammenrollten, wo die warme Luft aus den Küchen der Westend-Hotels aufstieg. Unter den Methylalkoholtrinkern und Drogenhändlern nahm ein junger Mann, wohlgenährt und gut gekleidet, vor ihren Augen eine Überdosis Barbiturate. Mutter Teresa war darüber entsetzt und empört, ebenso wie sie später, im April 1988, entsetzt und empört war über die Notlage der Bewohner von Londons »Kartonstadt«. Sie hatte Margaret Thatcher angefleht, den Menschen zu helfen, die dort in der Eiseskälte in »kleinen Pappkartonsärgen« schlafen mußten.

Das körperliche Leiden einer Frau, die steifgefroren unter einer Eisenbahnbrücke gefunden wurde, trieb sie 1970 dazu, gegen die tragische Ironie zu protestieren, daß die »Leute hier mir Sachen nach Indien schicken, wenn eine Frau in London derart erbärmlich leben muß!« Vor allem war es jedoch die geistige Armut der materiell reichen Länder, die sie berührte: »Hier haben sie den Wohlfahrtsstaat. Niemand braucht zu verhungern. Aber es gibt eine andere Art von Armut. Die Armut des Geistes, der Einsamkeit und des Verstoßenseins.« File, die mit Schwären bedeckte Frau, die Mutter Teresas Mutter in Albanien mit so viel Liebe gepflegt hatte, litt weniger unter ihren körperlichen Wunden als unter der Tatsache, daß sie von ihrer Familie vergessen worden war. Der Tod auf den Straßen von Kalkutta war deshalb so schrecklich, weil er häufig die Folge eines Mangels an Zuwendung war. Es gab in der heutigen Welt eine Krankheit, die schlimmer war als Lepra oder Krebs – die des Verstoßenseins. Diese entscheidende Erkenntnis veranlaßte die Missionarinnen der Nächstenliebe, Häuser des Mitgefühls für die Obdachlosen zu gründen, den völligen Versagern auf den Ufermauern der Stadtkanäle Essen zu bringen, an die Türen der Einsamen und Alten zu klopfen und Bereiche menschlichen Leidens zu berühren, vor denen andere zurückschreckten.

Im East End von London unternahmen die Schwestern mehrere Versuche, die Bewohnerin eines kleinen Reihenhauses zu besuchen. Hier wohnten vor allem Patienten aus psychiatrischen Anstalten, die oft noch nicht in der Lage waren, für sich selbst zu sorgen. Die Schwestern hatten einen unangenehmen Geruch bemerkt, der aus dem Hause einer älteren Frau kam, die sich beharrlich weigerte, die Tür zu öffnen. Schließlich stellte eine Schwester den Fuß in die Tür, und die Frau mußte sie hereinlassen. Die Toilette in dem Haus war verstopft und das Mobiliar der beiden Räume mit Exkrementen bedeckt. Die Schwestern borgten sich Schaufeln und füllten fünf Säcke mit Kot. Sie wuschen und reinigten die Möbel. Die Frau fragte eine der Schwestern: »Mögen Sie mich jetzt noch?« »Ich mag Sie jetzt noch mehr«, kam ohne Zögern die Antwort.

So etwas war durchaus kein Einzelfall; auch war diese Art der Not nicht auf London beschränkt. Der offenkundige Reichtum anderer Städte in Europa und den USA verbarg eine ähnliche Art der Armut. Mutter Teresas Reaktion bestand jedoch nicht darin, sich zum Richter über die reichen Gesellschaften zu erheben, die offensichtlich nicht wußten, wie sie die von Gott gegebenen Reichtümer nutzen und wertschätzen sollten. In unmißverständlicher Weise machte sie deutlich, daß die Armen in der Welt nicht arm waren, weil Gott sie so gemacht hatte, sondern weil »Sie und ich nicht genug teilen«. Ihre Reaktion auf die um sich greifende Werbung für Schlankheitsmittel, die sie einmal während der Reklameeinblendung bei einem ihrer Interviews im amerikanischen Fernsehen sah, war aufschlußreich, wenn auch eher wehmütig als anklagend: »Und ich verbringe meine Zeit damit, ein paar Gramm Fleisch auf nackte Knochen zu bringen.« Es war ihr aber immer wichtiger, unmittelbare und praktische Wege zu finden, um der vorgefundenen Not abzuhelfen, als nach den möglichen Ursachen zu suchen und sie zu verdammen. Sie dachte dabei wenig über ihre persönliche Sicherheit nach oder über das Problem, daß die Leistungsfähigkeit ihrer wachsenden, aber immer noch kleinen Gemeinschaft der Größe der Not nicht gewachsen sein könnte. Im Jahre 1971 eröffneten die Missionarinnen der Nächstenliebe ihr einfaches Kloster mitten im Herzen der South Bronx von New York, einem Gebiet, in das sich selbst die örtliche Polizei nur in Zweierteams wagte. Vor dem Kloster schufen die Schwestern einen kleinen grünen Hort, wo sie Hühner hielten, und ließen sich nicht davon beeindrucken, daß die Außenwand ihrer Kapelle, in deren Innerem groß die Worte »Mich dürstet« standen, manchmal mit meterhohen Schlagworten wie »Satanssöhne« beschmiert wurde. »Die Schwestern tun kleine Dinge in New York«, erklärte Mutter Teresa. »Sie helfen den Kindern, besuchen die Einsamen, die Kranken, die Ungeliebten. Wir wissen nun, daß das Nicht-gewollt-Sein die schlimmste Krankheit von allen ist. Das ist die Armut, die wir um uns herum finden. In einem der Häuser, das die Schwestern aufsuchen, fand man eine Frau, die dort wohnte, erst viele Tage nach ihrem Tod, als sie bereits anfing zu verwesen. Die Leute in der Nachbarschaft wußten noch nicht einmal ihren Namen.« Jemand hatte versucht, Mutter Teresa einzureden, daß die Schwestern nicht sehr viel erreichten: »Ich antwortete, daß es in Ordnung war, selbst wenn sie nur einem Menschen halfen. Jesus wäre für einen Menschen gestorben, für einen Sünder.«

»Ich denke nicht so wie Sie«, pflegte sie zu sagen, wenn man ihr vorhielt, was in regelmäßigen Abständen geschah, daß die Bemühungen ihrer Missionarinnen nur kleine Tropfen in einem Ozean der Not waren, oder daß sie und ihre tapferen Mitstreiter Toren waren die mit Tassen gegen Sturmfluten ankämpften. Ihre mathematischen Berechnungen richteten sich, ebenso wie ihre Geographie, ausschließlich nach dem Prinzip des Mitgefühls: »Ich zähle nicht zusammen. Ich ziehe nur ab von der Gesamtzahl der Armen und Sterbenden. Bei Kindern rettet ein Dollar ein Leben. Können Sie behaupten, daß ein Dollar ein Leben kauft? Nein, aber er wird dazu benutzt, um es zu retten. So verwenden wir uns selbst, um zu retten, was wir können.« Hätte sie sich jemals mit Überlegungen aufgehalten, die Zahlen, Ergebnissen, Wirksamkeit und der Größe einer Handlung den Vorrang gaben, hätte sie wohl niemals auch nur einen Sterbenden von den Straßen von Kalkutta aufgehoben, und dennoch ging die Zahl der in der Nachfolge dieser ersten »unvernünftigen« Handlung geretteten Leben bereits in die Zehntausende. Und so hob sie weiterhin die Sterbenden von den Straßen auf und richtete ihre Aufmerksamkeit auf die besonderen Nöte des einzelnen. Der Gedanke, soziale Strukturen zu verändern und sich mit den Wurzeln gesellschaftlicher Probleme zu befassen, war zwar richtig, aber es war nicht der ihre. »Fangt klein an«, sagte sie zu ihren Mit-Arbeitern. »Schaut nicht auf die Zahlen. Jeder kleine Akt der Liebe für die Ungeliebten und die Armen ist wichtig für Jesus.« »Jedes menschliche Wesen«, betonte sie auch, »kommt aus den Händen Gottes, und wir alle wissen, was die Liebe Gottes für uns ist.«

Wo es Streit und Mißhelligkeiten gab, bestand eine noch größere Notwendigkeit, als Werkzeuge der Liebe und des Vergebens Gottes zu wirken. In den ersten Monaten seines Bestehens wurde der junge Staat Bangladesh, das ehemalige Ost-Pakistan, von einer Tragödie heimgesucht. Im Oktober 1970 ertranken in einem Wirbelsturm mehr als 300 000 Menschen während einer der schlimmsten Naturkatastrophen des 20. Jahrhunderts. Im darauffolgenden Jahr forderte die Besetzung durch pakistanische Truppen weitere drei Millionen Menschenleben. 200 000 Frauen wurden Berichten nach vergewaltigt, und fast zehn Millionen Menschen flohen nach Indien, um dem Morden zu entgehen. Die Opfer der Vergewaltigungen litten besonders unter der Verstoßung durch ihre Familien. Die moslemische Tradition verlangt, daß auch Mädchen und Frauen, die vergewaltigt wurden, verstoßen werden. Einige der Freiheitskämpfer, die für die Befreiung Ost-Pakistans gekämpft hatten, brachen auf heroische Weise mit der moslemischen Tradition und boten an, die »Heldinnen der Nation« zu heiraten, und der Premierminister, Scheich Mujib Ar Rahman, rief die Bürger Bangladeshs auf, die Opfer ihrer Frauen anzuerkennen und sie zu ehren, anstatt sie zu strafen. Dennoch blieb vielen Frauen nichts anderes übrig, als Selbstmord zu begehen, indem sie sich mit ihren Saris erwürgten.

Mutter Teresa eröffnete Häuser in Dacca und weiteren Orten in Bangladesh, um für diese Frauen und Mädchen zu sorgen. Sie sah darin eine »wunderbare Arbeit für die Kirche«. Es kamen jedoch weniger vergewaltigte Frauen zu den Schwestern, als man vermutet hatte, und so erforschten sie die Verhältnisse in den umliegenden

Dörfern. Sie eröffneten Pflegestellen und vermittelten den Frauen, die keine Ausbildung hatten, das nötige Wissen, um auch ohne ihre Männer »ihren Mann zu stehen«. In einem Dorf waren von 23 männlichen Familienoberhäuptern 17 an einem Tag erschossen worden. Das Dorf war abgebrannt und die meisten Häuser zerstört worden. Um den Lebensunterhalt für ihre Familien zu verdienen, waren die Witwen zum Betteln auf den Straßen Daccas verdammt. Die Schwestern wußten, daß jede bengalische Frau Puffreis machen konnte, und gründeten eine Firma in dem »Witwendorf«. Der Puffreis der Frauen wurde auf dem Markt in Dacca verkauft, und ihre vaterlosen Kinder brauchten nicht mehr zu hungern.

1971 kam Mutter Teresa mit vier Schwestern nach Belfast, einer Stadt, wo selbst von den Kanzeln der Haß gepredigt wurde. Ein Bericht aus jener Zeit beschreibt die Ankunft von vier Schwestern, die jede mit zwei Bettlaken und einer Geige ausgestattet waren. Sie sollten im katholischen »Ghetto« von Ballymurphy ihre Bleibe einrichten, in einem Reihenhaus, das zuvor ein Gemeindepfarrer bewohnt hatte, der von den Ordnungskräften erschossen worden war, als er gerade einem Verletzten die Letzte Ölung gegeben hatte. Das Haus war völlig leer, allen Mobiliars beraubt. Außerdem war es von Vandalen verwüstet worden, während es nicht bewohnt war. Nach Mutter Teresas Vorstellung sollten ihre Schwestern mit einer kleinen Gruppe anglikanischer Nonnen zusammenarbeiten, als Zeichen der Einheit in einer von Kämpfen gepeinigten Stadt. Die Missionarinnen der Nächstenliebe machten sich in aller Stille daran, den Leuten und ihren Kindern zu helfen. Einmal, während einer längeren Schießerei zwischen Springhill (katholisch) und Springwater (einem angrenzenden protestantischen Gebiet) waren die Schwestern gezwungen, vier Stunden lang auf der Treppe zu sitzen, dem einzigen relativ sicheren Ort im Haus, aber die Haustür blieb ständig offen für andere, die Zuflucht vor Gewalt und Verzweiflung suchten.

Im Gasa-Streifen wandten die Missionarinnen 1973 ihre Aufmerksamkeit den vertriebenen arabischsprachigen Menschen zu, die im israelisch besetzten Gebiet lebten. Während eines unsicheren Waffenstillstands suchten sie unter den 380 000 arabischen Flüchtlingen, die durch die Flutwellen der Kampfhandlungen 1948, 1956 und 1967 in den Gasa-Streifen gepreßt worden waren, nach den Ärmsten der Armen. In der Altstadt von Gasa übernahmen sie ein Haus, in dem vorher ein Priester gelebt hatte, der hier, abgeschnitten von der Welt durch die Schranken des Krieges und der Politik, einen einsamen Glaubenskampf geführt hatte. Er war kurz vor ihrer Ankunft erschossen worden, bei einem Mordanschlag, der die Gewalttätigkeit und Spannung in diesem Gebiet widerspiegelte. Die Missionarinnen der Nächstenliebe brachten das Haus und die benachbarte Kirche in Ordnung und kämpften darum, die Angst und die Sorgen der vielen Menschen zu bannen, in deren Leben es keine Hoffnung gab.

In Peru richteten die Schwestern in einem großen, schmutzigen rosa Kloster im Herzen des »Diebesmarktes«, einem der ärmsten Distrikte Limas, eine Zufluchtsstätte für verlassene Kinder, gelähmte Jugendliche und alte Männer und Frauen ein. Während der Kampfhandlungen zwischen der Polizei und ihren Gegnern, die man im Februar 1975 in aller Welt auf dem Bildschirm verfolgen konnte, erbebte das Haus vom Rasseln der Panzer, und Kugellöcher in der Apotheke und Kapelle legten Zeugnis davon ab, welchen lebensbedrohlichen Gefahren die Schwestern und ihre Schützlinge in Lima ausgesetzt waren.

Heimweh, »Kulturschock« und Sprachschwierigkeiten gehörten zu den kleineren Problemen, die die jungen Schwestern zu meistern hatten. Dennoch verbreiteten sie um sich herum Freude. Ein Brief aus Tabora in Tanzania gewährt einen Einblick in einige andere Probleme, mit denen eine Schwester an einem der schwersten Tage ihres Lebens fertig werden mußte:

»Früh am Morgen kam ein alter Mann aus unserem Heim zu mir und sagte, daß ein anderer der alten Männer gestorben sei. Ich dachte, es sei das übliche Herzversagen. Aber als ich in den Raum kam, durchfuhr mich der größte Schock meines Lebens: Die Wand des Raumes war eingestürzt und hatte ihn unter sich begraben. Wir hatten schweren Regen gehabt, wußten aber nicht, daß da Feuchtigkeit in den Fundamenten saß. Tatsächlich kann man so etwas nicht sehen. Die Polizei war sehr lieb und hilfreich.

Dann renkte sich eine der Frauen beim Gähnen den Kiefer aus, so daß ich sie durch den strömenden Regen ins Krankenhaus fahren mußte. Unser Wagen, der riesig und uralt ist, eignet sich nicht für dieses Land, weil er überall unten anstößt. Jedesmal, wenn ich die Straße entlangfahre, schlägt der Wagen gegen die Rillen auf den

Straßen, die nur aus rotem Sand bestehen. Da er sehr schwer ist,
steckt der Wagen oft fest, denn nur ein Geländewagen kann hier fahren. Als ich nach Hause kam, begannen wir, das Haus umzuorgani-
sieren, um alle unterzubringen, und es war fast Nacht, bevor alles erledigt war. Als eine der Frauen um Hilfe schrie, dachte ich schon,
eine andere Mauer sei eingestürzt, aber als ich an Ort und Stelle
ankam, sah ich eine Giftschlange, die durch den Raum glitt. Gott sei
Dank kam einer unserer Arbeiter herein und tötete sie mit einem
Stock. So endete der Tag.«

Aus der Bronx in New York beschrieb eine andere Schwester die
mühsame Arbeit vom frühen Morgen bis spät in die Nacht, mit Kindern zwischen sechs und sechzehn, die während eines Freizeitpro-
gramms für die Innenstadtkinder im Haus und im Hof herumwim-
melten: »Sie steigen Wände hinauf, hängen von Bäumen herab,
verstreuen Spielzeug, machen alles schmutzig, essen die Hälfte ihrer
Sandwiches und werfen den Rest in den Abfalleimer, trinken ihren
Orangensaft und feuern die Kartons in die Teiche.« New York und andere amerikanische Städte gaben riesige Summen für Tausende von
Ghettokindern aus. Das Angebot bestand aus fahrbaren Schwimm-
becken, Filmen, Marionettentheatern, freiem Eintritt in den Zoo und
die Museen und täglichem Mittagessen. »Das ist die Schwierigkeit«,
kommentierte die Schwester. »Alles für den Körper, aber nicht sehr
viel für den Geist und die Seele.« In jedem Sommer kam es zu einem
Anstieg der Kriminalität, und das nicht bloß wegen der Hitze.

Trotz aller Schwierigkeiten, Gefahren und persönlichen Nöte
waren sie dennoch fähig, in jedem Akt menschlicher Liebe – sei es der
Verzicht eines Kindes auf eine Süßigkeit, damit ein anderes sie essen
konnte, oder das Geschenk des Laborgebäudes des britischen ICI-Kon-
zerns auf einem dazugehörigen fünf Morgen großen Grundstück – den
Beweis einer ewigen Liebe zu erkennen. Mutter Teresa konnte sogar
in den Kämpfen und der Überschwemmung in Bangladesh »einen verborgenen Segen« entdecken, denn es brachte das Beste im indischen
Volk zum Vorschein. Viele hatten einmal eine Mahlzeit übersprungen,
um den Flüchtlingen zu helfen. Sogar die Kinder hatten eine Zwiebel
oder einen Löffel voll Reis gebracht, und die 4000, die täglich im
»Shishu Bhavan« gespeist wurden beziehungsweise aßen, wenn die

Schwestern Essen beschaffen konnten, boten an, einen Tag zu fasten, damit die Flüchtlinge etwas bekamen.

Zu Beginn waren die Schwestern gründlich durch Mutter Teresas direktes persönliches Beispiel ausgebildet und geformt worden, durch die Art, wie sie Schwären auswusch, den Boden schrubbte und Babys an ihr Herz drückte, mit einer scheinbar grenzenlosen Energie, Zärtlichkeit und Freude. Nun besuchte sie die verschiedenen Häuser, so oft sie konnte, und schaffte es zwischendurch, ihnen zu schreiben, immer öfter allerdings mit der Entschuldigung, es nicht früher getan zu haben. Es kam vor auf ihren Reisen, daß sie im Gepäcknetz eines Dritte-Klasse-Abteils schlief. Ein andermal zwängte sie sich mit einem höflichen, aber unnachgiebigen Lächeln auf einen Platz, der bereits von einer Bauersfrau und ihrem Kleinvieh besetzt war. Manchmal aber hatte sie in Zügen und Flugzeugen drei Sitze für sich. Dann genoß sie diesen seltenen Augenblick der Stille und Besinnung. In ihrer großen, abgerundeten Handschrift schrieb sie kleine Briefe und Notizen, die eine Inspiration und ein Geleit für die wurden, die nicht mehr in unmittelbarer Nähe von ihr lernen konnten. Sie schrieb den Eltern der Schwestern und dankte ihnen für das Geschenk ihrer Töchter, und sie schrieb den Schwestern selbst, um sie zu ermuntern, das Lächeln angesichts der Not nicht zu verlernen, und wenn jemand nicht lächelte, ihn »dazu zu bringen«. Sie betonte, daß Nonnen, die traurig aussahen, die größten Hindernisse für Berufungen darstellten. Junge Leute, wie Gott auch, zögen einen fröhlichen Geber vor. Sie berichtete ihnen über Neugründungen, über ihre Begegnungen mit dem Papst und über Ereignisse, die ihren Sinn für Humor weckten: als ihr einmal ein Bett angeboten wurde, in dem drei Missionarinnen hätten schlafen können, und von dem sie annahm, daß es für einen Bischof gemacht sei; oder als sie einmal unerwartet früh nach Indien zurückkam und durch die Tür des Mutterhauses, das sie immer als »Heim« bezeichnete, gefragt wurde: »Wer ist da?« »Mutter.« »Wessen Mutter?« »Eure Mutter.« »Unsere Mutter?« »Eure Mutter.« Sie erzählte das Erlebnis später immer mit großem Genuß.

Auch wenn sie unterwegs war, beschäftigte sie sich intensiv mit Einzelheiten der Erziehung in den verschiedenen Niederlassungen. Die Schwestern sollten darauf achten, daß sie nicht unnötig viel Geld für Porto ausgaben. Besondere Sorgfalt hatte zu walten, damit Spenden nicht leichtsinnig ausgegeben wurden, denn die Opfer anderer hatten sie möglich gemacht. Medizin und Nahrung waren sofort zu verteilen, bevor sie verdarben. Von äußerster Wichtigkeit war für Mutter Teresa, daß die Schwestern den Geist der Armut bewahrten. Er war nicht nur ein Mittel zur Identifizierung mit jenen, denen sie dienten, sondern auch ein Ausdruck des Vertrauens auf die göttliche Fügung. Sie verlangte sogar von den Priestern, die direkt mit der geistlichen Fürsorge für die Schwestern betraut waren, sich nicht in die inneren Angelegenheiten der Häuser einzumischen, wenn es um die Frage der Armut ging. In Indien versuchte man zum Beispiel, die Missionarinnen zu überreden, Vorhänge in den Gemeinschaftsräumen aufzuhängen. Aber die Armen, denen die Schwestern zu helfen versuchten, hatten keine Vorhänge. Außerdem, betonte sogleich Mutter Teresa, kamen die meisten ihrer Schwestern aus relativ armen Familien. Es war undenkbar, daß sie ihren Lebensstandard hoben, indem sie der Gemeinschaft beitraten. Die blauen »Überdecken« aus Bulgurweizensäcken fanden ihren Weg zu Niederlassungen, die weit von Kalkutta entfernt lagen. Im Westen wurden Dinge für das leibliche Wohl wie Teppichböden oder arbeitssparende Geräte wie Waschmaschinen, auch wenn sie mit bester Absicht geschenkt wurden, in ähnlicher Weise zurückgewiesen. Den Schwestern war nicht gestattet, etwas anderes als Gastgeschenk anzunehmen als ein Glas Wasser. Das war oft alles, was die Armen anbieten konnten, und sie sollten nicht das Gefühl haben, von anderen übertroffen zu werden, denen mehr Luxus zur Verfügung stand.

Mutter Teresa betonte immer mehr, daß das Spendensammeln für ihre Arbeit ihren Wünschen widersprach, und sie wies die Angebote eines regelmäßigen Einkommens zurück, die allmählich häufiger wurden: »Ich möchte nicht, daß die Arbeit ein Geschäft wird, sondern ein Werk der Liebe bleibt. Ich möchte, daß ihr das völlige Vertrauen habt, daß Gott uns nicht im Stich lassen wird. Nehmt ihn beim Wort und trachtet zuerst nach dem Himmelreich Gottes, und alles übrige wird euch gegeben werden. Freude, Frieden und Einheit sind wichtiger als Geld.« Sie war fest davon überzeugt, daß Gott, wenn er etwas von ihr wollte, auch die notwendigen Mittel beschaffen würde. Einmal wies sie – in einer Weise, die bei jedem anderen als unfreundlich gegolten hätte – ein Angebot von Kardinal Cooke in New York zurück, der jeder in Harlem arbeitenden Schwester fünfhundert Dollar pro Monat anbot: »Meinen Sie, Eminenz, daß Gott in New York bankrott gehen wird?«

In einem wissenschaftlichen Zeitalter glaubte sie daran, daß es immer noch Platz für das Wunderbare gab:

»In Kalkutta gab es Überschwemmungen, und wir arbeiteten Tag und Nacht, um für 5000 Leute zu kochen. Die Armee gab uns Nahrungsmittel. Eines Tages hatte ich die Eingebung, von der Straße in ein unbekanntes Gebiet abzubiegen, und wir fanden ein kleines Dorf, wo die Leute schon fast weggeschwemmt wurden. Wir holten Boote für sie. Später erfuhren wir, daß sie zwei Stunden später alle ertrunken wären. Dann sagte ich zu unserem Bischof, daß ich unsere Novizinnen bitten würde, dafür zu beten, daß der seit Tagen strömende Regen aufhöre. Ich sagte zu ihm: ›Die Novizinnen meinen das ganz ernst. Sie beten mit großer Energie. Es wird einen starken Eindruck machen.‹ Und so ließen wir sie alle – 178 an der Zahl – in unserer Missionskirche beten. Draußen regnete es; drinnen fingen sie an zu beten, und ich öffnete das Heilige Sakrament. Nach einer Weile ging ich zur Kirchentür und schaute hinaus. Der Regen hatte aufgehört, und da war ein Fleckchen klarer Himmel über uns – ja, ich glaube an Wunder.«

Die Liste solcher Wunder wurde länger. Einmal gab es in Kalkutta kein Essen, um 7000 Hungernde an den nächsten beiden Tagen zu versorgen. Aus irgendeinem nicht vorhersehbaren Grund schloß die Regierung die Schulen an jenen Tagen, und das ganze Brot, das sonst an die Schüler verteilt worden wäre, ging an die Missionarinnen der Nächstenliebe für ihre 7000 Schützlinge. Ein andermal rief eine Schwester von Agra aus an, um mitzuteilen, daß ein dringend benötigtes Kinderheim 50 000 Rupien kosten würde. Mutter Teresa war gezwungen, ihr zu sagen, daß das Geld dafür fehlte. Kurz darauf klingelte das Telefon erneut, und Mutter Teresa erfuhr, daß sie den Magsaysay-Preis der Philippinen erhalten hatte. Die damit verbundene Summe betrug 50 000 Rupien. »Also rief ich die Schwester an, um ihr zu sagen, daß Gott ein Kinderheim in Agra wollte.«

1970 kam Mutter Teresa nach England. Sie hatte vor, eine Einrichtung
für die Novizinnen der Gemeinschaft außerhalb Indiens zu gründen.
Dublin und London waren bereits als Standorte in die engere Wahl
gekommen. Einer ihrer ersten Besuche in England führte sie zu
einem Priester in Southall, der sie um ihre Meinung zu Problemen
mit Einwanderern gebeten hatte. Im Verlauf ihres Gesprächs tauchte
der Vorschlag auf, daß Mutter Teresa ihre Novizinnen nach Southall
bringen sollte, wenn der Bischof von Dublin innerhalb der folgenden
14 Tage nichts dagegen einzuwenden hätte. Zwei Wochen vergingen,
und da Mutter Teresa nichts hörte, suchte sie unter den Angeboten in
Southall nach einem geeigneten Haus. Der ideale Platz war bald gefunden, sollte aber 9000 Pfund kosten. Mutter Teresa gab zu verstehen, daß sie nicht mehr als 6000 Pfund zahlen konnte. Aber wie
immer, wenn sie das Gefühl hatte, daß ein Haus für die Schwestern
geeignet war, warf sie ein Heiligenmedaillon in den Garten des Anwesens. Als sie wieder bei dem Priester in Southall ankam, hatte der
Makler angerufen, um mitzuteilen, daß die Eigentümerin bereit sei,
für 6000 zu verkaufen, weil sie das Haus mit Liebe gefüllt sehen
wolle. Mutter Teresa hatte jedoch die nötigen Mittel nicht in England,
und Devisen durften aus Indien nicht ausgeführt werden. Wie ge-
plant machte sie sich nun auf die Reise durch England, während der
sie die Möglichkeit erwähnte, eine Novizinnenschule in Southall zu
eröffnen. Sie bat nicht um Geld, aber am Ende ihrer Reise war die alte
Stricktasche, die sie bei sich trug, vollgestopft mit Spenden. Insgesamt
waren es 5995 Pfund. Es sah so aus, als ob das Haus der Gemeinschaft
in Southall Wirklichkeit werden sollte.

Erlebnisse dieser Art waren nicht nur Mutter Teresa vorbehalten.
Alle, die mit ihr arbeiteten, waren häufig Zeugen der geheimnisvollen
Art und Weise, in der die Bedürfnisse der Armen trotz ihrer eigenen
Grenzen und des ständigen Geldmangels erfüllt wurden. Zwangsläu-
fig trug das dazu bei, die Mystik und die Mythologie um eine kleine
Frau zu verdichten, der bald nicht mehr nur der Glaube an Wunder
zugeschrieben wurde, sondern auch die Fähigkeit, sie zu bewirken.
Bereits 1962 hatte die Presse über einen Vorfall als »Wundertat« Mut-
ter Teresas berichtet. Ein gereizter Stier war eine Slumgasse entlang-
gerast und hatte die entsetzten Menschen dort verletzt. Als er sich
Mutter Teresa näherte, die gerade mit einer Gruppe Leprakranker be-

schäftigt war, hatte sie laut Augenzeugen die Hand erhoben, worauf
das Tier direkt vor ihr anhielt und sich friedlich fortführen ließ. Mutter Teresa ging mit den Tieren um wie einst der heilige Franziskus.
Einmal hatte sie in Kalkutta einen Hund, der so wild war, daß er eine
ständige Bedrohung für das Leben mancher Schwestern darstellte. In
ihrer Gegenwart jedoch war er stets gehorsam und umgänglich. Die
Schwestern, die nicht die Zuneigung ihrer Generaloberin zu Kala
Shaitan (Schwarzer Teufel) teilten, beteten schließlich, von der Bedrohung durch ihn befreit zu werden. Kurz danach kamen Diebe in
der Nacht und vergifteten ihn. Mutter Teresas seltsame Zuneigung
hatte nicht ausgereicht, um sein Leben zu retten.

Sie selbst begegnete allen Versuchen, ihr außergewöhnliche Fähigkeiten zuzuschreiben, damit, daß sie immer wieder betonte, sie sei
nichts Besonderes. Es sei Gott, der sich seiner unvollkommenen
Werkzeuge bediene. Zweifellos stärkte jedoch die Art, in der ihre
eigenen Gebete oder die Bitten anderer für sie häufig sehr konkret erfüllt wurden, Mutter Teresas Glauben an die göttliche Vorsehung und
bestätigte sie in ihrer Kühnheit.

Auf persönlicher Ebene mußte sie aber manchmal erfahren, daß
nicht alle Dinge durch Liebe und Gebet ermöglicht wurden. Am 4. Januar 1970 schrieb ihr ihre Schwester Aga aus Tiranë, daß die Gesundheit ihrer Mutter sich ständig verschlechtere, daß sie nur noch 39 Kilo
wog und daß ihrer beider Leben sehr schwierig war. Für die Frau, die
für die Armen Berge versetzen konnte, war es nicht leicht zu akzeptieren, daß sie für ihre Mutter und Schwester nichts tun konnte.

Das Jahr 1970 brachte sie sehr nah an ihre Ursprünge zurück. Am
Mittwoch, den 8. Juni, landete sie auf dem Belgrader Flughafen, da
das Rote Kreuz sie nach Jugoslawien eingeladen hatte. Es war nur ein
kurzer Zwischenaufenthalt auf dem Weg nach Jordanien, wo ein
Haus für palästinensische Flüchtlinge in Amman eröffnet werden
sollte, aber es gelang ihr, einen Abstecher nach Prizren zu machen,
wo ihre Familie herstammte. Von dort aus ging es weiter in ihre
Geburtsstadt Skopje, die 1963 durch ein schreckliches Erdbeben
erschüttert worden war. Nach einem Treffen mit dem ansässigen
Bischof besuchte sie das Rote-Kreuz-Zentrum für Makedonien und
fuhr dann weiter nach Letnice, wo sie vor der Madonna niederkniete,
die sie in ihren Jugendjahren nachhaltig beeinflußt hatte. In Skopje

äußerte sie, daß es einer ihrer größten Wünsche sei, dort ein Haus der
Missionarinnen eröffnen zu können; die Gefühlsbande bestanden
immer noch. 1962 hatte ein Priester aus Ohrid im äußersten Süden
von Jugoslawien einen Brief an Mutter Teresa geschrieben, in dem er
ihr die Entwicklungen und Verhältnisse in einem Ort schilderte, den
sie 33 Jahre zuvor verlassen hatte. Sie dankte ihm auf Serbokroatisch:
»Ich dachte, daß die Leute in Skopje Agnes völlig vergessen hätten,
denn Sie sind der erste, der mir nach so langer Zeit schreibt. Beten Sie
für mich. Ich will ebenfalls für unsere Leute in Skopje beten, und sie
mögen es für mich tun. Meine Mutter und Schwester sind noch in
Tiranë. Nur Gott weiß, warum sie so viel leiden müssen. Ich weiß,
daß ihre Opfer und Gebete mir bei meiner Arbeit helfen. Es geschieht
alles zur größeren Ehre Gottes.«
    Mutter Teresa und Lazar hatten versucht, mit ihrer Mutter und
Schwester brieflich in Verbindung zu bleiben – dadurch hielt Mutter
Teresa auch ihre Kenntnis der albanischen Sprache lebendig. Doch
selbst diese Verständigungsmöglichkeit war eine Zeitlang unter dem
Nachkriegsregime abgeschnitten gewesen. Die Briefe ihrer Schwester,
die sie über den Gesundheitszustand der Mutter informierten, berührten sie zutiefst. Als Drana an ihren Sohn schrieb, daß es ihr einziger
Wunsch sei, seine Familie und »Agnes« vor ihrem Tode noch einmal
zu sehen, versuchte Mutter Teresa alles, um ein Treffen der Familie
zustande zu bringen. Als Exil-Albaner war Lazars Handlungsspiel-
raum begrenzt. Mutter Teresa aber stellte bei einem Aufenthalt in
Rom in Begleitung von Eileen Egan und als eine Frau, die aus Albanien stammte und ihrem Land große Ehre gemacht hatte, bei der Albanischen Botschaft den Antrag, ihrer Mutter und Schwester die Ausreise zu gestatten. Eileen Egan beschrieb später in ihrem Buch »Such a
Vision of the Street«, wie Mutter Teresa einen Botschaftsbeamten zu
Tränen rührte, als sie ihm auf Serbokroatisch sagte, sie komme »als
Kind, das nach seiner Mutter sucht«. Das Katholische Hilfswerk, die
Organisation, die Eileen Egan vertrat, war bereit, Lazar Bojaxhiu bei
der Einbürgerung von Drana und ihrer Tochter in Italien zu helfen,
falls die albanischen Behörden sie aus dem Lande ließen, aber sämt-
liche Versuche, Ausreisevisa zu bekommen, schlugen fehl.
    Für Mutter Teresa wäre es leichter gewesen, ihr eigenes Leiden zu
akzeptieren als das ihrer alten Mutter, die ihre Kinder noch einmal

sehen wollte, bevor sie starb. Ihre Liebe zu ihrer eigenen Familie kam auch darin zum Ausdruck, daß sie sich des Opfers wohl bewußt war, das andere Familien gebracht hatten, als sie ihre Töchter der Gemeinschaft anvertrauten. Es war ihr wichtig, diese Familien zu besuchen und ihnen Nachrichten von ihren Töchtern zu bringen. Sie zeigte mitfühlendes Interesse, wenn es in der Familie einer Schwester einen Todesfall gegeben hatte. Dann schloß die ganze Gemeinschaft die betreffende Schwester in ihr Gebet ein. Sie betonte immer wieder, daß alle Liebe in der Familie beginne. Mutter Teresa erwog die Möglichkeit, selbst nach Albanien zu gehen, bevor ihre Mutter starb. Aber man gab ihr zu verstehen, daß sie zwar in das Land einreisen könne, ihre Ausreise aber nicht gewährleistet war. Um den Preis großen persönlichen Kummers beschloß Mutter Teresa, ihre Mutter nicht aufzusuchen, »um der Armen in der Welt willen«. Am 12. Juli 1972 gelangte ein Telegramm in Kalkutta mit der Nachricht an, daß Drana Bojaxhiu in Arras gestorben war. Ihre Tochter Aga sollte ebenfalls in Albanien sterben – am 25. August 1973 –, ohne jemals Schwester oder Bruder wiedergesehen zu haben.

Auch in der Geschichte der Missionarinnen gab es Rückschläge. Nach relativ kurzer Zeit gab man den indischen Schwestern in Belfast zu verstehen, daß sie unerwünscht waren, und so verzichteten sie auf die Herausforderung, die sich ihnen dargeboten hatte. Für Mutter Teresa war sogar dieser Rückzug nur ein weiteres Beispiel einer Weisheit, die jenseits aller Vernunft lag. Selbst diesem Rückschlag gewann sie noch eine gute Seite ab und schrieb im November 1973 einen aufmunternden Brief an ihre Mit-Arbeiter in Irland:

»Belfast zu verlassen, war ein großes Opfer – aber sehr fruchtbar, denn unsere Schwestern gehen jetzt nach Äthiopien, um dort den hungrigen Christus zu speisen. Dieselben Schwestern, die ihm so liebevoll in Belfast dienten, reichen nun seine Liebe und sein Mitgefühl den Notleidenden in Äthiopien dar. Betet für sie, und teilt mit ihnen die Freude des Liebens und Dienens.«

Kurz nachdem die Schwestern Belfast verlassen hatten, unterbrach Mutter Teresa ihre Reise von Rom nach Hodeida im Jemen und Addis Abeba, um eine Möglichkeit zu finden, den Opfern einer schrecklichen Hungersnot in Nord-Äthiopien zu helfen. Angehörige anderer

Hilfsorganisationen versuchten sie davon zu überzeugen, daß man eine christliche Ordensgemeinschaft nicht ins Land lassen würde. Mutter Teresa ließ sich davon nicht beeindrucken. Es gelang ihr, eine Begegnung mit der Tochter des Kaisers zu arrangieren. Die Prinzessin zeigte großes Interesse an der Arbeit der Missionarinnen der Nächstenliebe. Mutter Teresa bat sie, ihrem Vater, Kaiser Haile Selassie, mitzuteilen, daß sie ihm aus Anlaß des 43. Jahrestages seiner Krönung, der kurz bevorstand, anbot, gemeinsam mit ihren Schwestern seinem notleidenden Volk zu helfen. Am nächsten Tag erhielt Mutter Teresa die Nachricht, daß der Kaiser sie, trotz eines Tages voller wichtiger Gespräche mit Erzbischof Makarios, am Nachmittag sehen wolle. Dem Gespräch ging eine Befragung durch den Hofminister voraus:

Was wollen Sie von der Regierung?

»Nichts. Ich bin nur gekommen, um anzubieten, daß meine Schwestern unter den Armen und Leidenden arbeiten.«

Was werden die Schwestern tun?

»Wir helfen den Ärmsten der Armen aus ganzem Herzen und kostenlos.«

Welche Qualifikationen haben sie?

»Wir versuchen, den Ungewollten und Ungeliebten zärtliche Liebe und Mitgefühl zu bringen.«

Offensichtlich haben Sie eine völlig andere Auffassung als wir. Predigen Sie zu den Leuten und versuchen Sie, diese zum Glaubenswechsel zu bewegen?

»Unsere Werke der Liebe offenbaren den Leidenden die Liebe Gottes zu ihnen.«

Daraufhin wurde Mutter Teresa zu dem achtzigjährigen Kaiser geführt. Das Treffen war kurz, das Ergebnis völlig anders, als alle erwartet hatten, und lag dennoch gewissermaßen auf der Hand: »Ich habe von den guten Werken gehört, die Sie tun. Ich bin sehr glücklich, daß Sie gekommen sind. Ja, lassen Sie Ihre Schwestern nach Äthiopien kommen.«

Die in Äthiopien zurückgebliebene Schwester, die sich um eine Unterkunft kümmern sollte, ging jeden Morgen los, betete unablässig den Rosenkranz, begegnete Jesus an jeder Ecke in den zahllosen Armen und vertraute fest darauf, daß sie zu dem richtigen Ort geleitet würde. Der Direktor einer Firma neben einem kleinen Haus, das geeignet erschien, ließ sich dazu überreden, das Gebäude kostenlos zur Verfügung zu stellen. Die notwendigen Klempner- und Malerarbeiten wurden von der Schwester überwacht. Ein Aufruf des örtlichen Priesters brachte drei gute Tische, einen Schrank, einen Gaskocher und eine Bank ein. Vier Betten wurden vom Markt in Addis Abeba beschafft, und so konnten sich vier Schwestern – drei weitere waren am Wochenende angekommen – relativ bequem einrichten. Aus der Enttäuschung in Belfast – erklärte Mutter Teresa prompt – war etwas Lebendiges und Schöpferisches entstanden.

Im März 1980 starben zehn von zwanzig Insassen und eine junge freiwillige Helferin, als in den frühen Morgenstunden in dem von den Missionarinnen geleiteten Frauenhaus in Kilburn, London, ein Feuer ausbrach. In Old Bailey fand daraufhin ein Mordprozeß statt, in dessen Verlauf die Augenzeugen den Schrecken der Nacht beschrieben, als Schwester Anawim, die damalige Oberin, durch Schreie aufgeweckt wurde, die Tür des kleinen Zimmers öffnete, in dem die Insassen schliefen, und vor einer schrecklichen Feuerwand stand, die bereits außer Kontrolle geraten war. Die Geschworenen befanden: Nicht schuldig. Auf die Nachforschungen der Staatsanwaltschaft hin kam es dann später zu dem offiziellen Urteil: »Tötung durch unbekannten Brandstifter.«

Es gab auch andere Kümmernisse und Enttäuschungen. Eine Handvoll Schwestern verließ die Gemeinschaft, darunter zwei von den zwölfen des Anfangs. Im Hinblick auf die strengen Lebensregeln war diese Zahl erstaunlich gering, aber für Mutter Teresa war ihr Weggehen ein persönlicher Schmerz. Es war in gewisser Weise ein Rückschlag für ihr Versprechen, der Mutter Kirche Heilige zu schenken. Eine Berufung war für sie wie eine winzige Blume. Sie mußte gepflegt werden, damit sie aufblühen konnte. Manche, die gingen, taten dies aus Gesundheitsgründen. Einige verliebten sich, obwohl Mutter Teresa sie immer wieder vor den Versuchungen gewarnt hatte, wenn sie mit den jungen Männern allein waren, denen sie im Rahmen ihrer Arbeit begegneten. Andere stellten fest, daß sie Gott auf andere Weise dienen wollten. Was immer auch der Grund für ihren Fortgang war – Mutter Teresa grollte ihnen nicht, sondern war dankbar für die Zeit und die Dienste, die sie geleistet hatten. In ihren Anweisungen an die

verbleibenden Missionarinnen klangen die Regeln an, die in der Gemeinschaft von Loreto Gültigkeit hatten, als sie selbst davorstand,
Entali zu verlassen: »Betet für alle, die in der Gemeinschaft gewesen
sind – Gott möge sie schützen und sie in seiner Liebe bewahren – tu-
schelt nicht über sie –, sondern erweist ihnen Eure Liebe und Freundlichkeit, wie Ihr es von anderen erwarten würdet – wenn Ihr an ihrer
Stelle wärt.«

Andere wiederum »gingen heim zu Gott«, wie Mutter Teresa sich
ausdrückte. Am 7. Mai 1966 starb eine Schwester, die selbst homöo-
pathische Ärztin war, unter tragischen Umständen. Sie hatte nicht
besonders achtgegeben, als sie während ihrer Arbeit in Raipur von
einem kleinen Hund gebissen wurde. Erst Wochen später bekam sie
Schaum vor dem Mund und eine Abneigung gegen Wasser. Da erst begriff Schwester Leonie, daß der Hund tollwütig gewesen war. Es war
zu spät für sie. Die junge Schwester konnte sich mit dieser Einsicht
nur schwer abfinden, fand aber Frieden, als Mutter Teresa an ihrem
Bett saß und ihr während der letzten 48 Stunden ihres Lebens die
Hand hielt. »Unser Verlust in der Welt ist unser Gewinn im Himmel«,
behauptete Mutter Teresa immer. Jahre später, im August 1986, ertranken Schwester Stanislaus, die Oberin in Dehra Dun, und ihre As-
sistentin, Schwester Carol. Es gab damals sintflutartige Regenfälle,
und die Schwestern hätten eigentlich das Haus nicht verlassen müssen. Sie taten es trotzdem, denn sie wollten nicht, daß Menschen, die
sie dringend brauchten, umsonst in der Pflegestation warteten. Auf
der Heimfahrt brach plötzlich eine Holzbrücke zusammen, und der
Krankenwagen stürzte in den Fluß. In ihrem anschließenden Bericht
scheute sich Mutter Teresa nicht, die harten Tatsachen des Unfalls zu
beschreiben. Schwester Carol starb sofort; ihr Kopf war von einem
großen Stein zertrümmert worden. Schwester Stanislaus war, obwohl
sie schwimmen konnte, von der starken Strömung davongetragen
worden, weil ihr langer Sari sie behinderte. Ihr Leichnam wurde zwei
Stunden später gefunden. Der Sari hatte sich um ihre Beine gewickelt, und ihre Lungen waren voll Wasser. Mutter Teresa stellte
den Schwestern den Vorfall dar »als die Geschichte von zweien unserer liebsten Schwestern, die den Armen und Kranken dienen wollten,
und ihre Belohnung war, daß Jesus so erfreut über ihre Dienste war,
daß er sie zu sich rief ... Wenn ein Gärtner kommt, um die Blumen zu

pflücken, nimmt er die besten. Dasselbe gilt für diesen unseren Jesus.« Daß sie die Dinge so hinnahm, bedeutete nicht, daß solche Ereignisse sie nicht lange bedrückten.

Nichtsdestoweniger wuchs die Gemeinschaft. Am 6. Mai 1978, einige Monate vor seinem Tod, gewährte Papst Paul VI. Mutter Teresa eine Privataudienz zusammen mit den in Rom tätigen Schwestern und einer Gruppe italienischer Mit-Arbeiterinnen. Mutter Teresa strahlte vor Freude über dieses Privileg und verstand es als Zeichen der Anerkennung für ihre Treue zu ihm, dem Stellvertreter Christi auf Erden. Eine der Schwestern überreichte ihm eine Rosengirlande, die er wiederum an Mutter Teresa weitergab mit den Worten: »Mutter Teresa, ich bin Ihr unwürdiger Diener.« 1979 gab es weltweit 158 Niederlassungen, 1187 Schwestern, die das Gelübde abgelegt hatten, 411 Novizinnen und 120 Postulantinnen. Der Strom der Schwestern, die aus den Novizenschulen in Manila und Rom hervorgingen oder die nach Ablegen der Gelübde von der Kathedrale Kalkuttas zum Mutterhaus an der Lower Circular Road zurückkehrten, riß nicht ab. Während die Anzahl der Berufungen bei den anderen Orden zurückging, übten offenbar die totale Selbstaufgabe, der rückhaltlose Einsatz und die einer Missionarin abverlangte Armut des Lebens weiterhin ihre Anziehungskraft aus. Im Hof an der Lower Circular Road wurden die zurückkehrenden Schwestern von einer Gruppe anderer Schwestern auf bengalische Art mit einem Tanz empfangen, bei dem die Tänzerinnen kleine Kerzen in der Hand hielten. Mutter Teresa begrüßte jede einzelne, indem sie ihren Kopf mit beiden Händen in einer Geste des Segnens berührte. Dann, nach Ende der Feier, las sie eine Liste der Zielorte vor, für die die neuen Schwestern bestimmt waren: »Schwester M ... Jesus braucht dich in Essen, Westdeutschland« oder in Kigali, Ruanda, oder in irgendeinem der vielen anderen möglichen Bestimmungsorte. Die Straßen von Kalkutta, so schien es, führten zu jedermanns Tür. Binnen weniger Tage wurden die Schwestern hinausgesandt, mit ihrem seltsamen Sortiment aus Paketen und Kartons, die damals zum typischen Gepäck der Missionarinnen geworden waren. Sie gingen dorthin, wo die Ärmsten der Armen sie am dringendsten brauchten. »Wenn es Arme auf dem Mond gibt«, sagte Mutter Teresa einmal, »so werden wir auch dorthin gehen.«

»EINE GEMEINSAME VISION«

DIE GRÜNDUNG DER MÄNNERGEMEINSCHAFTEN UND DER KONTEMPLATIVEN MISSIONARINNEN DER NÄCHSTENLIEBE

»Du kannst tun, was ich nicht tun kann. Ich kann tun, was du nicht tun kannst. Zusammen können wir etwas Wunderbares für Gott tun.« Die Anwendung dieses Prinzips führte unter vielen Gesichtspunkten zur Gründung der Missionsbrüder der Nächstenliebe durch Mutter Teresa. Ihre Ansichten über die traditionelle Arbeitsteilung zwischen Mann und Frau stießen zwar vielerorts auf Kritik. Sie beruhten aber auf solch praktischen Realitäten wie den Grenzen der körperlichen Belastbarkeit der Schwestern. Anfang der sechziger Jahre war Mutter Teresa zu der Überzeugung gelangt, daß es bestimmte Bereiche der Arbeit gab, für die sich Männer besser eigneten als Frauen. Zunächst hatten zwei oder drei Männer versucht, mit den Schwestern in den Slums zu arbeiten, aber Mutter Teresas Pläne gingen weit darüber hinaus. Damals war Pater van Exem Gemeindepfarrer in Asansol. Mutter Teresa fuhr zu ihm, um die Idee einer neuen Gründung mit ihm zu besprechen: einer Gemeinschaft von Brüdern ähnlich wie die der Schwestern, ausgebildet im selben Geiste zu einer gemeinsamen Arbeit mit ihnen. Pater van Exem seinerseits reichte die Anfrage mit einer gewissen Besorgnis an Erzbischof Vivian Dyer weiter, der Erzbischof Périer in Kalkutta nachgefolgt war. Die Antwort fiel zu seinem Erstaunen jedoch eindeutig positiv aus: »Pater, in ganz Indien werden Sie keinen Bischof finden, der einer Bruderschaft gegenüber aufgeschlossener ist als ich. In Indien haben die Menschen die Berufung eines Priesters begriffen, sie haben die Berufung einer Schwester begriffen. Sie haben die Berufung eines Bruders noch nicht begriffen. Sagen Sie ihr, sie soll anfangen.«

1963 gab es drei Kandidaten, und am 25. März schloß Mutter Teresa sie mit der Hilfe von Pater Julien Henry und dem Segen von Erzbischof Albert D'Souza zu einer Gemeinschaft zusammen. In der

Kapelle an der Lower Circular Road befestigte sie Kreuze an der
Brust der drei jungen Männer, die schmuck in weiße Hemden und
Hosen gekleidet waren. In der ersten Zeit sollten sie und die anderen, die sich zu ihnen gesellten, unter der Aufsicht der Schwestern
stehen. Die Männer bewohnten eine Etage im »Shishu Bhavan« und
erhielten ihre Ausbildung von einer Schwester im Tertiat. Pater
Henry gab ihnen ihre geistliche Unterweisung und führte sie, auf
Mutter Teresas besondere Bitte, in die Tischlerei ein. Als Freizeit-
beschäftigung erlaubte sie ihnen, Volleyball zu spielen, um sich aus-
zutoben. Rom jedoch war mit der Bestätigung der neugegründeten
Brudergemeinschaft nicht so rasch bei der Hand wie die indischen
Bischöfe. Die Anerkennung durch Rom hing von einer ansehnlichen
Mitgliederzahl ab, die eine gewisse Stabilität garantierte. Aber die
Priester scheuten sich, Kandidaten an die Missionsbrüder zu ver-
weisen, bevor sie nicht eine anerkannte Institution geworden waren.
Ein weiterer Grund zur Vorsicht für die römischen Behörden, der
weniger offen angesprochen wurde, war die Tatsache, daß einige an-
dere Brudergemeinschaften von indischen Bischöfen gegründet worden, dann aber letztendlich gescheitert waren. Die ersten Jahre der
Kongregation waren durch diesen Engpaß behindert, und der Umstand, daß die römisch-katholische Kirche es nicht erlaubt, daß eine
Frau einer religiösen Gemeinschaft von Männern vorsteht, stellte
eine zusätzliche Schwierigkeit dar.

Mutter Teresa zog zwei Männer in die engere Wahl als Führer der
Missionsbrüder. Der eine war Pater Ante Gabrić, ein Mitglied der Gesellschaft Jesu, der 1915 in Metković in Kroatien geboren war. Er
gehörte zu einer Gruppe jesuitischer Missionare kroatischer und slo-
wenischer Herkunft, die das Evangelium in dem Gebiet südlich von
Kalkutta zwischen den Flüssen Hugli, Matla und Gosaba verbreiten
wollten. Er war ein Priester ganz nach Mutter Teresas Herz – den
Armen hingegeben, durchgeistigt, dynamisch und streng. Bei der Arbeit hatte er immer seinen Rosenkranz in der Hand. Mutter Teresa
sprach mit ihm stets in ihrer gemeinsamen Sprache Serbokroatisch.
Sie war voller Bewunderung für ihn und all die anderen, die wie er ihr
Leben in einer Weise für die Armen einsetzten, wie auch sie selbst es
tat. Ein weiterer Priester, der sie besonders beeindruckte, war Pater
Robert Antoine, ein Belgier von asketischem Aussehen, der ganz in

der bengalischen Kultur aufging und als Kaplan im »Nirmal Hriday«
gedient hatte. Eines Tages hatte er nach der Messe im Mutterhaus in
Kalkutta Mutter Teresa gegenüber die Bemerkung gemacht, daß ihm
beim Gedanken an die Armen das Essen im Halse steckenbliebe. Eine
solche Bemerkung mußte tiefen Eindruck auf Mutter Teresa machen.
Der General der Jesuiten war aber nicht bereit, ihr weitere seiner
Priester zur Verfügung zu stellen. Die Missionarinnen nahmen bereits sehr viel von der Aufmerksamkeit Pater Henrys und Pater van
Exems in Anspruch. Ein Priester aus Kerala kam und verbrachte
sechs Monate bei der jungen Brudergemeinschaft, hatte dann aber
doch das Gefühl, er müsse wieder gehen. Erst 1965 bot sich die Lösung
des Problems in Gestalt von Pater Ian Travers-Ball, einem australischen Jesuiten, der im Tertiat, mit dem die langwierige geistliche,
philosophische und theologische Ausbildung der Jesuiten zum Abschluß gelangt, in Sitagarha tätig war. In ihrem schelmischen Humor
behauptete Mutter Teresa später, sie habe ihn von den Jesuiten »ge-
kidnappt«.

1962, ein Jahr vor seiner Priesterweihe, hatte Pater Ian Travers-
Ball Mutter Teresa in Poona zu einer Gruppe von Seminaristen sprechen hören. Sie war damals noch nicht sehr bekannt, und das, was sie
sagte, hatte er nicht behalten. Unauslöschlich blieb jedoch der Eindruck, daß sie ein Mensch war, der Gott sehr nahestand. Bald darauf
erhielt er während seiner Zeit als Tertiar die Erlaubnis, einen Monat
lang unter den Armen zu arbeiten. Er hatte kurz zuvor von der Gründung Mutter Teresas gehört, die am Tag seiner Priesterweihe erfolgt
war – eine Tatsache, die Mutter Teresa später als etwas mehr als
einen wunderbaren Zufall ansah. Er arbeitete einen Monat bei den
Missionsbrüdern, um Erfahrungen und Einsichten in die Arbeit mit
den Armen zu gewinnen, die er später als Jesuit in Hazaribagh anwenden konnte.

Die dringende Notwendigkeit eines Priesters, der die zwölf sehr
jungen Männer ausbilden und anführen mußte, denen er im Dezember 1965 begegnete, wurde Ian Travers-Ball rasch deutlich. Mutter Teresa ihrerseits sah in seiner Ankunft eine Antwort auf ihr Gebet.
Nachdem sie den australischen Priester mit den jungen Brüdern hatte
arbeiten sehen, machte sie sofort ein Treffen mit ihm aus. Sie legte
ihm das Problem offen dar und bat ihn um Hilfe. Ihr jesuitischer Be-

sucher brauchte Bedenkzeit. Er verbrachte drei Tage bei Pater van Exem, um etwas mehr Einblick in den Hintergrund der Brüder zu bekommen, und in weniger als zehn Tagen war er zu dem Entschluß gekommen, daß dies genau die Tätigkeit war, die er gesucht hatte. Mit offizieller Erlaubnis verließ er den Orden ursprünglich nur vorläufig und stieß am 19. Februar 1966 zu der kleinen Männergruppe im »Shishu Bhavan« in Kalkutta. Das Ereignis wurde durch eine sehr einfache Feier begangen, während derer Mutter Teresa ihm ein kleines Kruzifix überreichte, das über dem Herzen zu tragen war und das bis heute die einzige sichtbare Auszeichnung eines Missionsbruders ist. Die Brüder wurden seiner Obhut anvertraut, weil, wie Mutter Teresa es formulierte, »er ein sehr heiliger Mensch ist, wirklich sehr heilig«. Heiligkeit aber war die Eigenschaft, die sie vor allen anderen bei einem Priester schätzte. Sie hatte keine Illusionen bezüglich der menschlichen Natur, der selbst ein Priester unterworfen war: Jesus, das betonte sie einmal, hatte zwölf handverlesene Jünger, von denen einer ein Betrüger war und die anderen davonrannten, aber sie bat die Missionsbrüder immer wieder inständig, heilig zu sein. In späteren Jahren, als sie eine größere Zuhörerschaft erreichte, beschwor sie dann alle Priester, heilig zu sein. In Pater Ian Travers-Ball hatte sie die Heiligkeit gefunden, die sie suchte.

Der Mann, der später Bruder Andrew werden sollte, war am 27. August 1928 in Melbourne geboren. Es gab einige sehr auffällige Gemeinsamkeiten zwischen ihm und Mutter Teresa, nicht nur, daß ihre Geburtstage einen Tag auseinanderlagen. Sie teilten die Vision ihrer zweiten Berufung, den Armen zu dienen, als untrennbaren Bestandteil ihrer ursprünglichen Berufung. Sie teilten das Verständnis ihrer eigenen Armut als demütige Werkzeuge zu einem höheren Zweck. Bruder Andrew äußerte später einmal über sein eigenes Leben, es sei die »kaum glaubliche Geschichte eines Ungläubigen, der von Gott benutzt wurde«. Vor allem teilten sie die gemeinsame Überzeugung, daß sie die rückhaltlose Liebe, zu der sie sich den Armen und Notleidenden gegenüber verpflichtet hatten, für Christus und ihm allein gaben. In der Tat unterschieden sie sich wenig in allem, was Bruder Andrew als »wesentlich« bezeichnete. In »Mutter Teresa. Ein Leben für die Ausgestoßenen«, dem Buch, das als erstes die Aufmerksamkeit der Weltöffentlichkeit auf die Arbeit Mutter Teresas in den indischen Slums lenkte, schrieb Malcolm Muggeridge: »Ich kann Bruder Andrew keinen besseren Tribut zollen, als zu sagen, daß er ein perfekter Mitstreiter für Mutter Teresa ist.« Diesem Lob würden sich viele anschließen. Bruder Andrews Eintritt in die kleine Gemeinschaft der Missionsbrüder war der Anfang einer Beziehung voll gegenseitiger Wertschätzung und Vertrauen zu ihrer Gründerin. Sie führten keine tiefgründigen geistlichen Gespräche, aber sie »ermutigten einander spirituell auf persönlicher Ebene«. Abgesehen von diesem gegenseitigen Respekt und den Gemeinsamkeiten und Parallelen in ihren Leben blieben sie jedoch sehr unterschiedliche Persönlichkeiten, eine Tatsache, die beide erkannten und offen zugaben. »Wir sind sehr verschieden«, sagte Mutter Teresa. »Aber wir haben beide denselben Geist.« Bruder Andrew hob im Rückblick auf ihre langjährige Beziehung die Unterschiede unter dem Aspekt von Mutter Teresas Heiligkeit hervor: »Wir sind eigentlich sehr verschiedene Charaktere. Abgesehen von offensichtlichen Dingen ist sie ein Mensch mit einem höchst außergewöhnlichen Charisma. Sie wird als ›lebendige Heilige‹ bezeichnet, und sie ist eine wunderbar spirituelle Persönlichkeit. Ich bin mir bewußt, daß ich nirgends an sie heranreiche, und ich denke, es war von Anfang an eine Gnade, daß ich nicht das Gefühl hatte, ich müßte sein wie sie.«

Am 26. März 1967 erkannte die römisch-katholische Kirche schließlich die Gemeinschaft der Brüder als eine diözesane Institution an. Diese Anerkennung ermöglichte es der neuen Gemeinschaft, die inzwischen bereits 33 Postulanten umfaßte, im Juni desselben Jahres ein Noviziat einzurichten. Noch immer Jesuit, war Pater Ian Travers-Ball nun zugleich Mitbegründer, Novizenbetreuer und Novize. Um 1967 zählten die Schwestern 250 Mitglieder, führten etwa 20 Häuser in Indien und hatten ihr erstes Zentrum in Venezuela eröffnet. Die Räumlichkeiten der Brüder waren unterdessen viel zu klein geworden. Anfang Juli 1966 hatten sie »Shishu Bhavan« verlassen und waren in gemietete Räume gezogen, die binnen kurzem allerdings auch nicht mehr ausreichten. Da stießen die Brüder, nach Bruder Andrew unter »wirklich außerordentlichen Umständen«, auf ein Haus in der Mansatala Row, im Stadtteil Khidirpur von Kalkutta, das ihr Mutterhaus werden sollte. Im darauffolgenden Jahr wurde dann ein zweites Haus im Slumgebiet von Dum Dum nahe Kalkuttas größtem Flughafen eröffnet.

Zunächst schien die Rolle der Brüder kaum mehr zu sein als eine Ergänzung der Schwestern: Heben und Tragen und die Bereitstellung männlicher Gegenwart und körperlicher Kraft, wie es vorgesehen war. Sie waren jung, unerfahren und wurden von den Schwestern angeleitet. Sie waren zugleich offen für die Führung durch göttliche Vorsehung, und nach einer Anfangsperiode raschen Wachstums erschien es der männlichen Kongregation zunehmend angemessen, mit einer gewissen Unabhängigkeit zu handeln, als Gemeinschaft, die ihre Belange auch in die eigene Hand nehmen konnte. Nach eigener Aussage machte sich Bruder Andrew daran, sie zu »befreien«. Die Brüder mühten sich zusammen mit den Schwestern in der Arbeit mit den Leprakranken ab. Im Sterbehaus sorgten sie für die Männer, während die Schwestern sich um die Frauen kümmerten, und die beiden Gemeinschaften arbeiteten beständig sehr eng zusammen. Wenn die Brüder notleidende Frauen fanden, Mädchen oder Säuglinge, schickten sie sie zu den Schwestern. Fanden die Schwestern Männer und Knaben in Not, so brachten sie sie zu den Brüdern. Gleichzeitig entwickelte sich die Arbeit der Brüder auch unabhängig davon weiter. Nur ein Jahr nach dem Erwerb des Hauses in Dum Dum lebten dort bereits zahlreiche Jungen, von denen die Brüder 20 in Internate schicken konnten. Wer zu alt für das Internat war, ging als Tagesschüler in eine der örtlichen Schulen. Die Körperbehinderten und die Krüppel lernten zu Hause. Nur die geistig behinderten Kinder konnten hinsichtlich einer Ausbildung noch nicht richtig versorgt werden, aber die Art, wie sie zur Freude im Haus beitrugen, schätzten die Brüder sehr hoch ein. Die anderen Jungen akzeptierten sie problemlos. An anderer Stelle auf dem Gelände nahe dem Flughafen von Dum Dum wurde für 30 Männer, die krank, behindert oder obdachlos waren, eine Unterkunft errichtet. Auch einige Männer mit Familien wurden aufgenommen. Oft waren sie sehr schwach und litten an irgendeiner Krankheit, aber ein Monat oder zwei mit nahrhaftem Essen, Medikamenten und Ruhe konnten Wunder bewirken. Viele von ihnen konnten schließlich nach Hause und an die Arbeit zurückkehren und ihre Familien unterhalten.

Im Juni 1968 schloß die erste Gruppe von Novizen ihr Noviziat ab

und bereitete sich darauf vor, das Gelübde als vollgültige Brüder ab-
zulegen. Bruder Ian Travers-Ball verließ förmlich und endgültig die
Gesellschaft Jesu und wurde ein Missionsbruder der Nächstenliebe;
seinen Namen veränderte er am 2. Juni in Bruder Andrew. Eine seiner ersten Amtshandlungen als Hauptdiener der kleinen, aber rasch
wachsenden Gemeinschaft war, die Statuten, die ihrer aller Leben
und Wirken gestaltete, zu überarbeiten und auf aktuellen Stand zu
bringen. Ganz am Anfang, als Mutter Teresa die Missionsbrüder der
Nächstenliebe gegründet hatte, hatte sie der neuen Gemeinschaft dieselben Statuten wie die der Schwestern gegeben. Als Pater Ian Travers-Ball der Kongregation beitrat, schien die Sprache der Statuten,
wie sie 20 Jahre zuvor als Antwort auf die göttliche Berufung im Zug
nach Darjeeling niedergelegt worden waren, etwas förmlich und starr
und – im Hinblick auf den Aufruf des Zweiten Vatikanischen Konzils
zu einer »angemessenen Erneuerung des religiösen Lebens« – eben
überarbeitungsbedürftig. Zwischen 1970 und 1973 überprüften auch
die Schwestern ihre Statuten, um den Geist des Zweiten Vatikanischen Konzils aufzunehmen. Es war der Wunsch der Kirche, und 1973
wurden sie aufgefordert, die neuen Statuten dem Heiligen Stuhl zur
endgültigen Begutachtung vorzulegen.

Bruder Andrews Bearbeitung der Statuten der Brüder spiegelt
seinen tiefen Respekt gegenüber Mutter Teresa wider. Sorgfältig
bewahrte er die ursprünglich von ihr aufgestellten Schlüsselregeln,
fügte aber eine Reihe von Anweisungen hinzu, die er wortwörtlich
den Dekreten des Zweiten Vatikanischen Konzils entnommen hatte,
und gliederte auch weitere Erklärungen ein, in seinem Versuch, den
Geist der Missionsbrüder der Nächstenliebe deutlicher zu vermitteln.
Die Eingangsworte der revidierten Statuten waren bezeichnend für
die Ausrichtung von Bruder Andrews eigenem Leben:

»Der generelle Zweck der Gemeinschaft kommt von den Lippen
Christi unseres Herrn selbst: ›Ein neues Gebot gebe ich euch: Liebt
einander! Wie ich euch geliebt habe, so sollt auch ihr einander lieben.
Daran werden alle erkennen, daß ihr meine Jünger seid, wenn ihr
einander liebt ...‹.«

Der besondere Zweck der Brüder gemäß Artikel 2 ihrer Verfassung ist:

»Dieses Leben der Liebe zu leben, indem man sich dem Dienst am

Ärmsten der Armen widmet – in den Slums, auf den Straßen und wo immer sonst sie zu finden sind. Leprakranke, obdachlose Bettler, die verlassenen Knaben ohne Heim, die Arbeitslosen und jene, die durch Krieg und Naturkatastrophen entwurzelt sind, werden immer der besondere Gegenstand der Sorgfalt der Brüder sein.«

»Von Anfang an ging Bruder Andrew seinen eigenen Weg«, bemerkte ein aufmerksamer Beobachter. »In gewisser Hinsicht war es der Geist von Mutter, aber es waren nicht die Statuten von Mutter.« Mutter Teresa hatte keine Schwierigkeiten damit, die Beschlüsse des Zweiten Vatikanischen Konzils selbst zu akzeptieren. So begrüßte sie beispielsweise die anerkannte Neue Messe und die Benutzung der lebendigen Sprache anstelle des Lateinischen. Aber sie war nicht glücklich mit einigen nachfolgenden Entwicklungen in der römisch-katholischen Kirche. Daß die Kirche Erneuerung brauchte, sah sie ein, doch Erneuerung bedeutete nicht die Änderung einer Gewohnheit und einiger Gebete. Sie mißbilligte individuelle Neuerungen, die ihr in manchen Bereichen als Nachlässigkeit und mangelnde Disziplin erschienen. Sie konnte beispielsweise nicht akzeptieren, daß Priester ohne Meßgewand die Messe abhielten, die Verlegung von Tabernakeln mit dem heiligen Sakrament in dunkle Ecken, die Nachlässigkeit gegenüber der Jungfrau Maria oder dem Rosenkranz. Auch konnte sie den Mangel an Respekt im Gebet oder im Verhalten eines Menschen in einer Kapelle nicht tolerieren, ebensowenig den nachlassenden Respekt vor dem Papst, vor der Lehre der katholischen Kirche bezüglich der Ehe oder der Sexualmoral, oder Nonnen und Mönche, die keine Ordenstracht trugen. Ein neuordinierter Priester, der zu den Missionsschwestern geschickt wurde, um sie zu unterweisen, erfuhr, wie unnachgiebig sie in solchen Dingen sein konnte. Der Priester war etwas herablassend gegenüber den traditionellen Glaubenssätzen der Schwestern. Unter anderem behauptete er, daß es unnötig wäre, außerhalb der Messe vor dem heiligen Sakrament niederzuknien, denn die Gegenwart Christi sei auf die Dauer der Messe beschränkt. Nachdem er geendet hatte, geleitete Mutter Teresa den Priester zur Tür, dankte ihm für sein Kommen und bedeutete ihm, daß er nicht wiederzukommen brauche. Dann brachte sie eine Stunde damit zu, alles zu widerlegen, was der Priester gesagt hatte, und erklärte den Schwestern die Dekrete des Zweiten Vatikanischen Konzils, das die traditionelle Lehre der römisch-katholischen Kirche bezüglich der Eucharistie bestätigt.

Obgleich Mutter Teresa ihre Missionarinnen bei der Ausbildung dazu anhielt, als Arme unter den Armen zu leben, hatte sie dennoch eine traditionelle und notwendige Trennung zwischen den Schwestern und den von ihnen Betreuten aufrechterhalten. Am Ende des Tages kehrten die Schwestern zum Schlafen in ihr Kloster zurück. Gäste, sogar alte Freunde der Gemeinschaft, aßen nicht gemeinsam mit den Schwestern, sondern in einem gesonderten Raum. Theologisch und auch vom Temperament her war Mutter Teresa rigoros bei der strikten Einhaltung von Regeln, bei Einzelheiten der Disziplin, Reinlichkeit im Haushalt, bei der Ordenstracht und der Einheitlichkeit von Gebet und Gottesdienst. Sie mochte es, wenn Einzelheiten festgelegt und befolgt wurden.

Bruder Andrew andererseits, obwohl er ihren Respekt vor vielen dieser Dinge teilte, war etwas flexibler. Die Freiheit, die er als Jesuit erworben hatte, drängte ihn dazu, gewisse Aspekte des Lebens der Brüder zu lockern. Er war sich nicht so sicher, ob die extreme Strenge in der religiösen Erziehung der Schwestern wirklich notwendig war. Mutter Teresa hatte Englisch zur Ordenssprache bestimmt, aus dem vernünftigen Grund, daß, wenn ihre Novizinnen auch aus Indien stammten, eine gemeinsame Arbeitssprache gefunden werden mußte und daß christliche religiöse Literatur in Englisch verfügbar war. Bruder Andrew sah die Weisheit dieser Entscheidung ein, bedauerte aber, daß er von einem relativ ungebildeten jungen Mann so viel Energie fordern mußte, um die Sprache zu lernen. Er war durch seine Lektüre über Dorothy Days »Houses of Hospitality« (Häuser der Gastfreundschaft) in Amerika beeindruckt und betonte, daß es wichtig sei, nicht nur jenen Gastfreundschaft zu gewähren, deren Dienst sich die Brüder besonders gewidmet hatten, sondern jedem Besucher. Die Brüder schliefen in den Häusern, in denen sie den Armen ein Heim boten. Besucher, die die Einfachheit der Mahlzeit und Unterkunft akzeptierten, waren willkommen, an ihrem Tisch zu essen und bei ihnen auf dem Boden zu schlafen. Waren die Brüder dagegen als Gäste eingeladen, nahmen sie die Gastfreundschaft in der ihnen gebotenen Form an. Was das Gewand der Brüder betraf, sollte es wie der Sari der Schwestern ein Versuch sein, sich mit den Armen zu identifizieren, aber für Männer gab es in Indien keine Standardkleidung. Die Brüder wählten Hosen und Hemden, wie sie von Armen in aller Welt getragen werden konnten. Das Kruzifix war da, um ihr Engagement für Christus zu zeigen, aber es gab keine Uniform oder eine besondere Tracht, um sie von den anderen um sie herum abzuheben.

Für viele der jungen Brüder blieb Mutter Teresa soviel wie die »Mutter«, aber sie schätzten auch Bruder Andrews Rolle bei der Einrichtung der Gemeinschaft der Missionsbrüder mit ihrer gesonderten Identität als männliche Lebensgemeinschaft. Sie schuf für sie den Raum, in dem sie als Männer wachsen konnten, während sie gleichzeitig dasselbe Charisma teilten wie die Schwestern. Die Freiheit, die Bruder Andrew einführte, bedeutete jedoch nicht, daß es irgendeine Nachlässigkeit hinsichtlich der vier Grundregeln gab, ohne die, so betonte Bruder Andrew, ein Missionsbruder keiner war: Ernsthaftigkeit im Gebet, Liebe zu den Armen, Einfachheit des Lebens und das Bedürfnis nach einem Leben in der Gemeinschaft. Womöglich waren das Leben und die Ausbildung der Brüder, so meinte eine der Missionarinnen der Nächstenliebe schmunzelnd, noch mühseliger: »Sie denken, weil sie Männer sind, können sie es einfach so wegstecken.« Dann fügte sie ernster hinzu: »Sie sind sehr, sehr arm und sehr heilig.«

Die Art, wie Mutter Teresa mit der Tatsache umging, daß der Mann, dem sie die Brüder anvertraut hatte, anders war als sie und sie möglicherweise auch, so meinte Bruder Andrew selbst, manchmal enttäuschte, war bezeichnend. Mutter Teresa war eine Frau, deren Liebe und Interesse an anderen viel tiefer gingen als Unstimmigkeiten mit ihnen. Wenn es einmal solch eine Meinungsverschiedenheit gegeben hatte, nahm sie nach einiger Zeit immer ihre Beziehung zu dem »Verirrten« wieder auf, vorzugsweise in einem ruhigen Gespräch unter vier Augen. Was Bruder Andrew betraf, so war er niemals einem großen Heiligen näher als durch sie. Den Reichtum, die Schönheit und die Bedeutung, die sie seinem Leben gab, konnte er nicht recht eingestehen, aber deshalb sprach er ihr nicht ihre Menschlichkeit ab. In der engen Zusammenarbeit beim Aufbau der Brudergemeinschaft hatte es ihm, so gab er später einmal zu, ziemlich an Respekt gemangelt, und er hatte vieles für selbstverständlich gehalten. Zum Teil war das auf seinen männlichen Stolz zurückzuführen. Aber schließlich hatte er seinem Ego und seinem Dünkel eine Lehre erteilt, was mit Spuren eines ähnlichen Vorgangs in ihr zusammenfiel, die sie ja eine Tochter Evas war. Ihre unterschiedlichen Ansichten über manche Dinge hatten zu ganz realen menschlichen Meinungsverschiedenheiten geführt: »Ich muß sagen, sie gab mir völlige Freiheit, auch wenn sie nicht einer Meinung mit mir war. Aber es muß auch gesagt werden, daß sie ärgerlich und verletzt sein konnte – und es zeigte. Bei solchen Gelegenheiten hätte ich nachgeben können, und sie wäre sehr froh gewesen, ihren Kopf durchzusetzen. Wenn ich meine Position hielt, nahm sie es hin – letztlich immer gnädig, das muß ich hinzufügen. Sie war wundervoll, weil sie nicht nachtragend war.«

Die Entwicklung der Brüdergemeinschaft wurde, wie die der Schwestern, weitgehend durch das Erkennen einer Notlage und das Vertrauen auf göttliche Vorsehung zu ihrer Bewältigung bestimmt. Im Dorf Noynan gründeten die Brüder ein Zentrum für Dorfarbeit. Von dort aus betreuten sie fünfhundert verarmte Familien, leiteten eine Grundschule, wo die Kinder unterrichtet und mit einem täglichen Essen versorgt wurden, und behandelten TBC-Patienten in einem speziell dafür bestimmten Heim. Im Zentrum an der Pipe Road in Kalkutta teilten sich fünf Brüder die Erziehung von 35 Jungen, die entweder Halb- oder Vollwaisen waren und die, da sie verschiedene Landessprachen schrieben und sprachen, zu verschiedenen Schulen geschickt werden mußten. Auf den überfüllten Bahnsteigen der indischen Bahnhöfe versuchten die Missionsbrüder, Kindern, die sich eine Bleibe unter einem Stück weggeworfenen Schaumstoffs einrichten mußten, zu zeigen, daß sich tatsächlich jemand um sie kümmerte. Sie nahmen auf diese Besuche Seifenstücke mit und brachten den Jungen bei, sich unter den Wassertürmen für die Dampflokomotiven zu waschen. In den frühen siebziger Jahren, während Mutter Teresa die Niederlassungen der Schwestern in Jordanien, den USA, Bangladesh, auf Mauritius, in Israel, Jemen, Peru und anderswo betreute, zog eine Gruppe der Brüder in die hoffnungslos überfüllten Gassen der Unterwelt von Saigon. Das erste Stockwerk ihres Hauses bot etwa 30 Obdachlosen Schutz. Das zweite Stockwerk diente einem ähnlichen Zweck, wurde aber während des Tages auch als Schulraum benutzt. Das dritte Stockwerk bestand aus zwei Räumen, in die sich die

Ratten vor dem Regen flüchteten. Das war der Bereich, in dem die Brüder aßen, schliefen, lasen und beteten. Jeder Bruder hatte eine Schlafmatte wie die Einheimischen, die er tagsüber zusammenrollte. Es gab keinen Privatbereich, dafür aber viel Trubel, denn an einem Tag versorgten sie Hunderte von Menschen mit einer Mahlzeit. Es waren die Unterstützung und der Einsatz einer ehemaligen Prostituierten, die das Wirken der Brüder in Saigon vorantrieb. Sie war eine von vielen Bar-Girls und Prostituierten, denen Bruder Andrew begegnete, als ganz Vietnam noch von fremden Soldaten wimmelte, und war zu dieser Lebensweise gezwungen worden, nachdem ihr Ehemann von einem betrunkenen australischen Zivilisten in einem gestohlenen Wagen getötet worden war. Sie war auf die Straße gegangen, um ihre drei kleinen Kinder zu ernähren, und als die ausländischen Soldaten begannen, sich zurückzuziehen, war sie mehr als bereit, das Leben in dieser Form aufzugeben. Mit ihrer Hilfe gelang es den Missionsbrüdern, einen Hort der Stabilität inmitten wirtschaftlicher, emotionaler und politischer Unsicherheit zu schaffen. Durch den Rückzug der Amerikaner waren Jobs und Geld knapp geworden, und viele Witwen blieben zurück, die gegen eine alles umfassende Inflationswelle um ihr und ihrer Kinder Leben kämpften. Das Ziel war, ein Heim für jene zu schaffen, die nicht in die Kategorien paßten, um die sich andere Organisationen kümmerten.

1975 jedoch übernahmen die Kommunisten die von den Brüdern eröffneten Häuser und zwangen sie so, ihre Mission aufzugeben. Ohne die Möglichkeit zu arbeiten, ohne die Hoffnung, etwas Neues zu beginnen, und ohne Bleibe nahm Bruder Andrew das Flugzeug über Bangkok nach Indien. In seinem Weihnachtsbrief dieses Jahres schrieb er auf eine sehr viel persönlichere Weise, als es Mutter Teresa je getan hätte, über den Schmerz, weggehen zu müssen:

»Dieses Jahr war herzzerbrechend. Wir haben fünf Häuser in Vietnam und Kambodscha verloren. Die Gebäude bedeuten nichts. Aber so endgültig getrennt zu sein von all den Menschen, die man kennengelernt und lieben gelernt hat, ist unvorstellbar schmerzlich. Ich werde nie mehr derselbe sein nach alledem, und ich weiß, daß ich ein Sehnen nach ihnen im Herzen tragen werde, bis ich sterbe.

Die ganze Geschichte vom Fall Saigons und der Übernahme wird niemals erzählt werden. Die Journalisten, die hier geblieben waren, wohnten vor allem in den Hotels in der Innenstadt. Sie sind nie zu den Gassen und Wegen im überfüllten Teil der Stadt gekommen. Sie hatten nicht wirklich die Gelegenheit, die Gefühle der Menschen dort, die ich kannte, zu begreifen und in ihren Berichten mitzuteilen. Außerhalb Vietnams kann sich keiner vorstellen, was hier geschah. Die Geschichte bleibt unerzählt und wird unerzählt bleiben, bis sich vielleicht einmal ein vietnamesischer Solschenizyn zu Wort meldet. Aber auch dann wird das erst in vielen Jahren sein. Was mich betrifft, so habe ich nicht den Mut, auch nur den Versuch zu wagen.

Und so sind Vietnam und Kambodscha für mich und die Brüder ein abgeschlossenes Kapitel. Und wie sich dort in den kommenden Jahren das Leben dieser vielen Menschen, die sich kein Gehör verschaffen können, entwickelt, wird niemand erfahren.«

Ermutigend war dagegen, was in Indien geschah. Im Jahre 1974 hatte Mutter Teresa den Brüdern das »Gandhiji Prem Nivas«-Leprazentrum in Titagarh anvertraut. Die Brüder standen zunächst vor dem Problem zunehmender Handgreiflichkeiten unter den Kranken. Um das psychische Leiden, das dahinter stand, aufzulösen und die zerstörerischen Energien in schöpferische umzuwandeln, richteten sie eine bescheidene Handwebstube auf einem Stück des Eisenbahngeländes ein. Der Schritt erwies sich als großer Erfolg. Die Gewalttätigkeiten nahmen infolge des erneuerten Selbstwertgefühls der Kranken ab. Im September 1978 erhielten die Brüder offiziell ein viel größeres Grundstück. Dorthin wurde dann die ursprüngliche Handweberei verlegt, erweitert um 30 zusätzliche Webstühle sowie um eine Schuster- und Tischlerwerkstatt. Der restliche Platz wurde für Wohnzwecke, einen Gemüsegarten sowie einen Schweine- und einen Geflügelstall benutzt, die von den Patienten selbst gebaut wurden. Mit den Jahren bekam das Leprazentrum noch mehr Land, nicht ohne Widerstand und sogar Steinwürfe örtlicher Störenfriede, aber schließlich kehrte Frieden ein, und in der Anlage konnten außerdem eine Molkerei und eine Schneiderwerkstatt eingerichtet werden. Teiche wurden angelegt und mit Fischen bestückt, um den Fischbedarf des Zentrums zu decken. Im Operationssaal führten freiwillige Chirurgen kostenlos Amputationen und andere Operatio-

nen durch; Prothesen gab es ebenfalls. Etwa 500 Menschen erhielten
täglich gekochten Reis. Die Pflegestation besaß 148 Betten, und jedes
Jahr wurden etwa 500 Patienten behandelt.

Auf recht unerwartete und ungeplante Weise wandelte sich der
schmerzliche Fortgang aus Saigon zu etwas Fruchtbarem. Im Hoch-
sommer 1975 kamen fünf Brüder – ein Holländer und vier Amerikaner, die in Vietnam und Kambodscha gearbeitet hatten, bis die
Umstände sie zur Abreise zwangen – nach Los Angeles. Im Skid-
Row-Bezirk der Innenstadt fanden sie eine winzige Unterkunft, die
als Stützpunkt diente, von dem aus all jene erreicht werden konnten,
die aus dem gigantischen Wohlfahrtssystem herausgefallen waren,
und vor allem jene Männer, Frauen und Kinder, die inmitten des Ma-
terialismus ungeliebt und entfremdet blieben. Diese Begegnungen
führten die Brüder in einsame Hotelzimmer, wo in verzweifelter Isolierung die Würde des Menschenlebens langsam untergegangen war.
Sie säuberten Zimmer voller leerer Flaschen und Kot, sie lasen den
Blinden vor, sie begleiteten die Hilflosen zu dem großen, ausgedehnten Komplex des Los Angeles County-Hospitals, brachten liebevoll
einen alten Mann, der in einer Seitenstraße unter einem Karton hau-
ste, in ein Pflegeheim zurück, dem er entflohen war, weil er »dort
keine Liebe fand«.

Allmählich gesellten sich weitere junge Männer zu den Brüdern
in Los Angeles, um herauszufinden, ob Leben und Wirken der Gemeinschaft für sie eine mögliche Berufung war. Bruder Andrew, der
ja in Vietnam gewesen war, kam nach Los Angeles, und inmitten des
Leidens und des sichtbaren Liebesmangels in der Stadt beschloß er,
ein zweites Noviziat zu gründen. Die geistige Erziehung junger Männer aus Nord- und Südamerika, Europa, Australien und Neuseeland
brauchte nicht unbedingt in Kalkutta zu erfolgen. Sie konnten ihre
Ausbildung im Wirken und im Geiste der Gemeinschaft auch in der
Innenstadt von Los Angeles erhalten. Ein weiteres Haus wurde ange-
mietet. Als Bestandteil ihrer Ausbildung wurden die Novizen in den
Skid-Row-Bezirk geschickt, wo sie zu den Alten, Kranken, Alkoholi-
kern und Verlassenen gingen und versuchten, Liebe an einen Ort zu
bringen, wo Gewalt und Entfremdung erschreckend alltäglich geworden waren. In Los Angeles wie in Kalkutta starben Menschen ungeliebt und vernachlässigt. Los Angeles hatte vielleicht keine tatsäch-

lichen Leprakranken, aber es gab dort soziale »Aussätzige«; und dann gab es die Kinder, die unter schrecklichen Bedingungen körperlicher, geistiger und seelischer Entbehrung lebten. Die Arbeit nahm zu, die Anzahl der Brüder vergrößerte sich – wenn auch nicht so stark wie die der Schwestern. Häuser der Gastfreundschaft entstanden für die Obdachlosen, für alle, die eine Notunterkunft brauchten, eine Dusche, saubere Kleider oder einfach ein Gespräch.

Los Angeles wurde auch der Ausgangspunkt für Neugründungen in Lateinamerika. In Fernost wurden weitere Häuser eingerichtet, und bald sollte die Arbeit in Japan, Hongkong und schließlich in Europa beginnen – in Frankreich, Schweden und England.

Im Verlauf seiner Reisen schrieb Bruder Andrew über das, was er als »unsere komische, kleine Sache mit der Mission der Nächstenliebe« bezeichnete, »die wächst, sich ausweitet, voller Leben ist – bei aller Schwäche, Zerbrechlichkeit und Verrücktheit«. Er schrieb über die Ausweitung der Arbeit als Ergebnis eines Impulses, der nicht von ihm selbst kam: »Ich habe ganz deutlich gespürt, daß Gottes Geist die Führung bei diesen Neugründungen hatte, und ich bin mir bewußt, daß nicht ich das getan habe.« Er gab seiner Überzeugung Ausdruck, daß scheinbar wohlhabende Länder ihre eigenen typischen Zwänge, ihre eigene Form von Blindheit und ihre eigene Art von Armut besitzen:

»Manchmal fragen sich die Leute, warum wir in reiche Städte gehen wie Los Angeles, Tokyo oder Hongkong, wo es doch solch entsetzliche Not in Indien gibt und in so riesigem Ausmaß. Ich glaube, es gibt eine noch schlimmere Armut als in Indien. Hongkong ist für mich ein deutliches Beispiel. Als ich kürzlich während der schrecklichen Überschwemmungen in Kalkutta war, wurde mir eines Tages bewußt, daß die Menschen dort menschlich viel reicher sind als die in Hongkong. Es ist ein seltsames Paradox, das uns vielleicht etwas zu sagen hat. Es gilt für die meisten reichen Industrieländer. In Hongkong haben wir ein kleines Heim für schwer geistesgestörte Männer. Wir bekommen öffentliche Mittel – und viel Widerstand. Die Männer im Heim sind sehr zurückgeblieben. Sie waren in verschiedenen Institutionen, wo sie auf die Therapie und Behandlung kaum reagierten. Sie lebten mit ihren Familien in den unmöglich kleinen Wohnlöchern Hongkongs.

Seitdem sie bei uns sind, haben alle gute Fortschritte gemacht – und das Wichtigste, scheint mir, ist, daß sie glücklich sind. Aber das, so sagt man uns, sei nicht genug. Sie müssen etwas tun, sie müssen programmiert werden. Es gibt wohl nur wenige Orte auf der Welt, die so geschäftig, so produktionsorientiert sind wie Hongkong. Der Streß und der Druck sind groß. Scheinbar dürfen wir nicht damit zufrieden sein, daß diese Behinderten glücklich sind. Sie sollen in die Hektik zurückkehren, in die Tretmühle, die alle in den Wahnsinn treibt. Es geht hier um die grundlegenden Fragen, wo die Würde und der Wert eines Menschen liegen, ob in seinem Wesen oder in seiner Leistung. Und so hat Indien, bei aller materiellen Armut, eine Lebensqualität, die oft verlorengeht, wenn die Götter materialistisch und statistisch erfaßbar sind. Es ist eine Frage menschlicher und spiritueller Freude am Leben. Ich fühle in Städten wie Hongkong, daß unsere Aufgabe ist, Zeugen zu sein, wie diese ›Farm der Tiere‹ überall ihren Druck ausübt.«

Seine Briefe sprachen vom verborgenen Wert der kleinen Dinge und kleinen Leute, vom Wunder der Liebe, die manchmal im Leben in seinen geschundensten und gebrochensten Formen aufschien, ein Wunder, das jenen Freude und Ermutigung brachte, die manchmal angesichts der Größe der Not kurz davor waren aufzugeben:

»Wir sind gesegnet, wenn wir sehen, wie die scheinbar Zerbrochenen geheilt werden, wenn wir sehen, wie der scheinbare Sünder ein Heiliger ist, der scheinbar Arme auf eine uns unvorstellbare Weise reich ist. Ja, Gott hat uns gesegnet. Er hat uns heute hierher gebracht, um das Wunder seiner Gegenwart zu bezeugen, die in den Herzen der Armen wiedergeboren ist. Er ist hier unter uns, verkleidet in Lumpen und Schmutz. Er ist es – hungrig; er ist es – durstig; er ist es – ohne Heim und einsam. Er ist es, der hier in Los Angeles so verkleidet durch die Straßen geht, daß er uns sogar schockiert.«

Bruder Andrews Gefühle waren leichter erkennbar als Mutter Teresas. Seine Briefe lassen die Bereitschaft erkennen, offener über die eigenen Gedanken und Reaktionen auf Ereignisse zu sprechen. Allerdings wollte er mit diesen Mitteilungen vor allen Dingen auch eine spirituelle Botschaft vermitteln, ohne daß es wie eine Predigt wirkte. Seine Briefe unterschieden sich von Mutter Teresas in Stil und Sprache, aber sie spiegelten sehr wohl dieselbe fundamentale Botschaft wider: Mit dieser Botschaft verband er jedoch auch die Früchte seiner eigenen Erfahrung als Missionsbruder der Nächstenliebe und eine Vision, die aus seinem früheren Leben als zwanghafter Glücksspieler und dann seiner Ausbildung als Jesuit stammte.

Das Band zwischen den Missionsbrüdern und -schwestern war stark und reichte weit über die Tatsache hinaus, daß sie dieselbe Gründerin hatten. Mit den Jahren begegneten sich Mutter Teresa und Bruder Andrew immer seltener, vielleicht ein- oder zweimal im Jahr, wenn beide zufälligerweise gleichzeitig in Indien waren. Beide hatten ihre eigenen Aufgaben in zahlreichen Ländern. Sie war nicht die Oberin von Bruder Andrew, auch nicht die Oberin der Missionsbrüder. Bruder Andrew war ihr nicht zu Gehorsam verpflichtet, aber ihr Einfluß auf die Brüder, so betonte er, blieb groß. Ihr Rat und ihre Ideen wurden sehr respektiert. Die Novizenmeister der Brüder freuten sich, wenn sie kam und mit den Novizen sprach. Ihr weitreichender Einfluß ging aber nicht auf die Häufigkeit ihrer Besuche bei den Brüdern zurück, sondern auf ihren Geist und das lebendige Beispiel ihres Lebens, das eine ständige Inspiration darstellte.

Mutter Teresa betrachtete die Männergemeinschaft als Teil derselben Familie wie ihre Schwestern und als etwas, woran sie Wohlgefallen hatte. Es blieben jedoch gewisse Aspekte im Leben der Brüder, die nicht ganz ihrer persönlichen Vorstellung entsprachen. Ohne ihre große Zielstrebigkeit, Vision und ihre beträchtliche Charakterstärke hätte sie nicht erreichen können, was sie tat. Solche Menschen weichen nicht leicht von dem ab, was sie als für ihren Weg wesentlich erachten, und es wäre unrealistisch, Mutter Teresa für eine Ausnahme zu halten. Sie wollte gern einen männlichen Zweig der Missionarinnen haben, der sich an einige der Lebensaspekte hielt, die Bruder Andrew abgeändert hatte, der aber den Schwestern in bezug auf Gebet, Disziplin und allgemeiner Ordentlichkeit näherstand. Diese Gedanken Mutter Teresas spielten bei der Gründung zweier weiterer männlicher Zweige der Missionarinnen eine nicht unwesentliche Rolle: den Kontemplativen Brüdern und den Patres der Missionarinnen der Nächstenliebe.

1970 hatte sich Mutter Teresa auf dem Weg nach Mauritius an der Schulter verletzt. Ihre Heilmethode bestand darin, eine Weile in stiller Kontemplation in einem Karmeliterkloster in Rom zu verbringen.

Dort kam ihr der Gedanke, daß die Schwestern, wenn sie krank oder alt wurden, mehr Zeit im Gebet verbringen könnten: »Wenn unsere Schwestern körperlich nicht mehr in der Lage sind, auf Seelensuche zu gehen, müssen wir immer noch für Jesus tun, was wir können – in Stille und Anbetung. Deshalb werden wir in ständiger Anbetung leben.« Aus dieser ursprünglichen Idee heraus entstand ein kontemplativer Zweig der Missionarinnen, der später nicht nur die kranken und alten Schwestern einschloß. Viele der Schwestern fühlten sich zu einem Leben hingezogen, das mehr Zeit für das Gebet enthielt. Am Herz-Jesu-Fest segnete Kardinal Cooke in New York im Juni 1976 in Gegenwart von Mutter Teresa den neuen kontemplativen Zweig der Missionarinnen. Unter der Leitung von Schwester Nirmala, einer Pionierin der ersten Gründung außerhalb Indiens in Venezuela, wurde er zunächst unter dem Namen Schwestern des Wortes bekannt, erhielt aber 1977 dann den einfachen Namen Kontemplative Missionarinnen der Nächstenliebe.

Die besondere Mission dieser Schwestern sollte es sein, »das Wort Gottes in Eucharistie, Anbetung und Kontemplation zu leben und durch ihre Gegenwart und spirituellen Gnadenwerke das Wort dem Volke Gottes zu verkünden, damit das Fleisch gewordene Wort in den Herzen der Menschen bleibt«. Die Missionarinnen der Nächstenliebe verstanden sich bereits als »Kontemplative in der Welt«. Der neue Zweig sollte jedoch eine Rolle für jene bereithalten, deren Berufung ein Leben war, in dem der größere Teil des Tages dem kontemplativen Gebet gewidmet war. Andererseits unterschied sich die Lebensregel von der anderer kontemplativer Gemeinschaften dadurch, daß sie am Nachmittag mehrere Stunden für aktive apostolische Arbeit bei den Ärmsten der Armen vorsah. Die Schwestern würden auch für die Messe in der benachbarten Gemeinde das Kloster verlassen und Laien in ihrer eigenen Kapelle willkommen heißen, sofern diese Zeit im Gebet und in der Meditation verbringen wollten. Das Haus in New York war ein für die neue Gemeinschaft umgewidmetes Kloster mitten in der Bronx. Es gab manche, die Angst hatten, sich in einen Stadtteil zu wagen, wo Gewalt und Vandalismus an der Tagesordnung und einige Häuser in der Nachbarschaft niedergebrannt worden waren. Aber die Schwestern waren froh, unter den Bedürftigsten zu sein, bei Menschen, deren Geist gebrochen worden war. Die Kapelle der Kontemplativen war eine Oase des Friedens. Bis-

weilen kam ein Betrunkener und bat um einen Rosenkranz und kehrte
dann mit einem kleinen Blumenstrauß für das Tabernakel zurück. Kinder klingelten an der Tür. »Wir wollen Jesus sehen«, sagten sie. »Ich
möchte mit Gott beten.«

Da sie genau spürte, daß Bruder Andrew von der Idee eines ähn-
lichen kontemplativen Zweiges der Brüder nicht begeistert war,
stellte ihn Mutter Teresa schlicht vor vollendete Tatsachen. Bald nach
Gründung der Kontemplativen Schwestern rief sie 1978 in einem
Slumgebiet Roms einen Zweig für Männer ins Leben. Als sich Bruder
Andrew weigerte, das nachzuvollziehen, wurde der kontemplative
Zweig deutlich von den Missionsbrüdern abgegrenzt. Die Brüder des
Wortes wurden der direkten Aufsicht eines römischen Prälaten un-
terstellt. Erst 1985 sollten die Kontemplativen Brüder wie die Kon-
templativen Schwestern integraler Bestandteil der Missionarinnen
der Nächstenliebe werden und dann auch den Namen »Brüder des
Wortes« ablegen.

In ähnlicher Weise und unabhängig von den Missionsbrüdern
entwickelte sich ein Zweig der Mission der Nächstenliebe für solche
Priester, die ihre Aufgabe im Geiste Mutter Teresas ausüben und
sich dem Lebensideal der Missionarinnen entsprechend der vier
Gelübde der Armut, der Keuschheit, des Gehorsams und des rückhaltlosen freien Dienstes an den Ärmsten der Armen verschreiben
wollten. Von dem Moment an, als Mutter Teresa zum erstenmal von
der Idee einer Brudergemeinschaft gesprochen hatte, war darin auch
der Wunsch nach einem oder zwei einfühlsamen Priestern enthalten
gewesen, die mit den Schwestern zusammenarbeiten, in die Slums
gehen und »wertvolle geistliche Arbeit« leisten sollten. Die Initiative
eines Ablegers der Missionarinnen für Priester kam jedoch im wesentlichen von einem amerikanischen Priester, Pater Joseph Langford, der sich nach der Lektüre von »Mutter Teresa. Ein Leben für
die Ausgestoßenen« dazu berufen fühlte, seine priesterliche Arbeit
in den Dienst Mutter Teresas und ihres Werkes zu stellen. Es gab
während seines Ausbildungsseminars Momente, wo er alles stehen-
und liegenlassen und zu den Brüdern stoßen wollte, aber irgendwie
spürte er, daß dies mit seiner Priesterberufung nicht überein-
stimmte. Bei den Missionsbrüdern gab es nichts, was den von geweihten Priestern für die Armen durchgeführten Gottesdienst und

den von den anderen Brüdern zelebrierten voneinander unterschied. Das spirituelle Amt, das in ihrer Priesterschaft enthalten war, war nur auf ihre eigene Gemeinschaft beschränkt. Pater Joseph Langford fühlte sich zu etwas berufen, das sich mit der bestehenden Rolle der Brüder nicht überschnitt, sondern diese ergänzte, indem sie dem spirituellen Amt mehr Raum ließ. Als er 1987 geweiht wurde, hielt sich Mutter Teresa zufällig gerade in Rom auf. Damals war sein Begriff davon, wie seine Beziehung zu den Missionarinnen der Nächstenliebe aussehen konnte, noch recht unklar. Er bat nur darum, zu einer der Niederlassungen Mutter Teresas geschickt zu werden, um dort das Gebet zu pflegen. Mutter Teresa schickte ihn in das Sterbehaus in Kalkutta. Schon im ersten Jahr seines Priesteramtes fühlte er, wie wertvoll seine geistliche Tätigkeit für die Menschen war. Er beschloß, diese Aufgabe mit anderen Priestern und Pfarrern zu teilen, ganz gleich welcher Zugehörigkeit.

Was sich in der Folge daraus ergab, blieb abgegrenzt von der Brudergemeinschaft und ihren Priester-Mitgliedern. Obwohl Bruder Andrew einsah, daß Mutter Teresa völlig im Recht gewesen war, als sie die beiden zusätzlichen männlichen Zweige gegründet hatte, war er doch wegen der Heimlichkeit, mit der das geschehen war, gekränkt, wie er selbst sagte. Was er als seinen männlichen Stolz betrachtete, war verletzt worden. Rückblickend beurteilte er 1991 seine Reaktion als kleinlich: »Die Verfehlungen großer Seelen müssen im Hinblick auf ihre wunderbaren Leistungen tolerant behandelt werden, erst recht von geringeren Sterblichen.« Trotzdem hätte man etwas mehr Offenheit erwarten können.

Mutter Teresa konnte recht blind gegenüber vielen Überlegungen sein, wenn sie fühlte, daß etwas Wichtiges auf dem Spiel stand. Sie war stark in ihrem Gefühl für Ziel und Zweck, das sie als von Gott gegeben ansah, und nichts und niemand stand darüber. Es gab Gelegenheiten, wo man das als Schwäche auslegen konnte. Gleichzeitig aber vermied sie durch ihre unverblümte Zielstrebigkeit die möglichen Sümpfe der Diplomatie und Höflichkeit, Sümpfe, aus denen wahrscheinlich nichts Nennenswertes erwachsen wäre und die vermutlich die Entwicklung des Ganzen behindert hätten. »Ich wurde überholt«, betonte Bruder Andrew 1992, »und das glücklicherweise und zu Recht.«

»FÜR DIE BRUDERSCHAFT DES MENSCHEN UNTER DER VATERSCHAFT GOTTES«

DIE INTERNATIONALEN MIT-ARBEITER VON MUTTER TERESA

Für Mutter Teresa war eine besondere Freude, daß von Anfang an Menschen unterschiedlichster Herkunft es als ihre gemeinsame Aufgabe verstanden, »den Armen um der Liebe willen das zu geben, was die Reichen für Geld bekommen konnten«, Menschen verschiedener Bekenntnisse, sozialer Zugehörigkeit und Überzeugung.

In Kalkutta ging eine Dame aus einer oberen Kaste in ihrem schimmernden Seidensari regelmäßig in das Sterbehaus, um die Armen und Kranken zu waschen und zu pflegen, die ihre Vorfahren seit Generationen als Unberührbare angesehen hatten. Mrs. Chater, eine Chinesin, die in Entali lebte, lieh den Schwestern immer einen offenen LKW für ihre weihnachtliche Picknick-Pilgerfahrt. Ein jüdischer Arzt operierte kostenlos Kinder mit Hasenscharten und Kieferverformungen, die sich in der Obhut der Schwestern oder Brüder befanden. Studenten von der Universität rasierten am Samstag die Sterbenden. Engländerinnen kamen ins Mutterhaus an der Lower Circular Road und brachten den Schwestern Englisch bei, und an Festtagen füllten Freiwillige die Geschenktüten für die Kinder.

Ann Blaikie beteiligte sich 1954 zum erstenmal an diesen Aktivitäten. Sie war schwanger und konnte deshalb nicht mehr ihrer freiwilligen Beschäftigung nachgehen. Wie viele der europäischen Frauen in Kalkutta hatte sie in einem Wohltätigkeitsladen hochwertige Handarbeiten zur Unterstützung der Missionsarbeit verkauft. Damals wußte sie über Mutter Teresa nur, was in den Zeitungen stand: daß sie einmal ein Neugeborenes aus einer Mülltonne gerettet und ein andermal in einer nahe gelegenen Schule ein Kinderfest organisiert hatte. Ann Blaikie hatte Zeit, und als ihr eine andere Frau aus Surrey von Mutter Teresas Wirken erzählte, beschloß sie, sie aufzusuchen.

Am 26. Juli kam sie mit Margaret Mackenzie, der erwähnten Freundin, in Mutter Teresas erste Klinik. Mutter Teresa nahm sie zum

Kalighat mit und schlug ihnen unterwegs vor, altes Spielzeug von den Kindern der großen britischen Gesellschaft in Kalkutta zu sammeln und zum Weihnachtsfest reparieren zu lassen. Wichtiger waren ihr jedoch Kleider, Hosen und Hemden für ihre christlichen Kinder, deren Mütter ihnen zu Weihnachten etwas Neues zum Anziehen schenken wollten. Ein Dutzend Europäerinnen machte sich prompt daran, Engel aus Silberpapier und Glasperlen zu fertigen und sie zu verkaufen, um die nötigen Mittel aufzutreiben. Zu Weihnachten wurden die christlichen Kinder dann auch mit der nötigen Kleidung versorgt. Sie bekamen auch das sorgfältig reparierte Spielzeug. Nach dem Fest kamen die Frauen mit einem verständlichen Gefühl der Genugtuung zusammen und warteten darauf, daß Mutter Teresa kam und ihnen dankte. Das tat sie auch, fügte aber sogleich hinzu, daß sie nun Kleider und Geschenke für das Ramadan-Jahresfest der moslemischen Kinder brauchte. Und unweigerlich folgte eine Feier für die Hindu-Kinder am Diwali-Fest, dem hinduistischen Lichtfest im Oktober.

Die Gruppe der frühen Wohltäter, die diese Kinderfeste ermöglichte, wurde als Marianische Gesellschaft bekannt, da ihre Arbeit im Marianischen Jahr begonnen hatte. Ihre Bemühungen waren anfangs nicht ausschließlich auf Hilfe für Mutter Teresa ausgerichtet, sondern schlossen die Unterstützung anderer Missionen ein. Allmählich weitete sich die Gesellschaft aus und nahm Inder und Anglo Inder, Amerikaner und andere Nationalitäten auf. Es gab aber auch Mitglieder, die keine Katholiken waren. Dennoch nahm die Arbeit für Mutter Teresa in einer recht ungeplanten Weise zu. Frauengruppen bildeten Arbeitsgemeinschaften, um aus alten Bettlaken Bandagen zu machen und aus Zeitungen Papiertaschen, in denen die Tabletten für die Leprakranken leichter verteilt werden konnten. Als sich die Arbeit für die Leprakranken ausweitete, entwarf Margaret Mackenzie Sticker, die Leute von Rang dazu aufforderten, Leprakranke mit ihrem Mitleid zu berühren, und mit einigen Schwierigkeiten gelang es ihr, einen Briefkopf zu gestalten, der auf Mutter Teresas ausdrücklichen Wunsch Indien als Mittelpunkt der Welt darstellte. Weihnachtskarten wurden zur Unterstützung der Arbeit verkauft, und Nahrungsmittel und Decken wurden zur Verteilung an die Leprakranken gesammelt.

Mutter Teresa nahm persönlich Anteil an den Aktivitäten und

Talenten dieser Frauen. Sie erwartete sehr viel mehr von ihnen als ein vorübergehendes und oberflächliches Engagement und war darauf bedacht, ihnen denselben Geist zu vermitteln, den sie den Missionarinnen einzuflößen versuchte. In jenen Tagen besuchte sie »Shishu Bhavan«, das Kinderheim in Kalkutta, jeden Morgen. Sie ging von einem Baby zum anderen, und wenn sie eines fand, das so schwächlich oder krank war, daß es wahrscheinlich noch am selben Tage sterben würde, wickelte sie es in eine Decke und übergab es einer der Helferinnen mit der Anweisung, es einfach zu lieben, bis es starb. Es kam ihr darauf an, daß kein Kind in ihrer Obhut starb, ohne die Erfahrung von Liebe gemacht zu haben. Eines Morgens legte Mutter Teresa eines dieser hoffnungslos kranken Babys in die Arme einer Laienpflegerin. Diese hielt es und umsorgte es, bis es schließlich am Abend um sechs Uhr starb. Sie verbrachte die Stunden, indem sie Brahms Wiegenlied summte. Noch 30 Jahre später erinnerte sie sich daran, wie das kleine Baby, so schwach wie es war, sich an sie drückte.

Vom »Shishu Bhavan« aus fuhr Mutter Teresa zum Sterbehaus. Meist nahm sie eine oder zwei Helferinnen mit, die für die Sterbenden sorgen sollten. Einmal war eine neue Helferin allein mit Mutter Teresa zum »Nirmal Hriday« unterwegs. Mutter Teresa spürte, daß sie nervös und angespannt war. Bevor sie den Kalighat erreichten, ließ sie deshalb anhalten und sagte zu ihr: »Ich möchte nicht, daß du mit traurigen Gefühlen ins Sterbehaus gehst. Bete und bitte Gott, dein Herz zu erheben, denn, was immer du da sehen wirst, ich möchte, daß du Freude bringst.« Mutter Teresa war sich bewußt, daß nicht jeder gleich gut damit fertig wurde, unmittelbar mit der Armut und dem Leiden konfrontiert zu werden, das sich so drastisch von dem Lebensstil einflußreicher ausländischer Geschäftsleute in Kalkutta unterschied. Für einige mochte das Sterbehaus in Kalkutta der wunderbarste Ort auf Erden sein; für andere war es eine seltsame Welt des Zwielichts mit einem Hauch von Unwirklichkeit; andere wiederum konnten den Geruch des Desinfektionsmittels, das niemals ganz den Geruch des verwesenden Fleisches überdeckte, nicht ertragen. Für diejenigen, die den Kontakt mit den Armen im »Nirmal Hriday« nicht bewältigen konnten, gab es zahllose andere Aufgaben, die ebenfalls unverzichtbar waren.

Im Hinblick auf die größere Öffentlichkeit ließ Mutter Teresa am liebsten die Arbeit, in welcher Form auch immer, für sich selbst sprechen. »Laßt sie eure guten Werke sehen, und rühmt euren Vater im Himmel«, ermahnte sie regelmäßig die Schwestern. Nur weil Erzbischof Périer darauf bestand, willigte sie ein, hin und wieder öffentlich zu sprechen, und auch dann mußte sie zunächst ihre Scheu überwinden. In der Kampagne für Leprakranke unterstützte Ann Blaikie Mutter Teresas öffentliche Rolle, indem sie »die Arbeit in ihrem Namen vorstellte«. Es war eine Aufgabe, die sie schließlich in aller Welt übernehmen sollte.

Im Jahre 1960 kehrten die Blaikies nach England zurück. Weitere britische Helfer, die bereit gewesen waren, dem Beispiel einer kaum bekannten Nonne zu folgen und, wenn nötig, ihre Zeit damit zu verbringen, im Monsunschlamm neue Zentren auszuforschen, verließen Indien. Sechs dieser Familien ließen sich im Umkreis einiger Meilen in Surrey nieder. Innerhalb einer Woche nach ihrer Ankunft in England war Ann Blaikie wieder mitten bei der Arbeit für die Missionarinnen der Nächstenliebe. Mutter Teresa hatte an John Southworth geschrieben, den Vorsitzenden eines Wohlfahrtsverbandes für Leprakranke, der ihr Geld geschickt hatte, und ihm geraten, mit ihrer Freundin in England Kontakt aufzunehmen, um neueste Informationen aus Indien zu erhalten. Ein halbes Jahr später kam sie dann selbst nach England. Sie war in den USA gewesen und wollte weiter nach Deutschland. Auf der Zwischenstation in London gab sie in den Abendnachrichten ein kurzes Fernsehinterview. Es rief eine Welle der Hilfsbereitschaft hervor, die zur Gründung des Mutter-Teresa-Komitees führte. John Southworth war der Vorsitzende, seine Stellvertreterin Ann Blaikie, und viele andere Freunde aus Indien halfen mit.

Im Mittelpunkt der Aktivitäten dieser ersten Helfer in Großbritannien stand ein monatliches Treffen, das mit Gebet und Meditation begann und das die materielle Hilfe für die Missionarinnen organisierte. Im Kinderwohlfahrtsprogramm übernahmen einzelne Spender die Kosten für die Versorgung eines der verwaisten oder ausgesetzten Kinder in der Obhut der Schwestern. Man startete Aufrufe, Bandagen aus alten Bettlaken zu machen, Decken zu stricken und gebrauchte Kleider zu sammeln. Die Sachen, die sich für Indien eigneten, wur-

den zu bestimmten Sammelzentren im ganzen Land geschickt und
nach Kalkutta verschifft, um im Sterbehaus, den Kliniken und den
Kinderheimen verteilt zu werden. Jedes Jahr wurden neu gestaltete
Weihnachtskarten an Freunde versandt oder im Laden der Hilfsmis-
sion für die Notleidenden in Knightsbridge verkauft. Ein Arzneimit-
telkonzern verschickte Arzneimittelproben an die Kliniken in Indien, und man sammelte Geld durch den Verkauf von gestempelten
Briefmarken und andere ähnliche Unternehmungen. In regelmäßigen Abständen erschien ein Rundbrief, um die Interessierten über die
laufenden Aktivitäten und Ereignisse in Indien zu informieren. In be-
grenztem Umfang wurde in diesen ersten Jahren auch öffentlich Werbung gemacht. In erster Linie aber versuchten diese Helfer ihren Mit-
gliederkreis zu vergrößern, indem sie Vorträge, die sie durch Filme
oder Dias illustrierten, in Schulen und vor anderen Organisationen
hielten. Man ermutigte Menschen in verschiedenen Teilen des Landes, eigene Gruppen zu bilden. Wie in Indien, so nahm auch in England die Anzahl der Menschen, die guten Willens waren, ständig
zu. Das Muster für die Entwicklung in anderen Ländern war bereits
angelegt.

Ein England-Besuch Mutter Teresas im Jahre 1965 beschleunigte
dieses rasche Wachstum. Ann Blaikie, so berichtete Mutter Teresa anschließend ihren Schwestern, hatte hart gearbeitet, um ihren Aufenthalt vorzubereiten. »Ich bin so oft außer Haus gewesen, daß ich der
vielen Treffen und Gespräche müde bin«, schrieb sie ihnen. »Aber
wenn ich an Euch und unsere Armen denke, ist es wert, es mit und
für Jesus zu tun.« 1968 kam sie erneut nach London, und während
dieses Aufenthalts wurde sie von Malcolm Muggeridge für das BBC-
Fernsehprogramm interviewt. Mutter Teresa war sehr nervös vor der
Kamera und sprach etwas stockend. Das Interview war technisch
gesehen ein Reinfall, so daß die Produzenten zuerst Zweifel hatten,
ob es überhaupt für eine Sendung geeignet war, außer vielleicht am
späten Abend. Schließlich wurde es am Sonntagabend ausgestrahlt –
mit außerordentlicher Wirkung. Irgend etwas an dieser Frau, deren
einfache und vollkommen ehrliche Antworten den routinierten
Interviewer fast aus der Fassung brachten, so daß er Mühe hatte, die
für das Programm vorgesehenen dreißig Minuten zu füllen, berührte
die Nation. Malcolm Muggeridge selbst war zutiefst von ihr beein-

druckt. Ihr Eintritt in die, wie er es nannte, »trostlos alltägliche« Atmosphäre des Studios war etwas, woran er sich immer erinnern würde. »Es war für mich eine jener besonderen Situationen, wo ein bislang unbekanntes Gesicht sich aus allen anderen als einzigartig und in höchstem Maße bedeutsam heraushebt, um von da an immer erkennbar zu bleiben.« Trotzdem hatte er gedacht, daß auch bei Mutter Teresa, wie bei fast allen anderen, die Kamera alles Wirkliche und Lebendige verschwinden lassen würde. Aber die Reaktion auf das Interview war größer als bei jeder anderen vergleichbaren Sendung, sowohl hinsichtlich der Post als auch der Spendenbeiträge für Mutter Teresas Arbeit. Es kamen Berge von Briefen, von Arm und Reich, Jung und Alt, Gebildeten und einfachen Menschen – alle mit demselben Tenor: »Diese Frau hat mich angesprochen wie noch niemand zuvor, und ich spüre, daß ich ihr helfen muß.«

Um 1969 wurde es notwendig, die immer umfangreichere Hilfe und Unterstützung in eine regelrecht durchstrukturierte Organisation einzubinden. Wie immer hatte Mutter Teresa eine klare Vorstellung von der Rolle dieser Organisation. Malcolm Muggeridge war dabei, als über einen Namen diskutiert wurde. Jemand schlug »Freunde von Mutter Teresa« vor, aber Mutter Teresa unterbrach ihn und sagte entschieden, daß sie keine Freunde brauche, sondern Helfer. Sie war nie mit Gandhi zusammengekommen, aber ihr Respekt vor Indiens »Großer Seele«, der die Not der Aussätzigen und Unberührbaren zu seinem besonderen Anliegen gemacht hatte, kam nicht selten in wörtlicher Bezugnahme zum Ausdruck. Gandhi hatte einmal gesagt: »Ich möchte nicht wiedergeboren werden, aber wenn ich wiedergeboren werden muß, möchte ich als Unberührbarer wiedergeboren werden, damit ich die Sorgen, das Leiden und die auf sie abgeladene Erniedrigung teile, um so zu versuchen, mich und sie aus dieser elenden Lage zu befreien.« Es war keine flüchtige Laune, daß sie dem Leprazentrum in Titagarh den Namen »Gandhiji Prem Nivas« gegeben hatte, Gandhi-Zentrum der Liebe. Auch war es kein reiner Zufall, daß sie den Verband der mit den Missionarinnen verbundenen Helfer(innen) »Mit-Arbeiter« nannte. Mutter Teresa wählte diesen Namen als Tribut an einen, der seine eigenen Helfer Mit-Arbeiter genannt hatte, da sie mit ihm »für eine Bruderschaft des Menschen unter der Vaterschaft Gottes« arbeiteten. Diese Bezeich-

nung vermittelte die Vorstellung von Dienst, Liebe und Allgemein-
gültigkeit unter Gott, was sich als besonders passend erweisen sollte.

Am 23. März 1969 reiste Mutter Teresa nach Rom, zum einen, weil
sie ihre Schwestern in ihrem kleinen Kloster in der Via Appia Nuova
besuchen wollte, zum anderen, um die Statuten des neuen »Internationalen Verbandes der Mit-Arbeiter von Mutter Teresa« vorzubereiten. Bei ihr waren Ann Blaikie, die Vorsitzende des Verbandes, und
ihr Ehemann, der seine Fähigkeiten als Rechtsanwalt in die Ausar-
beitung der Verfassung einbrachte. Die Vizevorsitzende, die ebenfalls
dabei war, stammte aus Deutschland, wo Mutter Teresas Arbeit aufgrund eines Zeitungsartikels mit dem Titel »Weltelend«, der realisti-
sche Szenen aus dem Sterbehaus und vom Leiden der Armen in Kalkutta beschrieben hatte, schon recht bekannt war. In Rom arbeiteten
Mutter Teresa und dieses kleine Team mehrere Tage an einem Entwurf der Statuten, die der Vielfalt der Nationalitäten und Bekenntnisse Rechnung trugen, die von Anfang an ein Kennzeichen all jener
gewesen war, die sich dazu berufen fühlten, den Missionarinnen der
Nächstenliebe zu helfen. Mutter Teresa sagte einmal, daß auf jeden
Christen, der ihr in Indien half, schätzungsweise zehn Nichtchristen
kamen. Die Statuten mußten daher so formuliert sein, daß sie Menschen guten Willens in allen Teilen der Welt ansprachen: Hindus,
Buddhisten, Christen und Menschen anderer Glaubensrichtungen
und Konfessionen.

Mutter Teresa interessierte sich nicht für die Theorien über die
Ökumene, die verschiedenen Glaubensrichtungen und Theologien.
Normalerweise diskutierte sie auch nicht groß darüber. Ihr Interesse,
ihre Liebe und ihr Respekt für den einzelnen bedeutete, daß sie sich
ihm ungeachtet aller Unterschiede zuwandte, darauf bedacht, nicht
zu verletzen. Manchmal hätten Vorschläge und Ideen, die nach
römisch-katholischem Sprachgebrauch formuliert waren, der für sie,
wie sie zugab, der einzig richtige war, mit mehr Einfühlungsvermö-
gen für Nichtkatholiken vorgebracht werden können. Noch 1991 wies
eine Notiz an der Kapelle des Mutterhauses mit einer Barschheit, die
manchen Besucher brüskierte, darauf hin, daß Nichtkatholiken hier
nicht das Sakrament empfangen konnten. Mutter Teresa war sich
nicht bewußt, daß solche Dinge verletzen oder ausschließen konnten.
Sie wurden auch im allgemeinen geändert, wenn jemand darauf hin-

wies. In dieser Hinsicht führten bisweilen die Bedürfnisse der nicht-katholischen Mit-Arbeiter dazu, daß die Sprache und der Denkansatz geglättet wurden und die wirkliche Universalität ihres Herzens zum Vorschein kam.

Im Rückblick auf die Vorbereitung der Statuten eines Verbandes, als dessen internationale Vorsitzende und Kontaktperson sie 43 Jahre arbeiten sollte, betonte Ann Blaikie die Tatsache, daß sie damals auch die sozialen Barrieren in Betracht ziehen mußten, die die Mit-Arbeiter in manchen Teilen der Welt möglicherweise trennen würden: »Die sehr Reichen und die Armen hätten normalerweise nicht unbedingt bei Werken der Nächstenliebe zusammengearbeitet, es sei denn, daß sie dabei durch eine Verfassung im Geist Gottes unterstützt wurden.« Die charismatischen Statuten, die Papst Paul VI. am 26. März vorgelegt wurden, waren wahrscheinlich die ersten, die eine nicht vorrangig christliche Laienorganisation einem religiösen Orden angliederten. Nach der Verfassung bestand der Verband aus:

»Männern, Frauen, jungen Leuten und Kindern aller Religionen und Bekenntnisse in aller Welt, die danach trachten, Gott in ihrem Nächsten durch rückhaltlosen freien Dienst an den Ärmsten der Armen aller Kasten und Konfessionen zu lieben, und die wünschen, sich im Geiste des Gebets und des Opfers mit dem Werk Mutter Teresas und der Missionarinnen der Nächstenliebe zu vereinen.«

Sein ausdrücklicher Zweck war, den Mitgliedern zu helfen:
　　»a) Gott in der Person der Armen zu erkennen,
　　b) Gott durch Werke der Nächstenliebe und den Dienst an den Armen besser zu lieben,
　　c) sich mit den Missionarinnen der Nächstenliebe und untereinander in aller Welt in Gebet und Opfer zu vereinen,
　　d) den Familiengeist zu wahren und
　　e) die Hilfe zwischen den verschiedenen Ländern zu fördern und unnötige Doppelarbeit oder Doppelsendungen an einzelne Zentren der Missionarinnen der Nächstenliebe zu verhindern.«

Der Papst nahm die Statuten entgegen und gab den Anwesenden und der Gemeinschaft der Missionarinnen der Nächstenliebe in aller Welt seinen Segen. Mutter Teresa wollte sich nicht die Gelegenheit entgehen lassen, ihm die Dienste ihrer Schwestern in Biafra und Vietnam anzubieten. Kurz darauf erhielt sie ein Bestätigungsschreiben von Kardinal Agagianian, dem Vorsitzenden der Heiligen Kongregation für die Verkündigung des Glaubens:

»Ehrwürdige Mutter, ich beehre mich, den Empfang der Kopie der Statuten des Internationalen Verbandes der Mit-Arbeiter von Mutter Teresa, den Sie kürzlich unserer Heiligen Kongregation vorgelegt haben, zu bestätigen und Ihnen dafür zu danken. Diese Heilige Kongregation empfiehlt in höchstem Maße die Ideale, die der Verband seinen Mitgliedern anbietet, nämlich die Vereinigung in Gebet und Opfer für die guten Werke Ihrer Institution und ›rückhaltlosen Dienst an den Ärmsten der Armen aller Kasten und Glaubensrichtungen‹. Mit allen besten Wünschen für Sie, Ehrwürdige Mutter, sowie für alle Missionsschwestern und Missionsbrüder der Nächstenliebe und die Mitglieder des oben erwähnten Verbandes verbleibe ich hochachtungsvoll in Christus.«

Die Bindung an die in Rom entworfenen Statuten erzeugte eine einzigartige Verbundenheit innerhalb der wachsenden »Familie« der Mit-Arbeiter in aller Welt. Diejenigen, die beispielsweise während der Überschwemmungen des Jahres 1968 mit den Schwestern am Fuß des Himalaya arbeiteten, bei den ehemaligen Einwohnern einer Stadt, die unter zwei Metern Geröll, Schlamm und Wasser versunken war, waren mit denen verbunden, die in England in aller Stille die Mittel für ambulante Kliniken zusammenbrachten, die nach Indien verschifft wurden. Die Frau, die in der materiellen Sicherheit Surreys die »Teresa Boutique« eröffnete, einen Wohltätigkeitsladen, der fast neue Kleider, gestrickte Sachen und Puppen verkaufte, um die Arbeit Mutter Teresas zu unterstützen, war mit jenen verbunden, die mitten im Chaos versuchten sicherzustellen, daß die Schwestern keinen einzigen Flüchtling aus Ost-Pakistan fortschicken mußten, weil es an der Versorgung mangelte, und schließlich mit vielen anderen in aller Welt, die an dem teilhatten, was als die »Lebensweise der Mit-Arbeiter« bekannt wurde.

In den Ländern, wo es Schwestern und Brüder gab, arbeiteten die

Mit-Arbeiter häufig mit ihnen zusammen, unterstützten und ergänzten ihre Bemühungen. In einigen Ländern gab es aber bereits vor der Ankunft der Missionarinnen schon Mit-Arbeiter. In Finnland, Ost-Deutschland, Ungarn, Polen, der Tschechoslowakei, der Sowjetunion und am Polarkreis versuchten einzelne Menschen in relativer Abgeschiedenheit schon seit einigen Jahren, Mit-Arbeiter zu werden. Mutter Teresa war sich ihrer besonderen Rolle und ihres Wertes als Träger von Liebe und Gebet bewußt, genauso, wie sie die typischen Bedürfnisse und möglichen Schwächen von Laien wahrnahm, die im normalen Alltagsleben standen. Im März 1967 wies Mutter Teresa die Schwestern an, daß sie künftig ein besonderes Gebet sprechen sollten, bevor sie am Morgen die Kapelle verließen, nach dem, was sie als heilige Messe bezeichnete. Die Aufforderung zu diesem Gebet wurde rasch auf die Mit-Arbeiter ausgedehnt. Es ging direkt an die Wurzel selbstzufriedenen Wohlwollens oder eines Dienstes, der tatsächlich eine weitgehend selbstsüchtige Erfüllung eines verborgenen persönlichen Bedürfnisses war:

»Mach uns würdig, Herr, unseren Mitmenschen in der
ganzen Welt zu dienen, die in Armut und Hunger leben und
sterben. Gib ihnen durch unsere Hände heute ihr tägliches
Brot, durch unsere verstehende Liebe Frieden und Freude.«

Dazu kam eine Neufassung des franziskanischen Gebets, das ein Ausdruck der Vorstellung von einem Werkzeug war, vom Handeln Gottes durch ein entleertes Selbst, und das sie als Inspiration und Erklärung ihrer eigenen »Erfolge« ansah:

»Herr, mach mich zu einem Boten Deines Friedens,
daß ich dort, wo Haß ist, Liebe bringe;
wo Unrecht herrscht, den Geist des Verzeihens;
wo Uneinigkeit ist, Einigkeit;
wo Irrtum herrscht, Wahrheit;
wo Zweifel ist, Vertrauen;
wo Verzweiflung ist, Hoffnung;
wo Schatten sind, Licht;
wo Traurigkeit ist, Freude.

Herr, gewähre, daß ich suche,
eher zu trösten als getröstet zu werden;
zu verstehen als verstanden zu werden;
zu lieben als geliebt zu werden;
denn durch Selbstvergessen findet man;
durch Verzeihen erlangt man Verzeihung;
durch Sterben erwacht man zum ewigen Leben.«

Wie die Missionarinnen der Nächstenliebe sollten auch die Mit-Arbeiter ihr Selbst aufgeben. Die Beziehung zwischen ihnen und den Armen war nicht die von Wohltätern und gedemütigten Empfängern, sondern beruhte auf der Anerkennung der Liebe Gottes für jeden einzelnen. Wenn Gott jeden einzelnen liebte, dann bedeutete jede Begegnung mit einem anderen Menschen die einzigartige Erfahrung dessen, wie sich Gottes Liebe in ihm äußerte, was er von Gott erhalten hatte. Dabei blieb kein Raum für Herablassung, moralische Urteile oder die besessene Suche nach »konkreten Ergebnissen«. Alle, die in einer Welt lebten, die von der Jagd nach Geld, Macht und Leistung beherrscht wurde, rief Mutter Teresa auf, sich ihrer eigenen Armut bewußt zu werden, sich selbst mit den Schwachen schwach zu machen und nicht danach zu streben, große Dinge zu vollbringen, sondern nur kleine Dinge mit großer Liebe. Sie sah, mit welcher Leichtigkeit selbst hohe Schecks für die abstrakten Armen in weit entfernten Ländern ausgestellt wurden, und sie forderte ihre Mit-Arbeiter auf, nicht einfach nur etwas von ihrem Überfluß abzugeben, sondern zu geben, »bis es weh tat«.

1974 unternahm Mutter Teresa eine Reise durch mehrere europäische Länder: Malta, Österreich, die Schweiz, Deutschland, Schweden, die Niederlande, England, Dänemark und Frankreich. Ihre Besuche und Vorträge trugen dazu bei, die bereits bestehenden Gruppen von Mit-Arbeitern zu festigen und weiteres Interesse zu fördern. »Wenn Sie Briefe tippen wollen«, sagte sie zu ihnen, »dann müssen Sie zuerst auf der Schreibmaschine üben; es ist das gleiche, wenn Sie anderen Liebe schenken wollen. Geben Sie erst Ihren eigenen Kindern Liebe, Ihrem Ehemann, Ihrer Frau.« Mehr und mehr erkannte sie auch die Armut der Wohlstandsgesellschaften. Sie bat die Mit-Arbeiter, sich darauf zu konzentrieren, die Armut, sei sie materiell oder spirituell, in ihrer eigenen Nachbarschaft, vor ihrer eigenen Tür, in ihren eigenen Familien aufzudecken.

»Heute hungern die Armen nach Brot und Reis und nach Liebe
und dem lebendigen Wort Gottes.
Die Armen sind durstig – sie verlangen nach Wasser und Frieden,
Wahrheit und Gerechtigkeit.
Die Armen sind obdachlos – sie brauchen eine Unterkunft
aus Ziegelsteinen und ein freudevolles Herz, das versteht, schützt,
liebt.
Die Armen sind nackt – sie verlangen nach Kleidung, nach menschlicher Würde und Mitleid für den nackten Sünder.
Sie sind krank – sie verlangen nach ärztlicher Hilfe und nach der
freundlichen Berührung und einem warmen Lächeln.«

Die Mit-Arbeiter sollten herausfinden, wo in ihrer Umgebung Not herrschte, und ihr begegnen, indem sie etwas von ihrer Zeit und Energie dafür einsetzten, jene scheinbar gewöhnlichen Dinge zu tun, die sie inzwischen als Keim eines geheimnisvollen Versprechens erkannt hatten. Sie sollten jemandem eine Blume pflücken, einen Kuchen backen, einen Besuch machen, ein bißchen liebevolle Zuwendung äußern, denn jeder Akt der Liebe brachte einen Menschen vor Gottes Angesicht. Als Thérèse de Lisieux starb und der Vorschlag zu ihrer Heiligsprechung gemacht wurde, gab es einige, so betonte Mutter Teresa, die sehr daran zweifelten, daß sie dessen würdig war. »Warum will der Heilige Vater sie heiligsprechen?‹ fragten sie. ›Sie hat ja nichts getan.‹ Und der Heilige Vater schrieb einen Satz: ›Ich werde sie heiligsprechen, denn sie tat gewöhnliche Dinge mit außerordentlicher Liebe.‹« Aus Mutter Teresas Sicht waren der Zerfall der Gesellschaft, das Zusammenbrechen des Weltfriedens und alles sich daraus ergebende Elend und Leiden weitgehend auf den Verlust der Liebe und des Gebets im Familienleben zurückzuführen, und so bat sie ihre Mit-Arbeiter, besonders auf außerordentliche Liebe im eigenen Heim bedacht zu sein:

»Unsere Schwestern arbeiten rund um die Welt, und überall habe ich diese Not, dieses Elend und Leiden gesehen. Woher kommt das? Der

Grund ist der Mangel an Liebe und Gebet. Da gibt es kein Zusammenkommen mehr in der Familie. Man betet nicht mehr miteinander, kommt nicht zusammen, bleibt nicht zusammen.«

Bei einem Vortrag in der Karmeliterkirche in Dublin im Jahre 1979 erinnerte sich Mutter Teresa an die Begegnung mit einem langhaarigen Jungen:

»Die Schwestern gehen nachts hinaus zur Arbeit, um Leute auf der Straße aufzulesen. Einmal fanden sie spät in der Nacht einen jungen Mann auf der Straße liegen und sagten: ›Sie sollten nicht hier sein, sondern bei Ihren Eltern.‹ Er antwortete: ›Wenn ich nach Hause komme, will mich meine Mutter nicht, weil ich lange Haare habe. Jedesmal, wenn ich nach Hause komme, wirft sie mich hinaus.‹ Als die Schwestern auf dem Rückweg an ihm vorbeikamen, hatte er sich eine Überdosis verpaßt, und sie mußten ihn ins Krankenhaus bringen. Ich konnte nicht anders, als mir vorzustellen, daß seine Mutter sich womöglich um die Hungernden in Indien kümmerte. Und dabei hungerte ihr eigenes Kind nach ihr, hungerte nach ihrer Liebe, nach Zuwendung, und sie verweigerte sie. Bring' Liebe in dein eigenes Heim. Wenn du Gott wirklich liebst, beginne mit der Liebe für dein Kind, deinen Mann, deine Frau. Die alten Leute, wo sind sie? Irgendwo in einem Heim. Warum sind sie nicht bei dir? Wo ist das verkrüppelte Kind? In einer Anstalt. Warum ist das Kind nicht bei dir? Das Kind, junge Mütter und Väter, ist ein Geschenk Gottes.«

Mit-Arbeiter sollten ihre Familien zu »Zentren des Mitgefühls« machen und »endlos vergeben«. Sie sollten lächeln, selbst wenn es ihnen schwerfiel, genauso wie sie selbst es manchmal schwieriger fand, ihre Schwestern anzulächeln als die Armen. Obwohl die Emanzipationsbewegung an ihr vorbeigegangen war, sah sie die Ehe durchaus nicht mit idealistischen Augen. Als sie einmal gefragt wurde, ob sie verheiratet sei, antwortete sie, daß sie mit Jesus verheiratet sei. Manchmal falle es ihr auch schwer, ihn anzulächeln. Die praktische Frau in ihr wußte, daß es häufig Frauen waren, die ihr bereitwillig zur Verfügung standen, und so war sie klugerweise besonders darauf bedacht, deren Männer in die Arbeit einzubeziehen. Zum Beispiel halfen ihr in Kalkutta vor allem die Frauen von Geschäftsleuten. Mutter Teresa schrieb dennoch an deren Ehemänner und dankte ihnen, obwohl sie nur einen kleinen Beitrag geleistet hatten. Von den Frauen wurde erwartet, daß sie das verstanden; und die Männer waren natürlich entzückt. Sie entwaffnete selbst die zynischsten Ehemänner. Das strahlende Lächeln und die Aufforderung: »Sie kommen nach Kalkutta, ich habe dort Arbeit für Sie«, konnte manchmal Selbstsicherheit in sanftmütige und bereitwillige Unterwerfung verwandeln.

1980 beschloß Mutter Teresa, Ehepaare gemeinsam zu nationalen Vorsitzenden oder Kontaktpersonen zu machen. Dadurch wurde deutlich die Familieneinheit widergespiegelt, zu der sie die Mit-Arbeiter aufforderte. Es war auch ein sehr pragmatischer Schritt. Mutter Teresa wollte damit von vornherein die Probleme vermeiden, die entstanden, wenn Frauen einer Sache, in die ihre Männer nicht einbezogen waren, zuviel Zeit und Energie widmeten. Sie war sich nicht immer bewußt, welche Störungen ihre persönlichen Anforderungen an den einzelnen in dessen Alltagsleben verursachen konnten. Die Getreuen standen manchmal plötzlich nachts auf einem Bahnhof und stellten zu ihrem Leidwesen fest, daß man ihnen eine Änderung in Mutter Teresas Plänen nicht mitgeteilt hatte, oder sie mußten alles stehen und liegen lassen und ihr kurzfristig folgen. Sie war jedoch einsichtig genug, um ihre Mit-Arbeiter aufzufordern, ihren Familien immer den Vorrang vor Mit-Arbeiter-Treffen und anderen Aktivitäten einzuräumen. Für sie waren Aussagen wie »Liebe beginnt zu Hause« und »Die Familie, die zusammen betet, bleibt zusammen« keine hohlen Phrasen.

Als der Internationale Verband der Mit-Arbeiter schließlich Hunderttausende von Menschen umfaßte, sah Mutter Teresa die Gefahr, daß er sich mehr zu einem Unternehmen als zu einer Familie entwickelte. Um 1979 gab es mehr als 800 000 Mit-Arbeiter, die sich über alle Kontinente verteilten. In diesem Jahr wurden allein aus Großbritannien 2194 Ballen Hilfsgüter verschifft. Eine Million Dapson-Tabletten wurde monatlich ausgegeben. Eine solche Menge an Material konnte nicht ohne ein gewisses Maß an Organisation verteilt werden. Die Güter mußten in Sammelzentren abgeholt, sortiert, transportiert und so abgepackt zu den Docks gebracht werden, daß die Ballen entsprechend den Handelsabkommen mit Indien desinfiziert werden konnten. Die Geschäftsbücher mußten ordnungsgemäß geführt und geprüft und gesetzliche Bestimmungen eingehalten werden. Überall wurde professionelle Unterstützung gebraucht, die wiederum zentral koordiniert werden mußte.

Mutter Teresa war es aber sehr wichtig, daß die Gelder, die zur Linderung der Not bestimmt waren, nicht von dem Hilfssystem aufgesaugt wurden. Selbst als sie international zunehmend Zuspruch fand, krempelte sie weiterhin die Ärmel hoch und schrubbte, wenn nötig, den Boden. Ihre Arbeit unter den Armen und Kranken blieb unverändert. Jede einzelne Stunde, in der sie sich den Anforderungen des öffentlichen Lebens unterwarf, um die Welt für die Bedürfnisse der Armen wachzurütteln, war ihr von ganzem Herzen zuwider, denn sie zog sie vom Werk der Liebe ab. Diesen Geist versuchte sie den Mit-Arbeitern einzuflößen. Mit den Jahren drängte sie immer nachdrücklicher darauf, daß die Arbeit demütig und ein Werk der Liebe bleiben solle. Insbesondere verbannte sie das Spendensammeln, auf das sie in den frühen Jahren angewiesen gewesen war:

»Ich möchte ganz deutlich machen, daß ich nicht will, daß unsere Mit-Arbeiter Spenden sammeln. Früher war es notwendig für uns, Fahnentage, Lepratage, Kindertage und das alles zu haben. Wir mußten das alles tun, weil niemand wußte, daß es uns gab, aber nun hat das Werk so viele Helfer, daß wir jetzt, ohne groß zu bitten, eine Menge Geld und Hilfe für die Leprakranken bekommen, sogar in Indien, wo wir vorher nie etwas bekommen haben – wir kriegen 20 000 Rupien nach Stunden und Stunden der Arbeit; alle, die in Kalkutta waren, wissen, wie hart die Arbeit war. Wir sollten Spendenwerbung unter diesem Namen vermeiden, denn es ist für andere Organisationen wie ein rotes Tuch, und manch einer beginnt zu zweifeln. Geben wir ihnen keine Gelegenheit dazu.«

Es stimmte, daß Mutter Teresas zunehmender Ruhm Geld aus allen möglichen Quellen flüssigmachte. An jedem Weihnachtsfest legte ein anonymer Spender ein Bündel Rupiennoten in eine Krippe vor der römisch-katholischen Kirche in einer Stadt in den englischen Cotswold-Hügeln. Jedes Jahr nahm die Spende um 200 Rupien zu, und immer hinterließ der Spender die klare Anweisung, daß sie für Mutter Teresa in Kalkutta bestimmt war. Wer wußte, welche persönlichen Opfer solche Spenden möglich machten? Mutter Teresa erzählte gerne die Geschichte von zwei jungen Leuten, die mit einer großen Geldsumme in das Mutterhaus in Kalkutta gekommen waren. Es war genug Geld, um vielen hungrigen Menschen eine Mahlzeit zu verschaffen:

»Wir kochen für viele, viele arme Leute, und wenn wir nicht kochten, würden sie vielleicht nichts essen. Ich fragte das Paar: ›Woher haben Sie so viel Geld?‹ Und sie sagten: ›Wir haben vor zwei Tagen geheiratet, und vor der Hochzeit haben wir beschlossen, daß wir uns keine Hochzeitskleidung kaufen und auch keine Hochzeitsfeier veranstalten würden. Statt dessen wollten wir Ihnen das Geld für das Essen der Armen geben.‹ Für mich war das etwas Außerordentliches für Menschen aus einer hohen Hindu-Kaste, und es war ein Skandal in Kalkutta. Aber sie sagten: ›Wir lieben einander so sehr, daß wir unser gemeinsames Leben durch eine Liebesgabe, durch ein Opfer beginnen wollten.‹«

Mutter Teresa wollte, daß das für die Missionarinnen gespendete Geld wirksam und einfach eingesetzt wurde. Nach Indien gesandte Gelder sollten das Land nicht wieder verlassen. Alle Mittel, die nicht für Indien bestimmt oder deutlich für ein anderes Land ausgewiesen waren, wurden von Rom aus verteilt. Nur Mutter Teresa konnte die Mittelvergabe von diesen beiden Stellen aus genehmigen. Sobald die Schwestern in einem bestimmten Land eingerichtet waren, stellte Mutter Teresa gewöhnlich alle finanzielle Unterstützung ein. Sie erwartete, daß die Schwestern selbständig wurden, für ihren eigenen Unterhalt und für die Arbeit in ihrer Umgebung verantwortlich. Nur da, wo keine Selbständigkeit möglich war, wie später bei Gründungen in ärmeren Ostblockstaaten, wurde die Hilfe aus dem Zentralfonds weiterhin fortgesetzt.

Die Finanzen der Mit-Arbeiter wurden in Indien und Rom in ähnlicher Weise gehandhabt. Die Mit-Arbeiter waren jedoch berechtigt, einen Teil der Spendengelder auf ein Bankkonto einzuzahlen, damit laufende Ausgaben durch Zinseinnahmen gedeckt wurden. Das

übrige Geld wurde weitergeleitet. Sogar Mutter Teresa blieb nicht ver
schont von kriminellen Elementen. Im Januar 1987 wurde bekannt,
daß Schecks im Wert von über 100 000 Dollar, die für Mutter Teresa
in Kalkutta bestimmt waren, aus der Post entwendet und in Hongkong, Singapur und anderen fernöstlichen Städten eingelöst worden
waren. »Es ist eine schreckliche Sache«, äußerte Mutter Teresa gegenüber der Presse in Kalkutta. »Viele der Absender sind kleine Kinder.
Sie sparen und senden das Geld mit Liebe, um hungrige Kinder zu
speisen.« Aus denselben Gründen unternahm sie alles, um sicherzustellen, daß alles gespendete Geld tatsächlich in die Arbeit floß.

Die Mit-Arbeiter hatten nirgendwo Büros und keine bezahlte
Hilfe. Als es billiger wurde, Ambulanzfahrzeuge in Indien statt in
England zu kaufen und zu verschiffen, geschah das: Der Rundbrief,
der sein Leben als Hochglanzbroschüre begann, wurde auf Mutter
Teresas Drängen auf einige maschinengeschriebene und zusammen-
geheftete Seiten reduziert. Die Korrespondenz zwischen den Mit-
Arbeitern wurde nicht auf dem offiziellen, mit Briefkopf versehenen
Papier geführt, sondern auf einer bunten Mischung aus alten Papier-
fetzen und wiederverwendeten Umschlägen, die jeden Nichteinge-
weihten verwirren mußten. Die »Sammelzentren« waren trotz ihres
großartigen Namens im allgemeinen eine private Garage, ein leerer
Keller, eine ungenutzte Ecke in einer Kirche oder irgendwo ein leeres
Zimmer. Der Transport erfolgte in jeder beliebigen Form, die billig
oder kostenlos war, einschließlich der Beförderung auf der Lade-
fläche von Lastwagen, deren wohlwollende Fahrer zu den Stadt-
märkten oder den Docks unterwegs waren.

Wesentliche professionelle Dienstleistungen kamen fast ausschließlich durch die diversen Begabungen der Mit-Arbeiter zustande. Beispielsweise konnte sich das Liverpooler Frauenhaus eines
eigenen Arztes, Zahnarztes und Psychiaters rühmen, die alle als Mit-
Arbeiter ihre Zeit und ihr Wissen kostenlos zur Verfügung stellten.
Das ganze System, überwacht durch eine Reihe von Koordinatoren
auf internationaler, nationaler und regionaler Ebene und schließlich
Mutter Teresa selbst, sollte die Vergeudung von Mitteln auf einem absoluten Minimum halten und in seiner Offenheit für anstehende Probleme flexibel bleiben. Dinge, die für die Schwestern nicht von un-
mittelbarem Nutzen waren, wurden an andere weitergerecht, die sie

besser verwenden konnten. Als der Transport zwischen Belgien und Südamerika durch Sonderbestimmungen erleichtert wurde, übernahmen die belgischen Mit-Arbeiter eine besondere Aufgabe für die Versorgung der Missionarinnen in Südamerika.

Als immer mehr Mittel zur Verfügung standen, legte Mutter Teresa noch größeren Wert auf die spirituelle Rolle der Mit-Arbeiter und betonte, daß sie nicht Mit-Arbeiter Mutter Teresas seien, sondern Mit-Arbeiter Christi. Die handschriftlichen Briefe an sie unterstrichen, daß es wichtig sei, Zeit für die Stille des Herzens zu finden, in der Gott sprach, Zeit für das tiefe spirituelle Leben, das sie immer als Grundlage des Handelns angesehen hatte. Der Aufruf zu einer mehr im Gebet gegründeten Lebensführung wurde nicht überall leicht verstanden und aufgenommen, denn die meisten Menschen bewerteten das »Sein« geringer als das »Handeln«, und ihre Vorstellungen von Nächstenliebe waren untrennbar mit dem aktiven Herbeischaffen von Geldmitteln verbunden. Aber Mutter Teresa blieb beharrlich. Die Gründung der kontemplativen Zweige der Missionarinnen beruhte auf ihrer festen Überzeugung, daß die Arbeit ohne Gebet einfach nicht möglich war. So war es auch ihr Wunsch, den sie im September 1974 äußerte, daß jedes Haus ihrer Gemeinschaft von einer oder mehreren kontemplativen Gemeinschaften anderer Orden »spirituell adoptiert« wurde. Ihre Hoffnung war, daß diese kontemplativen Gemeinschaften und dazugehörigen Orden durch ihre Gebete und ihr Leben in der Stille und Entsagung die Missionarinnen in ihrem Leben aktiven Dienens unter den Ärmsten der Armen unterstützen würden. Auf ihre Bitte hin unternahm Pater Georges Gorrée, der Vorsitzende der französischen Mit-Arbeiter, die Entwicklung einer solchen Verbindung, und binnen eines Jahres hatten etwa 400 Klöster die Idee einer spirituellen Patenschaft akzeptiert. Während ihres täglichen Gebets und ihrer Arbeit gedachten sie nun besonders ihres Patenklosters bei den Missionarinnen.

Zu dieser Zeit war eine andere Form geistlicher Patenschaft bereits fest eingeführt. Dieselbe Überzeugung vom Bedürfnis spiritueller Hilfe bei der aktiven Arbeit, verbunden mit einem Glauben an die besondere Kraft von Gebeten der Leidenden, hatte bereits 1952 zu einem Zusammenschluß kranker und leidender Mit-Arbeiter geführt. Diese Idee war im Dezember 1948 während der Begegnung mit einer Belgierin entstanden, die wie Mutter Teresa nach Indien gekommen war, um ihr Leben den Armen zu widmen. Jacqueline de Decker stammte aus einer der führenden Familien in Antwerpen. Sie war an der großen katholischen Universität in Leuven promoviert worden, wo sie sich auf Soziologie spezialisiert hatte. Überdies besaß sie ein Diplom als Krankenpflegerin und hatte einen Erste-Hilfe-Kurs absolviert. Da sie seit ihrem 17. Lebensjahr die Berufung fühlte, Indiens Armen zu dienen, hatte sie mit einer Gruppe gleichgesinnter Laien beschlossen, ihr Wissen in Madras einzusetzen.

Ihr erster Impuls war es gewesen, sich den Marienmissionsschwestern anzuschließen, die ebenfalls in Indien tätig waren, aber ein kurzer Aufenthalt in deren Kloster in Belgien hatte sie davon überzeugt, daß es ihre Berufung war, Gott in der Welt als Laie zu dienen. Eine ihr zu Ehren servierte Lachskonserve hatte bei ihr eine heftige Lebensmittelvergiftung hervorgerufen. Sie war gezwungen gewesen, das Kloster nach der ersten Nacht zu verlassen. Sie sah darin ein Zeichen der göttlichen Vorsehung. Der Krieg verzögerte ihre Abreise nach Indien. Zu einer Zeit, als Antwerpen schwer getroffen war und es kaum noch Ärzte gab, blieb Jacqueline de Decker, um den Verwundeten unschätzbare medizinische Hilfe zu leisten, und unterstützte die Résistance mit so viel Mut, daß sie später dafür einen Orden bekam. Nach dem Krieg jedoch, mit der Hilfe und Unterstützung eines Jesuitenpaters, brach Jacqueline endlich nach Indien auf.

Während Mutter Teresa noch auf die Erlaubnis wartete, den Loreto-Orden zu verlassen, hatte Jacqueline de Decker bereits ihre Arbeit unter den Ärmsten der Armen aufgenommen. Der Jesuitenpater, der sie zu einer medizinisch-sozialen Tätigkeit in Madras angeregt hatte, war plötzlich am 31. Dezember 1946, dem Abreisetag Jacquelines aus Belgien, gestorben. Als sie in Indien ankam, stand sie mit geringer finanzieller und moralischer Unterstützung da. Sie war völlig unvorbereitet auf die Armut und das Leiden der indischen Bevölkerung. Da sie allein und von kärglichen Mitteln lebte, gewann sie die Anerkennung und Zuneigung der Leute, mit denen sie arbeitete. Jacqueline übernahm die indische Art, sich zu kleiden und zu essen. Sie nahm ihr Essen auf dem Boden sitzend zu sich und schlief auf der Erde. Sie gab auch zu verstehen, daß sie bereit war, jedem Bedürftigen zu helfen, ungeachtet dessen religiöser Zugehörigkeit. Es gab jedoch Zeiten, wo sie von einem Gefühl der Isoliertheit überwältigt wurde. Schließlich berichtete ihr ein Jesuitenpater in Madras von Mutter Teresas Plänen für ein Leben des Dienens, das dem ihren ähnlich war. Man empfahl ihr, Mutter Teresa in Kalkutta aufzusuchen. Mutter Teresa war jedoch zur medizinischen Ausbildung in Patna, und so war es die Kapelle in Patna, wo Jacqueline sie schließlich fand, tief im Gebet versunken. Den ersten Eindruck dieser knieenden Gestalt sollte sie für den Rest ihres Lebens in sich tragen.

Wie Mutter Teresa sprach auch Jacqueline von einem »Tag der Inspiration«, an dem sie einen zweiten Ruf von Gott erhalten hatte. Manch einer vermutete, daß sich die Rufe beider Frauen in ihrem Wortlaut glichen, aber auch für Jacqueline waren solche Erlebnisse »verborgene Schätze«. Ihr Bericht über ihre erste Begegnung mit Mutter Teresa beschränkte sich auf eine Beschreibung, wie sie miteinander gesprochen und dabei bald entdeckt hatten, daß sie »dasselbe Ideal hatten«. Danach arbeiteten sie Seite an Seite im Krankenhaus von Patna, aber Ende Dezember 1948 kehrte Mutter Teresa dann nach Kalkutta zurück. Noch Jahre später besaß Jacqueline de Decker ein Adreßbuch aus dieser Zeit, in dem sie die Anschrift eingetragen hatte, von der Mutter Teresas erste Briefe an sie kamen: 14, Creek Lane.

Jacqueline de Deckers Absicht war es, Mutter Teresas neuer Gemeinschaft beizutreten, aber während der Zeit in Indien waren bereits schwere Gesundheitsprobleme aufgetaucht. Im Alter von 15 Jahren hatte sie beim Tauchen einen Unfall gehabt. Die Ärzte hatten das Ausmaß des Schadens damals nicht erkannt, und das Problem war durch die Hitze und die Kärglichkeit des Lebens in Indien verschärft worden. Sie mußte zu ärztlicher Betreuung nach Antwerpen zurückkehren. Dort entdeckte man, daß sie an einer schweren Erkrankung der Wirbelsäule litt, und legte ihr nahe, sich einer Reihe von Operationen zu unterziehen, um einer Lähmung vorzubeugen. Allmählich stellte sich heraus, daß sie nicht mehr nach Indien zurückkehren konnte und daß ihre völlige Hingabe an Indiens Arme und Sieche, an ihre gottbestimmte Lebensaufgabe, nicht sein sollte. Diese Erkenntnis war zunächst bitter und mit dem Gefühl eines persönlichen Versagens befrachtet. Der Brief, den sie im Herbst 1952 von der Frau erhielt, von der sie mit liebevoller Respektlosigkeit als »einer kleinen,

unbekannten Nonne« sprach, brachte ihr neue Hoffnung. Er wird
hier in Auszügen wiedergegeben:

»Heute werde ich Ihnen etwas vorschlagen. Sie haben sich danach ge-
sehnt, Missionarin zu sein. Warum binden Sie sich nicht auf geistige
Weise an unsere Gemeinschaft, die Sie so sehr lieben? Während wir in
den Slums arbeiten, nehmen Sie mit Ihrem Leiden und Ihren Gebeten
teil an der Ehre, den Gebeten und der Arbeit. Die Arbeit hier ist un-
geheuer. Dafür brauche ich, das ist wahr, Leute, die mitarbeiten. Aber
genauso dringend brauche ich Seelen wie Sie, die für das Werk beten
und leiden – Sie werden mit dem Leibe in Belgien sein, aber mit der
Seele in Indien, wo es Seelen gibt, die sich nach unserem Herrn sehnen, aber weil niemand den Lösepreis für sie bezahlt, können sie nicht
auf ihn zugehen. Sie werden eine wahre Missionarin der Nächstenliebe sein, wenn Sie die Schuld bezahlen, während die Schwestern –
Ihre Schwestern den Menschen helfen, sich ihm leiblich zu nähern.
Ich brauche viele, die leiden und die uns helfen können, denn ich
brauche (1) eine Gemeinschaft der Seligen im Himmel, (2) eine Gemeinschaft der Leidenden auf Erden – die geistlichen Kinder – und (3)
eine kämpfende Gemeinschaft, die Schwestern an der Front. Sie können leiblich in Ihrem Land sein und gleichzeitig eine Missionarin in
Indien und in der Welt. Sie müssen glücklich sein, denn Sie sind die
Auserwählte Gottes, der Sie so sehr liebt, daß er Ihnen einen Teil seines Leidens überläßt. Seien Sie tapfer und fröhlich und geben Sie viel,
damit wir Gott viele Seelen zuführen können. Wenn Sie einmal mit
Seelen in Berührung kommen, wächst der Durst täglich.«

Mutter Teresa erteilte Jacqueline de Decker die Aufgabe, ihrem Werk
freudig ein Leben des Leidens und der Schmerzen darzubringen. So
band sich Jacqueline von Belgien aus spirituell an die kleine Gemeinschaft in Kalkutta. Währenddessen nahm die Zahl der Missionarinnen der Nächstenliebe tatsächlich allmählich zu, und Mutter Teresas
Vision, daß die Kranken und Notleidenden mit ihrem Leben ein
»brennendes, um der Seelen willen sich verzehrendes Licht« bilden
würden, verstärkte sich im gleichen Maße. Im Januar 1953 entwarf sie
die Grundlage für die Gruppe der Kranken und Leidenden, deren wesentliche Punkte im folgenden zusammengefaßt sind:

»Ich bin glücklich, daß Sie gewillt sind, sich den leidenden Mitschwestern der Missionarinnen anzuschließen – Sie verstehen, was ich
meine. Sie und andere, die dazukommen werden, werden an unseren
Gebeten teilhaben, an unseren Werken und was immer wir für die
Seelen tun, und Sie tun dasselbe für uns mit Ihrem Gebet und Ihrem
Leiden. Wie Sie wissen, ist es der Zweck unserer Gemeinschaft, den
Durst des gekreuzigten Jesus nach Seelenliebe zu stillen, indem wir
für das Heil und die Erlösung der Armen in den Slums arbeiten. Wer
könnte dazu besser helfen als Sie und all die anderen, die wie Sie leiden? Ihre Leiden und Ihre Gebete werden der Kelch sein, in den wir,
die tätigen Mitglieder, die Liebe der Seelen gießen, die wir um uns
sammeln. Daher sind Sie genauso wichtig und notwendig für die Verwirklichung unseres Ziels. Um seinen Durst zu stillen, brauchen wir
einen Kelch, und Sie und die anderen – Männer, Frauen, Kinder –
jung und alt, arm und reich – alle sind willkommen, um den Kelch zu
bilden. In Wirklichkeit können Sie viel mehr tun auf Ihrem Schmer-
zenslager als ich, die ich auf den Füßen bin, aber Sie und ich zusammen, wir können alles in ihm tun, der mich stärkt.

Es wird keine Gelübde geben, es sei denn, einige erhalten die Erlaubnis von ihrem Beichtvater, dies zu tun. Wir könnten ein paar Gebete, die wir sprechen, aufschreiben, damit Sie sie ebenfalls sprechen
können, um den Familiengeist zu stärken, aber eines müssen wir gemein haben – den Geist unserer Gemeinschaft. Völlige Hingabe an
Gott, liebendes Vertrauen und vollkommene Freude – dadurch werden
Sie als Missionarinnen der Nächstenliebe bekannt werden. Eine jede,
die eine Missionarin der Nächstenliebe werden will – eine Trägerin
von Gottes Liebe –, ist willkommen, aber mir liegt besonders an den
Gelähmten, Verkrüppelten, unheilbar Kranken, denn ich weiß, daß sie
viele Seelen zu den Füßen Jesu bringen werden. Wir unsererseits, die
Schwestern, werden jede eine Schwester haben, die mit uns betet, lei-
det, denkt und sich mit uns vereint – ein zweites Selbst. Sie sehen,
meine liebe Schwester, unsere Arbeit ist eine sehr schwierige. Wenn
Sie mit uns sind – betend und leidend für uns und das Werk –, werden
wir fähig sein, große Dinge aus Liebe zu ihm zu tun – Ihretwegen.

Ich fühle mich glücklich. Eine neue Kraft ist in meine Seele einge-
zogen bei dem Gedanken, daß Sie und andere das Werk mit uns tun.
Was würden wir nicht tun, was können wir für ihn nicht tun?«

Es war ein Brief, den Mutter Teresa an eine Freundin geschrieben hatte, von der sie wußte, daß sie ihre Vision und die Art, in der sie ausgedrückt war, verstehen würde. Es war der Ausdruck einer Frau, die stets mit Gewißheit gesegnet war und offensichtlich keine Zweifel daran hatte, daß es andere geben würde, die die so umrissene Rolle übernehmen würden. Mutter Teresa selbst war nicht nur Jacqueline verbunden, sondern auch zwei Menschen in Indien: einem jungen Mädchen namens Agnes, das in Patna an TBC starb, aber »nur von Seelen sprach«, und einem Jungen namens Nicholas, der völlig und unheilbar gelähmt war. Nicholas' Eltern waren sehr arm, und er lebte immer am Rande des Hungertodes. »Und doch«, so schrieb Mutter Teresa an Jacqueline, »ist das einzige Mal, wo er bitterlich weint, wenn ich ihn lange nicht besuche.« Ohne die Gebete und Opfer dieser drei, gestand sie, hätte sie die härtesten Zeiten in ihrem Leben nicht überlebt, zuerst allein und dann mit einer Handvoll Schwestern in den Straßen von Kalkutta. »Unser Herr muß gut lachen haben«, sagte sie im Vertrauen, »wenn ich ihm mit dem Seelenopfer von euch dreien zu Leibe rücke. So habe ich letzthin sein Herz gewonnen, und Ihr seht, welche Macht Ihr als Missionare der Nächstenliebe bei Gott habt.«

Die ersten zehn Schwestern legten ihr Gelübde am 12. April 1953 ab. Auch sie würden die Unterstützung von Menschen brauchen, die eine besondere »Macht bei Gott« hatten. Als sie von einer langen Reihe von Operationen genas, suchte Jacqueline de Decker unter ihren Mitpatienten und Mitleidenden nach Menschen, die bereit waren, für eine Adoptivschwester zu beten, ihr einmal oder zweimal im Jahr zu schreiben und vor allem von Herzen das Geheimnis des Leidens anzunehmen, das in Glauben und Liebe für das Werk einer völlig Fremden in einem fernen, entlegenen Land dargeboten würde. Mutter Teresa rief sie auf, im Leiden, das öfter ein Hindernis für den Glauben war, keine Sinnlosigkeit zu sehen, sondern eher eine »wunderbare Berufung«. In einem Brief vom Oktober 1954 schrieb sie:

»Was für eine wunderbare Berufung ist doch die Ihre – eine Missionarin der Nächstenliebe – eine Trägerin von Gottes Liebe – wir tragen in unserem Körper und unserer Seele die Liebe eines unendlich dürstenden Gottes – und wir – Sie und ich und alle die lieben Schwestern und die Kranken und Leidenden werden den brennenden Durst stillen – Sie mit Ihrem unsäglichen Leiden, wir mit harter Arbeit, aber sind wir nicht alle eins – ›wie Du, Vater, in mir, und ich in Dir‹, sagte Jesus.«

1955 gab es bereits 48 Missionarinnen der Nächstenliebe. Dazu kamen 48 kranke und leidende Mitglieder, die bereit waren, ihre Leiden für ein »zweites Selbst« zu opfern. Über die Jahre hinweg blieb Mutter Teresas Botschaft an Jacqueline de Decker und all die anderen Leidenden gleich leidenschaftlich:

»Wir, die Missionarinnen der Nächstenliebe, wie dankbar müssen wir sein – Ihr für das Leiden, wir für die Arbeit. Wir vollenden in einander, was in Christus fehlt. Welch wunderbare Berufung ist uns zuteil geworden: als Boten der Liebe Christi gehen wir in die Slums – Euer Leben des Opfers ist der Kelch oder vielmehr, unsere Gelübde sind der Kelch, und Euer Leiden und unser Werk sind der Wein – die makellose Hostie. Wir stehen zusammen und halten denselben Kelch und stillen in Gemeinschaft mit den betenden Engeln seinen brennenden Durst nach Seelen.

Meine lieben Kinder, laßt uns Jesus mit ganzem Herzen und ganzer Seele lieben. Laßt uns ihm viele Seelen bringen. Lächelt. Lächelt Jesus in Eurem Leiden an – denn, um eine echte Missionarin der Nächstenliebe zu sein, müßt Ihr fröhliche Opfer sein. Ihr müßt nichts Besonderes tun, nur Jesus erlauben, sein Leben in Euch zu leben, indem Ihr hinnehmt, was immer er gibt, und gebt, was immer er nimmt, mit einem strahlenden Lächeln.«

Nur wenige haben das Leiden der Welt so berührt und gekannt wie Mutter Teresa. Sie kannte das Leiden an chronischen Krankheiten, zerschlagene Körper und Hungertod, das Leiden quälender Schmerzen und allein getragener Sorgen, das Leiden, das aus der Einsamkeit entstand oder einfach aus dem Wissen heraus, daß alle Dinge mit der Zeit zerfallen und vergehen. Sie wußte, wie schwer es war, alles hinzunehmen, und was sie wirklich verlangte, wenn sie die Leidenden aufforderte zu lächeln. Aber sie hatte auch Mut erlebt, der weit über das bloße Ertragen hinausging, eine Freude, die den Schmerz transzendierte, und die Erfahrung, daß das Leiden eine Medizin sein konnte, die das Menschsein vertiefte. In alledem sah sie die tägliche und allgemeingültige Wiederholung der großen erlösenden Leidensgeschichte. Tief in den Herzen und Körpern der Menschheit war für sie Christus greifbar und wirklich, und für jene, die bereit waren, diese Wirklichkeit wahrzunehmen, war das Leiden weder sinnlos noch einsam.

Grundlage für jegliches Verständnis von der Gruppe der Kranken und Leidenden war die Anerkennung der Tatsache, daß nicht das verzweifelte Sehnen nach Heilung gemeint war, sondern vielmehr der konstruktive Gebrauch des Leidens. Für Mutter Teresa war das Leiden ein wesentlicher Teil des Christseins. »Die Nachfolge Christi ist untrennbar vom Kreuz auf dem Kalvarienhügel. Ohne unser Leiden wäre unsere Arbeit nur Sozialarbeit, sehr gut und hilfreich, aber nicht das Werk Jesu Christi.« »Das Leiden ist nicht von Gott«, gab sie jedoch zu. Eine gewisse heilende Mission war Mittelpunkt von Christi Verständnis seiner selbst und des Werkes seiner Jünger, aber Gott, so glaubte sie, war sowohl in der verzögerten Heilung als auch im Moment der Befreiung von der Krankheit gegenwärtig.

»Das Leiden selbst ist nichts; aber das Leiden, das wir mit Christus gemein haben, ist ein wunderbares Geschenk. Das schönste Geschenk für den Menschen ist, daß er am Leiden Christi teilnehmen kann.« »Leiden, wenn es gemeinsam ertragen, gemeinsam getragen wird, ist Freude.« Mutter Teresas Betonung des Leidens als eine Freude, ein Geschenk und eine wunderbare Berufung ist vielleicht nur aus dem Kontext ihrer täglichen Begegnung mit dem ungeheuren Ausmaß des Leidens dieser Welt, ihres Verständnisses für menschliche Bedürfnisse und ihres Glaubens an das Mysterium von Christi Leiden zu verstehen. Es gab Zeiten, wo manche ihren Sprachgebrauch als unzumutbar empfanden. Auf ihre Bemerkung, daß das Leiden so sei, als werde man von Christus geküßt, erfolgte einmal die rasche Antwort: »Dann sagen Sie ihm bitte, er soll aufhören.« Sie versuchte eben, etwas auszudrücken, was mit dem Verstand nicht greifbar und dennoch tief in ihrer Erfahrung verwurzelt war.

»Papst Johannes XXIII. betonte, als er über das Leiden sprach, die Notwendigkeit, einen Sinn dafür zu finden. In der Liebe Christi gibt es kein Leben ohne Leiden«, schrieb ein Missionsbruder der Näch-

stenliebe. »Wir können ihm also nicht entkommen, und wir müssen
alles tun, was wir können, um einander zu helfen, einen Sinn darin
zu finden. Wenn wir einen Sinn darin finden können, daß wir unser
Kreuz wie Christus tragen, dann werden wir uns niemals einsam
fühlen.« Ebendies bewirkte letztendlich die Gruppe der kranken und
leidenden Mit-Arbeiter. Immer mehr leidende Menschen fühlten
einen neuen Lebensinhalt, und die Brüder und Schwestern, mit
denen sie verbunden waren, fanden neue Kraft und Gemeinsamkeit
in dem Wissen, daß jemand besonders für sie betete. Mutter Teresa
hatte mit geradezu pragmatischer Tüchtigkeit zwei wahrgenommene
Bedürfnisse miteinander verbunden: den Bedarf an einem Kraftwerk
des Gebets von seiten ihrer Missionarinnen und den Bedarf der Kranken und Leidenden, einen Sinn in ihrer Existenz zu finden. Darüber
hinaus wurden viele der so verbundenen Kranken und Leidenden lebendige Zeugen von Mutter Teresas Überzeugung, daß das Leiden die
Menschen Gott näher brachte. Die Briefe der Kranken und Leidenden sind solch beredte Zeugnisse ihres Glaubens, »daß das Leiden
Leben in der Seele erzeugt«, daß Mutter Teresa 1983 den ungewöhnlichen Entschluß faßte, sie veröffentlichen zu lassen. Der Grund, den
sie dafür angab, war weniger ungewöhnlich: »Es wird vielen Menschen helfen, Jesus mehr zu lieben.«

Auf der Suche nach einem Bild, das die Wechselwirkung und
wechselseitige Abhängigkeit der Missionarinnen der Nächstenliebe
auf der spirituellen wie der faktischen Ebene wiedergab, bediente
sich Mutter Teresa der Vision des leidenden Christus in der Welt, die
ihr beständig vor Augen war. Als sie einmal mit Ann Blaikie von der
Beziehung zwischen den Missionarinnen der Nächstenliebe und den
Mit-Arbeitern sprach, noch vor der Gründung der Gemeinschaft der
Patres, erzählte sie ihr, daß sie nunmehr die fünf Wundmale des gekreuzigten Christus hätten. Die kontemplativen Brüder die Wunde
in der linken Hand. Die Missionsschwestern – im rechten Fuß; die
Missionsbrüder – im linken Fuß. Die Mit-Arbeiter – im Herzen. Die
Kontemplativen sah sie als Hände, denn sie fügten sich im Gebet in-
einander. Die aktiven Missionarinnen waren die Füße, denn sie gingen über die ganze Welt dahin, und die Mit-Arbeiter waren das Herz,
denn das Herz der Welt war das Zuhause, und da waren die Mit-Arbeiter.

Dieses Bild ist mehr oder weniger sinnvoll je nach dem Geschmack und der Überzeugung des einzelnen. Für die Einschätzung dieser gemeinschaftlichen Mission war die Tatsache von Bedeutung, daß sie funktionierte, und sie funktionierte, obwohl sie aus einzelnen Personen bestand, die für alle menschlichen Schwächen anfällig waren. Unter ihren Mitgliedern gab es sicher »verborgene, unbekannte Heilige«, aber nicht alle, die sich der gemeinsamen Aufgabe gewidmet hatten, »etwas Schönes für Gott zu tun«, waren deswegen geistige Riesen. Die Mit-Arbeiter waren vielleicht offensichtlicher als alle anderen Mitglieder dieser gemeinsamen Mission Jedermann mit ihren Talenten und Schwächen der Herausforderung ausgesetzt, in einer gewöhnlichen Welt heilig zu sein, wo die sich zur Anbetung darbietenden Götter mannigfaltig und nicht immer Götter der Liebe waren. Unter den Missionarinnen der Nächstenliebe waren auch einfache Seelen. Es war im Ganzen keine Gemeinschaft, die Intellektuelle mit komplizierten Geistern anzog. Manchmal war das Verständnis der Schwestern für Mutter Teresas Spiritualität begrenzt, und manchmal arbeiteten sie auch in Gebieten, wo sie nur wenig geistliche Führung hatten, die ihrem Engagement für die Armut eine andere Dimension hätte hinzufügen können. Es gab immer Raum für Verbesserungen, für das Wachstum in Liebe und Treue, und Mutter Teresa scheute nicht davor zurück, dieses Wachstum zu fördern, wann immer es nötig war. Als die Gemeinschaft noch jung war und alle Häuser meistens mit jüngeren Schwestern besetzt waren, rief Mutter Teresa alle, die ihre Gelübde erneuern wollten, dazu auf, ihr religiöses Leben und ihren Dienst an den Armen zu überprüfen.

»In vielen unserer Gemeinschaften gibt es so viel Unglück und Schmerz, den Ihr Schwestern verursacht habt. Wenn Ihr zu Hause oder in der Welt draußen wäret, würdet Ihr nicht wagen, so zu handeln. Ihr müßtet sehr vorsichtig sein, aus Angst, Eure Arbeit zu verlieren – oder, wenn Ihr heiraten wolltet, würdet Ihr niemanden finden. Ihr habt kaum Euer Gelübde abgelegt, und schon fangt Ihr mit der Gesundheit an: Ich kann nicht essen – ich kann nicht arbeiten – ich kann nicht gehen – ich habe Rückenschmerzen. Das sind einige der üblichen Krankheiten unserer jungen Schwestern. Einige von Euch arbeiten so wenig, daß sie, wenn sie dafür Lohn erhielten, nichts bekommen würden, und doch habt Ihr gelobt, rückhaltlos frei zu dienen. Einige von Euch haben es sich angewöhnt, Widerworte zu geben und den Hausfrieden zu stören, damit sie versetzt werden – und so zieht Ihr von Haus zu Haus, weil die jungen Oberinnen Euch nicht unter Kontrolle bekommen. Viele von Euch essen nicht mehr nach den Regeln und schämen sich nicht, außerhalb der Zeiten bei denen zu essen, die sie aufsuchen, oder im ›Shishu Bhavan‹ oder ›Nirmal Hriday‹, wo doch Menschen tatsächlich Hungers sterben. Und doch kann Mutter die Nacht durch arbeiten, nachts reisen und den Tag über arbeiten. Ist das für Euch nicht schmählich, daß ich in meinem Alter mit dem vorgeschriebenen Essen auskomme und ein ganzes Tagwerk verrichte – und Ihr lebt mit dem Gelübde, arm zu sein, genießt aber das Leben von Faulenzern.«

Wenn ihre Schwestern dem Ziel der Vollkommenheit nicht nachstrebten, das sie ständig vor ihnen hochhielt, so erteilte ihnen Mutter Teresa gerne die Erlaubnis zu gehen, anstatt daß sie als »behinderte Ordensleute« andere störten, die wirklich das Leben einer Missionarin der Nächstenliebe führen wollten. Sie nahm ihre Rolle als Mutter für ihre jungen Schwestern sehr ernst, sowohl vom spirituellen Standpunkt als auch von dem ihrer allgemeinen und praktischen Ausbildung. Sie schrieb sogar an ihre Eltern mit der Bitte, für sie zu beten, damit sie ihren Kindern helfen könne, große Heilige zu werden. Mit den Jahren wurde ihr erzieherischer Anspruch etwas milder, aber selbst in den Tagen, als der strikte Gehorsam dazugehörte, um die »Flamme weiterzureichen«, war ihr Tadel immer gemildert durch die Zusicherung, daß sie sie nicht zur Ordnung rief, um sie zu entmutigen, und daß sie sich auf »Mutters« Liebe verlassen konnten:

»denn Mutter liebt Euch, wie ich Jesus liebe. Deshalb möchte ich, daß Ihr wie Christus werdet.«

Mutter Teresas Werk war viel mehr als die Summe seiner einzelnen Bestandteile und von außerordentlichen Erfolgen gekrönt. »Bei allen unseren Mängeln«, pflegte sie zu sagen, »liebt Gott uns und nutzt euch und mich weiterhin, um das Licht der Liebe in der Welt anzuzünden.« Der 25. Jahrestag der Gründung der Gemeinschaft der

Missionarinnen der Nächstenliebe wurde am 7. Oktober 1975 begangen, und es gab allen Grund zum Feiern. Als das Silberjubiläum der
Gemeinschaft herannahte, gab Mutter Teresa den Schwestern und
Mit-Arbeitern genaue Anweisungen, was aus diesem Anlaß getan
werden sollte und was nicht. Am 7. Oktober sollte ein Dank-Hochamt
stattfinden, »zu dem alle unsere Wohltäter und unsere Armen eingeladen sind, um mit uns Gott für alles, was er in diesen 25 Jahren durch
die Fürsprache des Makellosen Herzens Mariae für uns und unsere
Gemeinschaft getan hat, zu danken«. Es sollten keine Spendenaufrufe
im Namen des Jubiläums erfolgen und auch nicht ein Pfennig ausgegeben werden. Dasselbe galt für Konzerte oder Ansprachen. Es sollte
keine Broschüren, Flugblätter, Fotos oder Bilder geben.

Am 10. September 1975 schrieb sie einen Dankesbrief an alle, die
die Erfolge von 25 Jahren ermöglicht hatten, der mit einer besonderen
Botschaft an die allerersten Schwestern begann, die sich ihr im Obergeschoß des Hauses an der Creek Lane angeschlossen hatten:

»Nach Gott und unserer Gnadenmutter möchte Mutter Euch für Eure
beständige Treue und Loyalität danken – besonders für das blinde
Vertrauen, mit dem Ihr gefolgt seid, ohne zu wissen, ob die Gemeinschaft leben oder sterben wird. Es gab nichts, was eine Zukunft garantierte. Alle diese Jahre harter Arbeit mit so viel Freude, alle diese
Jahre der Liebe und des Dienstes am Ärmsten der Armen – mit Euch
allen und durch Euch hat Jesus den Grundstein der Gemeinschaft auf
festen Fels gegründet – Demut und Liebe.«

Sie fuhr fort, indem sie sich an die wendete, die später hinzugekom-
men waren:

»Ihr anderen alle: elfhundert, die so großherzig in den Fußstapfen der
ersten Gruppe folgten – Gott liebe Euch und bewahre Euch bis ans
Ende Eures Lebens, tief verwurzelt in seinem Herzen.

Alle diese geliebten Schwestern, die ein Gutteil ihres Lebens in der
Gemeinschaft verbracht haben und dann aus irgendeinem Grund
gehen mußten – Gott schenke jeder seine Liebe für die, die Ihr gegeben habt, für die Arbeit, die Ihr mit so viel Liebe gegeben, für die
Freude, die Ihr verbreitet habt.

Dank auch unseren Schwestern, die nach Beendigung ihrer Arbeit auf Erden in den Himmel aufgenommen wurden, um für uns Fürsprache einzulegen.«

Sie dankte auch den Räten, die gewählt worden waren, um mit ihr die interne Autorität in der Gemeinschaft zu teilen, »die der Gemeinschaft mit so viel Treue und blindem Gehorsam in Zeiten gedient haben, wo es schwierig war zu gehorchen«. Sie drückte ihre Dankbarkeit gegenüber den Ausbilderinnen der Novizinnen, Postulantinnen, Aspirantinnen und Tertiarinnen aus, die lange Stunden damit verbrachten, zu lehren und den Herzen der Schwestern den wahren Geist einzuflößen, und den jungen Oberinnen, die trotz ihrer Jugend und Unerfahrenheit tapfer die Bürde der Gemeinschaft trugen. Sie schloß:

»Während dieser 25 Jahre hat es freudige und harte Tage gegeben. Wir haben gemeinsam für und mit Jesus gearbeitet, immer mit Maria, dem Ursprung unserer Freude, an unserer Seite. Laßt uns Gott für alle Gaben danken und ihm versprechen, daß wir aus unserer Gemeinschaft etwas Wunderschönes für Gott machen.«

Die Feiern für das Silberjubiläum dauerten einen Monat. Über die Welt verstreut vereinten sich über 1100 Schwestern in etwa 80 Häusern der Gemeinschaft in der Danksagung mit den Mit-Arbeitern, den Kranken und Leidenden, den Brüdern und jenen, die in der Abgeschlossenheit der Klöster ihr Leben der Kontemplation darbrachten. In Kalkutta versammelten sich Menschen, die aus allen Kontinenten angereist waren, um unter der Inschrift »Mich dürstet« in der Kapelle an der Lower Circular Road einer Messe der Danksagung im Beisein des Erzbischofs von Kalkutta und des Gouverneurs von West-Bengalen beizuwohnen. Es war nur einer von einer Reihe von Dankgottesdiensten, die am 28. September mit einer Andacht in der American Holy Church in Nazareth begann und Gottesdienste in der methodistischen Kirche, der katholischen Kirche zum Allerheiligsten Rosenkranz, der anglikanischen St. Paul's Cathedral und der syrischen Mar Thomas Kirche einschloß. Die Gebete wurden gemeinsam mit Moslems, Sikhs, Parsen und Jains gesprochen. Zum Abschluß

eines Gottesdienstes in einem buddhistischen Tempel schenkte der
Vorsteher der Mönche der Mahabodhi-Gesellschaft Mutter Teresa
zwei elektrische Kerzen, die, wie er sagte, für immer brennen würden,
als Symbol ihres Werkes. Bei einer Versammlung von Gottes Kirche
klatschte eine große Gemeinde fröhlich in die Hände und sang unter
einem Banner mit den Worten: »Missionarinnen der Nächstenliebe –
25 Jahre – Christi Liebe lebt weiter.« In der jüdischen Synagoge erhielt
Mutter Teresa das Privileg, das Allerheiligste betreten zu dürfen.
Mutter Teresa betrachtete alle die Gebete, die weltweit dargebracht
wurden, als das »beste Geschenk an Gott«. Was sie als »etwas anderes
Wunderbares« ansah, war »die Art, in der verschiedene religiöse Kör-
perschaften eingewilligt haben, das Dankgebet in ihren jeweiligen
Andachtsorten in Kalkutta zu sprechen«.

Fünfundzwanzig Jahre, nachdem die erste Handvoll Missionarinnen der Nächstenliebe in Michael Gomes' »oberem Raum« zusammengekommen war, hatten sich die auf allen Kontinenten dar-
gebrachten Werke der Liebe die Anerkennung von Menschen aller
Weltanschauungen erworben. Ihren Vorschlag, Mutter Teresa den
Nobelpreis zu verleihen, schloß Lady Barbara Ward-Jackson, ein
englisches Mitglied der Päpstlichen Kommission für Frieden und
Gerechtigkeit, mit den Worten: »In einer Welt, die immer noch voll
ist von erbitterten konfessionellen Auseinandersetzungen, hat Mutter Teresa wenigstens einen der möglichen Wege zur Versöhnung
gefunden.«

»DIE LEBENDIGE HEILIGE«

DAS ZWIESPÄLTIGE GESCHENK
DER INTERNATIONALEN ANERKENNUNG

Im historischen Kampf zwischen Galileo Galilei und der Kirche hätte
Mutter Teresa die Partei der Kirche ergriffen, die Partei des gehorsa-
men Glaubens gegen den radikalen, auf rationaler Erkenntnis beru-
henden Fortschritt. Ich ging einmal mit ihr auf dem Wege zu einer
Audienz mit Papst Johannes Paul II. durch die prachtvollen Flure des
Vatikans. Für mich, selbst mit meiner relativ geringen Erfahrung der
Slums und der Nöte der Armen der Welt, warf bereits diese Erfahrung
viele Fragen auf, naheliegende Fragen über die Verteilung von Reichtum und die Rolle der Kirche im Verhältnis zu den Armen, Fragen, die
vielleicht beantwortet oder abgetan werden konnten, die aber dennoch sehr akut waren. Ich betrachtete Mutter Teresa, wie sie mit
ihren groben Sandalen, die auf dem auf Hochglanz polierten Boden
quietschten, durch die unschätzbare Sammlung von Gemälden, Sta-
tuen und Kunstobjekten ging, scheinbar ohne die geringste Befrem-
dung. Sie schien in diesen Korridoren der Schönheit, der Macht und
des Reichtums ebenso zu Hause zu sein wie in den Armenvierteln
von Kalkutta. Später entdeckte ich, daß auch sie früher einmal nicht
derartig immun gegenüber der Art von Fragen gewesen war, die mich
durch dieses Gebäude verfolgten, das manche als das spektakulärste
Museum der Welt bezeichnen. Ihre Liebe zu den Armen hätte sie in
Konflikt mit den Reichen und Mächtigen bringen können, aber sie
hatte ja die Armut der Reichen gesehen und den Reichtum der Armen
und stets versucht, beides zusammenzubringen. Sie verdammte nicht
die, die viel besaßen. Sie waren zu einem bestimmten Zweck reich.
Und wenn es sie auch bisweilen anwandelte, Bischöfen anzukündigen, daß sie ihre Armen in die Pracht ihrer Paläste bringen würde,
blieb sie dennoch eine gehorsame Tochter der Kirche. Wenn sie den
Vatikan betrachtete, sah sie den Fleiß und den Glauben, der in die

Schöpfungen eines Michelangelo, Bernini, Fra Angelico, Leonardo da Vinci und zahlloser anderer eingegangen war; und wenn sie den Papst anschaute, sah sie immer den Stellvertreter Christi.

Ihre Ergebenheit blieb nicht unbemerkt. Ende Juni 1975 wurde Mutter Teresa in eine achtköpfige Delegation gewählt, die der Heilige Stuhl zu der von der UNO geförderten Weltkonferenz des Internationalen Jahres der Frau in Mexico City entsandte: »Da die Kirche für mich und für euch alles ist«, sagte sie zu ihren Schwestern, »habe ich eingewilligt, als Zeuge der Liebe Christi zu den Armen im Namen der Kirche entsandt zu werden. Ich werde also drei Wochen fort sein. Ich weiß, ihr werdet für mich und füreinander beten, damit wir immer tun, was Gott und die Kirche von uns erwarten.« Bei ihrem Vortrag auf der Konferenz betonte Mutter Teresa die Rolle der Frau bei der Herstellung des Weltfriedens: »Die Liebe beginnt zu Hause«, unterstrich sie. »Wenn die Frau ihre Rolle zu Hause erfüllt, wenn Frieden in ihrer Umgebung ist, dann wird auf der Welt Frieden herrschen. Hier liegt die Aufgabe der Frau, die kein Mann übernehmen kann – die Kraft des Hervorbringens, die Kraft der Liebe... Die Größe der Frauen liegt in ihrer Liebe zu anderen, nicht zu sich selbst.« Sie erzählte von ihrem Erlebnis in Kalkutta mit der unbekannten, ungewollten und ungeliebten Frau auf der Straße. Sie appellierte an die Teilnehmer der Konferenz, sich bewußt zu machen, daß »die Liebe der unbekannten Frau die Welt erhält«.

Immer häufiger wurde Mutter Teresa nun eingeladen, an Kirchenkongressen und anderen interkonfessionellen Treffen teilzunehmen. Die Ansichten, die sie bei diesen Gelegenheiten äußerte, waren völlig konform mit der traditionellen Lehre der römisch-katholischen Kirche, die sie vertrat. Aber sie hatte auch ihre eigene Art, sich über die Feinheiten konventioneller Erwartung hinwegzusetzen und sehr einfach und ohne Umschweife die wirklichen Nöte anzusprechen, die sie aus erster Hand kannte. Im Jahre 1976 beschloß die römisch-katholische Kirche in den USA, als Teil der Zweihundertjahrfeier der Gründung der Vereinigten Staaten einen Kongreß zum Thema der Eucharistie abzuhalten. Mutter Teresa, die nach Philadelphia eingeladen worden war, machte aus einer eher der abstrakten Theologie gewidmeten Veranstaltung eine konkrete Erfahrung. Für sie waren die Stationen des Kreuzweges eine lebendige Wirklichkeit, und sie legte großen Wert darauf, daß auch andere die Brücke zwischen dem Evangelium und den Notleidenden der Welt schlugen:

»Heute lebt Jesus in vielen jungen Menschen der Welt seine Leidensgeschichte, in den Notleidenden, in den Hungernden, in den Körperbehinderten – in jenem Kind, das sein Brot Krümel um Krümel ißt, denn wenn das Stück Brot aufgegessen ist, wird es nichts anderes geben, und der Hunger wird zurückkommen. Das ist eine Station auf dem Kreuzweg.«

Die Welt war tatsächlich so voll von Leiden, Haß und Disharmonie, daß es gewiß keinen Platz für Uneinigkeit zwischen Christen gab. Mutter Teresa glaubte an die christliche Einheit auch deswegen, weil sie davon überzeugt war, daß Christen Leuchten in der Welt sein sollten. Gandhi, so betonte sie gerne, hatte einmal gesagt, daß, wenn Christen ihr christliches Leben bis zur letzten Konsequenz lebten, es in Indien keine Hindus mehr geben würde. Christen sollten Christus gleich sein. Sie sollten erkennbar sein durch die Tatsache, daß sie einander liebten. Sie befand sich in vollem Einklang mit der Vision der Versöhnung, die Roger Schutz, den Sohn eines Schweizer Protestanten, 1940 dazu angeregt hatte, die ökumenische Gemeinschaft von Taizé in Frankreich zu gründen. In einer Zeit, als Europa auseinandergerissen wurde, hatte sich der Mann, der später Bruder Roger werden sollte, gefragt, warum ein solcher Konflikt unter den Menschen und insbesondere unter Christen aufkommen konnte. Er gründete eine Gemeinschaft, in der Mitglieder der verschiedenen christlichen Konfessionen zusammen das erleben konnten, was er ein »Gleichnis der Kommunion« nannte.

Im Herbst 1976 besuchte Mutter Teresa Taizé, und trotz der Tatsache, daß sie kein Französisch und Bruder Roger nur wenig Englisch konnte, fanden sie ein gegenseitiges Verständnis auf der Grundlage gemeinsamen Mitgefühls und Engagements. Es war die Art von Verständnis, das nach Bruder Roger am besten wirkte, wenn man gemeinsam allein war. »In vieler Hinsicht sind sie sehr verschieden«, kommentierte einer der Brüder. »Aber es gibt zwischen ihnen ein nicht bestimmbares Etwas, das auf der Herzensebene wirkt.« Gemeinsam verfaßten Mutter Teresa und Bruder Roger während dieses Besuchs ein Gebet:

»O Gott, Vater aller,
Du bittest jeden von uns,
Liebe zu verbreiten, wo die Armen gedemütigt werden,
Freude, wo die Kirche erniedrigt wird,
Und Versöhnung, wo Menschen zerstritten sind ...,
Vater gegen Sohn, Mutter gegen Tochter,
Ehemann gegen Ehefrau,
Gläubige gegen Ungläubige,
Christen gegen ihre ungeliebten Christenbrüder.
Du öffnest diesen Weg für uns, so daß der verwundete Körper
Jesu Christi, deine Kirche, die Hefe der Kommunion für die Armen
der Erde und in der ganzen Menschenfamilie sein möge.«

Im selben Jahr verbrachten Bruder Roger und einige andere Brüder
von Taizé eine Weile in den Slums von Kalkutta, wo sie in einer Ba-
racke hausten und das Leben der Ärmsten der Armen teilten, ganz in
der Nähe von Mutter Teresas erster Arbeitsstätte. Bruder Roger erinnerte sich mit offensichtlicher Zuneigung daran, wie Mutter Teresa
die notwendige Organisation in die Hände nahm. Sie sorgte dafür,
daß sie das für sie bestimmte Sakrament erhielten, und besorgte ein
hölzernes Tabernakel, in dem sie es in ihrer Slumbaracke aufbewah-
ren konnten. Am Morgen gesellte sie sich zum Gebet zu ihnen. Sie
verlangte dem Prior von Taizé auch das Versprechen ab, daß er in Kalkutta die ganze Zeit über seine weiße Kutte trug, als sichtbarer Zeuge
der Liebe Gottes in der Welt. Normalerweise trugen die Brüder
während der Arbeit ihre Kutten nicht, aber in Kalkutta willigte Bruder Roger ein, sie überall zu tragen. Dafür nahm Mutter Teresa seine
Maße für ein leichtes Gewand und nähte es zumindest teilweise
selbst.

»Wir sind beide von den Notleidenden der modernen Welt her-
ausgefordert«, schrieben sie gemeinsam. »Konfrontiert mit allem, was
die Menschheit verwundet, finden wir die Trennung zwischen Christen unerträglich. Sind wir bereit, das Trennende beiseite zu legen,
uns von unserer gegenseitigen Angst zu befreien? Wenn die Meinungen der Menschen auseinandergehen, warum muß man unbedingt
herausfinden, wer recht hat und wer unrecht?«

Mutter Teresas Wunsch nach Einheit, nach Offenheit des Her-

zens kam nicht in irgendwelchen Abweichungen von der bestehenden römisch-katholischen Praxis in Gebet und Gottesdienst zum Ausdruck. Bei aller immer wieder betonten Verbundenheit mit der indischen Kultur blieb doch die Form des von den Missionarinnen der
Nächstenliebe praktizierten Gottesdienstes sehr westlich im Vergleich
mit anderen Versuchen, das Christentum in eine Form zu gießen, die
der indischen Bevölkerung den Zugang erleichtern würde. In einem
ashram (Kloster) in Süd-Indien, an den Ufern des heiligen Kaveri-
Flusses, hatte Dom Bede Griffiths, ein englischer Benediktiner-
mönch, das Leben eines Sanyasin angenommen. Im dortigen Tempel
wurde christlicher Glauben in Formen und Symbolen ausgedrückt,
die für die indische Kultur von Bedeutung und möglicherweise auch
für das Christentum eine Bereicherung waren. Dieser Ashram war
für viele ein Zentrum des Gebets und der Meditation geworden, die
die universale und ewige Wahrheit im Herzen aller Religionen suchten. Mutter Teresa sandte manchmal ihre Schwestern zu kurzen Exerzitien dorthin. Ich traf einmal auf eine Gruppe von ihnen, nach
einem christlichen Gottesdienst, in dem, wie in indischen Tempeln in
ganz Indien, die Teilnehmer ihre Stirn mit Sandelpaste bestrichen
hatten. Das Sandelholz, ein sehr wertvolles Holz, das seinen Duft
auch dann verbreitet, wenn es mit der Axt geschlagen wird, soll die
Gnade Gottes bedeuten. Die Schwestern waren zuerst erschrocken,
sogar verwirrt, denn es war nicht Mutter Teresas Art, die Symbolik
des Hinduismus zu benutzen, um eine christliche Botschaft auszudrücken.

Dennoch bestanden ihr orthodoxes Denken und ihr Beharren auf
disziplinierter Befolgung der »Regeln« nebeneinander, wobei sie stets
den Vorrang der Liebe betonte und erklärte, daß Religion eine Frage
des individuellen Bewußtseins war. »Meine Religion bedeutet mir
alles, aber für jeden einzelnen etwas anderes, je nach der Gnade, die
Gott ihm zuteil werden läßt.« Ihr Kommentar gegenüber einem Journalisten faßt ihre Haltung zusammen: »Gott hat seine eigenen Wege
und Mittel, um in den Herzen der Menschen zu wirken, und wir wissen nicht, wie nahe sie ihm sind, aber an ihren Handlungen werden
wir immer erkennen, ob sie ihm ergeben sind oder nicht.«

Im Jahre 1978 wurde ein Gesetzesentwurf, mit Orwellschem Un-
terton »Gesetz für Religionsfreiheit« genannt, im indischen Parla-

ment eingebracht. Das erklärte Ziel war, Bekehrungen zum Christentum durch »Gewalt, Betrug, Überredung oder Verführung« zu verhindern. Diese Begriffe waren jedoch so allgemein gehalten, daß christlicher Gottesdienst und übliche kirchliche Aktivität leicht als ungesetzlich ausgelegt werden konnten. Der Hinweis auf göttliches Mißfallen allein war gleichbedeutend mit »Gewalt«, während »Überredung« die Hoffnung auf Rettung beinhaltete. Dieses Gesetz war Teil einer Regierungskampagne, um ausländische Missionare in ihren Aktivitäten zu entmutigen. Zu dieser Zeit durfte schon kein ausländischer Missionar in Stammesgebiete entlang der nordöstlichen Grenze, wie Nagaland oder Arunachal Pradesh, einreisen. Viele waren ausgewiesen worden, oder man hatte ihre Aufenthaltsgenehmigungen nicht verlängert. Im Hinblick auf die 15 Millionen Christen in Indien war das Gesetz ein Versuch, der diskriminierenden Gesetzgebung, wie sie in Arunachal Pradesh gehandhabt wurde, das Siegel der Respektabilität aufzudrücken. Es rief eine heftige Reaktion aus Kirchenkreisen hervor. Unter solchen Umständen zögerte Mutter Teresa nicht, ihren Einfluß zu nutzen, der auf der wachsenden Anerkennung ihrer Arbeit beruhte. Sie schrieb einen offenen Brief an Premierminister Morarji Desai:

»Sehr geehrter Herr Desai, werte Mitglieder des Parlaments!

Nach vielen Gebeten und Opfern schreibe ich Ihnen und bitte Sie, Gott im Gebet gegenüberzutreten, bevor Sie den Schritt tun, der die Freude und die Freiheit unseres Volkes zerstören wird.

Unser Volk, und Sie wissen das besser als ich – ist gottesfürchtig. In welcher Weise man es auch anspricht, jene Gegenwart Gottes – die Gottesfürchtigkeit, ist da. Heute fühlt sich jeder überall im Land unsicher, denn das Leben der Gewissensfreiheit ist bedroht. Religion ist nichts, was Sie oder ich anrühren können. Religion ist die Anbetung Gottes und daher eine Frage des Gewissens. Ich allein muß für mich entscheiden, was ich will, und Sie für sich. Für mich ist die Religion, die ich lebe und benutze, um Gott anzubeten, die katholische Religion. Für mich ist dies mein wahres Leben, meine Freude und das größte Geschenk Gottes in seiner Liebe zu mir. Er hätte mir kein größeres Geschenk machen können.

Ich liebe mein Volk sehr, mehr als mich selbst, und so wünsche ich natürlich, den Menschen die Freude zu geben, diesen Schatz zu besitzen, aber es ist nicht an mir, zu geben oder ihn irgend jemand aufzuzwingen. So hat auch kein Mensch, kein Gesetz, keine Regierung das Recht, mich zu hindern oder mich oder irgend jemand zu zwingen, wenn ich beschließe, die Religion anzunehmen, die mir Frieden, Freude und Liebe gibt.

Man hat mir erzählt, daß Gandhi einmal gesagt habe: ›Wenn die Christen ihr christliches Leben bis zur letzten Konsequenz lebten, würde es keine Hindus mehr in Indien geben.‹ Man kann nicht geben, was man nicht hat.

Dieses neue Gesetz, das dem Parlament unter dem Vorwand der Religionsfreiheit vorgelegt wurde, ist falsch. Es gibt keine Freiheit, wenn ein Mensch nicht frei ist, nach seinem Gewissen zu wählen. Unsere Leute in Arunachal sind sehr beunruhigt. All diese Jahre hat unser Volk in Frieden zusammengelebt. Jetzt wird die Religion als eine tödliche Waffe benutzt, um die Liebe, die die Menschen füreinander hatten, zu zerstören, einfach deswegen, weil einige Christen sind, andere Hindus, wieder andere Stammesreligionen anhängen. Haben Sie keine Angst vor Gott?

Sie nennen ihn ISHWAR, einige nenne ihn ALLAH, andere einfach Gott, aber wir alle haben anzuerkennen, daß er es ist, der uns für Größeres bestimmte: zu lieben und geliebt zu werden. Wer sind wir, daß wir unser Volk davon abhalten, jenen Gott zu finden, der sie gemacht hat – der sie liebt – zu dem sie zurückkehren müssen?

Sie haben Ihre heilige Pflicht im Namen Gottes übernommen – erkennen Sie Gottes höchstes Recht über Ihr Land und seine Menschen an. Es war so schön. Aber nun fürchte ich für Sie. Ich fürchte für unser Volk. Daß die Abtreibung erlaubt wurde, hat unserem Volk so viel Haß gebracht – denn, wenn eine Mutter ihr eigenes Kind ermorden darf, ist es dann nicht auch anderen erlaubt zu töten? Sie wissen nicht, was die Abtreibung unserem Volk angetan hat und antut. Es gibt so viel mehr Unmoral, so viele zerbrochene Familien, so viel Geistesgestörtheit wegen des Mordes an unschuldigen ungeborenen Kindern. Sie wissen nicht, wieviel Böses sich überall ausbreitet.

Herr Desai, Sie sind nahe daran, Gott von Angesicht zu Angesicht zu sehen. Ich frage mich, welche Antwort Sie geben werden, warum Sie die Zerstörung des Lebens unschuldiger ungeborener Kinder erlauben und die Freiheit, Gott nach eigenem Willen und Glauben zu dienen, zerstören. In der Stunde unseres Todes werden wir, so glaube ich, entsprechend der Worte Jesu gerichtet, der sagte:

Ich war hungrig, ihr habt mich gespeist,
Ich war durstig, ihr gabt mir zu trinken,
Ich war obdachlos, ihr nahmt mich auf,
Ich war nackend, ihr kleidetet mich,
Ich war krank, ihr sorgtet für mich,
Ich war im Kerker, ihr besuchtet mich.
Wahrlich, ich sage euch, was immer ihr dem geringsten
unter meinen Brüdern tut, das habt ihr mir getan.

Gandhi sagte auch: ›Wer den Armen dient, dient Gott.‹ Ich verbringe Stunden um Stunden im Dienst an den Kranken und Sterbenden, den Ungewollten, den Ungeliebten, den Leprakranken, den Geistesgestörten – denn ich liebe Gott und glaube an sein Wort: ›Das habt ihr mir getan‹…

Herr Desai, Mitglieder des Parlaments, im Namen Gottes, zerstören Sie nicht die Freiheit, der unser Land und seine Menschen zu dienen hatten, und lassen Sie sie Gott nach ihrem Gewissen und Glauben lieben.«

Mutter Teresa fuhr fort, indem sie Herrn Desai bat, die Hindu-Religion »nicht herabzusetzen, indem man sagt, daß unsere armen Hindus ihrer Religion für einen Teller Reis abschwören«. Sie zitierte ein paar sehr praktische Beispiele von der Art und Weise, wie sie es sich »zur Regel gemacht hatte, mit der Zentralregierung und den regionalen Regierungen zusammenzuarbeiten«. Der Brief war in vieler Hinsicht charakteristisch: in seiner engen Identifizierung mit dem indischen Volk, in seiner mutigen Bestimmtheit, in der Direktheit seines Ansatzes, der keine Scheu zeigte, den indischen Premierminister daran zu erinnern, daß er bald seinem Schöpfer gegenüberstehen würde, in der Ansicht bezüglich des Lebens eines Ungeborenen, seiner Betonung der Religion als einer Angelegenheit des individuellen Gewissens und in seinem persönlichen Engagement für den Katholizismus im Kontext eines toleranten Verständnisses.

Auf dieses tolerante Verständnis hatten offensichtlich viele Menschen in Indien reagiert. Die nationale Kontaktperson für die Mit-Arbeiter in Indien war eine Hindu. Tatsächlich hatte die Arbeit der Missionsschwestern eine ganze Reihe Hindus so sehr angesprochen, daß Schritte in Richtung auf eine Schwesterngemeinschaft getan wurden, die sich aus Hindus zusammensetzte, die nach ähnlichen Regeln dasselbe Leben wie die Missionarinnen führen würden. In der indischen Kultur, so gab eine indische Schwester zu verstehen, hielt man, wenn man religiös war, nach einem Menschen Ausschau, der das Gebet pflegte. Mutter Teresa war ein solcher Mensch, und es gab im Leben der Missionarinnen vieles, womit ein Hindu sich leicht identifizieren konnte. Man versuchte, die Grundlage der Missionarinnen in Hindu-Begriffen auszudrücken. Der Hinduismus kannte das Konzept der Keuschheit und Weltentsagung des Brahmacharya. Er besaß auch das Konzept von Dardran Narayan – »Gott in den Armen« –, dem zufolge ein Dienst am Armen ein Dienst an Gott war. Gandhi, wie Mutter Teresa gut wußte, pflegte zu sagen, daß derjenige, der den Armen dient und sie liebt, Gott dient und ihn liebt. Das Haupthindernis, das Hindu-Mädchen davon abhielt, Missionarinnen der Nächstenliebe zu werden, war ein sehr praktisches: die Tatsache, daß dieses Leben keine Sicherheit bot und eine Trennung von ihren Familien erforderte. Die Missionarinnen der Nächstenliebe hatten keinen Notgroschen und kein Taschengeld, keine Mittel, um ihre Verwandten zu unterstützen. Der Gedanke an Hindu-Schwestern war nie total verworfen worden, aber die Tatsache, daß es auch eine Anzahl indischer Klöster in Kalkutta gab, die eine ähnliche Lebensweise anboten, sprach dagegen. Junge Moslem-Frauen hatten ebenfalls Interesse geäußert, aber in ihrem Fall war der Widerstand der Familien einfach zu stark.

Mutter Teresa war von Natur aus nicht redegewandt. Ihre Spiritualität war keine Sache des Denkens, der Vernunft und Logik, sondern lag im Transzendieren rationalen Denkens. Sie gelangte nicht zur Kenntnis Gottes durch klare Bilder und sorgfältige Argumente noch durch die körperlichen Augen, sondern durch jenes intuitive innere Auge, das sich mit der letztendlichen Wahrheit beschäftigt. Man konnte in ihrer Spiritualität Elemente sowohl buddhistischer wie hinduistischer Mystik entdecken. Ihr Wunsch nach einem dauernden »Einssein mit Christus« zum Beispiel entsprach dem Pfad, den der buddhistische Mystiker auf das Nirvana zu betritt, den Bereich der Erleuchtung, wo er eins mit dem einen wird. Mutter Teresas Abgelöstheit – der Prozeß der Entleerung von aller Ich-Verhaftung – war eine Parallele zum buddhistischen »samadhi« mit seiner Betonung von Stille, Leere, dem Nichts und der Aufgabe des Wünschens. In gewisser Hinsicht waren diese Überlegungen jedoch unnötig, denn wenn man davon sprechen kann, daß das mystische Element in die religiöse Erfahrung eingeflossen ist, das religiöse Gefühl seinen rationalen Inhalt überschritten hat, die verborgenen, nichtrationalen unbewußten Elemente vorherrschten und das Gefühlsleben und die intellektuelle Haltung bestimmten, so traf dies auf Mutter Teresa zu. Auf der Ebene der Mystik läßt sich behaupten, daß Grenzen, die auf der intellektuellen, rationalen und emotionalen Ebene bestehen, notwendigerweise an Bedeutung verlieren.

In Mutter Teresas Wesen gab es etwas, das Menschen der verschiedensten Glaubensrichtungen schätzten und worauf sie ansprechen konnten. Christen bezeichneten sie als Heilige. Manche Hindus neigten dazu, in ihr die »Wiedergeburt Jesu« zu sehen, Moslems nannten sie einen »entwickelten Geist«, und Menschen aller Religionen und Glaubensrichtungen waren bereit, sie als »heiligen Menschen« anzuerkennen. Laut Aussage von Indiens Präsident Giri gehörte Mutter Teresa zu »jenen befreiten Seelen, die alle Grenzen von Rasse, Religion, Glaubensrichtung und Nationalität überschritten haben«. Die bloße Existenz der großen Familie der Mit-Arbeiter, die sich aus Menschen aller Glaubensbekenntnisse, Hautfarben und Rassen zusammensetzte, war ein beredter Beweis dafür.

Das Nebeneinander von Mutter Teresas Beharren auf der disziplinierten Befolgung der orthodoxen römisch-katholischen Glaubenslehre einerseits und der Vorstellung von Religion als einer Sache des individuellen Gewissens andererseits mag so unbequem und sogar widersprüchlich erscheinen wie der Gegensatz ihrer öffentlichen Beteuerungen der Toleranz und ihrem privat immer wieder geäußerten Wunsch, den Durst Christi nach Seelen zu stillen. Die Widersprüche fanden eine geheimnisvolle Harmonie auf der Ebene des Nichtrationalen und Verborgenen und auf der Ebene des Handelns. Nach seinem Eindruck von Mutter Teresa befragt, sprach der moslemische Präsident Indiens, Zakir Husain davon, wie Mutter Teresa die

verlassenen Kinder und die Sterbenden in Kalkutta aufgesammelt
hatte. Er erzählte die Geschichte, als hinduistische Fanatiker sie aus
dem Pilgerrasthaus werfen wollten, aber nicht bereit gewesen waren
zu tun, was sie und ihre Schwestern für ihre eigenen sterbenden
Hindu-Brüder taten, ganz zu schweigen für leidende Moslems oder
Christen. Er schloß seine Antwort mit Begriffen ab, die dem christlichen Vokabular entstammen: »In ihrem Sprachgebrauch ist diese
Frau, so glaube ich, eine Heilige.« Zakir gab in seiner Antwort also ein
konkretes Beispiel dessen, was die Missionarinnen der Nächstenliebe
getan hatten. Taten waren Mutter Teresa zufolge der Beweis des
Glaubens. Durch Taten, nicht durch Worte drückte sich Glauben in
seiner universalsten Weise aus. Taten sprachen ebenso wie Liebe jene
an, die sich keiner religiösen Anschauung zugehörig fühlten.

Mutter Teresas Taten rückten in den Mittelpunkt eines wachsenden Interesses von seiten der Medien und der Weltöffentlichkeit. Sie
fühlte sich zunächst vor den Kameras schmerzlich unwohl, so sehr
sogar, daß sie sagte, für jedes von ihr gemachte Foto müsse eine Seele
aus dem Fegefeuer entlassen werden. Zugleich war aber in ihr die
Überzeugung, daß Gottes Werk bekannt werden sollte, und wenn das
der Fall war, dann war die Welt berechtigt, mit dem heiligen Paulus zu
fragen: »Wie kann es bekannt werden, wenn es nicht lautbar wird?«
Verbunden mit diesem Verständnis war ihre natürliche Abneigung,
durch Zurückweisung zu verletzen oder zu enttäuschen. Da war auch
der Wunsch, mit Journalisten und Schriftstellern zu dem Zweck zusammenzuarbeiten, sie zur Erfüllung ihrer ureigensten Berufung hin-
zuführen, nämlich der, etwas Schönes für Gott zu schreiben.

Die Anerkennung drückte sich am greifbarsten durch eine Reihe
von Preisen aus, die nicht nur von seiten der Kirche kamen, sondern
aus der ganzen Völkergemeinschaft. Der Magsaysay-Preis für Internationale Verständigung, der Mutter Teresa 1962 in die Lage versetzt
hatte, das Kinderheim in Agra zu kaufen, war nur einer von vielen
Preisen und Ehrungen, die ihr über die Jahre hinweg zuteil wurden.
Früher in jenem Jahr hatte sie bereits vom Präsidenten Indiens, Ra-
jendra Prasad, den »Padma Shri« (Strahlen verbreitender Lotos), Indiens zweithöchste Auszeichnung, erhalten. Als die Nachricht von der
Absicht des Präsidenten Mutter Teresa erreichte, holte sie sich bei Erzbischof Dyer Rat: »Euer Gnaden, als Nonne, die ich bin, sollte ich wohl

nicht nach New Delhi reisen, um den Preis entgegenzunehmen?« Der Erzbischof jedoch wies sie an zu gehen: »Mutter, Sie werden zur Preisverleihung nach New Delhi fahren. Indem er Ihnen diese Medaille übergibt, will der Präsident sicher alle unsere Schwestern ehren, die überall im Land ganz in den Werken der Nächstenliebe aufgehen.« Sie ging hin und bekam den längsten Applaus von allen Ehrengästen. Jawaharlal Nehru, der der Feier beiwohnte, gratulierte dem Objekt seiner steten Bewunderung persönlich. Im Januar 1971 hatte Papst Paul VI. Mutter Teresa einmal mehr seine Unterstützung erwiesen, als er ihr zusammen mit dem ersten vom Vatikan verliehenen »Friedenspreis Johannes XXIII.« einen Scheck über 10 000 englische Pfund zukommen ließ. Mutter Teresa nahm ihn »unverdient« entgegen und teilte ihn dem Bau einer Leprakolonie in Madhya Pradesh zu, zu der die indische Regierung das Land gestiftet hatte. Am 15. Oktober gab ihr die Joseph-P.-Kennedy-Junior-Stiftung in Washington einen Preis in Gestalt einer Bleiglasvase mit einer Gravur des heiligen Raphael und den immer bekannter werdenden Worten: »Mutter Teresa, deren Kämpfe etwas Schönes für Gott geschaffen haben.«

Im November des folgenden Jahres war wiederum die indische Regierung an der Reihe, die ihr diesmal den Nehru-Preis für Internationale Verständigung verlieh. In der Würdigung hieß es, daß sie zu Recht »in der ganzen Welt eine der eindrucksvollsten Manifestationen der Nächstenliebe« genannt werde. Sie habe viele ergebene Menschen in aller Welt dazu angeregt, mit ihr für die obdachlosen, die unversorgten und hilflosen Mitglieder der Gesellschaft zu arbeiten. 1973 erhielt Mutter Teresa als erste den Templeton-Preis für Fortschritt in der Religion. Sie wurde unter den 2000 Nominierten von einer Jury ausgewählt, in der die wichtigsten religiösen Richtungen der Welt vertreten waren, einschließlich Christentum, Judentum, Buddhismus und Hinduismus.

Als der Premierminister der Republik Jemen Mutter Teresa 1974 bat, ihre Schwestern in sein Land zu bringen, sicherte er ihnen seinen persönlichen Schutz zu und schenkte Mutter Teresa einen »Ehrendolch«. Sie nahm ihn als ein Zeichen guten Willens entgegen, bemerkte aber später schmunzelnd: »Man stelle sich vor – mir einen Dolch!« Es war nicht die einzige Ehrung, die etwas aus der Reihe fiel. »Würden Sie für unsere FAO die Ceres sein? Wir wären gerührt, wenn

Sie einwilligten«, schrieb R. Lloyd von der Food and Agriculture Organization der Vereinten Nationen am 25. September 1973. Mutter Teresa antwortete im Dezember: »Danke für Ihren freundlichen Brief. Entschuldigen Sie die verspätete Antwort. Ich bin Ihnen, dem britischen Designer der Medaille und jedermann bei der FAO dankbar, daß man mich vorgeschlagen hat, auf der Medaille abgebildet zu werden. Ich nehme dies nur zu Ehren Gottes und für das Wohl der Armen an. Gott gebe Ihnen seine Liebe für die Liebe, die Sie den Menschen der Erde gegeben haben, und in Dankbarkeit für die großartige Arbeit, die Sie zusammen mit unserem Volk geleistet haben, ist meine Einwilligung nur ein kleines Zeichen.« Und so, in Anerkennung von Mutter Teresas »beispielhafter Liebe und Sorge für die Hungrigen und die Ärmsten der Armen« prägte die Food and Agriculture Organization der UNO ihre Ceres-Medaille im März 1975 mit Mutter Teresa in der Gestalt der römischen Göttin des Ackerbaus.

Die traditionellen Ansichten über die Rolle der Frau, die Mutter Teresa im Juni 1975 in Mexico City auf der Konferenz des Internationalen Jahres der Frau vorgetragen hatte, fanden in den USA weite Verbreitung. Sie standen deutlich im Widerspruch zu anderen Auffassungen, die auf der Konferenz und auch sonst in der Welt häufig vertreten wurden und die einen raschen und revolutionären Wandel der Rolle der Frau verfolgten. Sie taten jedoch ihrer allgemeinen Popularität keinen Abbruch. Mutter Teresa erhielt sogar die Ehrennadel des Voice of America's International Women's Year für ihre Arbeit bei den Armen Indiens. Eine Flut von Briefen zu ihrer Nominierung war bei der Redaktion des Senders Voice of America eingegangen, nachdem man in der Vormittagssendung besonders über sie gesprochen hatte. Am 23. Oktober erhielt sie als eine der ersten den Albert Schweitzer International Prize von der University of North Carolina in Wilmington. Schon am nächsten Tag sprach sie vor einer Spiritual Summit Conference in New York. Sie war als eine von fünf geistlichen Führungsgestalten, die die großen Weltreligionen zu vertreten hatten, zur Sprecherin für das Christentum gewählt worden. Zwei Tage darauf wurde sie am Nationalen Schrein der Unbefleckten Empfängnis in Washington geehrt, als Kardinal O'Boyle, der Vorsitzende des Komitees, ihr im Namen aller Besucher des Schreins ein Geldgeschenk machte.

Am 2. November 1975 nahmen über 700 Menschen an einem besonderen Festakt der St. Francis Xavier University in Antigonish in
Kanada teil, bei dem die inzwischen berühmte Missionarin der Nächstenliebe in einem weißen Sari mit blauer Borte den Ehrentitel eines
Doktors der Rechte erhielt. In seiner Einladung an Mutter Teresa,
diesen Ehrendoktortitel anzunehmen, räumte Malcolm Macdonnell,
der Präsident der Universität, ein, daß ihr Leben und ihre Hingabe
wohl kaum Zeit für solche weltlichen Ehrungen ließen, »aber um
genau das zu erleben, sind wir alle so begierig auf Ihren Besuch. Wir
brauchen nicht nur den Segen Ihrer Gegenwart. Die Universitäts-
lehrer und wir alle sind ebenso arm wie die Menschen, denen Sie Ihr
Leben widmen, wenn unsere Not und unsere Armut auch anderer
Art sind. In allen Lebensbereichen ist Inspiration vonnöten, und wir
sind da keine Ausnahme«.

Am 3. März 1976 verlieh ihr in Indien Indira Gandhi in ihrer
Funktion als Kanzlerin der Vishwa Bharati University deren höchsten Ehrentitel, die Deshikottama (Doktor der Literatur)-Schärpe, in
Anerkennung ihres hervorragenden Beitrags für die Sache der notleidenden Menschheit. »Sie sieht klein aus«, sagte Frau Gandhi über die
Empfängerin, die zu diesem Anlaß mit dem Hubschrauber eingeflo-
gen worden war, »aber an ihr ist nichts Kleines.«

Im Juni 1977 erhielt Mutter Teresa den Ehrendoktor der Theologie
von der University of Cambridge. Es gab manche, die nicht ganz verstehen konnten, mit welcher Berechtigung einer Frau mit begrenzter
akademischer Leistung solch eine Ehre erwiesen werden sollte. Aber
als sie in der Universitätskapelle sprach, war diese voll von Menschen.
Sie hörten mit atemloser Intensität zu, als sie von Liebe und Mitgefühl
sprach, vom Leiden und Darben in der Welt, und wie ein jeder, wer er
und wo er auch sei, helfen könne – mit Liebe und Freundschaft und,
je nach den eigenen Verhältnissen, mit materieller Hilfe. Später im
Jahr trafen sich Mitglieder des Internationalen Ritterordens und der
Unione Cavaleria Cristiana Internazionale in Mailand und Rom zur
italienischen Verleihung des Cavalieri-dell'Umanitá-Preises. Mutter
Teresa stand Seite an Seite neben dem Astronauten Neil Armstrong
als frisch gekürter »Ritter der Menschheit«.

Und so wurde die Liste der Ehrentitel und Preise immer länger. In
Indien hatte die Missionarin der Nächstenliebe eine Position allge-

meinen Respekts erworben. Während man anderen Christen und
Ausländern, die den Armen helfen wollten, vorwarf, Indiens Armut
zu sehr in den Vordergrund zu stellen, und die ständig Probleme mit
der Verlängerung der Visa oder andere Hindernisse zu überwinden
hatten, wurde Mutter Teresa von vielen als Nationalheldin angesehen. Die indische Regierung gewährte ihr alle Arten von Aufenthalts-
und Zollprivilegien. Zahlreiche Vergünstigungen und Zeichen der
Anerkennung, wie die freie Fahrt mit den indischen Staatsbahnen,
erleichterten ihre Arbeit. Einmal hatte Mutter Teresa die indische
Regierung gebeten, sie als Stewardeß bei der indischen Fluglinie arbeiten zu lassen. Dann konnte sie mit ihren verschiedenen Missions-
häusern in Kontakt bleiben, ohne Geld auszugeben, das besser für die
Armen verwandt wurde. Da schenkte ihr Indira Gandhi 1973 einen
Freiflugschein für das gesamte Flugnetz und beraubte damit alle
künftigen Passagiere der Dienstleistungen einer äußerst ungewöhnlichen Stewardeß.

Mutter Teresas Haltung gegenüber den Privilegien und Ehrungen,
mit denen sie überhäuft wurde, war zwiespältig. Sie nahm sie alle entgegen, allerdings mit einem tiefen Gefühl ihres eigenen Unwerts und
der Betonung, sie tue dies nur im Namen der Armen. Die Preise
waren nicht für sie. Sie waren für »ihr Volk«. Sie nahm das Geld an,
weil die Armen in der Welt es so verzweifelt brauchten. Sie unterzog
sich den mit den Ehrendoktortiteln verbundenen Preisverleihungen,
weil sie begriff, daß sie dadurch auch die erreichen konnte, zu denen
sonst die Botschaft von den Ausgestoßenen nicht durchdrang. »Ich
weiß nicht, warum Universitäten und Colleges mir Titel verleihen.
Ich weiß nie, ob ich annehmen soll oder nicht; es bedeutet mir nichts.
Aber es gibt mir die Gelegenheit, Menschen von Christus zu erzählen,
die sonst nichts von ihm hören würden.« Ihr Selbstvertrauen in der
Öffentlichkeit hatte zusammen mit ihrer Überzeugung zugenommen,
daß Erzbischof Périer recht gehabt hatte, als er ihr riet, Zuhörern, die
von Nachrichten über Gewalt und Verzweiflung niedergedrückt wurden, eine Botschaft der Hoffnung zu bringen. Mutter Teresas Absicht
war nie, über ihre Arbeit oder über die Geschichte der Missionarinnen der Nächstenliebe zu sprechen. Ihr Ziel war immer, die Herzen
ihrer Zuhörer mit einer spirituellen Botschaft anzurühren, ihnen die
Frohe Botschaft zu bringen. Sie bereitete niemals eine Rede vor, egal,

wie groß und gebildet die Zuhörerschaft oder wie wichtig der Anlaß
sein mochte; sie betete nur. Pater van Exem erzählte sie einmal, daß
sie vor einem Vortrag in eine Kapelle gehe und dort zehn Minuten
bleibe und dann genau wisse, was sie zu sagen habe. Anschließend,
eine akademische Schärpe unpassend über ihre Strickjacke drapiert,
machte sie einfach das Zeichen des Kreuzes und fing an, über die
Armut zu sprechen, über das Bedürfnis nach der Liebe Gottes und
über die Liebe, die die Mitmenschen spüren konnten. Ohne die Nächstenliebe, so betonte sie, sei es unmöglich, den Gott zu lieben, den
man nicht sehen konnte. Vorkommnisse aus ihrer Arbeit wurden
immer wieder erzählt, um einfache Botschaften anzubringen. Bei der
Entgegennahme des Templeton-Preises erzählte sie einem großen Publikum, darunter auch dem Herzog von Edinburgh:

»Irgendwo in Melbourne besuchte ich einen alten Mann, von dem
niemand wußte, daß es ihn gab, und ich fand sein Zimmer in einem
schrecklichen Zustand, und ich wollte sein Haus, sein Zimmer sauber
machen. Aber er sagte die ganze Zeit: ›Mir geht's gut.‹ Ich entgegnete
nichts, und schließlich erlaubte er es mir. In diesem Zimmer gab es
eine wunderschöne Lampe, die mit dem Staub von Jahren bedeckt
war. Ich fragte ihn: ›Warum machen Sie die Lampe nicht an?‹ – ›Für
wen?‹ fragte er. ›Niemand kommt zu mir; ich brauche keine Lampe.‹
Und ich fragte ihn: ›Werden Sie die Lampe anmachen, wenn die
Schwestern Sie besuchen?‹ Er sagte: ›Ja, wenn ich eine menschliche
Stimme höre, werde ich es tun.‹ Und eines Tages ließ er mir eine
Nachricht zukommen: ›Sagen Sie meiner Freundin, daß das Licht, das
sie in meinem Leben angezündet hat, immer noch brennt.‹ Das sind
die Leute, die wir suchen müssen. Das ist Jesus gestern und heute und
morgen, und Sie und ich müssen wissen, wer sie sind.«

Ihre Sprache war immer einfach, bisweilen grammatisch nicht ganz
richtig, mit häufigen Wiederholungen, aber sie kam direkt vom Herzen. Die Großen und die Niedrigen wurden gleich behandelt, denn in
Mutter Teresas Augen waren alle Kinder Gottes und der Achtung
wert. Sie machte wegen der Vornehmheit gesellschaftlicher Ereignisse keine Kompromisse in bezug auf die Regeln der Gemeinschaft.
Gewisse Zugeständnisse hatte sie jedoch 1967 bezüglich der Essens-

vorschriften für die Schwestern gemacht. Sie durften nun bei Treffen mit anderen Ordensleuten oder wenn in einer Gemeinde andere Ordensleute aßen, an den Mahlzeiten teilnehmen sowie im Hause ihrer Eltern und Großeltern; in anderen Privathaushalten durfte nach der ursprünglichen Regel weiterhin nicht gegessen oder getrunken werden. Das galt auch für die vornehmsten Gelegenheiten, wenn Mutter Teresas Strenge beim Einhalten der Regeln auch oft mißdeutet wurde. Jahre später, als 1989 drei Missionarinnen zu einem Mittagessen im Grosvenor House Hotel in London eingeladen waren, bei dem Prinzessin Diana den Preis Women-of-the-World verlieh, zogen sie sich in ein Seitenzimmer zurück, um »aus Achtung vor den Armen« zu beten und Wasser zu trinken. Prinzessin Diana war nach Aussage eines königlichen Beraters nicht beleidigt, aber die Gazetten versuchten es anders darzustellen. Als beim Empfang anläßlich der Verleihung des Templeton-Preises der Sekt reichlich floß, trank Mutter Teresa wie üblich nur Wasser. Die Botschaft wurde von den Gastgebern bis in die Küche weitergeflüstert, daß Mutter Teresa ein Glas Wasser wünsche. Schließlich wurde es gebracht – in einem Kristallglas auf einem silbernen Tablett, aber es war nichtsdestoweniger Wasser. Es gab auch keine Anpassung der Einstellung oder der Sprache an die gesellschaftliche Stellung des Gegenübers, ebensowenig wie einen Kompromiß im Ausdruck ihrer religiösen Überzeugung. Hier machte auch die Verleihung des Nobelpreises im Jahre 1979, den manche für die höchste Auszeichnung halten, keine Ausnahme.

Es war nicht das erste Jahr, in dem sie für den Preis nominiert worden war. Seitdem er sie für das Fernsehen interviewt hatte, war Malcolm Muggeridge in tiefgehender Weise von ihr beeindruckt und berührt. Er hatte sie – nicht ohne Schwierigkeiten – dazu gebracht, daß sie sich einem BBC-Fernsehteam stellte, das eine Sendung über sie und ihre Arbeit machen sollte. »Nutzen wir also die Gelegenheit«, hatte sie schließlich gesagt, »etwas Schönes für Gott zu tun.« Im Frühjahr 1969 kam Muggeridge nach Kalkutta, wo er in den dreißiger Jahren schon als Journalist gearbeitet hatte. Es standen ihm nur fünf Tage zur Verfügung, um zu filmen. Mutter Teresa war so nervös, daß sie eine der Schwestern bat, sie zur moralischen Unterstützung zu begleiten. Das Sterbehaus war so trüb beleuchtet, daß es unmöglich schien, dort zu filmen. Das Fernsehteam versuchte es trotzdem, und als der Film schließlich entwickelt war, erschien das Innere in ein sanftes und wunderschönes Licht getaucht, während die Außenaufnahmen trübe und verwischt waren. »Das Haus fließt von Liebe über«, sagte Malcolm Muggeridge, »und die Liebe war leuchtend. Gottes unsichtbare allgegenwärtige Liebe. Ein Wunder!« Er nannte den Film »Something Beautiful for God«, schrieb ein Buch über dasselbe Thema und warb in der Öffentlichkeit unermüdlich für Mutter Teresas Arbeit. Er gehörte auch zu denen, die ihre Nominierung für den Nobelpreis vorantrieben. Unter denen, die ihre Kandidatur unterstützten, waren Lester Pearson, der frühere kanadische Premierminister und Nobelpreisträger, Lady Jackson, ein Mitglied der britischen Päpstlichen Kommission für Gerechtigkeit und Frieden, und Mitglieder der »provincial curia of the Hospitaller Order of St John of Jerusalem« (Johanniter).

Als Antwort auf diese erste Nominierung Mutter Teresas für den Nobelpreis kam aus Oslo die Anfrage nach einer näheren Beschreibung ihres Friedenswerkes. Hatte sie einen Krieg zum Stillstand gebracht? Friedensverhandlungen eingeleitet? Friedensmärsche organisiert oder geholfen, die Bevölkerungsexplosion zu bremsen? Die Formulierung der Erläuterungen fiel Malcolm Muggeridge zu: »Ich versuchte zu erklären, daß sie, indem sie ihr Leben ganz und gar Christus widmete, indem sie in jeder leidenden Seele ihren Erlöser sah und sie dementsprechend behandelte, indem sie zusammen mit ihren Missionarinnen eine Art Liebesgenerator in der Welt war, eine Gegenkraft zu dem Machtwahn, der Habgier und den egoistischen Unternehmungen darstellte, aus denen individuelle und kollektive Gewalt in allen ihren Formen entstand.«

Mutter Teresa hatte sich vor einer Reihe von internationalen Gremien für den Frieden ausgesprochen. Am 18. Oktober war sie mit Jean Vanier zusammengekommen, dem Gründer der Arche-Gemeinschaften für Körperbehinderte, um in Toronto über das »Geheimnis des Friedens« zu sprechen. Sie hatte dort wie anderswo über den Frieden gesprochen, der mit einem liebevollen Wort oder einem Lächeln begann, aber nicht jeder konnte die Beziehung herstellen zwischen diesen kleinen Gesten des Alltags und einer internationalen Friedensbewegung. Im Jahre 1972 wurde der Nobelpreis anderweitig vergeben. So auch 1975, als Shirley Williams, die damalige Staatssekretärin für Verbraucherschutz für die britische Regierung, Maurice Strong, Direktor des UNO-Umweltschutzprogramms, Senator Edward Kennedy und Robert McNamara, der Vorsitzende der Weltbank, Mutter Teresas Nominierung unterstützten. Sie hofften, daß die Chancen durch die Tatsache stiegen, daß es das Internationale Jahr der Frau war. Als die Nachricht von ihrer Nominierung die Presse erreichte, strömten aus der ganzen Welt Briefe ein, die diese Nominierung in solch massiver Weise befürworteten, daß sich das norwegische Komitee angeblich unter Druck gesetzt sah.

Natürlich erfuhr Mutter Teresa von dieser Lobby zu ihren Gunsten. »Es wird erst dann kommen, wenn Jesus die Zeit für gekommen hält«, war ihre Reaktion. Die Missionarinnen hatten dennoch schon einmal ausgerechnet, daß das mit dem Preis verbundene Geld ausreichen würde, um 200 Leprastationen einzurichten – »also werden unsere Leute dafür beten müssen«. 1977 erneuerte Lady Jackson diskret die Nominierung von Mutter Teresa. Erst ganz spät, am 17. Oktober 1979, kam die Nachricht, daß der mit 90 000 Pfund dotierte Preis an die Frau gehen würde, in deren Händen »die Allerelendsten Mitleid ohne Herablassung empfangen haben«. Scharen von Journalisten drangen in das Mutterhaus in Kalkutta ein. »Ich bin nicht würdig«, sagte die Preisträgerin, »aber ich danke Gott für dieses gesegnete Geschenk an die Armen.« Sichtlich verlegen angesichts der surrenden Fernsehkameras, fügte sie nachdrücklich hinzu: »Und nun werde ich mich irgendwo verstecken.« Ihre Scheu, zu irgendeinem Teil der Schöpfung unfreundlich zu sein, wurde auf eine harte Probe gestellt. »Letzte Nacht war es so, als wären die Geier herabgestoßen«, meinte sie am nächsten Morgen. Dann aber fing sie sich: »Aber sogar Geier können schön sein.«

Am 8. Dezember setzte sie in Begleitung von Schwester Agnes und Schwester Gertrude bei zehn Grad minus ihren Fuß auf die Rollbahn des internationalen Flughafens von Oslo. Das Preiskomitee hatte ihr zwei zusätzliche Flugscheine geschickt, und sie hatte ihre beiden ersten Mitschwestern ausgewählt »als Zeichen von Liebe und Dankbarkeit gegenüber allen Schwestern der ersten Gruppe für ihren Mut mitzumachen, als noch nichts da war«. Man bot ihnen schwere Pelzmäntel und pelzgefütterte Stiefel an, um sich vor der Kälte zu schützen, aber Mutter Teresa lehnte höflich ab. Erst auf Drängen der

Nonnen von St. Joseph, bei denen die Schwestern während ihres Aufenthalts in Oslo wohnten, willigten die drei Schwestern aus Kalkutta ein, wollene Socken in ihren Sandalen zu tragen. Das übliche Festbankett war auf Mutter Teresas Bitte abgesagt worden. Sie meinte, sie hätte lieber das Geld für jene, die es wirklich brauchten, und die dafür vorgesehenen 3000 Pfund wurden auch ordnungsgemäß dem Preisgeld hinzugefügt, zusammen mit weiteren 36 000 Pfund, die junge Norweger gesammelt hatten.

Fotografen und Journalisten verfolgten sie von der ersten bis zur letzten Minute ihres Aufenthalts in Oslo. Ein strenger Zeitplan begann mit dem Moment der Landung mit einem Empfang, den der indische Botschafter in Norwegen für sie gab. Unter den fast 1000 Gästen, die sie dort erwarteten, waren der norwegische Außenminister, der Oberste Richter und Mitglieder des Königshauses; dazu kam ein internationales Pressekorps, das größer war als alle anderen, vor denen sie bis dahin hatte sprechen müssen. Auf die Frage, warum sie persönlich gekommen sei, um den Preis entgegenzunehmen, machte sie eine Aussage, die das Leitmotiv ihrer öffentlichen Kommentare in Oslo sein sollte. Sie war dankbar für das Geschenk, das Heime für die Obdachlosen und die Leprafamilien schaffen würde, aber sie war besonders dankbar für »das Geschenk der Anerkennung der Ärmsten der Armen«. »Ich selbst bin dieses Preises nicht würdig. Ich möchte ihn nicht persönlich. Aber mit diesem Preis hat das norwegische Volk die Existenz der Armen anerkannt. In deren Namen bin ich gekommen.« Am Sonntag, dem 9. Dezember, wurde in der katholischen St. Olafs Kathedrale eine Morgenandacht abgehalten, die Nachmittagsmesse in der Kapelle des St. Josephs-Instituts, und am Abend gab es einen ökumenischen Gottesdienst in der lutherischen Domkirche von Oslo. Anschließend, als die Mitglieder der Gemeinde in die kalte norwegische Nacht hinaustraten, bekamen sie eine Fackel in die Hand. Ein Fackelzug bewegte sich durch die Straßen von Oslo zur Norwegischen Missionsgesellschaft, in deren Saal der Lutherische Frauenbund ein Essen für 500 Menschen vorbereitet hatte.

Am 10. Dezember 1979 nahm Mutter Teresa in Gegenwart von König Olaf V., Kronprinz Harald, Kronprinzessin Sonja und anderen Würdenträgern die Goldmedaille und den Scheck so entgegen, wie sie alle anderen Ehrungen empfangen hatte, »unwürdig«, aber »dankbar im Namen der Armen, der Hungrigen, der Kranken und der Einsamen«. Ebenfalls anwesend bei der Feier waren ihr Bruder Lazar und dessen Tochter Aggi, Bischof Nikola Prela, der albanische Generalvikar in Skopje, und eine Anzahl Mit-Arbeiter, darunter Mutter Teresas zwei andere »Selbst« – Ann Blaikie und Jacqueline de Decker.

Sogar in der großen Aula der Universität von Oslo, mit den Augen der Weltöffentlichkeit auf sich gerichtet, wich Mutter Teresa nicht von ihrer Praxis ab, ohne Notizen zu sprechen. Bevor sie die Ansprache (siehe Anhang) hielt, zu der sie sich nur mit einem Zeichen des Kreuzes vorbereitete, rief sie die Zuhörerschaft auf, das Gebet des heiligen Franziskus zu sprechen, und im Namen des Friedens beteten alle Anwesenden – Katholiken, Lutheraner, Anglikaner, Griechisch-Orthodoxe und alle, die vergessen hatten, wie man betete – gemeinsam die Worte: »Herr, mache mich zu einem Boten deines Friedens, daß ich dort, wo Haß ist, Liebe bringe.« Laut Pater van Exems Kommentar »konnte nur Mutter sich so etwas leisten«.

Vom Podium der großen Aula aus ermahnte eine Gestalt in einem einfachen Baumwollsari und Sandalen ihre begeisterte Zuhörerschaft, daß sie dazu erschaffen waren, Gottes Geschenk des Friedens zu leben. Gott war Mensch geworden, um die Frohe Botschaft zu verkünden, und diese Botschaft war Frieden für alle Menschen guten Willens. Sie erklärte anschließend: »Ich fühle, daß heute der größte Zerstörer des Friedens die Abtreibung ist, denn sie ist ein direkter Krieg, ein direktes Töten, ein direkter Mord durch die Mutter selbst.« Sie sprach von den Armen als großartigen und wunderbaren Menschen, die kein Mitleid brauchten, sondern Verständnis. Sie erzählte von dem Lächeln auf den Gesichtern der Sterbenden und von dem vierjährigen Hindu-Jungen, der seine Zuckerration drei Tage lang aufgehoben hatte, damit Mutter Teresas Kinder sie haben konnten. Sie erzählte auch, wie sie einmal in Europa zu einem Altersheim gebracht worden war:

»Und ich ging hinein und sah, daß sie da in dem Heim alles hatten, wunderschöne Sachen, aber alle schauten nur zur Tür. Und ich sah keinen einzigen mit einem Lächeln im Gesicht. Und ich wandte mich an die Schwester und fragte: ›Wie kommt das? Was ist mit all diesen Menschen, die alles haben, warum schauen sie alle nur zur Tür?

Warum lächeln sie nicht?‹ Und sie sagte: ›Das ist fast jeden Tag so. Sie warten, sie hoffen, daß ein Sohn oder eine Tochter zu Besuch kommt. Sie sind traurig, weil sie vergessen worden sind.‹«

Schließlich rief Mutter Teresa das norwegische Volk auf zu lieben, zu teilen und zu lächeln:

»Ich glaube, es ist wichtig, daß wir unser Leben schön leben; denn Jesus ist bei uns, und er liebt uns. Wenn wir uns nur immer erinnern könnten, daß Gott uns liebt, und wir eine Gelegenheit haben, andere zu lieben, wie er uns liebt, nicht in großen Sachen, sondern in kleinen Dingen mit großer Liebe, dann wird aus Norwegen ein Hort der Liebe.«

Die Botschaft, die sich auf das Leben des ungeborenen Kindes bezog, war möglicherweise unpopulär in einem Land, in dem kurz zuvor die öffentlich finanzierte Abtreibung leicht zugänglich geworden war. Aber Mutter Teresa kannte keinen Kompromiß hinsichtlich ihrer Überzeugung. Bei dem informellen Empfang, der das Festbankett ersetzte, nahm sie wie üblich nur ein Glas Wasser, aber sie hatte ein Lächeln für jeden der Tausende, denen sie begegnete. Diejenigen, die wußten, daß solche Anlässe zu Mutter Teresas größten Prüfungen gehörten – als solche brachten sie sie sogar dem Himmel näher –, wunderten sich über ihre gelassene Heiterkeit. Man war sich einig, daß die Preisverleihung an Mutter Teresa eine der am wenigsten umstrittenen war. Im Jahr zuvor war der Preis an Menachem Begin, den israelischen Premierminister, gegangen. Die Norweger waren wegen möglicher Anschläge von internationalen Terroristen derart in Sorge gewesen, daß die Feiern in Oslos alte Festung verlegt worden waren. Für Mutter Teresa mußten keine solchen Vorsichtsmaßnahmen getroffen werden. Statt dessen verlief alles ohne den geringsten Störfall. Die möglicherweise unpopuläre Botschaft schien die Beliebtheit ihrer Vertreterin kaum zu mindern, vielleicht weil Mutter Teresa das Christentum, über das sie sprach, auch verkörperte. Sie hatte es gelebt, bevor sie es beschrieb und bevor sie dafür berühmt wurde. Bei dieser Gelegenheit wurde vieles deutlich: daß der Glaube sich tatsächlich am besten in der Tat zeigt, daß die Erfolge haben, die nichts erstreben, und daß die Werke der Liebe die Werke des Friedens sind.

Am Dienstag, den 11. Dezember, hatten alle Osloer Zeitungen Bilder von Mutter Teresa auf der Titelseite. Ein norwegischer Journalist schrieb in »Aftenposten«: »Wie gut ist es, die Weltpresse einmal von einem richtigen Stern gefesselt zu sehen, mit richtigem Glanz, von einem Star ohne Perücke, ohne Make-up, ohne künstliche Wimpern, ohne Nerz und ohne Diamanten, ohne theatralische Gesten und Ticks. Ihr einziger Gedanke ist, wie sie den Nobelpreis in der bestmöglichen Weise für die Ärmsten der Armen in der Welt nutzen kann.«

Von dem Moment an, als sie »Mutter Teresa, die Nobelpreisträgerin« wurde, sollte die Presse die »Heilige aus den Slums« nie mehr völlig aus den Augen verlieren. Wenn sie gedacht hatte, sie würde sie in Oslo zurücklassen, sollte sie enttäuscht werden, denn trotz des Widerstands von seiten einiger Anti-Gandhi-Extremisten wartete Indien nur darauf, einer Bürgerin seine Wertschätzung zu zeigen, die internationale Anerkennung gefunden hatte.

Mutter Teresa kehrte nicht unmittelbar nach Indien zurück. Von den Familien der amerikanischen Geiseln im Iran war die Bitte an sie herangetragen worden, sich persönlich für die Gefangenen einzusetzen und ihre Freilassung zu erwirken. Mutter Teresa wußte zugegebenermaßen wenig über die politische Komplexität des Problems. Die aktiven Anforderungen in ihrem Leben ließen ihr nur wenig Zeit, Zeitung zu lesen oder Nachrichten zu hören, aber sie reagierte auf eine offenkundige menschliche Not, indem sie zur Iranischen Botschaft in Rom ging und darum bat, den Ayatollah entweder per Telefon oder im Iran selbst zu sprechen. Die Iranische Botschaft gab der neuen Nobelpreisträgerin überhaupt keine Antwort.

Als Zeichen von Indiens Wertschätzung wurde Mutter Teresa jedoch eine von nur drei Indern, die jemals mit einem offiziellen Empfang innerhalb der Mauern des historischen Roten Forts in Delhi geehrt wurden. Die beiden anderen waren Nehru und Indira Gandhi. Der Empfang war von einer hinduistischen Organisation in Anerkennung der Verleihung des Friedensnobelpreises vorbereitet worden; zugegen war alles, was in der Hauptstadt Rang und Namen hatte: der Premierminister, Kabinetts- und Regierungsmitglieder, Diplomaten und Geschäftsleute. Nach den üblichen Glückwünschen und Ansprachen erhob sich Mutter Teresa, um zu sprechen. Sie erzählte die Geschichte

von dem Leprakranken, der einige Tage zuvor an der Tür des Mutterhauses geklingelt hatte. Ihre Erzählung warf ein deutliches Licht auf
die Perspektive, aus der sie ihre internationale Anerkennung sah:

»Der Leprakranke zitterte vor Kälte. Ich fragte ihn, ob er irgend etwas
von mir brauchte. Ich wollte ihm Essen und eine Decke anbieten,
damit er sich gegen die bittere Nachtkälte in Kalkutta schützen
konnte.

Er lehnte ab. Er zeigte mir seine Bettlerschüssel. Er sagte zu mir
auf Bengali: ›Mutter, die Leute sagen, daß du irgendeinen Preis gewonnen hast. Heute morgen habe ich mir vorgenommen, dir heute
abend das zu schenken, was ich mir am Tag zusammengebettelt habe.
Deshalb bin ich hier.‹

Ich fand in der Bettlerschüssel 75 Paise (etwa sechs Pfennige). Die
Gabe war klein. Ich habe sie noch heute auf meinem Tisch, denn
diese kleine Gabe offenbart mir die Größe eines menschlichen Herzens. Sie ist wunderbar.«

Die kleine Gabe des Leprakranken behielt sie auf ihrem Tisch, die
Medaille des Nobelpreises hatte sie während des Empfangs verlegt;
nach einigem Suchen fand man sie unter den Mänteln in der Emp-
fangshalle.

Zahlreiche weitere Ehrendoktortitel und Preise sollten folgen. Im
Rashtrapati Bhavan, dem Präsidentenpalast in New Delhi, verlieh
ihr der indische Präsident Neelam Sanjiva Reddy die höchste zivile
Auszeichnung, den »Bharat Ratna« (Juwel von Indien). Nicht die
geringste unter den anderen Ehrungen war die Goldmedaille des offiziellen Sowjetischen Friedenskomitees, bei dessen Verleihung Mutter Teresa prompt sagte, sie sei sehr daran interessiert, ihre Schwestern in die Sowjetunion zu schicken. Am 20. Juni 1985 verlieh ihr
im Weißen Haus in Washington Präsident Reagan die Freiheitsmedaille der USA und nannte sie eine »Heldin unserer Zeit«. Ronald
Reagan sagte, der Preis werde gewöhnlich an US-Bürger vergeben,
»auf die das Land stolz sein kann«, aber an Mutter Teresa werde
deutlich, daß »das Gute in manchen Herzen alle Grenzen und alle
engen nationalistischen Sichtweisen überschreitet«.

Bücher über ihr Leben und Wirken erschienen in vielen Sprachen. Malcolm Muggeridge gab zu, daß die Übersetzung von »Something Beautiful for God« (»Mutter Teresa. Ein Leben für die Ausgestoßenen«) in immer mehr Sprachen für ihn Anlaß zu besonderem Stolz und Zufriedenheit war. Einige Bücher wurden mit Mutter Teresas Zustimmung geschrieben, andere ohne. Die meisten schienen die Herzen und Leben der Menschen in einer Weise zu berühren, die Mutter Teresa bejahen konnte. Sie pflegte nicht zu lesen, was man über sie schrieb. Während sie die Schwestern darauf hinwies, daß die Zunahme öffentlicher Aufmerksamkeit ihnen noch größere Bescheidenheit auferlegte, schien sie sich allmählich mit der Wichtigkeit, öffentlich die Frohe Botschaft zu verkünden, abzufinden und anzuerkennen, daß die Nutzung ihres Beispiels und ihrer Worte, manchmal sogar unbeabsichtigt, zu einem Verständnis spiritueller Wahrheit führen konnte. Sie selbst schrieb nicht, außer an die Schwestern, an ihre Mit-Arbeiter und an Freunde. Die Botschaft blieb unverändert, die Aussage einfach bis zum Extrem, aber oft mit einem spontanen Rhythmus, lyrischen Elementen und sogar Schönheit.

»Auch heute, wenn Jesus zu den Seinen kommt, kennen die Seinen ihn nicht! Er kommt in den verfaulten Körpern unserer Armen; er kommt sogar in denen der Reichen, die an ihren eigenen Reichtümern ersticken. Er kommt in der Einsamkeit ihrer Herzen und wenn niemand da ist, um sie zu lieben. Jesus kommt zu dir und zu mir, und oft, sehr oft, gehen wir an ihm vorbei.

Freude ist Gebet – Freude ist Stärke – Freude ist Liebe, Freude ist ein Netz von Liebe, mit dem man Seelen fangen kann.

Heute müssen wir mehr denn je um Licht bitten, damit wir das Wort Gottes wahrnehmen, damit die Liebe den Willen Gottes annimmt, damit der Weg Gottes Willen erfüllt.

Gott ist der Freund der Stille. Wenn wir wirklich beten wollen, müssen wir erst zuhören lernen, denn Gott spricht in der Stille des Herzens.

Die Frucht der Stille ist das Gebet,
Die Frucht des Gebets ist der Glaube,

Die Frucht des Glaubens ist Liebe, und
Die Frucht der Liebe ist Stille.

Laßt uns keine Bomben und Kanonen benutzen, um der Welt Herr zu
werden. Laßt uns Liebe anwenden und Mitleid. Frieden beginnt mit
einem Lächeln.«

Mutter Teresas Sprachgebrauch war so anspruchslos wie ihr Geschmack in religiöser Kunst, ihre Liebe zu kleinen Plastikstatuen der
Jungfrau Maria oder Gebetskarten mit dem blutenden Herzen Jesu.
Rhythmische Wortfolgen waren leicht zu behalten, und darin lag ein
sehr praktischer Wert. Sie liebte es beispielsweise, die Hand eines
Menschen zu nehmen und ihn zu bitten, ihr, während sie an den Fin-
gern abzählte, nachzusprechen: »Ihr habt es mir getan.« Für sie gab es
einen Wert in der bloßen Wiederholung. Das Gebet bestand nicht aus
vielen Worten, sondern im einfachen Hinwenden des Herzens zu
Gott. Ebenso waren alle Worte nutzlos, solange sie nicht »von innen
kamen«. Ihre eigenen Worte, absichtlich dem Gebet und der Stille entnommen, bezeugten ihren Glauben, daß der Wert von Worten wie der
Wert einer kleinen Plastikstatue darin lag, daß sie über sich hinaus-
weisen konnten auf eine Wirklichkeit, die unendlich viel größer war.
Auf diese Weise wurden sie »schön«. So kam es, daß ihre Beteiligung
an einem Projekt oft davon abhing, ob sie in dessen Urheber die Anerkennung dieses Prinzips spürte, des Prinzips, etwas nur zur Ehre
Gottes zu tun, was wiederum die Konturen des Bekannten auflösen
und es zu etwas Großartigem und Herausforderndem verwandeln
konnte.

Auf dem internationalen Kapitel der Mit-Arbeiter, das am 15. und
16. Mai 1982 in Rom stattfand, gab Mutter Teresa zwei jungen amerikanischen Schwestern, Anne und Jeanette Petrie, die Erlaubnis,
einen Film über ihr Leben und Wirken zu drehen. Das Filmteam
begleitete sie auf einigen Reisen nach Beirut, in die USA und andere
Länder. Der entstandene Dokumentarfilm mit dem Titel »Mutter
Teresa« wurde fünf Jahre später in der Hauptversammlung der UNO
gezeigt. Mutter Teresa war selbst in New York, um vor einem ausgewählten Publikum aus Tausenden von Diplomaten und Würdenträgern zu sprechen, die im UNO-Hauptquartier zusammengekom-

men waren, um den 40. Jahrestag der Organisation zu begehen. Auf
einer großen Leinwand über dem Podium in der Halle erschienen Bilder von den Hungernden in Guatemala, den Krüppeln in Beirut und
den Sterbenden in Kalkutta. Es war ein geeignetes Forum für die Pre-
miere eines Films über eine Frau, die Anne Petrie als eine »Weltbür-
gerin« bezeichnete. In der Tat erlangte der Film weltweiten Ruhm. Im
Juli 1987 erhielt er auf dem 15. Internationalen Filmfestival in Moskau
den Preis des Sowjetischen Friedenskomitees. Nachdem der Film
mehrere Male gezeigt worden war und stehenden Applaus bekommen hatte, erhielt Mutter Teresa eine Einladung des Sowjetischen
Friedenskomitees und der russisch-orthodoxen Kirche, die Sowjetunion zu bereisen. Der Film trug viel dazu bei, das Wirken der Missionarinnen und damit die »Frohe Botschaft« unter denen zu verbreiten, die nicht unbedingt ein Buch darüber gelesen hätten oder die sich
ein solches Buch erst gar nicht besorgen konnten. Der Film wurde
sogar auf dem 9. Internationalen Filmfestival in Kuba gezeigt, und
eine abgeänderte Version wurde im ganzen Land vorgeführt.

Die Entstehungsgeschichte eines weiteren und ganz anderen
Films sollte weniger glatt verlaufen. Im Dezember 1982 unterzeichnete Mutter Teresa einen förmlichen Vertrag, der dem französischen Autor Dominique Lapierre und seiner Frau, die ebenfalls Dominique hieß, die Exklusivrechte für einen Film über ihr Leben und
das der Missionarinnen gab. Dominique Lapierre war zusammen
mit Larry Collins Autor einer Serie von Bestsellern, einschließlich
eines berühmten Werkes über die Unabhängigkeit Indiens – »Um
Mitternacht die Freiheit«. Die Forschungsarbeit für dieses Buch war
für Dominique Lapierre der Beginn einer tiefen Zuneigung zu Indien, und sein folgender Roman über die Einwohner von Kalkutta,
»Stadt der Freude«, führte ihn mit allen Arten von kleineren »Heiligen« zusammen, bis er schließlich auf Mutter Teresa und ihre Missionarinnen der Nächstenliebe stieß. Diese Begegnung regte ihn zu
einem tiefgehenden und dauerhaften Engagement für humanitäre
Arbeit in Indien an und veränderte sein Leben. Später dann war er
zutiefst beeindruckt von Richard Attenboroughs Film »Gandhi«.
Dies, zusammen mit dem Eindruck des französischen Films über
das Leben von St. Vincent de Paul, hatte ihn von der besonderen
Macht des Mediums Film überzeugt, das einem Publikum, das kaum

ein religiöses Buch lesen würde, eine spirituelle Botschaft übermitteln konnte.

Tatsächlich wollte er sogar ein Publikum erreichen, das sich eigentlich nichts aus Dokumentarfilmen machte. Es hatte sich nämlich mit der Zeit herausgestellt, daß selbst einem Dokumentarfilm, so lobenswert und erfolgreich wie dem der Petrie-Schwestern, das fehlte, was die Programmexperten als »Spitzenzeit-Appeal« bezeichneten. Der von Anne und Jeanette Petrie gedrehte Film wurde in den USA nie zur Hauptsendezeit gezeigt. Das französische Fernsehen zeigte ihn um 22.30 Uhr, nachdem es ihn um ein Drittel gekürzt hatte. Auch das britische Fernsehen zeigte nur die gekürzte Version. Aus diesem Grund wollte Dominique Lapierre einen Film mit einer erfundenen Handlung drehen, der aber dennoch den Geist Mutter Teresas genau wiedergeben würde. Er sah in der Produktion eines Films, der die Botschaft von Mutter Teresas Leben durch eine Schauspielerin einem weltweiten Publikum vorstellen würde, eine Art Apostolat, zu dem er sich berufen fühlte, und nach zweijähriger Bedenkzeit gab Mutter Teresa seiner Überzeugung statt – unter einer Bedingung:

»Herr und Frau Dominique Lapierre sind frei, ihr Drehbuch in der ihnen geeignet erscheinenden Weise zu konzipieren, zu schreiben und ihren Film zu produzieren, solange ihr Werk der Sache der Ärmsten der Armen dient.«

Schwierigkeiten sollten jedoch sowohl in Verbindung mit dem Drehbuch als auch mit der Wahl der Schauspielerin entstehen, die die Rolle einer Frau zu spielen hatte, die immer mehr Menschen als lebendige Heilige betrachteten. Die Vorstellungen von Leuten, die ihr Geld in einen erhofften Kassenerfolg investieren wollten, und die Ansichten Mutter Teresas, deren Hauptaugenmerk spiritueller Art war, die Wert darauf legte, daß »kleine Dinge mit großer Liebe« getan wurden, und deren Einstellung gegenüber der Wahrheit keinen Kompromiß duldete, waren natürlich schwer zu vereinbaren. Der Interessenkonflikt verschärfte sich weiter, als beispielsweise die Presse erfuhr, daß Glenda Jackson die Rolle von Mutter Teresa übernehmen sollte. Die Journalisten hoben genüßlich die Absurdität hervor, daß eine Schauspielerin, die in »Liebende Frauen« und »Mann, bist du Klasse« etwas anrüchige Rollen gespielt hatte, die Hauptrolle in der Lebensgeschichte einer »heiligen Nonne« spielen sollte. Tatsächlich fand man es später doch angemessener, die Rolle einer relativ unbekannten Schauspielerin zu geben. Es war im wesentlichen ein Konflikt zwischen der Erfordernis, die Botschaft Mutter Teresas in populäre Begriffe zu fassen, die den Kassenerfolg sicherten, was für Dominique Lapierre wichtig war, denn der Film zielte ja gerade auf Menschen ab, die ohne das Medium Film die Botschaft nie erhalten würden, und Mutter Teresas Zurückhaltung, die Tatsachen nach kommerziellen Gesichtspunkten zu verzerren. Die Auseinandersetzungen darüber zogen sich über mehrere Jahre hin.

»Nicht nötig, etwas für das Publikum hinzuzufügen«, schrieb sie den Lapierres im August 1989. »Es stimmt, ich weiß nichts über Filme – aber eines weiß ich, daß wir dem Publikum das wahre und wunderbare Geschenk Gottes geben müssen: unsere Armen.« Zu Ostern 1988 hatte sie ihre ursprüngliche Erlaubnis von 1982 zurückgezogen. Aufgrund der Mißbilligung des Films hatte die indische Regierung, stets empfindlich bezüglich der Aufmerksamkeit, die die Weltöffentlichkeit der Armut in Indien widmete, der Filmgesellschaft die erforderliche Erlaubnis verweigert, für den Fernsehfilm »Im Namen der Armen Gottes« in Indien zu filmen. Den Lapierres gelang es jedoch noch einmal, Mutter Teresa von ihrer aufrichtigen Absicht zu überzeugen, einen Film »zur größeren Ehre Gottes und zum Wohl der Menschen« zu drehen. Mutter Teresa schrieb an Rajiv Gandhi, und der indische Premierminister gab auch prompt seine Zusicherung, daß das Informationsministerium grünes Licht erteilen würde. Mutter Teresa verlangte bestimmte Änderungen im Drehbuch, und im August 1990 bestätigte Pater Gaston Roberge nach Lektüre der abgeänderten Fassung, daß die Änderungen in Wort und Sinn vorgenommen worden seien. Dennoch sollte Mutter Teresa nochmals ihre Erlaubnis verweigern, und das Patt dauerte an.

Beide Seiten waren nun verletzt. Mutter Teresa, weil »die Erlaubnis, die ich gegeben habe, auf meinem Mißverständnis Ihrer Absichten beruhte. Ich glaubte fälschlicherweise, daß alles, was geschrieben würde, auf den Tatsachen unseres Wirkens und Lebens als Missionarinnen der Nächstenliebe beruhte, zur Ehre und zum Ruhm Gottes, und daß es der Sache der Ärmsten der Armen dienen würde«. Ihre

Vorbehalte waren zweifellos dadurch verstärkt worden, daß die von Dominique Lapierres Bestseller »Beyond Love« über das Entstehen und die Ausbreitung von Aids ausgehende Publicity eine unwillkommene und falsche Aufmerksamkeit auf die Arbeit der Missionarinnen bei Aids-Patienten in den USA gelenkt hatte. Die Lapierres wiederum fühlten sich ungerecht behandelt und waren enttäuscht darüber, daß ein förmlich unterzeichneter und bestätigter Vertrag mit einem solch offenkundigen Mangel an Verständnis für die Realität behandelt werden konnte. Das betraf sowohl die Mittel, durch die die Botschaft ausgedrückt werden sollte, als auch die praktischen und finanziellen Probleme, die sich aus Mutter Teresas Meinungsumschwung ergaben. Mutter Teresa, die ständig mit Anfragen nach ihrer Anwesenheit bei unzähligen Ereignissen oder nach der Erlaubnis für Bücher und ähnliche Vorhaben überschüttet wurde und stets umgeben war von Menschen, die sie bewunderten und respektierten, verstand möglicherweise gar nicht, daß die Tatsache, daß ein Film ihr Leben beschrieb, nicht automatisch dessen Aufführung vor einem Publikum garantieren würde, das sich in jeder Weise von einer Versammlung aus Diplomaten und Würdenträgern im UN-Gebäude unterschied. Man gab Dominique Lapierre deutlich zu verstehen, daß das amerikanische Fernsehen von der Idee einer Heiligen überhaupt nicht angetan war. Ein Kompromiß war nötig, und er spürte, daß er ihn gefunden hatte. Als Mutter Teresa Veränderungen gefordert hatte, waren sie vorgenommen worden. Ihre Behauptung, daß sie selbst unter diesen Umständen »nur im Interesse der Ärmsten der Armen handele«, wenn sie alle vorher getroffenen Abmachungen widerrief, war nicht leicht verständlich für jemanden, der von ganzem Herzen an Mutter Teresa und an seine eigene Berufung glaubte, ihre Botschaft an die Welt weiterzugeben. Pater van Exem, der das Drehbuch gelesen hatte, glaubte, daß der Film sehr viel Gutes bewirken würde. Das Projekt hatte auch die eindeutige Unterstützung des Vatikans, aber Anfang 1992 zog Mutter Teresa mit einem für sie seltenen, ja sogar einzigartigen Widerstand gegen die Wünsche des Vatikans dennoch ihr Einverständnis zurück.

Mutter Teresas Beziehung zum Vatikan wurde immer enger. Während einer ihrer ersten Besuche im Petersdom hatte Papst Paul VI. sie versehentlich als Mutter Teresa von Delhi bezeichnet. Sosehr sie sich manchmal auch nach Anonymität sehnen mochte – die Chancen dafür waren nun unendlich gering. Ein Zeichen für die Achtung, die Papst Johannes Paul II. Mutter Teresa entgegenbrachte, war im Oktober 1980 die Einladung, vor der Weltbischofssynode in Rom zu sprechen. Das Thema der Synode war die christliche Familie in der modernen Welt. Der Papst hatte Mutter Teresa von seiner Besorgnis über das Auseinanderbrechen der Familie unterrichtet, und sie teilte offenkundig seine Ansichten über Geburtenkontrolle, Abtreibung und die Pflicht der Kirche, das Gebot »Du sollst nicht töten« zu vertreten, bis hin zur Teilnahme an Demonstrationen der »Bewegung für das Leben« in Italien. Als Mutter Teresa vor der Synode sprach, fühlte sie sich dazu veranlaßt, zu größerer Heiligkeit auf seiten der Priester aufzurufen. Uneingeschüchtert von der hochwürdigen Versammlung von Kirchenmännern vor ihr, rief sie den Anwesenden ihre Rolle bei der Förderung spiritueller Werte im Leben der Familie eindringlich ins Gedächtnis.

Es gab zwischen Mutter Teresa und Papst Johannes Paul II. eine klar erkennbare Beziehung gegenseitiger persönlicher Achtung und Zuneigung. Der allgemeinen Öffentlichkeit wurde dies besonders deutlich, als Mutter Teresa Papst Johannes Paul II. während seines Indienbesuchs im Jahre 1986 durch das Sterbeheim in Kalkutta führte. Diesen Tag beschrieb sie als den glücklichsten in ihrem Leben. Als der Papst in seiner päpstlichen Limousine direkt vom Flughafen Dum Dum zu ihr kam, stieg sie in den Wagen, um seine Füße zu berühren, aber er segnete sie mit einem Kuß auf die Stirn und einer Umarmung. Mutter Teresa stellte ihn dem »sevayat«, dem Oberpriester des benachbarten Kali-Tempels, vor und führte ihn dann zu einem ihm zu Ehren errichteten Baldachin, wo sie ihm eine Blumengirlande umlegte. Der Papst nahm die Girlande ab und legte sie ihr um den Hals; die zur Begrüßung versammelte Menge jubelte. Der Papst verbrachte fast eine dreiviertel Stunde im »Nirmal Hriday«, gab einigen Insassen zu essen und blieb vor dem einen oder anderen Feldbett stehen, um die Hand eines Leidenden zu halten und ihn zu segnen. Er zollte der Arbeit Mutter Teresas unter den Armen höchste Anerkennung: »Für die Obdachlosen und die Sterbenden ist ›Nirmal Hriday‹ ein Ort der Hoffnung. Dieser Ort stellt die tiefe Würde jedes Menschen dar.« Was Mutter Teresa anbelangte, so sah sie in seiner Gegenwart ein wirk-

liches Gottesgeschenk: »Er berührte das Leben selbst in jedem hier. Er
segnete und rührte jeden. Wir sind sehr glücklich darüber, daß der
Heilige Vater unsere Armen berührt hat.«

Abgesehen von aller Wertschätzung persönlicher Art, war Mutter
Teresa als allgemein anerkannte Nobelpreisträgerin von unbestritte-
ner Orthodoxie und Ergebenheit für die römisch-katholische Kirche
als Botschafterin von unschätzbarem Wert. Sie selbst, die ihre Schwestern beständig aufforderte, dafür zu beten, daß alles, was sie taten,
zur höheren Ehre Gottes und seiner Kirche gereichte, nahm diese
Rolle willig an. Mutter Teresa hatte rasch begriffen, daß ihre Gegenwart allein nun ausreichte, um die Augen der Welt auf eine besondere
Not zu lenken, daß sie auch dort auftreten konnte, wo andere katholische Kirchenführer nicht erscheinen konnten, und daß ihr hohes öffentliches Ansehen, das ihr persönlich äußerst unangenehm war, ihr
doch die Möglichkeit zur Einflußnahme gab.

Wegen ihrer Anwesenheit kamen immer mehr Prominente nach
Kalkutta und sahen sich unversehens dazu aufgefordert, die Armen
im übertragenen oder buchstäblichen Sinne zu berühren. Kurz nach
dem Papst war es der Erzbischof von Canterbury, der ihr seine Auf-
wartung machte. Aber nicht nur Kirchenmänner fühlten sich zu ihr
hingezogen. Unter den Besuchern, die darauf warteten, sie zu sehen,
während die Schwestern im Hofe des Mutterhauses geschäftig herum-
wirtschafteten, waren Filmstars wie Gina Lollobrigida oder auch internationale Cricketspieler. »Cricket?« fragte Mutter Teresa einen solchen Besucher und machte eine Spielbewegung nach. »Wird das so
gespielt? Oder so?« Ihr Arm vollführte eine Art Baseballschlag. Sie
erzählte dem Cricketspieler aus Derbyshire, Bob Taylor, daß sie und er
beide gleichermaßen Christus dienten. »Sie müssen dieses Spiel einfach so gut wie möglich spielen, denn wenn man sein Bestes gibt, tut
man den Menschen einen Gefallen und vollbringt damit Gottes Werk.«
Aus ihrem Mund klang diese Bemerkung, so der Cricketjournalist
Frank Keating, nicht im geringsten kitschig. John Craven war mit dem
Filmteam für »Newsround Extra« zum Mutterhaus gekommen. Es
rührte ihn, als er die Nonnen im Staub knien sah, wie sie in einem
Eimer ihr zweites Gewand wuschen, das sie am folgenden Tag tragen
würden.

Im Dezember 1980 verbrachte Prinz Charles einige Zeit bei Mutter

Teresa, sah den Schwestern zu, wie sie Speise für mehr als 7000 Menschen zubereiteten, und besuchte einige Kinder in ihrer Obhut. Der Prinz war sichtlich gerührt von der Not eines winzigen Babys, das in der Gosse des Slums gefunden worden war. »Ich werde für Sie beten«, sagte Mutter Teresa, »damit die Liebe und das Mitleid, das Sie mit den Armen haben, zunimmt, und Sie fähig werden, ihnen noch besser zu dienen.« Prinzessin Anne besuchte »Shishu Bhavan« 1985. Mutter Teresa behandelte ihre königlichen Besucher mit genau derselben Wärme, wie sie den Leprakranken begegnete, die an die Tür der Nr. 54A an der Lower Circular Road kamen.

Bedenkt man das Maß der Aufmerksamkeit, das ihr entgegengebracht wurde, so ist es kaum überraschend, daß es Zeiten gab, wo sie es für selbstverständlich hielt, daß sie im Mittelpunkt stand, Momente, wo sie annahm, daß ein Brief von ihr ausreichte, um die Veröffentlichung eines Buches zu stoppen oder einem anderen den Verkaufserfolg zu garantieren, daß ihr Einschreiten allein ausreichen würde, um eine Problemsituation zu lösen. Dennoch lag ihr immer noch das Interesse der Armen und Notleidenden am Herzen. Der Behauptung, die man immer häufiger hören konnte, daß sie eine lebendige Heilige sei, begegnete sie stets mit dem Hinweis, daß jeder Mensch dazu aufgerufen war, ein Heiliger zu sein. »Heiligkeit«, so betonte sie immer wieder, »ist eine ständige Pflicht für Sie und mich.« Dem Hunger der Welt nach Liebe zu begegnen war auch etwas, das sie als einfache Pflicht auffaßte, und dieser Hunger, so betonte sie, war in jedem vorhanden: »Die Menschen in der Welt mögen verschieden aussehen oder verschiedene Religionen, Ausbildungen oder Posten haben, aber sie sind im Grunde alle gleich. Es sind alles Menschen, die Liebe brauchen.« Vor allem tat der Ruhm ihrem Interesse, ihrem Respekt und ihrer Liebe für den einzelnen, ungeachtet der Nationalität, des Status oder der Glaubenszugehörigkeit, keinen Abbruch.

Am 24. November 1968 verlieh Königin Elizabeth II. Mutter Teresa die Ehrenzeichen des Honorary Order of Merit, die sich schließlich auf einer Statue derjenigen Person wiederfinden würden, die Mutter Teresa als jene ansah, die sie wirklich verdient hatte – die heilige Jungfrau. Als sie Mutter Teresa ihren persönlichen Preis gegeben hatte, war die Königin momentan verdutzt und offensichtlich gerührt durch den liebenswürdigen Versuch einer älteren Frau, ihrem Gegenüber die Befangenheit zu nehmen, denn nachdem sie Ihrer Majestät für das »wunderschöne Geschenk« gedankt hatte, erkundigte sich Mutter Teresa teilnahmsvoll: »Und wie geht es Ihrem Enkel, Prinz William?«

»WERKE DER LIEBE SIND WERKE DES FRIEDENS«

DIE MISSIONARINNEN DER NÄCHSTENLIEBE
AN DEN KRIEGSSCHAUPLÄTZEN

Wenn es eine Weiterentwicklung in der Arbeit gegeben hatte, so sah Mutter Teresa diese in der Rückschau als eine »Vertiefung der Liebe«. Die Missionarinnen der Nächstenliebe hatten sowohl das Leiden »ihrer Leute« gesehen als auch deren Größe, und ihre eigene Liebe hatte dementsprechend an Tiefe gewonnen. Was ihre Gründerin persönlich betraf, so erforderte dieser Prozeß immer größere Energiereserven zu einer Zeit, wo ihre körperliche Kraft nachzulassen begann. Oft zitierte sie die Worte des heiligen Augustinus: »Fülle dich zuerst selbst, erst dann wirst du fähig sein, anderen zu geben«, und wie immer wandte sie das Prinzip auf ihr eigenes Leben an. Es war, so stellte ein aufmerksamer Beobachter fest, als sei »das Gebet ihr Treibstoff«. Ausgepumpt, erschöpft und leer nach einem Tagewerk, das selbst viele jüngere Leute in die Knie gezwungen hätte, ging sie in die Kapelle und kam nach einer Weile sichtlich gestärkt heraus, »erfüllt« und bereit, Gottes Werk fortzusetzen. So kam es, daß ihre Energie und ihre Erfolge die Schwächlichkeit überwanden, die die Loreto-Schwestern veranlaßt hatte, ihr aus Gesundheitsgründen eine besondere Behandlung zuteil werden zu lassen. In Anbetracht der Bedingungen, unter denen sie lebte, hatte sich ihre Konstitution als bemerkenswert widerstandsfähig erwiesen. Sie selbst betrachtete ihre »robuste Gesundheit« als eines von Gottes größten Geschenken an sie. Wie die Schwestern jedoch betonten, war es schwer festzustellen, ob sie Schmerzen hatte oder litt, denn sie sprach nie darüber, wie sie sich fühlte. Freude war der Eindruck, den sie bei denen, die sie traf, hinterließ. Aber die Freude war, wie sie oft sagte, »der Mantel, der ein Leben der Selbstaufopferung umhüllt«.

Es hatte Zeiten gegeben, wo sie aus schierer Erschöpfung krank geworden war. Sie litt an Malaria, die in Streßsituationen aufflammte. 1964 war sie in Darjeeling in einen Autounfall verwickelt. Das Fahrzeug, in dem sie sich befand, mußte plötzlich heftig bremsen, und Mutter Teresa schlug mit dem Kopf gegen eine metallene Armatur, die an der Windschutzscheibe befestigt war. Sie trug eine schwere Schnittwunde davon, die in einem Pflegeheim in Darjeeling mit 19 Stichen genäht werden mußte. Am Abend rief Indira Gandhi, die gerade in diesem Ferienort weilte, dort an, um ihre Anteilnahme auszudrücken, aber Mutter Teresa hatte sich aus dem Heim bereits in das Kinderheim der Missionarinnen der Nächstenliebe in Darjeeling zurückgezogen, als sie die Höhe der Behandlungskosten erfuhr. Mehr als einmal hatte sie vor Antritt einer längeren Reise einen Unfall. Für jemanden, der fest an die Beziehung zwischen sich bietendem Schmerz und kreativem Wachstum glaubte, waren solche Vorfälle mehr als Unfälle. Einige Tage, bevor sie 1969 nach Australien flog, fiel sie aus dem Bett und schlug so schwer mit dem Arm auf, daß der Knochen am Unterarm hervorragte. Ein Arzt sagte ihr, daß sie so nicht reisen konnte, aber sie bestand darauf. Er legte ihr dicke Bandagen an, die sie jedoch mehr behinderten als die Verletzung. Sie wurden deshalb entfernt, und sie brachte es trotzdem fertig, weiterzumachen – mit einem Lächeln.

In den frühen achtziger Jahren ließ ihre Sehkraft zusehends nach. Der gekrümmte Rücken und die gebeugten Schultern gingen auf eine Spondylitis zurück. Besorgniserregender war jedoch, daß sie 1974 einen kleinen Schlaganfall erlitt, aber erst 1981 wurde ein Herzproblem festgestellt. Die Diagnose ergab sich fast per Zufall. Zu dieser Zeit bereiste Mutter Teresa die USA mit einer älteren Schwester, die später eine der Beraterinnen werden sollte, die zusammen mit der Generaloberin die Verantwortung für die innere Führung der Missionsschwestern der Nächstenliebe hatte. Mutter Teresa war eigentlich zum Arzt gegangen, um über jemand anderen zu sprechen, aber der Arzt hatte sie zu einer Untersuchung überredet. Anschließend kam er zu Schwester Priscilla und erzählte ihr, daß Mutter Teresa ein schweres Herzproblem habe. Er bat sie, Mutter Teresa nicht zu sagen, daß er ihr diese Mitteilung gemacht hatte, denn sie wolle, daß ihr Problem geheim bleibe. Später gestand Mutter Teresa Schwester Priscilla, daß sie hatte auf der Stelle sterben oder ihr Leben genau wie zuvor

fortsetzen wollen. Sie fühlte, sagte sie, daß Jesus dies von ihr verlangte, und sie hatte niemals »Nein« zu Jesus gesagt.

Bereits im April 1970 hatte Mutter Teresa die Missionshäuser in
Indien in fünf Regionen aufgeteilt, jede mit einer regionalen Oberin.
Die große Frage, die sich den Schwestern stellen mußte, war – und
Mutter Teresa meinte dies ohne auch nur den geringsten Anflug von
Ironie:»Wenn die ganze Arbeit von den regionalen Oberinnen getan
wird, was wird Mutter dann tun?« Sie beantwortete ihre hypothe-
tische Frage selbst: »Mutter wird dafür beten, daß ihr Heilige werdet
und ihr Versprechen erfüllt. Außerdem kann ich nun länger bei unseren Schwestern außerhalb Indiens sein und die Gemeinschaft weiter aufbauen.« Letztere Aufgabe war immer anspruchsvoller geworden. Allein 1981 hatten die Missionarinnen acht Niederlassungen in
Indien und siebzehn in Amerika, Europa, Afrika, Australien und
Asien, einschließlich eines Hauses in Tokyo, gegründet. Im April dieses Jahres besuchte Mutter Teresa Japan auf Einladung der Japan
Family Life Association, um deren öffentliche Erklärung zur Ehrfurcht vor dem Leben zu unterstützen. Ihr vollgepackter Zeitplan
führte sie auch durch die Straßen des Sanya-Distrikts, eines Stadt-
teils, der für seine zahlreichen Alkoholiker bekannt war. Einen
Monat später weihte der Bischof von Tokyo dort am 24. Mai ein neues
Haus der Missionarinnen der Nächstenliebe ein.

Der 50. Jahrestag von Mutter Teresas ewigen Gelübden war der
24. Mai 1981. Nicht nur im Mutterhaus von Kalkutta, sondern in über
zweihundert Häusern der Missionarinnen der Nächstenliebe wurde
der Tag mit Gebeten und Dankgottesdiensten begangen. Gruppen
von Mit-Arbeitern in der ganzen Welt kamen zu den Gottesdiensten
und Gebetsstunden. Die besondere Messe zum goldenen Jubiläum, an
dem Mutter Teresa im Mutterhaus in Kalkutta teilnehmen sollte,
mußte wegen unvorhergesehener Änderungen in ihrem Terminka-
lender auf den Morgen des 19. Mai verlegt werden. Eine dieser Änderungen war die Einladung des Vatikan, zu Gesprächen über Abtreibung in Italien nach Rom zu kommen.

Kurz darauf wurde Mutter Teresa gebeten, an einem Symposium
des American Family Institute in Washington teilzunehmen. Es war
ein politisch wichtiges Ereignis, zu dem verschiedene Kongreßmit-
glieder und Senatoren kamen, die die Abtreibung ablehnten. Mutter

Teresa hatte immer betont, daß sie nichts von Politik verstehe und daß die politische Art und Weise, Veränderungen herbeizuführen, etwas für andere sei. Bereits 1972, als die Regierung von Bangladesh sie gebeten hatte, sich der Mädchen anzunehmen, die die pakistanische Armee »benutzt« hatte, hatte sie ihren indischen Schwestern den Weg politischer Neutralität gewiesen. Wenn sie jedoch einen Kurs des Nichteingreifens in politische Belange verfolgte, geschah das nicht immer, weil sie die Zusammenhänge nicht verstand, sondern weil sie das für den Weg der Kirche hielt. Bei dieser Gelegenheit, wie zu vielen anderen, weigerte sie sich, hineingezogen zu werden, und stellte einfach nur fest, daß sie nicht dazu da war, um sich in die Politik einzumischen, sondern um das Leben zu unterstützen.

Den Schwestern gegenüber hatte sie stets die Ansicht vertreten, daß ein Staatsoberhaupt seine Pflichten kenne. Die Rolle der Missionarinnen der Nächstenliebe bestand nicht darin, das Für und Wider der Politik zu diskutieren, sondern dafür zu beten, daß die Regierenden ihre Pflicht mit Gerechtigkeit und Würde erfüllten. Das beeinträchtigte nicht ihre Fähigkeit, Freundschaft auch mit jenen zu schließen, die politische Ansichten vertraten, ja, befähigte sie dazu, selbst gegnerische Führer der Welt gleichermaßen zu beeindrucken. Am 4. Juni 1981 befand sich Mutter Teresa auf einem Besuch bei Ronald und Nancy Reagan im Weißen Haus. Es war kurz nachdem auf den Präsidenten der USA ein Anschlag verübt worden war, und sie gab ihm zu verstehen, daß sein Leiden ihn Jesus und den Armen näherbringen würde. Anschließend berichtete die internationale Presse, daß Präsident Reagan auf die Frage, was er mit seinem Gast besprochen hatte, einfach geantwortet habe: »Ich habe zugehört.«

Dem Treffen im Weißen Haus folgte die Einweihung eines Heims für Obdachlose und Drogenabhängige in Harlem. Einige Tage später war Mutter Teresa in der damaligen DDR, um dort eine Niederlassung zu gründen. Im selben Monat hörten in Brasilien 12 000 Rotarier aufmerksam zu, als sie vor der 72. Internationalen Versammlung des Rotary-Clubs sprach. »Nicht Ihr Geld, sondern Ihre Zeit brauchen wir«, sagte sie. »Wir wollen, daß Sie SICH SELBST den Armen spenden ... Ich denke, daß Sie alle und ich selbst beginnen sollten, das zu teilen, was wir haben. Diese Haltung würde sicher zu einem besseren Verständnis zwischen den Nationen führen.«

Im folgenden Monat ging es dann nach Corrymeela zu einer ökumenischen Friedensgemeinschaft in Nordirland, um vor Menschen, die auf beiden Seiten unter dem heftigen Konflikt litten, über Frieden zu sprechen. Wenn, wie Mutter Teresa fest glaubte, alle Werke der Liebe auch Werke des Friedens waren, dann war ihr Leben ein ständiger Ausdruck ihrer friedensstiftenden Rolle. Aber es gab Gelegenheiten, wo ihr Beharren auf der vereinenden Kraft des Bewußtseins von der ständigen liebevollen Gegenwart eines alles verzeihenden Gottes deutlicher zum Vorschein kam als sonst. Das Treffen in Corrymeela war eine solche. Ebenso ihr nächster größerer öffentlicher Auftritt – vom Hügel der Harmonie, soviel bedeutet der gälische Name Corrymeela, flog Mutter Teresa nach London zur Eröffnung eines internationalen Friedensgebets. So sehr war ihr Name mit dem Gebet verbunden, so nachdrücklich ermutigte sie ihre Mit-Arbeiter und andere, es zu benutzen, daß oft der Ursprung dieser Worte ihr zugeschrieben wird. Das Gebet stammt von dem Inder Satish Kumar, der es ein Friedensmantra nannte. Aber es war Mutter Teresa, die die laute Lesung des Gebets in der St. James Church am Piccadilly anführte, wo die Gemeinde auch Scharen von Journalisten und Fotografen einschloß, die ihre Anwesenheit herbeigelockt hatte:

»Führe mich vom Tod zum Leben,
von Falschheit zur Wahrheit;
Führe mich von der Verzweiflung zur Hoffnung,
von der Furcht zum Vertrauen;
Führe mich vom Haß zur Liebe,
vom Krieg zum Frieden;
Laß Frieden unsere Herzen, unsere Welt, unser Universum erfüllen.«

Am 3. Juli 1981, ein Datum, an das Mutter Teresa sich als den ersten Freitag des Monats und damit als Tag besonderer Andacht an das Heilige Herz erinnerte, starb Lazar Bojaxhiu in Palermo an Lungenkrebs. Im Februar dieses Jahres hatte Mutter Teresa an einen Freund mit der Bitte geschrieben, für Lazar zu beten: »Ich war diejenige, die ihm sagen mußte, daß er Krebs hatte und sich der Familie im Himmel zugesellen würde. Er antwortete einfach: ›Wenn du zur Familie gehen willst, geh nur – ich habe jetzt noch keine Lust.‹«

Als die Zeit kam, konnte Mutter Teresa nicht bei ihm sein. Später aber beschrieb sie in einem Brief, wie er in Frieden gestorben war: »Er war so schön am Ende, als er sagte: ›Ja, ich bin bereit zu gehen‹ – nach seiner Beichte und dem gemeinsamen Gebet. Bete für ihn, denn er hat keinen Sohn – der Familienname wird mit ihm aussterben.«

In ihrem eigenen Fall war der Wunsch, bei der Arbeit zu sterben, ein Antrieb zu noch größerer Beharrlichkeit in ihrer Berufung. Am 7. Dezember 1981 war Mutter Teresa in Kalkutta, um vom Vizekanzler der Calcutta University einen Scheck entgegenzunehmen. Drei Tage darauf war sie in Italien, um in Rom einen Ehrendoktortitel der Medizin der Katholischen Universität zu empfangen. »Abtreibung«, verkündete sie bei der Feier, »ist nichts anderes als die Angst vor dem Kind – Angst, ein Kind mehr füttern zu müssen, ein Kind mehr erziehen zu müssen, ein Kind mehr lieben zu müssen. Deshalb muß das Kind sterben.« Insgesamt eröffnete sie in diesem Jahr 26 Häuser, 18 davon außerhalb Indiens, und sie versuchte, wann immer möglich, ihre Schwestern zu begleiten, wenn eine neue Niederlassung gegründet wurde, wenn Jesus ein neues Tabernakel übergeben werden sollte. Im September wurde sie von Papst Johannes Paul II. nach Australien entsandt. Sie hatte gehofft, etwas Zeit zu haben, um sich der Ausbildung und Leitung ihrer Schwestern zu widmen, aber gehorsam machte sie sich auf den Weg nach Australien zu weiteren Treffen, Gesprächen und Interviews.

Während ihrer Abwesenheit lag die Verantwortung in den Händen einer aus Malta stammenden Schwester, Schwester Frederick, die als Generalassistentin diente. Mutter Teresa rief ihre Schwestern auf, ihr dieselbe Liebe, dasselbe Vertrauen und denselben Gehorsam entgegenzubringen wie ihr selbst. »Seid ohne Furcht. Vertraut nur und gehorcht, und alles ist gut.« Nichtsdestoweniger leitete sie sie zu noch verständnisvollerer Liebe und zu noch großzügigerem Dienen an:

»Was wir tun müssen ist, daß wir noch größere Liebe und großzügigeres Dienen in die Arbeit stecken.

In bezug auf die Schule muß das Aufrufen der Kinder und die Vorbereitung eurer Schulstunden einschließlich der Sonntagsschule mit noch größerer Sorgfalt und mehr Gedanken an die Kinder geschehen.

Die Erstkommunion oder Ehevorbereitungsklassen müssen mit

größerem Glauben und Überzeugung von dem, was ihr lehrt – nach viel Vorbereitung und Kenntnis dessen, was die Kirche heute lehrt – durchgeführt werden. Durch die Vorbereitung von Familien – besonders die Treue im Eheleben und die Sündhaftigkeit der Abtreibung, die Bedeutung natürlicher Familienplanung als ein Zeichen größerer Liebe.

Zur Arbeit in der Pflegestation brecht beizeiten auf und geht nicht eher, bis jeder versorgt worden ist. Wenn ihr Arznei verabreicht, tut es mit Respekt, demütigt nicht die Armut der Armen, indem ihr mit Barschheit und Hast gebt.

Bei den Leprakranken – welche Liebe, welch zärtliches Mitgefühl, welche zärtliche, mutige Liebe braucht ihr da. Wenn ihr betet, werdet ihr in der Lage sein, das mit Glauben zu tun ... und wenn ihr glaubt, daß die Frucht des Glaubens Liebe und Mitleid ist. Sie brauchen eure verständnisvolle Liebe voller Geduld und Bedachtsamkeit.

Seid ihr im ›Nirmal Hriday‹ – dem lebendigen Tabernakel des leidenden Christus –, wie rein müssen eure Hände sein, um die zerbrochenen Körper zu berühren, wie rein muß eure Zunge sein, um Worte des Trostes, des Glaubens und der Liebe auszusprechen. Für viele von ihnen ist es der erste Kontakt mit Liebe, und es kann ihr letzter sein. Wie wach müßt ihr seine Gegenwart erleben, wenn ihr wirklich glaubt, was Jesus sagte: ›Ihr habt es mir getan‹.

Seid ihr im ›Shishu Bhavan‹, wo das Leben beginnt, wieviel mehr dieser zärtlichen Liebe und der Berührung müßt ihr in die Arbeit stecken. Wie sehr müßt ihr die Arbeit beten – nicht nur einfach tun. Das kann bedeuten, es für etwas statt für jemanden zu tun. Gerade da müssen wir das unerwünschte Kind schützen.

Besonders müssen wir uns unserer großen Mädchen annehmen – in ihrem Verlangen nach Liebe und in ihrem Abgewiesensein neigen sie bisweilen dazu, Probleme zu schaffen. Die Arbeit mit ihnen ist schwieriger als mit den Leprakranken, aber sie sind Christus in seiner bedrückenden Verkleidung. Helft ihnen zu beten, betet mit ihnen, bewegt euch unter ihnen als eine, die dient, und nicht als eine, die bedient wird. Sagt niemals ›Du bist aufgesammelt worden‹ oder ›Du bist ein böses Mädchen‹ und so weiter. Wie ihr und ich ist sie von derselben liebenden Hand Gottes geschaffen worden, für Größeres, um zu lieben und geliebt zu werden – deshalb meine Schwester, mein Bruder.

Wenn ihr Familien besucht, wieviel mehr feinfühligen Respekt und Würde müßt ihr für diese Arbeit aufbringen – wie sehr braucht ihr das Beispiel unserer Gnadenmutter. Als sie ihre Kusine besuchte, so ging sie dorthin mit Jesus als Dienerin des Herrn – nicht um zu schwatzen, nicht um Fehler zu finden, nicht um zu verletzen, sondern um zu dienen. Jesus hat uns das gelehrt. Bevor er seinen Jüngern seinen Körper geben konnte, mußte er ihre Füße waschen. Auch vergewissert euch, daß eure Besuche Frieden, Freude und Einheit bringen. Aus Respekt vor den Armen eßt nicht und trinkt nicht außerhalb, wenn ihr die Reichen und die Armen besucht. Kommt mit einem Gebet, betet mit ihnen, verlaßt den Ort im Gebet.«

In seinen alten Tagen sagte Pater van Exem, daß mit den Jahren der Geist des Gebets und die Freundlichkeit, die er ganz zu Anfang an ihr bemerkt hatte, gewachsen waren. Sie war, so sagte er, eine richtige Mutter für ihre Schwestern. Auch als es schließlich über tausend Schwestern gab, kannte sie eine jede. Sie erinnerte sich vielleicht nicht an ihren Namen, aber sie kannte ihre Gesichter und ihre persönlichen Hintergründe. Wegen der Entfernungen wurden die Besuche etwas seltener, aber Mutter Teresa hatte immer noch ihre fürsorgliche Einstellung, und wenn sie in Schwierigkeiten gerieten, war es immer noch sie, die alles wieder zurechtbog. 1981 stellten die Behörden in Bangladesh fest, daß die Missionarinnen einige der komplizierten Vorschriften des Landes verletzt hatten. Mutter Teresa setzte sich unverzüglich ins erste Flugzeug, das in die Hauptstadt von Bangladesh flog. Sie wurde am Flughafen von Dacca vom britischen Hochkommissar und dem ansässigen katholischen Erzbischof empfangen; man traf Vorkehrungen, daß sie bei Präsident Zia vorsprechen konnte. Mutter Teresa erklärte ihm, seine Zollbestimmungen seien viel zu kompliziert und schwierig, woraufhin er alles zu ihrer Zufriedenheit regelte, und die Schwestern bleiben konnten, um ihre Arbeit in Bangladesh fortzusetzen.

Im April 1982 war sie wieder in Japan, diesmal in Nagasaki, an der Stelle, wo am 9. August 1945 die zweite Atombombe explodiert war. Am 26. April rief sie dort zum Gebet auf: »Wir müssen alle dafür beten, daß keine menschliche Hand jemals wieder das tun wird, was hier getan wurde«, und sprach ein weiteres Friedensgebet:

»Ewiger Vater, in Einheit mit dem Leiden und dem Kreuz Christi, das bei jeder Messe erneut durchlebt wird – bieten wir dir den Schmerz und das Leiden dar, die durch die Atombombe an diesem Ort Tausenden zugefügt wurden, und wir bitten dich, Ewiger Vater, du mögest die ganze Welt vor dem Schmerz und dem Leiden bewahren, die ein Atomkrieg dem japanischen Volk und der ganzen Welt zufügen würde, die bereits mit so viel Furcht und Mißtrauen und Angst zwischen den Völkern gefüllt ist. Ewiger Vater, erbarme dich unser.«

Mutter Teresa hatte schon viele Arten von Hunger, Tod und Leiden gesehen, aber sie war bislang nie direkt mit der Verwüstung eines Krieges in Kontakt gekommen. Am 10. August 1982, kurz nach ihrem Besuch in London und Glasgow, beschloß Papst Johannes Paul II., sie als Zeichen seiner Solidarität mit den Kriegsopfern nach Beirut zu schicken. Mutter Teresa wohnte einer Messe in der päpstlichen Privatkapelle in Castel Gandolfo bei und machte sich dann auf eine Reise, zu der auch eine siebzehnstündige Überfahrt von Zypern mit einem uralten Dampfer gehörte. Sie erreichte Beirut zu einem Zeitpunkt, als die Kampfhandlungen einen Höhepunkt erreicht hatten. Das Haus der Schwestern in Ost-Beirut war kaum fünf Meilen vom Hauptzielgebiet der Bomben und Granaten entfernt. Überall waren Heckenschützen, und die Zerstörungen waren alptraumhaft.

Der Dokumentarfilm der Petrie-Schwestern hielt für die Nachwelt den Standpunkt fest, den Mutter Teresa dort vertrat, gegen die Meinung der Kirchenoberen und die Stimmen der Vernunft. Sie versuchte die Welt von der Möglichkeit zu überzeugen, nach West-Beirut zu gehen, um die Opfer der Gewalt zu retten. Ihrer Meinung nach kam es nicht darauf an, daß in dieser Weise nur wenigen zu helfen war. Mit der Geduld eines Menschen, der gewohnt war, seine Ansichten bei vielen Gelegenheiten immer wieder darzulegen, erklärte sie, daß, wenn sie nicht die allererste Sterbende von den Straßen von Kalkutta aufgehoben hätte, die 42 000 seitdem von den Straßen der Stadt Geretteten ebenfalls allein und verlassen gestorben wären. Mutter Teresa wollte für einen Waffenstillstand beten, und es gab in ihrem Geist trotz aller Argumente und gegenteiligen klugen Ratschlägen keinen Zweifel daran, daß es einen geben würde. Sie hatte eine große Osterkerze mit einem Bild der Madonna mit dem Kind

mitgebracht. Um vier Uhr nachmittags, als der Bombenhagel seinen
Höhepunkt erreicht hatte, zündete sie die Kerze an, und um fünf Uhr
war plötzlich alles still. Am 12. August ging Mutter Teresa in die
kriegsverwüstete Weststadt und brachte aus einer psychiatrischen
Klinik achtunddreißig moslemische Geistes- und Körperbehinderte
zwischen sieben und einundzwanzig Jahren mit.

Ein Teil des Personals war geflohen, und einige Patienten der
schwer getroffenen Klinik im südlichen Palästinenserviertel von
Sabra waren angeblich bereits verhungert. Vor ihrer Evakuierung
waren die Kinder auf beschmutzten Gummimatratzen zusammen-
gekrochen, zwei in einem Bett, da es zu wenig Personal gab, um sie
zu füttern und zu waschen. Vor allem waren sie verängstigt. Mutter
Teresa mischte sich unter sie, tröstete und munterte sie auf. Sie
übernahm das Kommando. Die 38 wurden in einen Konvoi gesetzt,
den das Internationale Rote Kreuz bereitgestellt hatte, und in das
Mar-Takla-Kloster im überwiegend christlichen Ost-Beirut gebracht. Dort machte sie sich unverzüglich daran, ihre Versorgung zu
organisieren.

Zwei Tage darauf überquerte Mutter Teresa nochmals den von
den Israelis kontrollierten Checkpoint, um weitere 27 Kinder zu eva-
kuieren. Vor ihrer Ankunft war niemand besonders davon angetan
gewesen, diese Kinder aufzunehmen, aber allmählich begannen
manche Leute zu reagieren. Nachbarn brachten Nahrungsmittel und
Kleidung. Andere Ordensleute, Regierungsbeamte und Ärzte kamen
und boten Güter und Dienstleistungen an. Ein Beamter des Roten
Kreuzes, der offen zugab, daß er zuerst gedacht hatte, daß eine Heilige das letzte war, was er brauchen konnte, gestand nachträglich ein,
daß er über die Wirksamkeit und Energie erstaunt gewesen war, die
Hand in Hand mit Mutter Teresas Spiritualität gingen. Sie sei, so
sagte er, »eine Kreuzung zwischen einem Feldwebel und dem heiligen Franziskus«. Dennoch ließ die Erfahrung der Unmenschlich-
keit des Menschen Mutter Teresa in einem Zustand verstörter Ver-
ständnislosigkeit zurück: »Was fühlen Menschen, die so etwas tun?
Ich verstehe das nicht. Sie sind alle Gottes Kinder. Warum tun sie
das? Ich verstehe das nicht.«

Am 19. August flog sie über Athen nach Mexico zu einem Treffen
mit den »Reichen der Welt«. Die Osterkerze, die sie in Beirut ange-

zündet hatte, erlosch in der Nacht, bevor sie Beirut verließ. Auf dem Weg nach Mexico fragte Mutter Teresa ihre Schwestern, ob sie eine Osterkerze hätten, die sie vor der Statue der Jungfrau zur Danksagung entzünden könnte. Sie bat sie auch, zusammen mit dem Heiligen Vater dafür zu beten, daß Jesus in die Familienleben der Reichen, die sie treffen sollte, einging. Die Anfragen und Einladungen an sie waren einfach nicht zu bewältigen. Im selben Jahr, 1982, nahm Mutter Teresa an einem internationalen Treffen der Mit-Arbeiter in Rom teil, zu dem Vertreter der Mit-Arbeiter aus über 30 Ländern zusammenkamen, darunter aus so weit entfernten wie Island, Lesotho, Mauritius und Zimbabwe. Sie alle blickten auf sie, von der sie sich Führung, Inspiration und Anerkennung erwarteten. Sie sprach vor einer Versammlung in Assisi zum Abschluß einer Feier zum 800. Geburtstag des Heiligen, von dem sie behauptete, er »hat uns das Beten gelehrt«. Sie war anwesend auf der Right to Life Convention in St. Louis, USA, einer Anti-Abtreibungs-Versammlung in Glasgow und einer Pressekonferenz in Dublin, die von der Gesellschaft zum Schutz des ungeborenen Lebens organisiert worden war, und sprach auch vor einem Anti-Abtreibungs-Treffen im National Stadium. Sie legte den Grundstein für das »Sanjay Gandhi and Family Welfare Centre« in Churhat und das »Gauhati Shishu Bhavan«, das sechste Kinderheim in Nordost-Indien. An ihrem 72. Geburtstag eröffnete sie ein Armenhaus in Caracas. Im übrigen waren das nur einige der mehr öffentlichen Ereignisse in einem Leben, das im wesentlichen den Armen und den Verborgenen gewidmet war. »Laßt die Armen euch auffressen«, pflegte Mutter Teresa ihren Schwestern zu sagen. Der Prozeß des Zulassens, daß die Werke des Friedens und die Bedürfnisse der Armen der Welt sie auffraßen, ging weiter. Auch die erste Hälfte des Jahres 1983 zeigte kein Nachlassen des Schrittempos. Es gab Zeiten, wo in ihrem Eifer, Mutter Teresa bei sich zu haben, selbst die Mit-Arbeiter nicht einsahen, daß Mutter Teresa auch nur ein Mensch war.

Am 2. Juni 1983 fiel Mutter Teresa im römischen Kloster der Missionarinnen in San Gregorio am Cœlianischen Hügel aus dem Bett und verletzte sich am Fuß. Sie wurde in das Salvator-Mundi-Hospital eingeliefert, eine Einrichtung, die speziell für römische Ordensangehörige bestimmt war und von den Schwestern des Göttlichen Erlösers geleitet wurde. Nach nur zwei Tagen bestand sie darauf, ins Kloster zurückzugehen, aber einige Tage später begann ihr Fuß heftig zu schmerzen. Die Ärzte, Mit-Arbeiter und ihr Nahestehende einschließlich des Papstes wußten, daß die Erschöpfung ein starker Faktor ihrer Krankheit war. Man legte ihr nahe, ins Krankenhaus zurückzukehren, und schließlich, als Papst Johannes Paul II. sie persönlich anrief, um ihr zu sagen »Die ganze Welt braucht Sie. Also gehen Sie bitte ins Krankenhaus und ruhen sich aus«, stimmte sie zu.

Offiziell ließ man verlauten, daß ein kleineres Herzproblem und einige Aphthen in ihrem Mund der Grund ihres Aufenthaltes im Krankenhaus seien, wo sie unter der Obhut von Vincenzo Bilotti stand, eines bekannten römischen Herzspezialisten, aber zweifellos wurden dabei auch ihr Ruhebedürfnis und eine Aufbaudiät in Betracht gezogen. Der erzwungene Aufenthalt im Bett, die erste Ruhezeit überhaupt, seit sie 1946 den Ruf innerhalb der Berufung gehört hatte, kam gerade noch rechtzeitig. Man teilte Mutter Teresa mit, daß sie, wenn sie nicht gestürzt wäre, mit ziemlicher Sicherheit eine Herzattacke gehabt hätte. Für sie war dies eine weitere Manifestation der zärtlichen Sorgfalt eines liebevollen Vaters. Sie war davon überzeugt, daß ihr Schutzengel ihr einen Schubs gegeben hatte. Im Krankenhaus bekam sie ein Zimmer mit dem Schild »Absolut keine Besucher«. Ein Zivilbeamter wurde an der Fahrstuhltür ihres Stockwerks postiert. Nur Missionarinnen der Nächstenliebe und der Krankenhauspfarrer hatten Zugang. Eine Zeitlang hatte sie Schmerzen, wollte aber die verschriebenen Schmerzmittel nicht nehmen und sagte ihrem Arzt, daß sie ihre Schmerzen Gott darbringen wolle. Allmählich kehrten ihre Kräfte zurück; unter den dann zugelassenen Besuchern war auch das belgische Königspaar. Überall auf der Welt wurde für sie gebetet, und Blumensträuße kamen in Fülle, darunter auch vom indischen Präsidenten. Mutter Teresa war guter Laune. Sie war besonders entzückt, als Präsident Reagan ihr sieben Rosen übersandte, denn an jenem Tag wurden in verschiedenen Teilen der Welt sieben neue Niederlassungen eröffnet.

In einem Raum mit einem großen Jesusbild und einer kleinen Statue der Maria mit dem Kind schrieb Mutter Teresa eine vier Seiten lange Meditation über den Text aus Matthäus 16,15: »Ihr aber, für

wen haltet ihr mich?« Die Meditation, die sie später mit ihren Schwestern und Mit-Arbeitern teilen sollte, drückte in charakteristischen
Begriffen die Totalität ihrer Beziehung zu Jesus aus (siehe Anhang)
und schloß mit den Worten: »Jesus liebe ich mit meinem ganzen Herzen, mit meinem ganzen Wesen – ich habe ihm alles gegeben, sogar
meine Sünden, und er hat sich mir vermählt in Zärtlichkeit und
Liebe jetzt und immerdar. Ich bin die Gemahlin meines gekreuzigten
Gemahls.« »Laßt uns bereit sein für alles, was Gott für uns beschließen mag«, sagte sie zu ihren Schwestern, aber Ende Juni war es
für Mutter Teresa deutlich und klar, daß Jesus in der armseligen Gestalt der Armen sie immer noch brauchte, um sein Werk fortzusetzen. Als die Lapierres sie am 26. Juni besuchten, gestand sie, daß sie
Rückenschmerzen habe, machte aber bereits Pläne für Besuche in
Deutschland, Polen und Belgien und möglicherweise in den USA. Sie
war voller Wertschätzung für alle Gebete, Opfer und Briefe. Bei fort-
gesetzten Gebeten, davon war sie überzeugt, würde sie bald wiederhergestellt sein, aber die ihr Nahestehenden beteten, daß die Ärzte
ihre Geduld bis zum Äußersten auf die Probe stellen würden.

Am 4. Juli verließ sie das Salvator-Mundi-Hospital, ging anschließend kurz ins Gemelli-Hospital, wo sie sich einer abschließen-
den Untersuchung mit den dort verfügbaren hochmodernen Geräten
unterzog, und wurde schließlich in die ärztliche Obhut von Schwester
Gertrude entlassen. Man hatte ihr versichert, daß sie noch 30 Jahre
leben konnte, sofern sie alle Anweisungen befolgte, die unter anderem
besagten, daß sie keine Kinder mehr hochnehmen durfte. Ihr Unfall
bedeutete, daß ein Besuch der Britischen Inseln im Juni abgesagt werden mußte. »Wir sehen ein«, schrieb der nationale Ansprechpartner
für die Mit-Arbeiter in Großbritannien nach Mutter Teresas Kran-
kenhausaufenthalt, »daß man von ihr nicht mehr erwarten darf, solch
große öffentliche Aufgaben zu übernehmen wie vorher.«

Mutter Teresa blieb noch für eine Weile in Rom, immer noch
schwach, aber keineswegs untätig. Ihr erster Schritt nach der Entlassung war, der Heiligen Kongregation für die Glaubenslehre einen Vorschlag für eine internationale Bewegung priesterlicher Erneuerung
vorzulegen, wie er sich aus dem ersten Ansatz von Pater Joseph Langford im Jahre 1978 entwickelt hatte. Pater Langfords Hoffnung war,
daß Priester und Pfarrer im Zusammenhang ihres Priestertums und

Pfarramts gemeinsam das Charisma der Erneuerung teilen konnten, das er in der universalen Kirche durch Mutter Teresa gegeben sah. Der grundlegende Zweck der Bewegung sollte eine persönliche priesterliche Erneuerung sein, die sich in drei grundlegenden Bereichen ausdrückte: ein tieferes Gebetsleben, eine einfachere Lebensart und geistliche Nächstenliebe. 1979 hatte sich Pater Langford mit Mutter Teresa in New York getroffen und ihr vorgeschlagen, daß sie eine Zweigorganisation der Mit-Arbeiter für Priester ins Leben rufen sollte. Ihre Antwort war die gleiche wie bei ähnlichen Gelegenheiten: »Schreiben Sie mir, und wir werden sehen.« Also hatte er ihr einen zehnseitigen Brief geschrieben, auf den er keine Antwort erhalten hatte. Ein Jahr später machte sie in Haiti Zwischenstation auf dem Weg nach Kalkutta, wo sie plötzlich ihre Pläne änderte und ihm durch die Schwestern mitteilen ließ, daß sie ihn in New York treffen wolle. Dort sagte sie ihm, daß sie, während sie in Haiti gewesen war, sehr stark das Gefühl gehabt hatte, daß es Gottes Wille sei, sie solle etwas Neues für das Priesteramt beginnen. Sie hatten dann im Haus der Kontemplativen Brüder in der Bronx vier Tage gemeinsam zugebracht, um den ersten Entwurf der Statuten für die späteren Priester-Mit-Arbeiter von Mutter Teresa abzufassen. Von New York aus war Mutter Teresa direkt zur Synode über die Rolle der christlichen Familie in der modernen Welt nach Rom geflogen. Als sie dann vor der Versammlung von Bischöfen und Kardinälen das Wort ergriff, sprach sie, anstatt sich besonders auf das Familienleben zu konzentrieren, davon, daß man heilige Priester brauche, wenn man der christlichen Familie helfen wolle. Mit den Worten Pater Langfords: »Sie war von Haiti mit diesem innerlichen Vulkan gekommen, und er war immer noch da, als sie in Rom angelangte.«

Die Synode dauerte einen Monat. Vor ihrem Ablauf hatten Mutter Teresa und Pater Langford die Verfassung für die Priester-Mit-Arbeiter Papst Johannes Paul II. vorgelegt. Der Papst erwies dem Antrag seine ganz persönliche Gunst, indem er den Wunsch ausdrückte, als »erstes Mitglied der Bewegung« angesehen zu werden. Das war der Anfang der Priester-Mit-Arbeiter, zunächst in geringem und kaum organisiertem Umfang, später dann aber in etwa 60 Ländern.

Gleichzeitig jedoch hatte Pater Langford, seitdem ihn Mutter Teresa 1979 gebeten hatte, seine Vorschläge niederzuschreiben, über

die Möglichkeit eines Kerns von Priestern nachgedacht, die sich voll
und ganz der Verwirklichung von Mutter Teresas Botschaft widmen
konnten, indem sie rückhaltlos und freudig ihren Dienst an dem in
den Ärmsten der Armen gegenwärtigen Jesus verrichteten. Er hatte
Mutter Teresa gegenüber das Thema im Jahre 1979 bereits ange-
schnitten. Sie hatte weder »Ja« noch »Nein« gesagt, und so blieb es
zunächst bei der Idee von »etwas, das den Missionarinnen der Nächstenliebe auf priesterlicher Ebene« entsprach, während die Bewegung
der Priester-Mit-Arbeiter wuchs und sich in aller Welt ausbreitete.
Als Mutter Teresa im Juni 1983 im Krankenhaus war, hielt Pater
Langford schließlich die Zeit für gekommen, die Idee der Heiligen
Kongregation für die Glaubenslehre zu unterbreiten. Er suchte Mutter Teresa auf und erhielt ihre Zustimmung.

Kaum war sie aus dem Krankenhaus entlassen, wurden beide gemeinsam bei der Heiligen Kongregation vorstellig. Der Vorschlag erhielt vorbehaltlose Unterstützung, aber das reichte Mutter Teresa
nicht aus. Am 20. Juli ging sie nach Castel Gandolfo, um dem Papst
den Vorschlag direkt zu unterbreiten, der ebenfalls sein »Ja« dazu gab.
Auch das war Mutter Teresa nicht genug. Sie unternahm eine Polen-
reise, und bei ihrer Rückkehr suchte sie den Papst erneut auf. Diesmal war es eine Privataudienz, und Pater Langford konnte sie nicht
begleiten. Sie bat ihn deshalb, ihr als Gedankenstütze eine kurze
Notiz zu schreiben. Er notierte in einigen Punkten auf einem Blatt Papier, wie dieser Kern von Priestern zusammen leben würde, zusammen den Ärmsten der Armen dienen und die Botschaft Mutter
Teresas verbreiten würde. Mutter Teresa faltete das Blatt zusammen
wie ein Taschentuch und steckte es in ihre Handtasche. Später gab sie
diesen Zettel dem Papst mit der Bitte um seinen Segen. Es war nicht
üblich, daß der Papst etwas unterzeichnete, aber zu diesem Anlaß
überlegte er ein paar Minuten und schrieb dann auf Langfords handschriftliche Notiz: »Mit meinem Segen, Johannes Paul II., 17. August
1983.« Der Verfasser der Notiz wartete im Kloster der Schwestern in
San Gregorio auf den Ausgang des Treffens. Ohne ein Wort zu sagen,
ging Mutter Teresa zuerst in die Kapelle und ließ ihn dann in den
Empfangsraum kommen. Sie sagte immer noch nichts, langte in ihre
Handtasche, zog ein verknittertes Blatt Papier heraus und entfaltete
es vor ihm mit den triumphierenden Worten: »Schauen Sie!«

Von Rom aus ging es nach New York, wo sie Kardinal Cooke um Erlaubnis bat, daß die zunächst Corpus-Christi-Bruderschaft genannte Gemeinschaft in seiner Diözese beginnen konnte. Der Kardinal stellte ein Haus in der südlichen Bronx zur Verfügung und gab der Bruderschaft den Status einer Frommen Gemeinschaft. Pater Langford durfte aus seinem bisherigen Orden ausscheiden und begann zusammen mit zwei weiteren Priestern die Gemeinschaft, die am 1. Oktober 1983 offiziell aus der Taufe gehoben wurde. Zunächst war es im wesentlichen eine lockere Gemeinschaft von Priester-Mit-Arbeitern, aber während dieses ersten Jahres in der südlichen Bronx wuchs das Gefühl, daß sie das Leben einer religiösen Gemeinschaft führen wollten, das dem der Brüder und Schwestern entsprach.

Im Oktober 1984 rief Mutter Teresa Pater Langford erneut nach Rom. In einer Gedankenübertragung, die er als schicksalhaft ansah, machte sie ihm den Vorschlag: »Vater, ich habe dieses ganze Jahr über gebetet, und ich fühle, daß Ihre Leute eine religiöse Gemeinschaft bilden sollten.« Auch diesmal erhob der Vatikan keinen Einwand, und als sie zusammen nach New York zurückflogen, war alles, was noch zu regeln blieb, der endgültige Name der neuen Gemeinschaft. Mutter Teresa war 74 Jahre alt. Aus Ehrfurcht vor ihrem Alter zögerte Pater Langford, sie zu bitten, die Verantwortung für die Gründung eines weiteren Zweiges der Missionarinnen der Nächstenliebe zu übernehmen. Sie sah sehr müde aus, und er ließ sie schlafen. Als sie dann aber ein Buch zur Hand nahm, begann er vorsichtig und ohne Druck ausüben zu wollen: »Mutter, ich verstehe, daß wir keine Missionare der Nächstenliebe sein können…« »Warum nicht?« entgegnete sie. Noch während des Fluges faßte sie die entsprechenden Entschlüsse, und bei der Landung wurde die Nachricht unverzüglich an die kleine Gemeinschaft in der südlichen Bronx weitergegeben. Die Patres der Missionarinnen der Nächstenliebe, die Mutter Teresa als »etwas so Schönes und Wunderbares« bezeichnete, begannen ihr Dasein offiziell am 3. Oktober 1984. »Wir haben nun Patres der Missionarinnen der Nächstenliebe in New York«, verkündete Mutter Teresa später. »Sie sind wirklich ein Gottesgeschenk.«

Im selben Jahr beschloß Mutter Teresa, eine beträchtliche Anzahl von Ärzten unter ihren Mit-Arbeitern zu bitten, eine besondere ärztliche Zweigorganisation zu bilden. Schon seit 1982 hatte sich eine

Gruppe von Ärzten, die in Rom in den verschiedenen Niederlassungen der Schwestern arbeiteten, einmal im Monat zum Gebet und zum Nachdenken versammelt. Gemeinsam hatten sie die ethischen und spirituellen Probleme im Zusammenhang mit der ärztlichen Praxis durchgesprochen, besonders die Probleme der Abtreibung, Euthanasie, Geburtenkontrolle, sexuellen Störungen, Drogen, des Alkoholismus, der Geisteskrankheiten und jener Krankheiten, die durch Armut in den Entwicklungsländern entstanden. Gelegentlich hatte Mutter Teresa diesen Treffen im Haus der Missionarinnen der Nächstenliebe in San Gregorio beigewohnt. Sie teilte den Ärzten ihre eigenen Ansichten mit und ermutigte sie, ihre Zeit und ihr berufliches Können in den Dienst der Missionarinnen der Nächstenliebe und der Menschen zu stellen, mit denen sie in Rom zusammenarbeiteten. »Da die Kranken, die Einsamen, die Behinderten mit Hoffnung zu Ihnen kommen, müssen sie auch zärtliche Liebe und Mitleid bekommen«, sagte sie zu ihnen. »Die Kranken und Notleidenden brauchen kein Mitgefühl und keine Sympathie; sie brauchen Liebe und Mitleid.« Sie sprach zu ihnen über den spirituellen Wert von Ärzten, die versuchen, den Notleidenden zu helfen, und im Juli 1984 wurde ein Brief an alle Mit-Arbeiter der Welt hinausgeschickt, mit dem dringenden Aufruf, daß Ärzte in den verschiedenen Ländern nicht nur rein materielle Ziele verfolgen, sondern etwas von ihrer Zeit zur Verfügung stellen sollten, um das Los der Armen zu verbessern. Mutter Teresa ernannte Francesco Di Raimondo, den leitenden Arzt am Lazzaro Spallanzani Hospital für Infektionskrankheiten in Rom, und seine Frau Gabrielle zu internationalen Kontaktpersonen für die ärztlichen Mit-Arbeiter. Der Verband sollte unter den Ärzten, Krankenschwestern, Apothekern und anderen im Gesundheitswesen Tätigen, die in den verschiedenen Teilen der Welt den Missionarinnen der Nächstenliebe ihre Hilfe angeboten hatten, jene ansprechen, die in ihrer eigenen Praxis eine neue Art entwickeln wollten, die Kranken zu sehen, zu berühren und mit ihnen zu sprechen, »eine Art, die allen Vertrauen und Hoffnung schenkt, selbst wenn die Krankheit schwer und der Tod unvermeidlich ist«. Die Ärzte konnten jedweder Glaubenszugehörigkeit sein. Wichtig war, daß sie Mutter Teresas Geist teilten und einen Ansatz, der auf der Überzeugung gründete, daß die Medizin eine Gnade Gottes war und daß Kranke vor Gott und den Menschen Achtung verdienten. Innerhalb von vier Jahren umspannte das Netz der Ärztlichen Mit-Arbeiter die ganze Welt.

Trotz Mutter Teresas Gebrechlichkeit, trotz der Tatsache, daß ihre vertraute gebeugte Gestalt immer gebeugter wurde und sie praktisch jeden Morgen Temperatur hatte, weitete ihr Werk sich auch in anderer Hinsicht aus. Ende 1983 war sie gezwungen gewesen, bei bereits bestehenden Gemeinschaften um einige von deren Schwestern zu bitten, denn es gab 130 Anträge auf Niederlassungen, die nicht erfüllt werden konnten. Ihre unermüdliche Begeisterung, neue Niederlassungen zu gründen, hatte einen tiefen spirituellen Grund. 1978, nach einer Reihe von silbernen Jubiläen, kündigte Mutter Teresa an, daß die Kongregation nun mit der Eröffnung von 25 Häusern das »Jesus-jubiläum« feiern würde, »das bedeutet 25 Kapellen mit Tabernakeln, wo Jesus sein wird«. Jedesmal, wenn die Missionarinnen der Nächstenliebe ein neues Haus aufmachten, war das erste, was sie taten, daß sie darin ein Tabernakel, einen Kelch und ein Ziborium aufstellten. »Jedesmal, wenn wir ein neues Haus aufmachen, wird Jesus in diesem Haus, an diesem Ort gegenwärtig.« Im Februar 1979 konnte Mutter Teresa zu seinem silbernen Jubiläum ihre Glückwünsche an Jesus mit der Nachricht ankündigen, daß die Gemeinschaft tatsächlich zu seinen Ehren an so weit verstreuten Orten wie Caracas, El Salvador, Manila und Liverpool 25 Tabernakel aufgestellt hatte. Die Jubiläumsgabe hätte vervollständigt werden können, aber der Wunsch, die Gegenwart Jesu besonders an diese Orte zu bringen, wo er am wenigsten bekannt war, war unstillbar.

Sie betonte gerne, daß die Arbeit und der Geist, in dem sie ausgeführt wurde, überall dieselben waren. Dennoch bedeutete ihr die Tatsache, daß immer mehr Häuser der Missionarinnen der Nächstenliebe in kommunistischen Ländern eröffnet wurden, sehr viel und legte in besonderer Weise Zeugnis dafür ab, daß sogar die furchterregendsten Mauern vor dem Anprall ihrer Überzeugungskraft zerbröckelten. Es schien, daß sie auch den skeptischsten und atheistischsten Behörden in ihrer ruhigen und bestimmten Art nur zu sagen brauchte, sie wolle ihrem Volk Gottes zärtliche und liebevolle Sorgfalt bringen, und der Weg war frei. Und wenn ein erster Versuch nichts fruchtete, machte sie weiter. Im Falle der Ostblockstaaten wurde die Entschlossenheit durch alte persönliche Beweggründe noch weiter verstärkt.

Am 28. März 1978, fast acht Jahre nach ihrem kurzen Besuch auf Einladung des Roten Kreuzes, kehrte Mutter Teresa nach Jugoslawien zurück, diesmal auf Einladung der dortigen Bischöfe. Es hatte in Jugoslawien bereits seit 1976 Mit-Arbeiter gegeben, und der Erzbischof von Zagreb erzählte Mutter Teresa bei ihrer Ankunft in seiner Diözese, er sei stolz darauf, einer von ihnen zu sein. Wie in anderen Ländern des Ostblocks hatten auch hier Mit-Arbeiter in aller Stille Literatur über Mutter Teresa übersetzt und verteilt. Ihr Ruhm und ihre Botschaft waren bereits weit verbreitet. Auf ihrer Reise wurde sie von Pater Gabrić, dem kroatischen Jesuitenpater aus Kalkutta, begleitet, dem Mutter Teresa in den ersten Tagen die Leitung der Missionsbrüder übertragen wollte. Gemeinsam sprachen sie vor Menschenmassen in vielen jugoslawischen Städten einschließlich Skopje, ihrer Geburtsstadt. »Man kann sich kaum vorstellen, was dieser Besuch von Mutter für unser Land bedeutet«, berichtete Pater Gabrić danach den Schwestern. »Eine 84 Jahre alte Frau sagte zu mir: ›Nun werde ich in Frieden sterben.‹« Was Mutter Teresa betraf, so gelang es ihr, trotz 40 Jahren ohne wirkliche Praxis, Serbokroatisch und Albanisch zu sprechen, wobei Pater Gabrić an ihrer Seite als Wörterbuch diente.

Die Nachricht von ihrer Ankunft verbreitete sich wie ein Lauffeuer. Als sie diesmal Skopje besuchte, wurde sie offiziell vom Bürgermeister begrüßt, der ihr zu ihrem Nobelpreis gratulierte. Sie suchte die Gräber derer auf, die 1963 bei dem Erdbeben umgekommen waren, und sah sich in der wiederaufgebauten Stadt um. Die Orte, die sie als Kind gekannt hatte, waren zerstört. Die Kirche des Heiligen Herzens war nicht mehr da, und es gab auch auf dem Friedhof keine Spuren mehr vom Grab ihres Vaters. »Es mag völlig anders aussehen«, sagte sie beim Besuch des neuen Einkaufszentrums der Stadt, »aber es ist immer noch mein Skopje.«

Wo immer sie hinging, wurde sie von vielen Menschen begrüßt. Die Kirchen waren so voll, daß besondere Leibwächter angestellt werden mußten, um sie davor zu bewahren, erdrückt zu werden. »Die Menschen sind wirklich voller Glauben«, berichtete Mutter Teresa begeistert. »Prüfungen haben sie in ihrem Glauben bestärkt – Gott sei Dank.« Sie fügte hinzu, daß die Menschen in Jugoslawien sich danach

sehnten, die Missionarinnen der Nächstenliebe in ihrer Mitte zu
haben, »und so beten wir, daß das der Wille Gottes ist«.

Ein Jahr nach ihrem Besuch eröffneten die Missionarinnen der
Nächstenliebe ein Haus in Zagreb, und wiederum ein Jahr darauf kam
Mutter Teresa mit vier Schwestern, um in Skopje selbst ein Haus zu
gründen. Den Einheimischen gegenüber erklärte sie: »Ihr habt eine
Person gegeben; ich bringe vier zurück.« Eine war eine Schwester aus
Albanien, eine aus Malta und zwei aus Indien. Das »Kloster« bestand
gerade aus drei Räumen. Die Schwestern besuchten und umsorgten
die Alten, die Blinden, die Lahmen, die Verkrüppelten und die Armen
überall in der Stadt. »Es gibt sehr wenige Katholiken«, schrieb eine
Schwester nach Indien. »Und wir besuchen alle möglichen Gruppen
einschließlich der Zigeuner. Es gibt so viel über unsere Leute zu erzählen. Sie sind so liebenswert. Unsere alten Leute sind wunderbar.
Viele sehen uns als ihre Töchter an, und wenn wir uns verspäten, fragen sie: ›Wo wart ihr, meine Töchter? Habt ihr eure Mutter vergessen?‹ Wir haben eine alte blinde Frau, die ihren Enkel versorgt. Sie
sagt: ›Wenn nicht die Schwestern wären, hätte ich nie Tomaten und
Paprika und alle diese frischen Gemüse und Früchte.‹« Die Schwestern schrieben aber auch darüber, daß viele »materiell orientierte«
Menschen die Schwestern mit ihren Fahrrädern und ihren Saris für
verrückt hielten. Es gab Zeiten, wo der Versuch, für Menschen zu sorgen, die nichts von den weltberühmten Aktivitäten einer ehemaligen
Bürgerin von Skopje wußten, nicht gerade einfach war.

Ein Haus in Ost-Berlin, eine der 26 Neugründungen im Jahre 1981,
war die nächste von Mutter Teresas Niederlassungen hinter dem Ei-
sernen Vorhang. Auch hier war die Anfrage von den örtlichen Bischöfen gekommen, und wie immer begann die Arbeit ganz klein. Von
einer Wohnung in einem ärmlichen Viertel aus besuchten die Schwestern die Kranken und die Einsamen. Zwei Jahre später wurde im Dezember 1983 ein weiteres Haus in Ost-Deutschland gegründet, und
zwar in Chemnitz, dem damaligen Karl-Marx-Stadt. Für Mutter
Teresa war die Armut der Menschen in den sozialistischen Ländern
extrem, denn sie waren des wichtigsten aller Güter beraubt: des
Wissens um die Liebe Gottes zu allen Menschen. Ihre eigene ange-
schlagene Gesundheit durfte nicht im Wege stehen, wenn es darum
ging, da Abhilfe zu schaffen.

Am 14. April 1984 informierte sie Kardinal Agostino Cassaroli
während eines Aufenthalts im Vatikan, wo sie über Jugendaktivitäten
sprechen sollte, daß sie ihre Aufmerksamkeit auf China lenkte. Diesen Ehrgeiz hegte sie bereits seit einigen Jahren. 1969 hatte sie
während einer Privataudienz, in der dem Papst die Statuten der Mit-
Arbeiter vorgelegt wurden, Paul VI. ersucht, dafür zu beten, daß sie
im bevölkerungsreichsten Land der Welt eine Niederlassung gründete. Als sie dann Kardinal Cassaroli ihre Absicht kundtat, war sie bereits auf der Chinesischen Botschaft in New Delhi gewesen, um die
Dienste ihrer Schwestern anzubieten. Ein Beamter der Botschaft
hatte sie gefragt, ob sie vom Papst geschickt worden sei. Seine Reaktion war vorsichtig gewesen, aber er kam später selbst, um die Arbeit
der Missionarinnen der Nächstenliebe in Augenschein zu nehmen.
Nach einem Besuch im Sterbehaus bot er seine Unterstützung an:
»Wenn ich irgend etwas tun kann, lassen Sie es mich bitte wissen.«
Das Ebnen des Weges nach China sollte ein langwieriger Vorgang
sein. Die Schwierigkeiten ergaben sich nicht so sehr wegen der Regierung. Die Behörden erzählten Mutter Teresa, daß es in China
keine Armen gab, woraufhin Mutter Teresa ihnen zu verstehen gab,
daß sie beglückt sei zu hören, daß sie keine Armen hatten. Sie denke
aber, es gebe vielleicht Menschen, die etwas entmutigt seien und
etwas Zuspruch gebrauchen konnten. Sie und ihre Schwestern woll
ten gerne den Entmutigten Hoffnung bringen. Die chinesische Regierung war bereit, ihnen das zu erlauben.

Mutter Teresa hatte nie daran gezweifelt, daß sie in China tatsächlich Armut finden würde. Aber sie hatte nicht erwartet, so viel Armut
vorzufinden. Es war jedoch die geistige Nahrung, die die Missionarinnen der Nächstenliebe hauptsächlich nach China bringen wollten.
Aus diesem Grund war Mutter Teresa darauf bedacht, zusammen mit
den Schwestern einen Priester zu entsenden. Hier jedoch ergaben
sich Schwierigkeiten, denn man wollte, daß sie einen Priester der re-
gierungstreuen römisch-katholischen Kirche in China nahm, die die
Autorität des Vatikans nicht anerkannte. Mutter Teresa bestand auf
dem Recht der Schwestern, den Priester ihrer Wahl zu nehmen.

In dieser Frage kam man jedoch nicht weiter, und so besuchte
Mutter Teresa 1984 auf Einladung von Józef Kardinal Glemp Polen.
Der Kardinal hatte sie kurz nach ihrer Entlassung aus dem Salvator-

Mundi-Hospital aufgesucht und nach Warschau eingeladen. Bei ihrer Rückkehr nach Rom mußte sie noch einmal für einige Tage ins Krankenhaus. Nur an beiläufigen Bemerkungen waren die Grenzen zu erkennen, die ihr geschwächtes Herz ihr auferlegte. Die Ärzte hatten ihr gesagt, daß sie es vermeiden sollte, Treppen zu steigen, sofern es nicht absolut notwendig war. Sie sah allmählich ein, daß sie nicht mehr persönlich alle Reisen zu den Schwestern in Übersee machen konnte. Ihre Generalassistentin, Schwester Frederick, besuchte in jenem Jahr in ihrem Namen die Niederlassungen in Mittel- und Südamerika, aber Mutter Teresa schaffte es immer noch, kreuz und quer durch Indien zu reisen, verschiedene Niederlassungen der Missionarinnen der Nächstenliebe zu besuchen und Nachrichten und Aufmunterung zu bringen. Immer noch wollte sie Böden schrubben und Toiletten reinigen. Als es nach der Ermordung von Indira Gandhi am 31. Oktober 1984 zu Gewalttaten kam, entsandte Mutter Teresa einige Schwestern zur Arbeit unter den Sikh-Flüchtlingen: »Wir begannen damit, die Latrinen zu reinigen«, erklärte sie später, »und das ist etwas, womit wir die Herzen der Menschen öffneten.«

Mutter Teresa legte Wert darauf, an der Verbrennung dieser Frau teilzunehmen, die sie auch dann noch zu ihren Freunden zählte, als man gegen sie Beschuldigungen der Korruption erhob. »Möge ihre Seele für immer im Frieden leben«, betete sie laut an Indira Gandhis Scheiterhaufen am Ufer des Yamuna-Flusses in Delhi. Anderntags berichtete die britische Presse, Indien hätte gleich noch eine zweite große Frau beweinen können, wenn es da nicht einen sehr unwahrscheinlichen Zufall gegeben hätte. Die Herren Kinnock und Steel gehörten zu der Menge der Würdenträger, die nach der Feier in ihre Busse stiegen. Plötzlich sahen sie direkt vor einem der anfahrenden Wagen die kleine Gestalt Mutter Teresas. Herr Steel packte sie am einen, Herr Kinnock am anderen Arm, und die beiden rissen sie gerade noch vor den Rädern beiseite. Sie wurde auf diese Weise gerettet, um ihr Friedenswerk fortzusetzen, um in den improvisierten Lagern die Witwen zu trösten und die Hungrigen zu speisen. Die Sikhs hatten sich dorthin geflüchtet, um den Folgen der Ermordung Indira Gandhis durch einen Sikh aus ihrer Leibwache zu entgehen.

Zu Weihnachten war Mutter Teresa so tief betroffen über die Hungersnot in Afrika, daß sie am Weihnachtstag, obwohl sie Fieber hatte, nach Äthiopien aufbrach. Bei ihrer Ankunft kündigte sie an, daß sie gekommen sei, »um zu dienen«, und machte sich daran, die fünf Häuser der Missionarinnen der Nächstenliebe in diesem Land zu besuchen und Hungerhilfezentren zu organisieren. In Addis Abeba traf sie mit Bob Geldof zusammen, dem Rocksänger und Produzenten einer Bestseller-Schallplatte, mit der mehr als sechs Millionen englische Pfund für die Hungerhilfe in Äthiopien zusammengekommen waren. Bob Geldof war dort, um mit den verantwortlichen Stellen die Verwendung der Summe zu besprechen, die durch den Verkauf der Schallplatte »Do They Know It's Christmas« eingespielt worden war. Mutter Teresa nahm ein Exemplar der Schallplatte entgegen und sagte dem Sänger: »Was Sie getan haben, könnte ich nicht tun. Und was ich tue, könnten Sie nicht tun. Aber sofern Sie sich in Ihrem Herzen und Geist darüber klar sind, ist es Gottes Wille, daß wir hier durchhalten.« Bob Geldof sagte nachträglich, er sei sehr von ihr angetan gewesen, denn sie sei »eine lebendige Verkörperung des moralisch Guten«.

Am 20. Januar 1985 setzte Mutter Teresa auf Einladung der Patriotischen Kirche zum erstenmal den Fuß auf chinesischen Boden. Mit einem indischen Diplomatenpaß ausgestattet, kam sie mit dem Flugzeug aus Hongkong, weil sie vorher Macao und Taiwan besucht hatte. Es gab bereits Häuser in Macao, Taiwan und Hongkong. Die Regierung in Hongkong hatte ihr ein Gebäude vermacht, in dem sie ein weiteres »Nirmal Hriday« einrichten konnte. Ein anderes Haus stand in Taipeh bereit und wartete nur auf die Ankunft von vier Schwestern. Mutter Teresa hatte beschlossen, daß es für einige Missionarinnen der Nächstenliebe an der Zeit war, Chinesisch zu lernen. Wie Englisch und Spanisch im Westen, sah sie in Chinesisch die Sprache, mit der die Frohe Botschaft im Osten zu verkünden war. Die Initiative für die Einladung nach China war ursprünglich von ihr ausgegangen. Sie war nach dem philippinischen Kardinal Jaime Sin das zweite hochstehende Mitglied der katholischen Kirche, das eine solche erhalten hatte, aber sie verlor keine Zeit damit, öffentlich der Hoffnung Ausdruck zu geben, daß ihre Missionarinnen der Nächstenliebe eines Tages den Kranken und Armen in China die Art »zärtlicher Liebe und Sorgfalt« zukommen lassen dürften, die der Staat möglicherweise nicht geben konnte. Auf die Frage, ob sie irgendeine

Botschaft des Vatikans an die autonome chinesische Patriotische Kirche bei sich hätte, antwortete sie fest und unzweideutig: »Nein, ich komme aus Kalkutta.« Ihr viertägiger Aufenthalt schloß den Besuch eines Altenheims in einer Pekinger Kommune ein sowie einen Gang durch eine Fabrik für körperbehinderte Arbeiter, wo sie in das Besucherbuch die Worte schrieb, die stets ihrer Unterschrift vorausgingen: »Gott segne Sie alle!« Sie kam auch mit Deng Pufang, dem gelähmten Sohn des chinesischen Parteivorsitzenden Deng Xiaoping, zusammen, der von sich sagte, er sei Atheist, und der mit ihr über Gottes Rolle im Zusammenhang mit Körperbehinderten debattierte. Eine Abendmahlsfeier mit einem achtzigjährigen Priester, der, so schloß Mutter Teresa, noch vor der Loslösung der chinesischen Patriotischen Kirche seine Weihe empfangen haben mußte, machte auf sie den stärksten Eindruck. Es war ein sehr kalter Morgen mitten in der Woche, und obwohl es auffallend wenige junge Leute gab, war die Kirche bis auf den letzten Platz gefüllt. »Das Hochamt wird da noch auf Lateinisch abgehalten, auf die alte Weise. Die Menschen beten immer noch den Rosenkranz während der Messe, aber ich habe niemals irgendwo solch eine fromme und demütige Haltung bei der heiligen Kommunion gesehen.«

Mutter Teresa übernachtete auf Reisen üblicherweise in Klöstern, wenn nicht in Häusern der Missionarinnen der Nächstenliebe, dann wenigstens in Häusern anderer religiöser Orden. Die staatlich anerkannte chinesische Kirche hatte zwar einige Nonnen, aber keine Klöster. Mutter Teresas China-Reise war daher eine der seltenen Gelegenheiten, wo sie – sehr gegen ihre natürliche Neigung – mit dem Komfort eines nagelneuen Hotelhochhauses vorliebnehmen mußte.

DIE SPÄTEN JAHRE

»EIN STILLER STURM«

Mutter Teresa als Botschafterin der Nächstenliebe in der ganzen Welt

Vier Millionen Leprakranke behandelt durch die mobilen Leprakliniken im Jahr 1984; die Verteilung wöchentlicher Trockenrationen an 106 271 Personen und gekochten Essens an 51 580 durch die Hilfszentren; die Aufnahme von 13 246 Personen in die Sterbehäuser für Obdachlose und die erfolgreiche Entlassung von 8627 Personen, die sonst hätten sterben müssen; die Aufnahme von 6000 Kindern in die 103 »Shishu Bhavans« – das war die Art von Statistiken, die Mutter Teresa immer griffbereit hatte und die sie mit Genugtuung zitierte als unwiderlegbare Beweise für Gottes Wirken trotz aller menschlichen Unzulänglichkeiten. Viele waren der Meinung, daß diese Erfolge, die Einladung nach China nicht mitgerechnet, durchaus eine Ruhepause oder zumindest eine kleine Verschnaufpause gerechtfertigt hätten; aber für Mutter Teresa war jeder Erfolg nur ein kleiner Schritt vorwärts auf einem langen, langen Weg. Sie war niemals untätig. Sie lehnte sich niemals zurück, um einen kleinen Durchbruch zu genießen, und ihr Prinzip, Probleme unmittelbar anzugehen, blieb unverändert. Sie war eine Frau, die einem Menschen seine dringenden Bedürfnisse sofort ansah, und sie reagierte darauf einfach und direkt. Wenn sie einem hungernden Kind begegnete, ließ sie nicht erst ein Gutachten oder eine Studie anfertigen. Statt dessen ging sie sofort und auf dem direktesten Weg los und holte Milch für das Kind. Häufig schloß sich dann eine langfristige Betreuung an.

Im Jahre 1985 bekam sie einen Brief von einem Patienten Richard DiGioias, eines Arztes in Washington, D.C., der einige Aids-Kranke betreute. Der betreffende Patient litt nicht selbst an Aids, aber er beschrieb ihr das Leiden dieser Kranken mit Worten, die in ihr eine Saite des Mitgefühls zum Schwingen brachten. In den Schmerzen, der Angst und im Ausgestoßensein einer wachsenden Anzahl von

Aids-Kranken erblickte sie einmal mehr Christus in seiner erschütternden Verkleidung. Die Not war ihr vorgetragen worden, und sie reagierte darauf so schnell sie konnte. Im Juni jenes Jahres erfüllte sie dann während eines Besuches in Washington den Wunsch des Briefschreibers, die Aids-Kranken im George Washington University Hospital zu besuchen. In Begleitung von DiGioia begrüßte sie jeden Patienten persönlich, fragte nach den Familien und regte an, daß sie beteten. Sie stellte viele Fragen über Aids, darüber, wie die Epidemie begonnen und was sie ausgelöst hatte, wie es diagnostiziert wurde und ob es eine Heilmethode gab. Nach Mutter Teresas Besuch wurde DiGioia gefragt, ob sein Patient in dem Brief erwähnt habe, daß die Krankheit hauptsächlich Homosexuelle betraf, und der Arzt antwortete, das wisse er nicht. Aber seiner Ansicht nach sollten sich mehr Christen ein Beispiel an ihr nehmen und handeln, anstatt sich als Richter aufzuspielen.

Mutter Teresa handelte in der Tat. Im Dezember brachte sie etwas zustande, das die Presse als »Wunder von Manhattan« beschrieb, ein Wunder, »das die Phantasie Amerikas wachrüttelte«. In der munteren und bisweilen respektlosen Gesellschaft von Greenwich Village im kulturell überzüchteten Ostteil von Manhattan machte sie sich daran, ein Hospiz für jene Menschen zu eröffnen, die von vielen als das letzte Treibgut einer Gesellschaft angesehen wurden, in der alles erlaubt war: die Opfer von Aids, deren Familien und Freunde sie im Stich gelassen und damit einem unvermeidlichen und schrecklichen Tod in Vereinsamung überlassen hatten. Das »Wunder« begann mit einem Besuch in New Yorks Sing-Sing-Zuchthaus und einer Begegnung mit Antonio Rivera, Jimmy Matos und Daryl Monsett, drei hartgesottenen jungen Burschen, die Strafen für Gewalttaten absaßen. Mutter Teresa besuchte sie in ihren Zellen und sah sich unmittelbar zum Handeln veranlaßt. Sie erkannte die Not dieser Männer, die nach mehreren abgelehnten Gesuchen auf eine Verlegung einem schmerzvollen und isolierten Tod hinter Gittern entgegensahen. »In Gottes Namen, lassen Sie diese Männer in Frieden sterben«, beschwor sie den Gouverneur von New York, Mario Cuomo, und Cuomo, der bis dahin alle ähnlichen Gesuche abgelehnt hatte, unterschrieb binnen 24 Stunden die Entlassungsscheine. Die drei wurden sofort in ein Krankenhaus in Manhattan verlegt, wo sie auf die Aufnahme in das neue Hospiz warten sollten, das Mutter Teresa im Begriff war einzurichten.

Mutter Teresa brachte ihre besondere Gabe, Türen zu öffnen, immer voll ins Spiel. Sie war politisch durchaus nicht so naiv oder unvertraut mit den Mechanismen der Welt, wie sie sich manchmal gab. Sie wußte, daß sie die Fähigkeit hatte, bei ihrem Gegenüber eine ritterliche Leidenschaft hervorzulocken, ihre Interessen zu verfechten, und sie scheute sich nicht, diese Begabung zu nutzen. Es war mehr eine Art angeborener Schlauheit als kaltes Kalkül, die es ihr erlaubte, die richtigen einflußreichen Menschen einzuspannen und ihnen das Gefühl zu geben, daß sie die besonders ausgewählten Werkzeuge für einen göttlichen Zweck waren. Wie es ein Sprecher des Gay Men's Crisis Center, eines New Yorker Homosexuellen-Zentrums, damals ausdrückte, hatte man ungezählte Stunden und Geld eingesetzt, um in der Öffentlichkeit auf die Not der Aids-Opfer hinzuweisen, und dann kam eine kleine Frau aus Indien über den halben Globus hinweg, und in ihrer stillen, aber unbeirrbaren Art verschaffte sie ihnen diese öffentliche Aufmerksamkeit in wenigen Tagen.

Nachdem sie Gouverneur Cuomo zur Verlegung der drei Aids-Kranken aus Sing Sing veranlaßt hatte, gewann Mutter Teresa auch die Unterstützung von Oberbürgermeister Koch, der äußerte, er fühle sich »wie ein gesegnetes Werkzeug, um der Überbringer dieses Antrags zu sein«. Er glaube nicht, daß jemand zu ihr »Nein« sagen könnte. Der römisch-katholische Primas, Kardinal O'Connor, war gleichermaßen von ihr beeindruckt. An jenem Weihnachtsabend waren sie mit Mutter Teresa zur Eröffnung von New Yorks erstem Aids-Hospiz im Pfarrhaus einer Kirche von Greenwich Village gekommen. Weihnachten war ihr als ein besonders geeigneter Zeitpunkt erschienen, um ein Haus für diese Menschen zu eröffnen, die nirgends willkommen und von ihren eigenen Familien verstoßen worden waren. »Es ist die Zeit, wo Jesus zur Freude und Liebe und zum Frieden geboren wurde. Deshalb wollte ich, daß auch diese Menschen zur Freude und Liebe und zum Frieden geboren werden.« Sie erreichte ihr Ziel. Weihnachten war im liturgischen und spirituellen Kalender der Schwestern »eine Zeit, um Jesus zu begrüßen, nicht in der kalten Krippe unseres Herzens, sondern in einem Herzen, das warm von Liebe und Demut ist, in einem solch reinen, makellosen, von gegenseitiger Liebe erwärmten Herzen«. Der Öffentlichkeit gegenüber betonte Mutter Teresa: »Wir sind nicht hier, um über diese Leute Gericht zu sitzen, um Tadel oder Schuld auszusprechen. Unsere Aufgabe ist es, ihnen dabei zu helfen, die Tage ihres Sterbens erträglicher zu machen.« Ein langjähriger Freund und Mit-Arbeiter äußerte seinen Zweifel darüber, ob Mutter Teresa einen genauen Einblick hatte, welches Verhalten in einigen Fällen zur Infektion mit Aids geführt hatte. Man kann davon ausgehen, daß beispielsweise die Exzesse in den öffentlichen Bädern von San Francisco in ihr jenen persönlichen Widerwillen erzeugt hätten, den viele andere ihrer Generation, ihrer Herkunft und ihrer Berufung teilten. Aber eigentlich spielten diese Ansichten keine Rolle. Das Bedürfnis zu lieben ließ alles andere bis zur Bedeutungslosigkeit verblassen. In Mutter Teresas Augen war dies nur eine weitere Form der Armut. Sie sah die Aids-Opfer als die Leprakranken des Westens, als Menschen, die andere als »unrein« verdammten, die aber wie jeder andere Liebe brauchten. In einer Ansprache vor dem National Council for International Health nannte sie deshalb auch als größten Schmerz der Aids-Opfer »die Not des Herzens – ungewollt und ungeliebt zu sein, Strandgut der Gesellschaft«.

Der ausdrückliche Zweck der Gründung von »Gift of Love« (Geschenk der Liebe), wie das New Yorker Hospiz genannt wurde, entsprach dem von »Nirmal Hriday« in Kalkutta: Menschen dabei zu helfen, in Frieden und in dem Wissen, geliebt zu werden, sterben zu können. Das Heim, das etwa 14 Männern diese Fürsorge bieten konnte, war nur unzureichend ausgestattet. Deshalb starben auch viele der Männer letztendlich im Krankenhaus, aber oft konnten ihnen die Schwestern, die sie auf ihrem langen und schmerzhaften Weg begleiteten, dabei helfen, sich mit dem nahenden Tod abzufinden. In dem Gebäude gab es eine Kapelle, in der wie immer ein Kruzifix und die Worte »Mich dürstet« im Vordergrund standen. Die fünf Schwestern, die dort arbeiteten, feierten jeden Tag die Messe und beteten ihren Rosenkranz. Es gab auch regelmäßige religiöse Unterweisungen für diejenigen, die es wünschten. Mutter Teresa verbarg ihre Freude nicht, wenn Menschen, die während langer Jahre ihrem Schöpfer entfremdet gewesen waren, den Glauben an die erlösende Botschaft desjenigen wiederfanden, an dessen Leiden sie ihrer Mei-

nung nach teilhatten. Voller Freude erzählte sie von einem solchen
Mann, der einige Zeit im Krankenhaus verbringen mußte. Er hatte sie
als Freundin betrachtet und gebeten, ihr etwas anvertrauen zu können. »Was sagte er, nachdem er zwanzig Jahre lang von Gott entfernt
gewesen war? ›Wenn ich diese schrecklichen Kopfschmerzen bekomme, teile ich sie mit Jesus und leide wie er, als er mit der Dornen-
krone gekrönt wurde. Wenn ich die schrecklichen Rückenschmerzen
bekomme, so teile ich sie mit ihm, der am Pfahl gegeißelt wurde. Und
wenn ich Schmerzen in meinen Händen und Füßen bekomme, teile
ich sie mit ihm, der ans Kreuz geschlagen wurde. Ich bitte Sie, nehmen Sie mich mit nach Hause. Ich möchte bei Ihnen sterben.‹« Mutter Teresa erhielt die Erlaubnis, ihn »nach Hause« zu holen. Sie nahm
ihn mit in die Kapelle, wo er »mit Jesus sprach«, wie sie niemanden
zuvor hatte sprechen hören – »so zärtlich und voller Liebe«. Drei Tage
darauf starb er in Frieden.

Mutter Teresa war sich wohl bewußt, daß die verändernde
Macht der Liebe der Schwestern nicht für jeden einsichtig war. So
konnten die Missionarinnen der Nächstenliebe wie im Falle von
»Nirmal Hriday« in Kalkutta auch hier in Verdacht geraten, sie seien
darauf aus, ihre durch die Krankheit geschwächten und damit an-
fälligen Schützlinge zu konvertieren. Es war den Schwestern klar,
daß dieser Vorwurf geäußert werden könnte, und sie versuchten,
dem entgegenzuwirken, indem sie betonten, daß spirituelle Unterweisung und Gebet vollkommen freiwillig waren. Bekehrung war
nur für diejenigen, die es wollten.

Eine weitere Schwierigkeit, auf die man bei der Arbeit mit sterbenden Aids-Patienten stieß, war wie bereits bei den Obdachlosen in
Kalkutta der Widerstand der Menschen, die in der Nachbarschaft lebten. Das hatte sich bei der Suche nach einem geeigneten Haus in New
York als Hindernis erwiesen. Es wurde ein noch schwierigeres Problem bei der Suche nach einem zweiten Haus für sterbende Aids-
Opfer und Menschen mit anderen unheilbaren Krankheiten, das
schließlich in Washington, D.C., eröffnet wurde. Am Freitag, dem
13. Juni 1986, hatte Mutter Teresa ein Gespräch mit dem US-Präsi-
denten Ronald Reagan im Weißen Haus geführt. Es war nur ein kurzes Gespräch gewesen, aber der Präsident hatte sie ermutigt, ein zweites Aids-Hilfezentrum in den USA zu eröffnen. »Wir halten Ausschau

nach einem anständigen Ort, wo die Leute hinkommen, Liebe empfangen und auch ihre Einsamkeit loswerden können«, sagte Mutter
Teresa danach. »Ich habe dem Präsidenten gesagt, ich würde das
Beten übernehmen und überlasse ihm die Arbeit.« Tatsächlich war es
der hochwürdige James Hickey, der Erzbischof von Washington, der
Mutter Teresa bat, ein neues Kloster zu gründen, das er nicht sosehr
als Krankenhaus oder Hospiz ansah, sondern vielmehr als »liebevolles Heim, wo Menschen mit Aids und anderen unheilbaren Krankheiten die Pflege, das Mitgefühl und den Frieden finden, die sie als
Kinder Gottes verdienen«. Es sollte ein Ort für die Vergessenen sein,
die Verlassenen und Obdachlosen, die einer schrecklichen Krankheit
allein ausgesetzt waren. Anders als »Gift of Love« sollten dort auch
Frauen und Kinder aufgenommen werden.

Gleich nachdem Mutter Teresa mit dem Erzbischof gesprochen
und seinen Vorschlag angenommen hatte, begann eine eifrige Suche
nach dem besten Ort. Voraussetzung war, daß die Schwestern wie die
Gäste ein gewisses Maß an Privatsphäre und Komfort haben und daß
es rasch gehen sollte. Man war sich jedoch der Tatsache bewußt, daß
das Vorhaben eine ganze Reihe von Problemen mit der künftigen
Nachbarschaft hervorrufen konnte. Schließlich glaubte man, in dem
alten St. Joseph's Home, einem ansehnlichen Backsteingebäude, das
bereits als Kloster, Waisenhaus, Schule und Bürohaus des Katholischen Wohlfahrtsverbandes gedient hatte, das geeignete Objekt gefunden zu haben. Mit einstimmiger Wahl unterstützte der Vorstand
des Verbandes den Beschluß, Mutter Teresa das Gebäude nebst fünf
Hektar Land in einem grünen Mittelschichtvorort anzubieten. Das
Haus, so wurde klargestellt, sollte keine medizinische Einrichtung
und kein Hospiz sein oder Wohnungen für die Allgemeinheit bieten,
sondern ein Heim für eine religiöse Gemeinschaft, die sich um die
notleidenden und obdachlosen Opfer unheilbarer Krankheiten kümmerte. Das Georgetown University Medical Center bot zusammen mit
der Erzdiözese den Schwestern seine Hilfe bei der Untersuchung und
Behandlung der Insassen an. Krankenhäuser, Gemeindekliniken und
andere Institutionen konnten Kranke an »Gift of Peace« (Geschenk
des Friedens) überweisen, die ein fürsorgliches Heim brauchten,
wobei die überweisenden Stellen die ärztliche Betreuung übernahmen. Der Katholische Wohlfahrtsverband arbeitete mit der Gemein-

deverwaltung und den Anwohnern zusammen, um gemeinsam die
Pläne für das Hospiz auszuarbeiten und Besorgnisse in der Nachbarschaft auszuräumen.

Bei der Bekanntgabe des Projekts auf einer Pressekonferenz am
21. August 1986 verlas Erzbischof Hickey zwei Briefe vom amerikanischen Gesundheitsminister und vom Direktor des National Institute
for Infectious Diseases, die beide für die Eröffnung des Hauses plä-
dierten und betonten, es stelle für die Nachbarschaft kein Gesund-
heitsrisiko dar. Das nächste Haus lag über 130 Meter von dem Anwesen entfernt. Nur wer sich ausdrücklich darum bemühte, würde
Kontakt mit den Insassen haben. Dennoch schien es, daß die Angst
vor Aids alle Bemühungen, zu informieren und über die Krankheit
aufzuklären, zunichte machte. Trotz wiederholter Versicherung, daß
Aids erwiesenermaßen nur durch Geschlechtsverkehr, infizierte Na-
deln und Bluttransfusion übertragen werden konnte, befürchteten
manche Nachbarn weiterhin, daß das Virus durch die Luft übertragen werden könnte. Eine Nachbarin brachte sogar das Argument vor,
ein benutztes Papiertaschentuch könnte aus dem Hausmüll heraus-
fallen und in ihren Garten geweht werden, wo es dann ihre Tochter
aufheben und krank machen könnte. Am Tag nach der Pressekonferenz versammelten sich 200 aufgebrachte Hausbesitzer, um ihren Widerstand deutlich zu machen. Außer den Befürchtungen in bezug auf
Gesundheitsrisiken gab es auch die Sorge, daß die Grundstückspreise
fallen würden. Andere mißbilligten die Tatsache, daß das Heim überhaupt für Homosexuelle sorgen würde. »Aids entstehe durch unmo-
ralische Akte«, protestierte ein Kirchenmann. »Was hat das mit Nächstenliebe zu tun, wenn man sie hierher bringt?«

Aber die Schwestern brachten sie dennoch. »Gift of Peace« öffnete
am 8. November 1986 seine Tore. Die meisten Patienten kamen mit
einem Krankenwagen aus den örtlichen Krankenhäusern oder aus
ihren Wohnungen. Sie waren im Endzustand von Aids, der bislang
unheilbaren Krankheit, die die meisten Opfer innerhalb von zwei
Jahren nach der Diagnose tötet. Einige litten unter Wahnvorstellun-
gen, die zunehmend bei Aids-Patienten festgestellt werden. Fast alle
waren sehr allein in ihrem Leiden, und fast alle waren zu schwach,
um auch nur die Treppen hinaufzusteigen, ganz zu schweigen von
Spaziergängen auf dem ausgedehnten Gelände von »Gift of Peace«.

Die Leute, die die verschreckten Nachbarn an Bushaltestellen warten
sahen, litten an anderen unheilbaren Krankheiten.

Die durch die Anwesenheit von Aids-Patienten verursachten
Ängste klangen nicht ab. Manche sahen hier eine inoffizielle medizinische Einrichtung, die ihnen unter Vorspiegelung falscher Tatsachen von der Erzdiözese Washington und der Stadtverwaltung aufge-
schwatzt worden war. Einige Nachbarn waren nicht davon zu
überzeugen, daß es sich nicht um ein Krankenhaus handelte, daß die
Einrichtung einen wohltätigen Zweck verfolgte und deswegen eine
Änderung der Nutzungsauflagen nicht notwendig war, oder daß es
keiner besonderen Erlaubnis bedurfte, da es sich um keine medizinische Einrichtung handelte. Der Versuch der Schwestern, den Aids-
Kranken Liebe und Pflege zuteil werden zu lassen, blieb weiterhin
mit Schwierigkeiten belastet. Wenn es nicht eine Klage wegen Verstoßes gegen die Nutzungsauflage war, dann bedrohte eine Anzeige
wegen angeblichen Verstoßes gegen feuerpolizeiliche Bestimmungen
das Fortbestehen des Heims.

Aber nicht alle standen dieser Einrichtung ablehnend gegenüber.
Die Mit-Arbeiter, Freiwilligen und anderen Laien mit beruflicher Erfahrung halfen dabei, den Buchstaben des Gesetzes Genüge zu tun.
Ein Teil des Gebäudes wurde den Missionarinnen der Nächstenliebe
zugeteilt, und die Art, in der die Schwestern sich dort niederließen,
verglich ein Mit-Arbeiter mit dem Kamel aus einer bekannten Fabel,
das zuerst die Nase ins Zelt steckte, um sich schließlich ganz darin
breitzumachen. Unterdessen fuhr Mutter Teresa fort, ihre Botschaft
zu verbreiten. Aids müsse als ein Zeichen verstanden werden, »daß
Gott will, daß wir unsere Herzen öffnen und einander lieben«.

»Gift of Peace« war ein Ort mit strengen Regeln und einer klöster-
lichen Atmosphäre. Wie in anderen Häusern der Missionarinnen der
Nächstenliebe hingen an den Wänden Farbdrucke von Heiligen und
dem Papst. Besucher waren gewöhnlich zwischen 16 Uhr und 17.30
Uhr zugelassen. Radios waren erlaubt, aber kein Fernsehen. Den Insassen war freigestellt, an den Gottesdiensten der Schwestern teilzunehmen, aber wie »Gift of Love« war es kein Ort für jemand, der
Freunde empfangen und weltlicher Zerstreuung nachgehen wollte.
Auch war es kein Leben, dem sich jeder problemlos anpaßte. Es gab
jene, die es vorzogen, ihre Tage anderswo zu beschließen. Viele aber

starben in der Obhut der Schwestern mit dem seltsam schönen Gefühl, sich mit dem eigenen Tod abgefunden zu haben.

Im New Yorker »Gift of Love« gab es einen Mann, der in Vietnam
Drogen genommen hatte, »um den Streß auszuhalten«. Nach dem
Krieg nahm er weiter Drogen. Außerdem erhielt er »Hunderte« von
Bluttransfusionen, während er an das Dialysegerät angeschlossen
war. Er wußte nicht, auf welche Weise er Aids bekommen hatte.
»Aber bei meiner Drogengeschichte schreiben sie es den Drogen zu«,
sagte er. »Ich bin ohne Groll. Ich denke nicht, daß ich jemals ohne das
zu Gott gekommen wäre. Die hätten mich auf der Straße gefunden.«
Er hatte viele andere vor sich sterben sehen. »Am Ende rufen sie nach
Christus. Sie sagen ›Gott, sei uns gnädig‹. Am Ende bekommen sie den
Frieden.« Der Mann war Mutter Teresa im Heim begegnet. Sie war
»wie ein stiller Sturm, der einen schüttelt«, meinte er. »Sie sagt nichts
Besonderes – aber daraus wachsen Eichen.«

Die Arbeit bei den Aids-Kranken nahm zu. Im Juni 1988 wurde
ein weiteres »Gift of Love« in San Francisco eröffnet, und im März
1989 erhielt auch Addis Abeba in Äthiopien ein solches »Geschenk«.
Im Dezember 1989 gründeten die Schwestern ein Aids-Heim in Den-
ver, Colorado. Als die Aids-Krise in Los Angeles ausbrach, waren die
Brüder besonders betroffen über die Tatsache, daß sogar manche
Ärzte und Krankenschwestern sich weigerten, die Aids-Kranken zu
versorgen. Besonders einem der Brüder, der großen Wert auf den körperlichen Kontakt legte, erschien die Vorstellung entsetzlich, daß jemand sich weigern konnte, einen anderen Menschen, der krank und
hilflos war, zu berühren. Er eröffnete eine Tagesambulanz in Oak-
land, die erste ihrer Art im Land, die nicht nur Aids-Kranke aufnehmen konnte, sondern auch die ihnen Nahestehenden, ihre Familien
und Menschen, die für sie zu sorgen versuchten. Es war ein Hort, in
den sie kommen und Ruhe und Unterstützung finden konnten. Der
betreffende Bruder wußte, daß er jederzeit abberufen werden konnte,
und wollte die Fortführung des Projekts sicherstellen. Er hielt es für
das Beste, die Verantwortung für das Zentrum einem Verwaltungsrat
zu übertragen. Die Missionsbrüder würden sich weiter in unmittelbar praktischer Weise um die Nöte der Aids-Kranken kümmern, sie
in den Gefängnissen besuchen und jene unterstützen, die für sie sorgten. Die Ärztlichen Mit-Arbeiter waren ebenfalls dazu aufgerufen,

besonders wach für die Bedürfnisse derer zu sein, die an der »Lepra des Westens« litten.

»Pflanze Liebe in die Welt, und sie wird wachsen.« Mutter Teresa hatte sich die Worte des heiligen Johannes vom Kreuz zu Herzen genommen und hatte versucht, diese Botschaft an Orten vorzuleben, wo andere manchmal zuviel Angst vor eventuellen Schwierigkeiten hatten. Am 8. Juli 1986 kam sie auf Einladung der Katholischen Bischofskonferenz in Kuba zu Gesprächen mit dem kubanischen Präsidenten Fidel Castro in Havanna an. Zwei Tage darauf teilte sie den Zuhörern in einer überfüllten Kirche im Vorort Regla mit, sie sei glücklich, die freudige Nachricht verkünden zu dürfen, daß die Schwestern bald nach Kuba kommen würden. Der Erfolg ihres Unternehmens führte zu einem Auftauen der Beziehungen zwischen Havanna und dem Vatikan.

Im Oktober 1986, kurz nach der Eröffnung von »Gift of Peace« in Washington, unternahm sie eine Reise durch Ost-Afrika. Sie war zutiefst erschüttert über die Hungersnot im Sudan und faßte sofort den Plan, ein Zentrum im Süden zu eröffnen, um einige der Betroffenen zu versorgen. In Khartum betete sie für die Opfer des dreijährigen Bürgerkrieges im Süd-Sudan und flog dann weiter nach Daressalam in Tanzania. Von dort aus sollte sie Kenia besuchen, wo ihre Schwestern bei den Obdachlosen und anderen Bedürftigen im Mathare Valley, einer der ärmsten Gegenden von Nairobi, tätig waren. Als das leichte Flugzeug beschleunigte, um von der holprigen Rollbahn in Hombolo bei Dodoma in Zentral-Tanzania abzuheben, schleuderte es in die Menge und tötete fünf Menschen. »Wir beteten gerade den Rosenkranz«, beschrieb Mutter Teresa nachträglich das Ereignis, »aber plötzlich raste das Flugzeug, anstatt abzuheben, mitten zwischen die Schwestern und die Zuschauer, die zum Abschied gekommen waren. In weniger als fünfzehn Minuten war alles vorbei – fünf waren tot – zwei verwundet. Drei Kinder, der Leiter der Leprastation und unsere Schwester Serena lagen tot in ihrem Blut.«

Es war ein grausiger Unfall. Einer der Toten war von den Propellern geköpft worden. Mutter Teresa fuhr selbst zur Autopsie der beiden Kinder und ihrer Schwester mit ins Krankenhaus. Außer den Toten gab es zwei verletzte Schwestern. Mutter Teresa nahm an der Beerdigung von Schwester Serena teil und war von dem Erlebnis zutiefst betroffen. Einem Pressebericht zufolge sagte sie: »Mein Kommen steckt hinter diesem Unfall.« Den Schwestern erzählte sie, daß jene Tage voller Schmerz und Leiden gewesen seien. Sie betonte aber auch, daß sie Gott zutiefst dankbar gewesen sei für diejenigen, die verschont geblieben waren, und für die Liebe und Fürsorge, die ihnen vom Bischof und anderen Einheimischen erwiesen worden waren. Es wurde erwogen, den Rest der Reise abzusagen, aber das schreckliche Leiden im Süd-Sudan verlangte nach ihr. Sie hatte die Absicht, das tansanische Volk um Hilfe zu bitten und vier Schwestern in das schlimmste Notstandsgebiet zu entsenden. Wahrscheinlich flog sie dann weiter nach Tabora, wo sie einer Feier beiwohnte, bei der sieben Missionsschwestern der Nächstenliebe ihre ersten Gelübde ablegten.

Ihre Reiseroute sah allein für den Rest vom Oktober folgende Reiseziele vor: Rom am 26., Assisi am 27. und 28., wiederum Gelübde in Rom am 29. und 30. Am 2. November sollte sie in Kuba sein, am 9. und 10. in San Francisco. Sie hoffte, am 15. November nach Kalkutta zurückkehren zu können, war aber am 7. November immer noch in Kuba; es war ihr zweiter Besuch in diesem Land innerhalb von fünf Monaten. Seit 1959 waren die Kirchengemeinde und die Aktivitäten unter dem Regime Fidel Castros dahingeschwunden, aber der Präsident hatte kurz zuvor sein Interesse an einer Verbesserung der Regierungskontakte mit der römisch-katholischen Kirche bekundet. Er hatte einer Versammlung der kubanischen Bischöfe zugestimmt, und die Bischöfe waren zu einer Audienz mit Papst Johannes Paul II. im Vatikan gewesen. Mutter Teresas Besuche gehörten ebenfalls zu den Anzeichen verbesserter Beziehungen.

Das Reisen war nicht durchweg beschwerlich. Sogar im fortgeschrittenen Alter gab Mutter Teresa mit mädchenhafter Freude zu, daß sie »äußerst reiselustig« sei. Das forderte allerdings seinen Preis, und 1987 mußte Mutter Teresa kurzfristig einen geplanten Besuch in Japan absagen. Es war ein ungewohnter Schritt, als sie den Schwestern in Tokyo und der nationalen Kontaktperson für die Mit-Arbeiter vorschlug, eine telefonische Botschaft an diejenigen auf Tonband aufzunehmen, die sie auf ihrer Reise hatte besuchen wollen. Sie wußte, wie enttäuscht sie sein würden, und nur ihre schwere körperliche Schwäche hielt sie zurück. Am 28. März gab sie mit einer

Stimme, die laut Aussage von Schwester Leon »fast unerträglich gequält« klang, ihrem tiefen Bedauern Ausdruck:

»Liebe Freunde in Japan,
   ich habe mich auf meinen Besuch bei Ihnen gefreut. Wie Sie wissen, habe ich ein Herzproblem und stelle fest, daß ich die Reise und
die Arbeit bei Ihnen während dieser Tage nicht machen kann. Deshalb mußte ich in letzter Minute meine Reise nach Tokyo absagen.
Ich wäre sehr gerne bei Ihnen allen gewesen, aber ich glaube, daß ich
körperlich nicht dazu in der Lage bin. Aber meine Botschaft an Sie
alle ist, daß Gott das japanische Volk ganz besonders liebt.
   Und die Botschaft ist die, einander so zu lieben, wie Gott einen
jeden liebt. Und diese Liebe beginnt zu Hause. Die Familie, die zusammen betet, bleibt auch zusammen, und wenn Sie zusammen-
bleiben, werden Sie einander lieben, wie Gott jeden von Ihnen liebt.
   Das ist mein Gebet für Sie, daß Sie durch diese Liebe zueinander
in der Liebe Gottes wachsen mögen.
   Gott segne Sie und bewahre Sie in seinem Herzen.«

Unbeeindruckt von diesem vorübergehenden Rückschlag brachte sie
es dann doch noch fertig, nach San Francisco zu reisen, um dort bei
den ersten Gelübden von zehn Novizinnen dabei zu sein. Anschließend flog sie nach New York, nach Österreich, nach Polen zu
weiteren Gelübden, nach Afrika, in die Sowjetunion, um die Überlebenden des Tschernobyl-Unglücks aufzusuchen und die Goldmedaille des Sowjetischen Friedenskomitees entgegenzunehmen, und
aus verschiedenen Gründen nach Rom. Im Mai 1987 wurde eine Be-
kanntmachung des Vatikans veröffentlicht, die sicher eine besondere
persönliche Befriedigung für sie darstellte. Die etwas kecken Ankün-
digungen gegenüber hochgestellten Kirchenleuten, sie würde gerne
ihre Armen in die prächtigen Gebäude bringen, hatten offenbar Wirkung gezeigt. In einem radikalen und historischen Schritt gab der
Papst den Auftrag für die Errichtung einer Unterkunft für einen Teil
der etwa fünftausend Obdachlosen in Rom. Der Papst hatte die Stadtstreicher und arbeitslosen Einwanderer gesehen, die unter den
Brücken und vor den Geschäften und Büros nahe der Vatikanstadt
schliefen, und zweifellos hatte ihre Notlage ihn betroffen gemacht. Es

gab aber viele, die davon überzeugt waren, daß Mutter Teresa den Samen für diese Idee gelegt hatte. Der Papst übertrug ihr nun die Leitung der vom Vatikan als »Hospiz« bezeichneten Institution. Ein neues Gebäude, entworfen von Angelo Malfatto, einem führenden italienischen Architekten, das Betten für 74 kranke Obdachlose bereitstellte, dazu Mahlzeiten für weitere Tausende, sollte in einem ungenutzten Hof nahe dem heiligen Offizium gebaut werden. »Alle Obdachlosen und Vagabunden sind ungeachtet ihrer Religion willkommen«, verkündete ein Beamter des Vatikans. »Wir wollen nicht, daß Menschen unter den Tiber-Brücken oder in Bahnhöfen schlafen. Menschen aller Religionen – und auch ohne Religion – sind willkommen.« Mutter Teresa ihrerseits zeigte sich hocherfreut darüber, daß der Heilige Vater den Missionarinnen der Nächstenliebe einen Platz in seinem Heim eingeräumt hatte, wo sie die Kranken und Armen aufnehmen konnten. Mit dem Bau des Gebäudes namens »Dona de Maria« (Gabe Mariens) wurde bald darauf begonnen.

Kurz darauf erlitt der New Yorker Bürgermeister Edward Koch einen kleineren Schlaganfall und war erstaunt, daß Mutter Teresa auf einen Krankenbesuch zu ihm nach Hause kam. Mutter Teresa hatte sich selbst kurz zuvor im St. Vincent Hospital in New York einer Star-Operation unterziehen müssen. Aber weder dieser Eingriff noch die vielfältigen anderen Ansprüche an ihre Zeit konnten sie von solchen spontanen Bezeugungen ihrer Sorge für andere abhalten. »Ich habe gehört, daß Sie krank sind, und so bin ich gekommen, um Sie zu trösten«, sagte Mutter Teresa laut Aussage des Bürgermeisters. »Mir geht es wieder gut«, antwortete er. »Kommen Sie also herein.«

Während sie sich noch von ihrer eigenen Operation erholte, kam sie in aller Eile den Menschen zu Hilfe, die von dem Erdbeben an der indisch-nepalesischen Grenze am 21. August 1988 betroffen worden waren, bei dem etwa 800 Menschen getötet worden waren. Viele andere hatten kein Dach mehr über dem Kopf und saßen mittellos auf der Straße. Im November desselben Jahres war sie in Südafrika. Nach vielen Jahren der Hoffnung und der Verzögerungen setzte sie endlich den Fuß in ein Land, das voller politischer Spannung war, und wurde geradezu ekstatisch begrüßt. Es war extrem schwierig, nicht von einem politischen Lager vereinnahmt zu werden, aber Mutter Teresa gelang es. Ganz Südafrika, von Frau Oppenheimer über Erzbischof

Tutu bis hin zu den bescheidensten Menschen aus den Townships, Menschen der verschiedensten politischen, rassischen und sozialen Zugehörigkeit gaben sich bei ihr die Klinke in die Hand. Mit großer Geschicklichkeit wies sie die Unterstellung zurück, daß ihre Mission politisch begründet sei. Sie erklärte, daß die Einladung ursprünglich von dem römisch-katholischen Erzbischof George Daniel ausgesprochen worden sei. »Ich wußte nicht, daß es Apartheid oder irgend so etwas gab. Ich mische mich nie in die Politik ein, weil ich mich da nicht auskenne. Aber ich weiß, daß wir eine religiöse Gemeinschaft sind und daß die Einladung ausgesprochen und von uns beantwortet wurde, weil wir unsere Liebe aktiv bekunden wollen.« Für sie war die Hautfarbe ohne Belang, und sie gab das auch ohne Angst zu. »Weiß, schwarz, gelb, was immer – ihr alle seid Kinder Gottes, geschaffen für größere Dinge, um zu lieben und geliebt zu werden.«

Sie wählte Khayelitsha, eine weitläufige schwarze Gemeinde in einer dem ständigen Wind ausgesetzten Dünenlandschaft außerhalb von Kapstadt als Ort für die vier Schwestern, die sie zurücklassen wollte, um die Not zu lindern, und zwar nicht deswegen, weil die Menschen dort schwarz waren, sondern, so betonte sie, weil sie arm waren. Am Mittwoch, dem 9. November, betete Mutter Teresa zum heiligen Joseph, daß sie in Khayelitsha ein Haus für ihre Nonnen finden möge, und um die Mittagszeit war ihr Wunsch erfüllt. Wir trafen uns an jenem Tage ganz zufällig auf einer der sandüberwehten Straßen, die die eintönigen, simplen Reihenhäuser unterteilen, in denen die etwas bessergestellten Mitglieder der rasch wachsenden schwarzen Bevölkerung von Kapstadt leben. Die weniger glücklichen fanden inoffiziell Unterkunft in improvisierten Hütten und Baracken, die sich nicht sehr von den Behausungen in den Slums von Kalkutta unterschieden.

»Schreiben Sie etwas Schönes?« Ihr Alter und die ungewöhnlichen Umstände unserer Begegnung beeinträchtigten nicht ihre außergewöhnliche Begabung, sich an Gesichter zu erinnern. »Und Ihr, Mutter, eröffnet Ihr gerade ein Haus?« Sie erzählte mir, daß die Schwestern in ein Altersheim ziehen würden, das vormals dem Katholischen Wohlfahrtsbüro gehört hatte. Sie wollten am Abend noch einziehen und die Nacht dort verbringen. Danach würde sie gerne etwas mehr Land haben, um ein Heim für Kranke und Sterbende zu bauen, aber für den Augenblick waren die Schwestern versorgt. Von den vier Schwestern, die sie dort ließ, waren zwei Inderinnen, eine Engländerin, die aber die ersten neun Jahre ihres Lebens in Südafrika verbracht hatte, und die vierte war aus Ruanda. Gemeinsam sollten sie in der schwarzen Gemeinde ein stilles Zeugnis der Harmonie darstellen, die zwischen Menschen aller Rassen bestehen könnte. Es war alles mit einer Geschwindigkeit geschehen, die andere für außerordentlich hielten, die für Mutter Teresa jedoch selbstverständlich war. Ihr Anblick, wenn sie in aller Eile in einem Kombi durch die Stadt gefahren wurde, bereitete den Menschen, die am Rande von Bandenkrieg und bewaffneter politischer Auseinandersetzungen lebten, offensichtlich Freude. Wenn sie vorbeifuhr, hinterließ sie eine Wolke von Sand und auf den Gesichtern der Menschen ein Lächeln.

Während sie weiter nach Port Elizabeth, Durban und der verarmten Gegend nördlich von Pretoria fuhr, verkündete sie unvermeidlich ihre Botschaft: Wenn Menschen ihren Glauben im Gebet vertieften, würden sie sehen, daß es »keine Religion, keine Kaste, keine Hautfarbe, keine Nationalität, keine Reichtümer und keine Armut gibt«. Diese Worte wurden weithin als Balsam auf die Wunden eines unruhigen Landes empfunden. Es gab manche, die enttäuscht darüber waren, daß sie nicht die Anhänger der Apartheid kritisieren wollte, und andere, die versuchten, ihre Worte politisch auszuschlachten. Sie erzählte die Geschichte, wie sie einmal bei sintflutartigem Regen etwas Reis auf einem Teller zu einer Hindu-Familie gebracht hatte, von der sie wußte, daß sie weder Geld noch Essen hatte:

»Und die Frau verschwand sofort und kam mit der Hälfte dessen, was ich gebracht hatte, zurück. Ich fragte sie: ›Was hast du mit dem Reis gemacht?‹ Sie antwortete: ›Ich habe das, was du uns gegeben hast, mit einer Moslem-Familie geteilt, und sie sind unsere Nachbarn.‹ Diese Frau kannte die Not ihrer Nachbarn. Es bedeutete nichts, daß sie Moslems waren oder daß ihre eigene Familie sehr hungrig war. Das heißt geben, bis es weh tut.«

Wenn es eine politische Botschaft in dieser Geschichte gab, war es eine der Harmonie und menschlicher Gemeinsamkeit, die auf dem Teilen beruhte. »Anders als viele Wohltäter«, kommentierte die »Cape

Times«, »ritt sie nicht auf den ausländischen Gemeinplätzen herum und verdammte Menschen und Situationen in diesem Land. Sie kam persönlich, identifizierte sich mit jenen, die am meisten Mitgefühl brauchten, und eröffnete eine Mission, um ihnen zu helfen. Das war immer ihre Methode, seitdem sie ihr erstes Hospiz in den Slums von Kalkutta aufmachte. Ihre heiligen Referenzen werden so universell anerkannt, daß sie auch die wildesten Radikalen zum Schweigen bringen – zum erstenmal stellte niemand die Absicht einer international berühmten Persönlichkeit, Südafrika zu besuchen, in Frage.«

Als sie Südafrika am 15. November 1988 verließ, schmiedete Mutter Teresa bereits Pläne für ein zweites Haus in der Gegend von Winterveld. Ihr nächstes Ziel war Nairobi. Alle, die mit ihr über das afrikanische Buschland flogen, waren privilegierte Zuschauer, als sie ihr Gesicht an das Flugzeugfenster preßte und mit allem Interesse, aller Energie und Begeisterung eines Kindes nach Tieren Ausschau hielt. Was befähigte sie, weiterzumachen? Oft sagte sie: »Es ist die Freude des Gebens, die Freude, Liebe in das Leben der Menschen zu bringen, die uns alle am Leben erhält.«

Am 8. Dezember erreichte sie eine Einladung des Sowjetischen Friedenskomitees, in die damalige UdSSR zu kommen, um eine Vereinbarung über eine neue Niederlassung zu unterzeichnen. Sie kam am 15. Dezember um 23 Uhr in Moskau an – müde, aber offenkundig froh, da zu sein. Am nächsten Tag schickte man ihr einen Wagen, um zur Messe in die Unserer Lieben Frau des Friedens gewidmete Kapelle zu fahren. Anschließend begannen die Gespräche mit dem Friedenskomitee. Die Einwilligung, daß vier Schwestern sofort in Moskau beginnen konnten, wurde sofort gegeben, aber Mutter Teresa wollte noch vier weitere für Armenien schicken. Bei dem Erdbeben am 7. Dezember waren etwa 55 000 Menschen in Armenien ums Leben gekommen. Mehr als 10 000 wurden in Krankenhäusern versorgt, aber noch weit mehr waren obdachlos. Ihre Not war etwas, worüber Mutter Teresa nicht hinwegsehen konnte. Am 17. Dezember gelang es ihr, viele der Menschen in Moskau zu sehen, die aus dem Fernsehen von ihrer Ankunft wußten. Sehr zur Zufriedenheit einer späteren Missionsschwester der Nächstenliebe, die zu der Niederlassung in der sowjetischen Hauptstadt gehören sollte, hatte die Fernsehkamera mehr als fünf Sekunden Mutter Teresas Hand gezeigt, wie

sie ihren Rosenkranz hielt. Anderntags stieg sie in ein Flugzeug zu
einem dreistündigen Flug nach Armenien. Bei dieser Gelegenheit
schenkte sie der Mannschaft eine kleine Statue der Jungfrau Maria,
die sie am Armaturenbrett befestigte. In Armenien wurde sie vom
Vorsitzenden des Armenischen Friedenskomitees begrüßt und anschließend in die Residenz des armenischen Patriarchen gefahren,
der ein wichtiges Treffen mit seinen Bischöfen unterbrach, um Mutter Teresa mit Wärme zu begrüßen und sie in sein Haus einzuladen.
Mutter Teresa nutzte die Gelegenheit und bat um Erlaubnis, daß auch
ein katholischer Priester nach Armenien kommen dürfe. Diesem
Wunsch wurde vorbehaltlich der Zustimmung durch die Regierung
stattgegeben. Am Nachmittag besuchte Mutter Teresa ein Krankenhaus, wo die durch das Erdbeben verletzten Kinder versorgt wurden.
Sie verbrachte Zeit mit jedem Kind, betete mit ihnen und schenkte
ihnen wundertätige Medaillons. Für Menschen, die alles verloren
hatten und manchmal auch alle, die sie geliebt hatten, war allein ihre
Anwesenheit eine Quelle neuer Hoffnung.

Am Mittag des 19. Dezember, nach der Messe in einer Kapelle der
Residenz des armenischen Patriarchen und einem Besuch in einem
von Verletzten überquellenden Krankenhaus, wurde Mutter Teresa
vom sowjetischen Premierminister Nikolai Ryschkow empfangen,
der Armenien zusammen mit dem Außenminister und dem Vorsitzenden der armenischen kommunistischen Partei einen Besuch ab-
stattete. »Ich habe weder Gold noch Silber bei mir«, sagte sie zu ihnen,
»aber ich hoffe, daß ich Ihnen die Hilfe meiner freiwilligen Mit-
Arbeiter im laufenden Prozeß der Hilfsmaßnahmen und des Wie-
deraufbaus anbieten kann.« Mutter Teresa kam aus dem Treffen
mit einem strahlenden Lächeln. Sie hatte die Erlaubnis erhalten, vier
weitere Schwestern sowie einen katholischen Priester für ihre geistlichen Bedürfnisse nach Armenien zu bringen. Es war das erste Mal
seit 70 Jahren, daß ein katholischer Priester nach Armenien kam. Unmittelbar danach verließ Mutter Teresa die armenische Hauptstadt
Eriwan und erreichte nach fünfstündiger Fahrt Leninakan, eine
Stadt, die durch das Erdbeben völlig verwüstet worden war. Als sie
sich der Stadt näherte, säumten aufeinandergestapelte Särge auf beiden Seiten die Straße. Rettungsmannschaften waren damit beschäftigt, die Verletzten und die Toten aus den Trümmern zu bergen. Mut-

ter Teresa fertigte eine sorgfältige Aufstellung der benötigten Mittel an und war am 20. Dezember zurück in Moskau. In einem Fernsehinterview drückte sie die Absichten der Schwestern in den einfachsten, unveränderlichen Worten aus: Sie würden kommen, »nur, um zärtliche Liebe und Pflege zu bringen«.

Gleich am nächsten Tag kamen vier Schwestern aus Rom. Mutter Teresa begrüßte sie auf dem Flughafen mit offensichtlicher Freude und brachte sie in ihr neues Heim, ein Krankenhaus, das ihnen Unterkunft in Form von drei Zimmern bot – eines als Speisesaal, eines als Schlafsaal und eines als Kapelle –, bis sie ein Haus gefunden hatten.

Zwei Tage darauf kamen zwei weitere Schwestern aus Rom zusammen mit einem australischen Priester, und am nächsten Tag, Heiligabend, sollten noch zwei Schwestern aus Indien folgen. Da sie aber aus Versehen ein Flugzeug nach Amsterdam genommen hatten, kamen sie erst am 27. Dezember an. In der Zwischenzeit feierten Mutter Teresa und ihre Handvoll Getreuer ihr erstes Weihnachtsfest in einem »weiteren Land ihrer Träume«. Mutter Teresa unterzeichnete in Armenien ein Abkommen bezüglich der Arbeit der Missionarinnen der Nächstenliebe und blieb so lange, bis sie ihre Schwestern eingeführt hatte. Aber am 29. Januar war sie wieder in Moskau, wo sie am nächsten Tag ein Treffen mit Gesundheitsminister Tschasow hatte. Tschasow drückte seine Dankbarkeit aus, daß sie in die Sowjetunion gekommen war. Er erklärte Mutter Teresa, daß er Atheist sei, sagte aber zu ihrem unverhohlenen Entzücken, daß er für sie und die Schwestern beten wolle. »Der 31. war sehr ruhig«, schrieb eine der seit kurzem in Moskau arbeitenden Schwestern nach Hause. »Mutter konnte einige Briefe erledigen.«

Auf die Frage, warum sie sich nicht mehr Ruhe gönne, antwortete Mutter Teresa schlicht: »In der Ewigkeit ist genug Zeit, um auszuruhen. Hier gibt es soviel zu tun ...«

»IN DER EWIGKEIT IST ZEIT GENUG, UM AUSZURUHEN«

DAS NACHLASSEN DER PERSÖNLICHEN KRAFT

Am 11. April 1990 wurde der Welt bekanntgegeben, daß Papst Johannes Paul II. den Rücktritt Mutter Teresas als Generaloberin der Missionarinnen der Nächstenliebe angenommen hatte. Es war nicht das erste Mal, daß sie gehofft hatte, das Wahlgremium der Gemeinschaft, die immer vom Heiligen Geist geführt wurde, würde eine andere Person mit der Leitung betrauen. Entsprechend der vom Heiligen Stuhl geweihten Statuten der Missionarinnen der Nächstenliebe traf das Generalkapitel, das aus den von den jeweiligen Niederlassungen der Gemeinschaft gewählten Regionalvertretern bestand, alle sechs Jahre zusammen, um die Generaloberin zu wählen. Die Verfassung hielt auch fest, daß die Generaloberin für eine zweite, nicht aber für eine dritte Amtsperiode gewählt werden konnte, ohne daß der Heilige Stuhl seine Einwilligung dazu erteilte. Im Falle Mutter Teresas hatte der Vatikan regelmäßig diese Klausel außer Kraft gesetzt, da sie die Gründerin der Gemeinschaft war. Es gab manche, die glaubten, daß sie absichtlich und viel zu lange an ihrer Position festgehalten hatte. Tatsächlich aber hatte Mutter Teresa bei mehreren vorhergehenden Wahlen privat den Wunsch ausgedrückt, ihres Amtes enthoben zu werden, immer jedoch mit dem Vorbehalt ihrer Unterwerfung unter den Willen Gottes. Die Gemeinschaft gehöre nicht ihr, betonte sie, und auch nicht den Schwestern. Sie gehöre Gott, und darin liege ihre Sicherheit.

Das erste Generalkapitel, das damals noch aus der Schwester Oberin und einem Abgeordneten aus jeder Niederlassung bestand, trat 1961 zusammen. Selbst zu einer Zeit, als das Wahlergebnis einigermaßen vorhersehbar war, wies Mutter Teresa ihre Schwestern an, sich durch tägliches Gebet sorgfältig auf die Verantwortung bei der Wahl vorzubereiten, damit sie das, was Gott wohlgefiel, wissen und tun konnten. Auf die Bitte von Erzbischof Dyer war Pater van

Exem 1961 bei der Wahl zugegen, um die Gültigkeit der geheimen Abstimmung zu gewährleisten. Jeder einzelne Stimmzettel war für »Mutter«, außer einem: Mutter Teresas eigener Zettel. Pater van Exem zog es vor, dieses Votum vor dem restlichen Wahlkollegium geheimzuhalten.

Die Vorbereitung auf das Generalkapitel von 1967 begann ein Jahr im voraus. Bereits im Oktober 1966 schaffte Mutter Teresa die geistigen Grundlagen für eine Versammlung, die reiche Frucht tragen sollte. Die geistige Vorbereitung war mit einer besonderen Konzentration auf Schlichtheit im Denken, Sprechen und Handeln verbunden. Während der drei Monate vor dem Kapitel wurden jeder Schwester mindestens fünf Opfer wirklicher Nächstenliebe abverlangt. Bei jeder Messe mußte die erste Absicht nach der Absicht für die Kirche eine für die Gemeinschaft sein. Ihr ganzes Beten und Wirken sollte täglich der Gemeinschaft dargebracht und der Heilige Geist besonders angefleht werden, »durch dessen Weisheit sie geschaffen und durch dessen Vorsehung sie geleitet wurde«. Im Jahre 1967 war Pater van Exem nicht in Kalkutta, als das Generalkapitel tagte, aber das Wahlergebnis war eindeutig. Auch 1973 ging dem Kapitel viel Beten und Vorbereitung voraus. Bei dieser Gelegenheit vertraute Erzbischof Picachy Pater van Exem seine Überzeugung an, daß es diesmal mehr Stimmen für eine andere als Mutter Teresa geben würde, aber Pater van Exem glaubte nicht daran, und siehe da, es gab auch diesmal ein einstimmiges Wahlergebnis, bis auf Mutter Teresas Wahlzettel, der auch diesmal geheimgehalten wurde.

Im Jahre 1979 war Pater van Exem zur Zeit der Wahl in Khidirpur, aber kurz vor der Wahl kamen einige Schwestern zu ihm und berichteten, Mutter Teresa fühle sich zu alt und zu krank, um weiterzumachen. Sie sei sicher, daß unter den vielen wunderbaren Schwestern der Gemeinschaft eine war, die leicht ihren Platz einnehmen konnte, und sie hatte aus dieser Einstellung keinen Hehl gemacht. Sie war sogar so weit gegangen, die Überzeugung zu äußern, daß es zur größeren Ehre Gottes, zum Wohl der Gemeinschaft, jeder einzelnen Schwester und der Armen gereiche, wenn sie eine Generaloberin unter den älteren Schwestern wählten. Sie vertrat diese Ansicht so vehement, daß Pater van Exem sich gezwungen sah, ihr zu schreiben und sie zu warnen, daß sie, wenn sie weiterhin in dieser Weise Druck auf die

Schwestern ausübe, die Wähler aus aller Welt ein zweites Mal zusammenrufen und ein zweites Kapitel abhalten müßten. »Daraufhin bekam ich eine liebe kleine Notiz mit den Worten: ›Die Schwestern sind völlig frei. Sie können wählen, wen sie wollen.‹ Das war das Ende von Mutter Teresas Wahlkampagne.«

Mutter Teresa mischte sich nicht mehr in die Wahlvorbereitungen ein. Wie in anderen Dingen war sie dem Mann gehorsam, der so viele Jahre lang ihr geistlicher Führer gewesen war. Als jedoch das Generalkapitel 1985 wieder zusammentrat, um die Generaloberin und sechs Beraterinnen zu wählen, verliehen ihr Alter und ihr Gesundheitszustand ihrer persönlichen Anschauung wirklich Gewicht. In dem Moment wurde auch die Aufmerksamkeit der Außenwelt auf die Frage gelenkt, wer eine geeignete Nachfolgerin dieser Frau werden sollte, die sich durch ein großes persönliches Charisma, spirituelle Gaben, Leistungskraft, Reiselust und Organisationstalent auszeichnete. Mutter Teresas Pflichten und Verantwortlichkeiten umfaßten die offizielle Vertretung der Gemeinschaft gegenüber kirchlichen und zivilen Behörden, eine Aufgabe, die viel Schreibtischarbeit und Verwaltungsgeschick erforderte. Den Statuten der Gemeinschaft nach war sie sowohl ihr führender Geist wie auch ihr kämpfender Arm. Der Artikel eines Journalisten aus Kalkutta in »India Today« zog sorgfältig eine Reihe älterer Schwestern als mögliche Kandidatinnen in Betracht, kam jedoch zu keinem Ergebnis.

Mutter Teresa selbst hatte, trotz ihres persönlichen Wunsches, etwas von ihren Verpflichtungen abzugeben, immer deutlich zu verstehen gegeben, daß sie die Frage ihrer Nachfolgerin der göttlichen Vorsehung überließ, die die Gemeinschaft nie im Stich gelassen hatte: »Gott wird eine andere finden, demütiger, hingebungsvoller, ergebener, und wenn es Gottes Wille ist, wird die Gemeinschaft fortbestehen.« Sie begegnete allen Befürchtungen, die die Schwestern über die Zukunft der Gemeinschaft äußerten, in der sie so lange Jahre zuverlässig und liebevoll »Mutter« gewesen war, mit der Versicherung, daß Gott sie zu einem guten Zweck zusammengeführt hatte und daß er die Zukunft der Gemeinschaft gewährleisten würde, sofern sie ihm keine Hindernisse in den Weg legten. Vor der Wahl rief sie die Schwestern auf, inbrünstig für die Reinheit des Herzens und für Offenheit gegenüber dem Heiligen Geist zu beten und zu wünschen, nur das mit großer Liebe zu tun, was zum Ruhme Gottes und seiner Kirche beitrug. Als sie 1985 von der Presse befragt wurde, ob sie wiedergewählt werden wolle, sagte sie nur, daß »Gottes Wille erfüllt werden muß«. Privat dankte sie denen, ohne die das, was in den vergangenen 35 Jahren getan worden war, nicht hätte vollbracht werden können. Sie war offensichtlich davon überzeugt, daß man eine neue Generaloberin finden würde. Die Schwestern beteten um die Erleuchtung, den Willen Gottes zu erfahren, die Liebe, ihn anzunehmen, und den Mut, ihn auszuführen – und wählten Mutter Teresa erneut.

Ihr körperlicher Zustand zwang sie, mehr und mehr von der täglich anfallenden Arbeit an die zweite Führungsebene der gewählten Beraterinnen zu delegieren, aber die Hauptlast lag immer noch bei ihr. Im Juni 1989 besuchte sie in der Begleitung von fünf Schwestern Budapest. Im Juli kehrte sie nach Kalkutta zurück, flog dann aber nach Peru, in die Schweiz und nach Albanien. In Albanien wurde der Film »Mutter Teresa« gerade zum erstenmal gezeigt, und Mitte August machte Mutter Teresa dort auf Einladung von Albaniens Präsidenten einen kurzen und relativ diskreten Besuch, um das Grab ihrer Mutter aufzusuchen und die Möglichkeit einer Niederlassung in ihrem Heimatland zu erforschen, von dem sie so lange schmerzlich getrennt gewesen war. Der Besuch brachte ihr wahrhafte persönliche Zufriedenheit und Freude. Voller Begeisterung und neuem Eifer kehrte sie zum Fest der Gemeinschaft am 22. August nach Kalkutta zurück.

Bald jedoch mußte sie erkennen, daß ein derart anstrengender Reiseplan ein Maß an körperlicher Belastbarkeit verlangte, das sie nicht mehr besaß. Am Abend des 3. September hatte sie einen Erschöpfungsanfall mit Übelkeit, Magen- und Herzschmerzen. Das hohe Fieber blieb auch am folgenden Tag, und am 5. September verlangte sie nach den Krankensakramenten und wurde dann in das Woodlands-Pflegeheim in Kalkutta gebracht. Dort stellte sich heraus, daß wegen einer Gefäßverstopfung nur noch eine Herzklappe funktionierte. Am 8. September verschlechterte sich ihr Zustand, was weltweit große Sorge hervorrief. Aus Rom sandte Papst Johannes Paul II. eine persönliche Botschaft: »Man hat mir von Eurer plötzlichen Erkrankung berichtet, und ich beeile mich, Euch meiner Gebete und geistigen Nähe zu versichern. Gegenwärtig empfehle ich Euch der Fürbitte unserer

gnadenreichen Mutter Maria, der Helferin der Kranken, und entbiete
Euch herzlich meinen apostolischen Segen als Unterpfand der Stärke
und des Trostes in unserem Herrn und Retter Jesus Christus.« Und
von ihrem Krankenlager in Indien antwortete Mutter Teresa unverzüglich: »Ich bringe es Euch alles dar.« Sympathiebekundungen kamen
auch von Indiens Präsidenten Venkataraman und Premierminister
Rajiv Gandhi. Vincenzo Bilotti, der italienische Herzspezialist, der sie
schon einmal behandelt hatte, kam von Rom und paßte ihr einen provisorischen, externen Herzschrittmacher an, der ihren unregelmäßigen Herzschlag kontrollierte. Ihr Zustand rührte von einer Verschlim-
merung ihrer chronischen Angina pectoris her. Auch entdeckte man,
daß Malariaerreger zu ihrer Krankheit beigetragen hatten.

Manchmal besserte sich ihr Zustand; dann wieder hatte sie starke
Schmerzen und Beschwerden. Nicht weit vom Woodlands-Pflegeheim lag eine ihrer Schwestern im Endstadium von Krebs. Schwester
Premila hatte darum gebeten, ihre letzten Tage bei den Schwestern
verbringen zu dürfen, die im »Nirmal Hriday« arbeiteten und ober-
halb des Sterbehauses eine Unterkunft hatten. Sie starb am 25. September 1989 und bot ihr Leiden für Mutter Teresa dar. Alle Missionarinnen der Nächstenliebe beteten um ein Wunder, das ihnen ihre
»Mutter« gesund machte. Auch die Mit-Arbeiter widmeten ihr ihre
Gebete, und Ann Blaikie flog nach Kalkutta, um ihre langjährige
Freundin zu besuchen. Das Alter hatte Mutter Teresa etwas von ihrer
Zurückhaltung genommen. »Sie streckte einfach die Arme aus und
umarmte mich so heftig, wie ich noch nie umarmt worden war, und
dann brachen wir beide in Tränen aus«, erinnerte sich Ann. »Dann
sagte sie: ›Mein Leiden hat alle Welt im Gebet versammelt.‹«

Nach einer einmonatigen Behandlung sahen die Ärzte Mutter
Teresas vollständiger Genesung zuversichtlich entgegen. Als Rajiv
Gandhi sie im Krankenhaus besuchte, fand er sie im Gespräch und
sehr fröhlich. Nicht zum erstenmal bekam sie allerdings die Warnung
zu hören, daß sie ihre Herumreiserei einschränken müsse. Ihre
Nichte Aggi, die nach Kalkutta gekommen war, um bei ihr zu sein, bot
sogar an, das Rauchen aufzugeben, wenn sie täte, was die Ärzte ihr
sagten. Mutter Teresa selbst hatte ein Gebet, das alle anderen Gebete
für sie einschloß: »Jesus, bitte sage deiner Mutter, sie solle Mutter
wiederherstellen, damit sie dich nach Albanien bringen kann.«

Am 14. Oktober wurde Mutter Teresa zunächst in das Haus der
Missionarinnen der Nächstenliebe in der Park Street entlassen, denn
das Mutterhaus war überfüllt. Außerdem hätte die Anwesenheit von
Besuchern und das ständige Klingeln der Türglocke die für ihre voll-
ständige Genesung nötige Ruhe gestört. Sie bekam einen Raum neben
der Kapelle, aber hatte auch wie bereits im Krankenhaus das für sie
bestimmte Sakrament bei sich. Nach einem Monat kehrte sie »nach
Hause« zurück, wo sie von den Schwestern und Novizinnen begrüßt
wurde, die bis zur Eingangstür Spalier standen, das Magnificat sangen und Glocken läuteten. Die Besserung war jedoch nur von kurzer
Dauer. Am 29. wurde sie in aller Eile in das Woodlands-Pflegeheim
zurückgebracht, nachdem sie über starke Schwindelgefühle geklagt
hatte. Diesmal unterzog sie sich einer Operation, wo ihr ein perma-
nenter Herzschrittmacher eingepflanzt wurde. Danach war sie wieder ihr früheres, fröhliches Selbst. Sie verließ das Krankenhaus am
11. Dezember, und zu Weihnachten sah man sie bei der Mitternachts-
messe und bei Tee und Kuchen mit den Schwestern. Am 28. März
reihte sich Yassir Arafat, der Chef der Palästinensischen Befreiungs-
front unter die Besucher des Mutterhauses in Kalkutta. Er lud Mutter Teresa ins Heilige Land ein und bat sie, in Bethlehem und Jerusalem Heime für ein »Sterben in Würde« zu gründen. Er versprach ihr
50 000 Dollar für ihre Arbeit.

Kurz darauf schrieb jedoch Mutter Teresa nach Rom und ersuchte
um Rücktritt und Vorverlegung des 1991er Kapitels. Am 11. April 1990
wurde bekannt, daß der Papst, der stets ein persönliches Interesse an
Mutter Teresas Wohlergehen gehabt hatte, in Anbetracht ihrer körperlichen Verfassung »zögernd« zugestimmt habe. Als die Nachricht
bekanntgegeben wurde, sagte der Sprecher des Vatikans, Monsignore
Pennacchini, Mutter Teresa habe ihren Rücktritt aus Gesundheitsgründen eingereicht und sei glücklich, die Zügel »jüngeren Händen«
überlassen zu können. Mutter Teresa selbst sagte, sie sei im Interesse
der Gemeinschaft zurückgetreten, deren Leitung gut funktionieren
müsse: »Für mich ist die Arbeit und der Grund meiner Mission wichtiger als jeder einzelne.« Diese Nachricht war für manche ein Schock.
Überall auf der Welt bedauerte man, daß ihr Rücktritt unumgänglich
war, aber einige gönnten ihr nicht die Aussicht auf eine wohlver-
diente Ruhe.

Die Frage ihrer Nachfolgerin wurde nun immer schwieriger. »Die Schwester, die ihr nachfolgen wird, steht vor einer menschenunmöglichen Aufgabe«, kommentierte die britische katholische Zeitung »The Universe«. »Spannungen und Meinungsverschiedenheiten sind in einem derart großen Unternehmen unvermeidlich. Es mag sehr wohl der letzte Beitrag dieser erstaunlichen und frommen Frau sein, ihre Missionarinnen darauf vorzubereiten, daß sie auch nach ihrem Abgang genauso wirksam weiterarbeiten.«

Als das Kapitel von 1990 herannahte, schrieb Mutter Teresa einen Rundbrief an die ganze Familie – Schwestern, Brüder, Väter und Mit-Arbeiter:

»Dieser Brief bringt einem jeden von Euch mein Gebet und meinen Segen für alles, was Ihr über diese 40 Jahre hinweg gewesen seid und getan habt, um die Freude der Liebe füreinander und für die Ärmsten der Armen zu teilen.

Eure Gegenwart und die Arbeit, die Ihr in aller Welt zur Ehre Gottes und zum Wohl der Armen getan habt, war ein lebendiges Wunder von Gottes und Eurer tätigen Liebe. Gott hat seine Größe gezeigt, indem er das Nichts benutzte – bleiben wir also stets in unserer Nichtigkeit, um Gott freie Hand zu lassen, uns als Werkzeuge zu benutzen, ohne uns darum zu tragen. Laßt uns annehmen, was immer er gibt, und gebt, was immer er nimmt, mit einem großen Lächeln.

Wo nun die Tage des Generalkapitels herannahen, ist mein Herz voller Freude und Erwartung der wunderbaren Dinge, die Gott durch jeden von Euch tun wird, indem Ihr mit Freude diejenige akzeptiert, die Gott zu Eurer Generaloberin bestimmt. Wunderbar sind die Wege des Herrn, wenn wir ihm erlauben, uns so zu benutzen, wie er es will.«

Es war ein Brief voller Dankbarkeit, Anerkennung und Heiterkeit. Sie war zufrieden, daß die Vorbereitung, wie sie von den Missionarinnen der Nächstenliebe zur erfolgreichen Fortsetzung der Arbeit verlangt wurde, bereits im Geist und in den Statuten vorhanden waren, die für sie das Wort Gottes darstellten. Sie brauchte nur dem Geist treu zu bleiben, mit dem sie, Mutter Teresa, sie alle von Anfang an zu durchdringen versucht hatte. Schließlich waren es, wie eine der ersten Schwestern, die der Kongregation beigetreten war, betonte, vielleicht nicht die Eigenschaften der leitenden Persönlichkeiten der Gemeinschaft, die von großer Bedeutung waren, sondern die der kleinen Rädchen, die überhaupt keine Führerschaft anstrebten. Mutter Teresas Nachfolgerin mochte weniger charismatisch sein. Die Augen der Weltöffentlichkeit mochten sie nicht in derselben Weise verfolgen, aber die Zukunft hing nicht von solchen Betrachtungen ab. Sie beruhte auf der Tadellosigkeit des »kleinsten Bausteins«. Mutter Teresa hatte ihre Schwestern gut ausgebildet – davon war auch Pater van Exem überzeugt –, und zwar so gut, daß sogar die Mädchen und Frauen, die die Gemeinschaft verließen, in ihren Standpunkten und ihren Wertvorstellungen ein Leben lang Missionarinnen der Nächstenliebe blieben.

Das öffentliche Interesse blieb jedoch auf die Frage gerichtet, wer die nächste Generaloberin der Missionarinnen der Nächstenliebe sein würde. Als sich dann im September das Wählerkollegium aus aller Welt versammelte und zum großen Erstaunen der Öffentlichkeit am 8. September erneut Mutter Teresa wählte, gab es Gerüchte, daß diese Wiederwahl notwendig gewesen war, um Zwist zwischen den Wählern zu verhindern und einzugrenzen, die sich sonst nicht hätten einigen können.

Pater van Exem sah das Wahlergebnis in einem etwas anderen Licht. Kurz vor dem Kapitel hatten ihn zwei der ältesten Schwestern besucht. Das Gespräch ging um die Frage des Titels der neuen Generaloberin. Würde sie »Mutter« genannt werden? Offensichtlich war die Vorstellung, eine andere als jene Frau, die ihnen immer solch mütterliche Sorgfalt hatte angedeihen lassen, als »Mutter« anzusehen, nicht leicht zu akzeptieren. Wie würde man Mutter Teresa dann nennen? Sie fragten Pater van Exem, ob es noch möglich sei, für Mutter Teresa zu stimmen, und er antwortete ihnen, daß dies eine schwierige Frage sei, aber wenn Mutter Teresa die Erlaubnis erhalten hatte, zurückzutreten, dann war das ihre Angelegenheit. Der Heilige Vater hatte nicht gesagt, daß das Kapitel eine andere wählen mußte. Die Autorität des Kapitels einer Gemeinschaft hatte vor dem der Generaloberin Vorrang. Was das Kapitel entscheiden würde, würde endgültig sein.

Das Ergebnis des Kapitels von 1990, bei dem auf Anweisung des Vatikans der Generalrat der Missionarinnen der Nächstenliebe von sechs auf vier Mitglieder verringert wurde, war wieder einmal ausschlaggebend. Mutter Teresa, die kurz zuvor ihren 80. Geburtstag gefeiert hatte, nahm ihre Wiederwahl als den Willen Gottes an. Die Welt war erstaunt, aber die Vorstellungen der Welt von Rücktritt und Wiederwahl ließen die geistliche Natur des Generalkapitels außer acht, die andachtsvolle Haltung, mit der die Schwestern sich vorbereiteten, und ihre völlige Ergebenheit gegenüber dem Willen Gottes. Die Welt konnte auch nichts darüber wissen, weil die Vorgänge im Kapitel eine Sache waren, über die die Schwestern nicht sprechen durften: Sie bewahrten ihre Geheimnisse getreulich in der Stille ihrer Herzen.

»Die Schwestern waren recht glücklich, und ich denke, der Papst ist es auch«, meinte Pater van Exem. »Die Bischöfe sind glücklich und die Kardinäle sind glücklich, denn wenn sie bei einem Gottesdienst oder einer Amtshandlung eine Menschenmenge brauchen, dann laden sie Mutter Teresa ein.« Natürlich reichte allein ihre Gegenwart überall aus, um eine gute Teilnahme sicherzustellen. Aus diesem Grund war ihr persönlicher Wunsch, sich bis zu einem gewissen Grad dem Trubel, der alle ihre Schritte begleitete, zu entziehen, unmöglich zu erfüllen. Wäre sie mit einem anderen Auftrag in ein anderes Haus der Missionarinnen der Nächstenliebe übergesiedelt, so hätte die Welt sie dennoch nicht in Ruhe gelassen. »Ich hatte erwartet, frei zu sein«, gestand Mutter Teresa später einmal, »aber Gott hat seine eigenen Pläne. Es ist Gottes Wille, und wir müssen tun, was er von uns verlangt. Gottes Werk wird mit großer Liebe fortbestehen.« Manche erkannten ihre tiefe Erschöpfung und konnten sie nicht so recht verstehen, aber sie hatte immer auf Hinnahme und völliger Hingabe bestanden. »Ich mußte einfach, wissen Sie«, war alles, was sie sagen konnte, wenn jemand, der sie seit langem kannte, tatsächlich wagte, sie zu fragen, warum sie die Aufgabe nochmals übernommen hatte. Nach dem Kapitel schrieb sie an eine nahe Freundin. Sie schrieb über ihr Bewußtsein, daß sie sich auf die ständige Unterstützung dieser Freundin durch Gebet und Opfer und auch auf ihren eigenen »Gehorsam« verlassen konnte: »Ja, es waren die Gebete und die liebevolle Fürsorge der Schwestern und die Armen, und in Gehorsam gegenüber Gottes Willen war ich bereit weiterzumachen.«

In anderer Hinsicht hatte sich die ursprüngliche Gemeinschaft

verändert. 1986 hatte Bruder Andrew beim Kapitel der Missionsbrüder der Nächstenliebe nach 21 Jahren als oberster Diener seinen
Rücktritt eingereicht. Nach einer Periode, die Bruder Andrew als
»eine rechte Geschichte der Ängste, Ungewißheit und Traurigkeit«
bezeichnete, war Bruder Geoff, der vormalige Generalsekretär der
Brüder, in seine Fußstapfen getreten. Bruder Andrew hatte die Genugtuung zu sehen, wie der junge Mann, den er in das Leben der
Gemeinschaft eingeführt hatte, die Aufgabe übernahm und ihn selbst
von der Last des Führens, Disziplinierens und Planens befreite. Es
war ein Schritt, den er lange überlegt hatte. Einige Jahre zuvor war er
zu einer der entlegenen Gemeinschaften der Brüder auf einer kleinen
Insel bei den Philippinen gefahren. Im Verlauf der Reise mußte er in
immer kleinere Boote umsteigen, während die Wogen des Pazifiks
immer höher wurden. Er hatte bemerkt, daß die ansässigen Fischer
oft noch kleinere Boote hatten, mit denen sie weit hinausfahren
konnten. Sie konnten sogar unter überhängenden Felsen hindurch-
fahren, wo größere Fahrzeuge nicht hingelangten, und dort verschiedene Arten von Schalentieren fangen. »In einem dieser kleinen Boote
hörte ich, wie Gott zu mir sagte, daß ich vielleicht darüber nachdenken sollte, in ein kleineres Boot umzusteigen.«

Für Bruder Andrew ersparten konkrete Bilder viele Worte. Er erklärte, daß er sein neues Leben als das eines »Troubadours in einem
kleinen Boot« verstehe. Das Bild des Troubadours kam ihm durch
einen befreundeten Trappisten in den Sinn, der lange Jahre mit ihm
die weite Perspektive seines kontemplativen Lebens geteilt hatte. Er
schrieb über Bruder Andrews Rollentausch: »Siehe da, du hast dich
vom General in einen Troubadour verwandelt.« Der Weg, der vor ihm
lag, war ungewiß. Bruder Andrew hoffte, ein Mitglied der Brüder der
Missionarinnen der Nächstenliebe zu bleiben und weiterhin seinen
Brüdern seine Unterstützung zu geben. Aber der »Troubadour in
einem kleinen Boot« war nie ein Seemann gewesen und konnte keine
Note singen: »Das also läßt einen Faktor unverändert – daß nämlich
Gott es tun muß, wie er es die ganze Zeit über getan hat.«

Binnen eines Jahres hatte er die Missionsbrüder der Nächstenliebe verlassen. Da er regelmäßig an Freunde auf der ganzen Welt
über den Fortgang der Arbeit berichtet hatte, sah sich Bruder Andrew
im November 1987 gezwungen, obwohl es ihm widerstrebte, weiteren

Kummer zu bereiten, auch die Umstände seines Abgangs mitzuteilen. Er war von seinen Vorgesetzten zu einem Treffen in die USA bestellt worden, dessen Zweck er nicht kannte:

»Bei meiner Ankunft legte man mir eine Liste von Anlässen vor, wo ich zuviel getrunken, mich töricht verhalten und ein schlechtes Beispiel gegeben hatte. Man hatte zu meinem Wohl Vorkehrungen getroffen, daß ich unverzüglich in eine Entziehungsanstalt für Alkoholiker gehen sollte.

Ich gestehe, daß ich einige Male in den letzten zwölf Jahren betrunken war, und ich bereue zutiefst den dadurch entstandenen Schaden. Aber ich betrachte mich selbst nicht als Alkoholsüchtigen, der eine Behandlung braucht. Nach einem halbstündigen Gebet antwortete ich, daß ich nicht gewillt war, in eine Klinik zu gehen. Das bedeutete, daß ich nicht länger ein Missionsbruder bleiben konnte, und ich habe um Entlassung aus dem Gelübde gebeten.

Mein Gebet zum Abschied für die Brüder ist, daß sie Jesus und den Armen in großer Schlichtheit stets nahe bleiben.«

Der einzige Kommentar, den er zu seinem Entschluß abgeben wollte, war, daß er – sei es nun richtig oder falsch – sich auf keine psychiatrische Behandlung einlassen könne. Er fühlte, daß er damit die Wahrheit seines Wesens verleugnen würde:

»In einer armseligen Weise verstehe ich, wie Christus wegen der Wahrheit seines Wesens gekreuzigt wurde. Er hätte ja nur zu leugnen brauchen, daß er der Sohn Gottes war. (Der Vergleich ist voreilig und absurd, denn Christus war natürlich jemand anderes.) Die Nachfolge Christi ist kein Gesellschaftsspiel. Sie ist keine abstrakte Ideologie oder Theologie. Sie ist lebenspersönlich, Fleisch und Blut, menschliches Leben inmitten des Dramas eines schrecklich realen Konflikts zwischen Leben und Tod. Und wir alle sind Teil davon.

Vielleicht hat diese traurige Geschichte einen Wert, wenn sie Zeugnis von diesem grundlegenden Aspekt des Lebens eines jeden von uns ablegt.

Vielleicht wird diese beschämende Geschichte von Bruder Andrew, der von vielen wunderbaren Menschen bewundert, gelobt und geliebt wurde, in seltsamer Weise anderen etwas Trost bieten, die erniedrigt, in die Enge getrieben, verwirrt sind, die mit Schande zu kämpfen haben, mit ihrem Versagen, einem Niedergang in ihrem eigenen Leben oder dem ihrer Lieben – ein schmerzlicher Abbruch einer Beziehung, Verlassensein, eine einsame Schwangerschaft, eine polizeiliche Verhaftung, das Abgeschriebensein.«

Mutter Teresa wußte nichts von den Ängsten und der Entscheidung, auf denen das Ausscheiden Bruder Andrews aus der Gemeinschaft beruhte. Sie war nicht gefragt worden, und Bruder Andrew war bereits ausgetreten, als sie hörte, was geschehen war. Viele der Brüder selbst empfanden es als unglücklich und unnötig. Andere folgten ihm nach und verließen die Missionsbrüder. Ob das nun direkt auf Bruder Andrews Fortgehen zurückzuführen war oder auf eine Art Midlifecrisis, die ohnehin aufgetreten wäre, wußten die Brüder nicht zu sagen. Ein amerikanischer Bruder wies darauf hin, daß es nicht die jüngeren Brüder waren, sondern Männer, die ein Alter erreicht hatten, wo man sich, unabhängig von gewähltem Beruf oder gewählter Berufung, mit aller Wahrscheinlichkeit die Frage stellt, was man mit seinem Leben tat. Gleichzeitig empfanden die Brüder jedoch ein wirkliches Bedürfnis, auf ihr Leben zu schauen und zu prüfen, ob Veränderungen nötig waren, ohne sich von der tiefen Inspiration zu lösen, die ihnen von Mutter Teresa und Bruder Andrew vermittelt worden war.

Gewiß wurde Bruder Andrew schmerzlich vermißt. Ein Bruder in Indien sprach davon, daß er ein großer Quell von Stärke gewesen sei und daß er für sie, obwohl er ihnen als »Bruder« Andrew vertraut war, ein Vater gewesen sei. Er hatte mit ihnen geschimpft. Es hatte Zeiten gegeben, wo er wütend auf sie gewesen war, aber er hatte immer zur Verfügung gestanden. Bruder Andrew hatte die besondere Gabe, jedem das Gefühl von Wichtigkeit zu geben, egal, wie schwach und inkompetent der Betreffende war. Für jemanden, der so wie Bruder Mariadas in den verzweifelten Nöten der Leprakranken im »Gandhiji Prem Nivas«-Leprazentrum aufging, gab es Zeiten, wo er und die anderen um ihn herum das Gefühl hatten, daß das Leben ihnen nicht genug Raum für das Gebet ließ, das doch so lebensnotwendig für die Arbeit war. Dieses Problem ergab sich weniger in den geordneteren

Lebensweisen der Brüder in westlichen Ländern, aber in Titagarh, wo die Arbeit bei den Leprakranken fast jede freie Minute in Beschlag nahm, war es eine Gefahr. Bruder Mariadas unterhielt einen ständigen Kontakt mit Mutter Teresa, deren Haltung eindeutig war: »Mutter sagt: ›Sag den Brüdern, wenn sie nicht wirklich heilig werden wollen, dann sollen sie nach Hause gehen.‹«

Bei aller abschätzigen Schärfe, wenn sie den Mangel an Neigung entdeckte, heilig zu werden, wußte sie doch um die Zerbrechlichkeit der religiösen Berufung, die sie manchmal mit kleinen Samen verglich. Und sie empfand es als Verantwortung der Gemeinschaft, sicherzustellen, daß sie aufblühten, anstatt zu welken und abzusterben. Die Anzahl der Schwestern, die sich von ihren Gelübden entbinden ließen, hatte in den letzten Jahren zugenommen. Diese Zunahme war nicht sehr bedeutsam und mußte im Verhältnis zu der viel größeren Anzahl derer gesehen werden, die der Gemeinschaft beitraten. Mutter Teresa war jedoch alarmiert und stellte sich die Frage, ob die Abgänge nicht auf ein Nachlassen der Freude zurückzuführen waren, die ein offensichtlicher Bestandteil des gemeinsamen Lebens in früheren Tagen gewesen war. Sie betonte immer stärker die Bedeutung dieser Freude, des Lächelns und der Liebe füreinander. »Betet, daß wir nicht Gottes Werk verderben«, sagte sie eindringlich. »Sich selbst zu erkennen und nicht unwahr zu sein, ist die Essenz des Lebens.« Sich selbst zu erkennen bedeutete, die eigenen Mängel zu erkennen und sie freudig Gott hinzugeben. »Selbsterkenntnis zwingt uns auf die Knie«, sagte sie oft. Manchmal war der kleine Stift ein zerbrochener Stift. Manchmal mußte er nur etwas gespitzt werden.

Es gab ähnliche Botschaften auch an die Mit-Arbeiter: Erinnerungen an die Notwendigkeit, durch Liebe füreinander und für die Armen, denen sie dienten, in Heiligkeit zu wachsen; an die Notwendigkeit, unendlich zu vergeben und die Schärfe der Zunge zu vermeiden, die so häufig Ursache von Verletzungen war. »Ich möchte, daß die Familie meiner Mit-Arbeiter ein lebendiges Beispiel von Frieden, Liebe und Mitleid gibt, die lebendige Wirklichkeit von Gottes Liebe ist.« Das war der Wunsch, den sie von dem am 12. Mai 1988 in Paris abgehaltenen Kapitel, zu dem Mit-Arbeiter-Vertreter aus 48 Ländern zusammengekommen waren, an die Mit-Arbeiter in aller Welt hinaussandte. Auf diesem Kapitel übertrug Ann Blaikie, die seit 1954 getreulich als ein anderes Selbst von Mutter Teresa und internationale Kontaktperson gedient hatte, ihre Aufgabe auf ein südafrikanisches Ehepaar, Margaret und David Cullis. Eine neue Generation von Mit-Arbeitern, die nicht das Privileg hatten, durch den ausgedehnten direkten Kontakt mit Mutter Teresa von ihr »handgearbeitet« zu sein, trat die Nachfolge derer an, die als erste bereit gewesen waren, die Ärmel für eine unbekannte Schwester hochzukrempeln, die einem nicht auf Knien dankte, sondern einem Arbeit gab, »ohne daß man dafür irgendeine Belohnung erwarten sollte«. Wie die neue Generation von Schwestern und Brüdern mußten diese Mit-Arbeiter den Geist Mutter Teresas auf andere Weise entdecken.

In Antwerpen war Jacqueline de Decker auf der Suche nach einer Nachfolgerin. Zusätzlich zu den Operationen, denen sie sich hatte unterziehen müssen, und zu all den Unannehmlichkeiten und Frustrationen, die das Tragen eines chirurgischen Korsetts mit sich brachte, litt sie nun wie Mutter Teresa an Angina pectoris. Aber es gab nun inzwischen kranke und leidende Kontaktpersonen in 56 Ländern, und wenn ihre Zahl auch immer knapp unter 5000 blieb, so wurde doch die »Gemeinschaft der Seligen im Himmel« immer größer. Es kam zu Mißverständnissen. Die kranken und leidenden Mit-Arbeiter hatten nicht immer Verständnis dafür, daß ihre Beziehung zu den Missionarinnen der Nächstenliebe eine im wesentlichen geistige bleiben mußte – persönliche Geschenke und Spenden an einzelne Schwestern oder Brüder waren nicht erlaubt.

Manchmal waren sie enttäuscht über die Unregelmäßigkeit der Antworten von seiten der Missionarinnen, die ihnen nur zweimal im Jahr schreiben durften und oft auch dieses kleine Soll nicht erfüllten. Die Schwestern und Brüder ihrerseits erkannten in ihrem ständigen Wettlauf mit der unmittelbaren Not, die sie umgab, nicht immer, was einige Zeilen für einen schmerzgeplagten Menschen bedeuten konnten. Sogar Mutter Teresas Briefe an Jacqueline de Decker begannen immer häufiger mit einer Entschuldigung für die lange Pause seit dem letzten Schreiben, obwohl sie es sich zur Angewohnheit gemacht hatte, ihr »anderes Selbst« vor den Operationen anzurufen. Trotz ihrer Krankheit gelang es Jacqueline de Decker, nicht nur die Verbin-

10 Am 10. Dezember 1979 wird Mutter Teresa in
Oslo vom Vorsitzenden des Nobel-Komitees, John
Sanness, der Friedensnobelpreis überreicht.

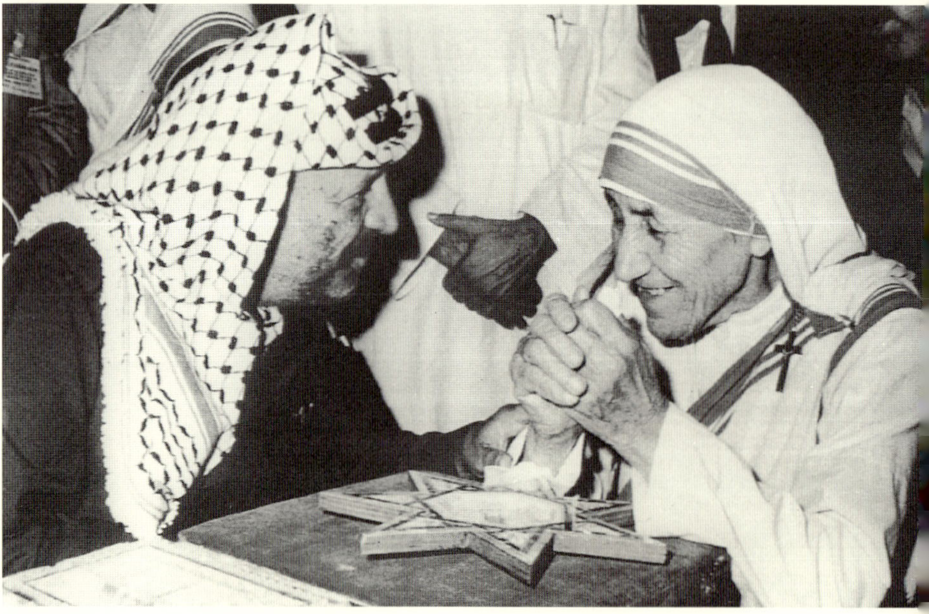

11 Der UNO-Generalsekretär Javier Pérez de Cuéllar und seine Frau Marcella im Gespräch mit der Nobelpreisträgerin in New York, ehe sie am 26. Oktober 1985 eine Rede vor der UNO hält.

12 PLO-Chef Yassir Arafat überreicht in Palästina Mutter Teresa einen Scheck in Höhe von 50 000 US-Dollar. Der Kritik, die ihrem Besuch vorangingt, hielt sie entgegen: »Ich werde dorthin gehen, um für die Kinder Palästinas zu beten, und ich gehe, weil Gott es will.«

13 Mutter Teresa ist berühmt. Politiker und
geistige Würdenträger suchen ihren Einfluß, doch
ihr Lebensstil ist einfach geblieben: ihre Missions-
unterkunft in Kalkutta.

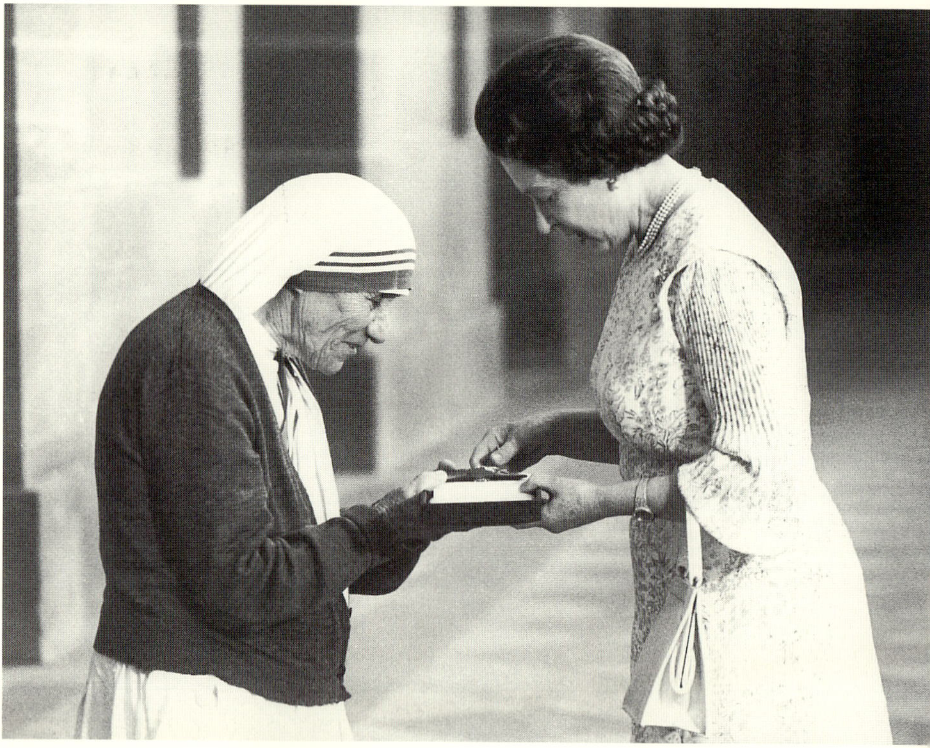

14 Queen Elizabeth II.
sucht die Missionarin
1983 in Kalkutta auf.

15 Die Welt bangt um
ihre Gesundheit.
Kurz nachdem Mutter
Teresa 1992 nach
einer Herzbehandlung
in Rom aus der
Klinik entlassen wird,
empfängt sie von
Lady Diana die persön-
lichen Glückwünsche
zur Genesung.

16 Die indische Ministerpräsidentin Indira Gandhi würdigt Mutter Teresa. Sie hob besonders hervor, daß Mutter Teresa nicht »im Schutz eines Klosters« lehrt, sondern daß sie auch selbst unter den Allerärmsten lebt.

17 Der XIV. Dalai Lama von Tibet, Vorkämpfer für eine Politik der Gewaltlosigkeit, trifft im Jahr 1988 die Trägerin des Friedensnobelpreises. Ein Jahr später wird er selbst mit dieser hohen Auszeichnung geehrt.

18 Im Rahmen seiner Asienreise im Jahr 1986 läßt
es sich Bundeskanzler Helmut Kohl nicht nehmen,
Mutter Teresa seine Reverenz zu erweisen.

19 Unter dem Motto »Solidarität mit der Dritten
Welt« feiert Baden-Württemberg 1982 sein drei-
ßigjähriges Landesjubiläum. Bundespräsident
Carl Carstens und Ministerpräsident Lothar Spät
begrüßen dazu als Ehrengast Mutter Teresa. Bei

iesem Anlaß trifft sie Familien aus ganz Deutsch-
nd, die Kinder aus dem Waisenhaus der
Missionarinnen der Nächstenliebe« in Kalkutta
doptiert haben.

20 Ideologische Grenzen der Weltpolitik, die
manche ihr gern setzen würden, akzeptiert sie
nicht. Auf Einladung des »Sowjetischen Komitees
für den Frieden« spricht Mutter Teresa 1987
in der UdSSR von ihrem missionarischen Auftrag.

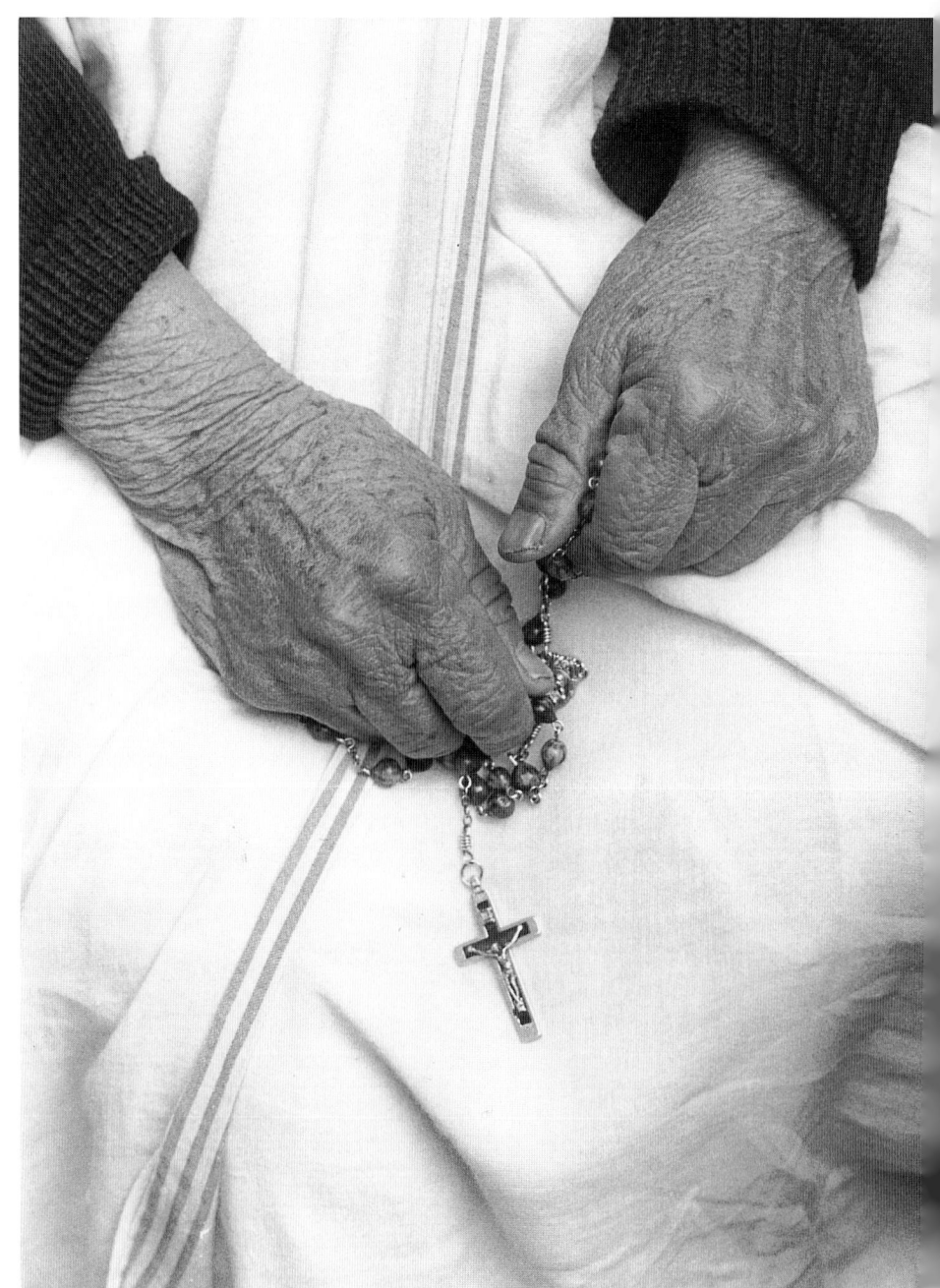

21 »… denn durch Selbstvergessen findet man«

dung zwischen den Kranken und den Schwestern und Brüdern zu ko-
ordinieren, sondern sich auch um das Wohlergehen von zahlreichen
Prostituierten in Antwerpen zu kümmern, und irgendwie war sie
immer noch »so etwas wie ein Clown für Gott«.

So menschlich und unvollkommen sie war, wuchs die Familie der
Missionarinnen der Nächstenliebe dennoch beständig. Während andere Gemeinschaften zunehmend über den Mangel an Neuzugängen
klagten, gab es immer noch ausreichend Bewerber, die sich den Missionarinnen der Nächstenliebe anschließen wollten. 1990 gab es
3068 Schwestern, die die heiligen Gelübde abgelegt hatten, 454 Novizinnen und 140 Kandidatinnen. Es gab Häuser für Novizinnen in
Kalkutta, Manila, Rom, Polen, San Francisco und Tabora in Tanzania sowie eine kontemplative Schule in New York. Die Schwestern
hatten über 400 Häuser in über 90 Ländern. Die Brüder wiederum
hatten Schulen für Novizen in Kalkutta, Vijayawada in Süd-Indien,
Manila, Seoul, Los Angeles, Manchester u.a. Es gab 380 Brüder, die
die ewigen Gelübde abgelegt hatten, in 82 Gemeinschaften in 26 Ländern. Eine Zeitlang hatte Bruder Geoff größeren Wert darauf gelegt,
die bestehenden Gemeinschaften zu stärken und der Ausbildung der
Brüder mehr Aufmerksamkeit zu widmen, anstatt neue Häuser zu
eröffnen, aber die Arbeit der kleinen Gemeinschaften der Brüder
trug ebenfalls Früchte.

Im Frühjahr 1991 besuchte ich die Brüder in einem Stadtteil von
San Francisco, wo Drogen an den Straßenecken verkauft wurden und
ein großer Teil der unruhigen Bevölkerung aus jugendlichen Einwanderern bestand, die meist aus Mexico und Mittelamerika stammten. Sie hatten sich in die USA aufgemacht, um ihren Anteil am »American Dream« zu bekommen. Die Familien dieser nichtregistrierten
Immigranten lebten weit entfernt, und die Arbeitssuche war weit
schwieriger als erwartet. So führte oft der einzige Weg zu einer Mahlzeit über die Prostitution. In diesem Milieu stellten die Missionsbrüder den Jungen von der Straße ein Heim zur Verfügung. Einige dieser
Jugendlichen waren aus zerbrochenen Familien geflohen, vor Stief-
vätern, die sie mißbraucht hatten; einige waren Waisen; einer, dem
sein vielgeliebter Großvater ein großes Anwesen vermacht hatte,
mußte vor Verwandten fliehen, die ihm nach dem Leben trachteten.
Andere, aus Ländern wie El Salvador oder Guatemala, waren geflo-

hen, um dem Militärdienst zu entgehen. Die Brüder versorgten sie liebevoll, schickten sie auf nahe gelegene Schulen und gaben ihnen die
Hoffnung auf eine gesicherte Zukunft. In einer anderen Unterkunft
versorgten die Brüder obdachlose Männer, die sie in den Straßen von
Skid Row auflasen, und Geistesgestörte, die nach ihrer Entlassung
aus dem Krankenhaus keine Bleibe und niemanden hatten, der sich
um sie kümmerte. Sie bekamen ein Dach über dem Kopf und Pflege,
bis sie so weit wiederhergestellt waren, daß sie arbeiten und sich
selbst versorgen konnten. Fast eine Meile entfernt bot »Nuestro
Hogar« (Unser Heim) in windschiefen Bretterhäusern Unterkunft
für zehn junge Männer unter einundzwanzig, dazu Duschen und
eine Mahlzeit für jeden der etwa zwölftausend Allerärmsten von Los
Angeles, der Lust hatte, hereinzuschauen. Es gab dort eine Waschmaschine, in der man seine Kleider waschen konnte, eine Auswahl von
gespendeten Kleidungsstücken für Leute, die für Vorstellungsgespräche ordentlich aussehen mußten. Es gab auch reichlich Kaffee
und einen Fernseher. Der Tag, an dem ich gerade da war, war zufälligerweise ein Feiertag, und das Wohnzimmer war brechend voll
mit jungen Lateinamerikanern, die wie gebannt vor einem Disney-
Zeichentrickfilm saßen.

Dreimal in der Woche gingen die Brüder und die Mit-Arbeiter auf
die Straßen in Los Angeles, um belegte Brote, Kleidungsstücke und
manchmal Decken an die Drogensüchtigen, die Alkoholsüchtigen
und die Obdachlosen der Stadt zu verteilen. Dieses ganze »Alltagsdrama« spielte sich abseits der Bühnenscheinwerfer und Schlagzeilen
ab, und es gab Zeiten, wo die Brüder, wie vor ihnen die Schwestern,
resigniert dachten, daß ihre Arbeit nur ein Tropfen auf dem heißen
Stein war. Aber das sahen die Jugendlichen und jungen Männer, die
ein Heim, Freundschaft, saubere Kleider, ein warmes Essen oder einfach ein Sofa gefunden hatten, auf dem sie ein Nickerchen machen
konnten, zweifellos anders.

In Australien, wo Bruder Andrew sich niedergelassen hatte, fand
er sich plötzlich in eigenartiger Weise in die Gesellschaft genau jener
kleinen, zerbrochenen und verworfenen Seelen versetzt, über die er
soviel gesprochen und geschrieben hatte. Er war immer noch Priester,
und dazu nahm er einen »professionellen Wanderstatus« an, hielt Vorträge, leitete Seminare zur spirituellen Erbauung und war weiterhin

eine Inspiration für viele Menschen. 1991 führte ihn seine »Wander-
schaft« noch einmal nach Kalkutta, zu Mutter Teresa, den Brüdern
und Schwestern. Rückblickend beschrieb er die »großartige Erfahrung von soviel Liebe« und seine bleibende Verwunderung über alles,
was getan worden war.

Die Gemeinschaft der Patres der Missionarinnen war immer noch
klein, wuchs aber beständig. Sie hatten zunächst in der Suppenküche
in der südlichen Bronx weitergemacht, bis das dortige Haus zu klein
wurde. Eine Reihe von Priestern aus der dritten Welt hatte sich be-
worben, für die zusätzliche Englischkurse nicht unbedingt erforder-
lich waren. Gleichzeitig mußten sie zur Kenntnis nehmen, daß sie aus
»protokollarischen Gründen«, wie Pater Joseph Langford es nannte,
nicht nach Kalkutta übersiedeln konnten. Die indische Regierung
hätte ihre Anwesenheit dort nicht zugelassen. Deshalb begann die
Suche nach einem »Ersatz-Kalkutta«, nach einem Ort, wo sie in einer
Umgebung Erfahrungen sammeln konnten, die denen in Kalkutta
möglichst ähnlich waren. Pater Joseph Langford glaubte, daß Tijuana
in Mexico diese Bedingung erfüllen würde. Der dortige Bischof gab
seine Einwilligung. Mutter Teresa hatte die vorgeschlagenen Örtlich-
keiten inspiziert, und im Juni 1989 zogen die Väter mit Sack und Pack
nach Tijuana. Ihre Zahl wuchs dort rasch auf das Doppelte. Im April
1989 berichtete Mutter Teresa, daß es den dreiunddreißig Seminaristen und neun Priestern in Tijuana »wirklich sehr gut« ginge, und bat
um Gebete, damit sie bald ihr eigenes Seminargebäude bekämen. Die
Patres der Missionarinnen der Nächstenliebe spielten eine besondere
Rolle für die Weitergabe von Mutter Teresas Botschaft. Mutter Teresa
hatte immer gewollt, daß die Arbeit für sich selbst sprach. Den
Schwestern und Brüdern war in ihrer Demut nicht erlaubt, öffentlich
darüber zu sprechen, aber die Patres, die als Priester und Pfarrer die
Pflicht hatten zu »verkünden«, konnten sicherstellen, daß ihre Botschaft nicht mit ihr starb. Als Teil ihrer Sendung halfen die immer
zahlreicher werdenden Patres den Menschen, eine Verbindung her-
zustellen zwischen dem Leben Mutter Teresas und dem Leben, das sie
in dem »Kalkutta« ihrer eigenen Umgebung führten.

Um 1990 gab es weltweit etwa drei Millionen Mit-Arbeiter, die
sich bemühten, mit großer Liebe kleine Dinge zu tun. 1981 war auch
für jüngere Menschen eine Zweigorganisation gegründet worden.

»Die Jungen«, so hatte Mutter Teresa den jungen Mit-Arbeitern gesagt, »haben eine große Mission. Sie sind ausgesandt, um den Armen
die Frohe Botschaft zu bringen.« Ab 1984 hatte sich der ärztliche Ableger der Mit-Arbeiter über alle Kontinente ausgebreitet. 1989 war
eine weitere Bewegung, die den Missionarinnen der Nächstenliebe
geistig verbunden war, entstanden: Die Laienmissionarinnen der
Nächstenliebe bildeten eine Körperschaft für Laien, sowohl verheira-
tete wie ledige, die den Wunsch hatten, »dem unstillbaren Verlangen
des gekreuzigten Jesus nach der Liebe aller Seelen durch das jährliche
Ablegen von vier persönlichen Gelübden zu genügen«. Die Gelübde
umfaßten »(eheliche) Keuschheit, Armut, Gehorsam und rückhaltlosen und freien Dienst an den Armen, je nach den eigenen Lebens-
umständen«. Die Schutzheiligen der Laienmissionarinnen der Nächstenliebe, das Vorbild ihres Lebens und die Quelle ihrer Inspiration
sollte die Heilige Familie von Nazareth sein. Das Zeichen ihrer Weihe
sollte ein schlichtes Kruzifix sein, das sie zu Anfang ihrer Ausbildung
erhielten; es war um den Hals gehängt über dem Herzen zu tragen,
und dann ein größeres, das sie anläßlich ihres ersten Gelübdes erhielten. Die Gruppe der Laienmissionarinnen der Nächstenliebe
stand allen Menschen guten Willens offen »und besonders jenen
katholischen Mit-Arbeitern, die ihrer Einheit mit Mutter Teresa und
den Missionarinnen der Nächstenliebe auf geistiger Ebene einen wei-
ter- und tiefergehenden Ausdruck geben wollten«. Ihre Hinwendung
zum Gebet, ihre Meditation, ihre Kontemplation, ihr von Gnade und
Mitleid geprägtes Handeln sollte zu rückhaltloser Einfachheit, Reinheit des Lebens und einem Lebensstil führen, der von geistiger Liebe
durchdrungen war. Indem sie Gottes Liebe ausstrahlten, sollten sie
für alle Menschen, besonders für die örtlichen Mit-Arbeiter-Gruppen, eine Inspiration sein.

Mutter Teresa staunte immer noch über dieses Wachstum, das sie
nicht vorausgesehen hatte, und sprach über die Geschichte der Gemeinschaft, als sei es nicht die ihre:

»Ich habe nicht gewußt, daß unser Werk so rasch wachsen oder so
weit gehen würde. Ich habe nie daran gezweifelt, daß es leben würde,
aber ich dachte nicht, daß es so kommen würde. Zweifel hatte ich
keine, weil ich davon überzeugt war, daß es, wenn Gott es segnet,

auch gedeihen wird. Vom menschlichen Standpunkt aus ist es unmöglich, ganz außer Frage, denn keiner von uns hat Erfahrung. Keiner von uns hat die Dinge, nach denen die Welt schaut. Das ist das
Wunder aller dieser kleinen Schwestern und Menschen überall in der
Welt. Gott bedient sich ihrer – sie sind nur kleine Werkzeuge in seinen Händen. Aber sie haben ihre Überzeugung. Solange nur einer
von uns diese Überzeugung hat, ist alles in Ordnung. Das Werk wird
gedeihen.«

Als das Ergebnis des Generalkapitels im September 1990 anders aus-
fiel als erwartet, gab es keine Halbherzigkeiten in ihrer Bereitschaft,
Gottes Werk fortzusetzen. Mutter Teresa identifizierte sich immer
noch mit Thérèse de Lisieux, der »Kleinen Blume«, die niemals die
vier Wände ihres Klosters verlassen hatte und im Alter von vierund-
zwanzig Jahren gestorben war. Sie wollte eins sein mit der Heiligen,
die gesagt hatte: »Heiligkeit hat nichts mit diesem oder jenem frommen Verhalten zu tun; sie beruht auf einer Neigung des Herzens, die
uns klein und demütig in den Armen Gottes macht, unserer
Schwäche bewußt und dennoch voll kühnen Vertrauens auf die Güte
unseres Vaters.« Andere sahen in ihr eine Nachfolgerin der heiligen
Teresa von Avila, einer dynamischen und entschlossenen Frau, die
stets bereit war, loszuziehen und neue Niederlassungen zu gründen.
Als in den Ostblockländern die Regime eines nach dem anderen zu-
sammenbrachen, nahm sie bedenkenlos die Herausforderung an,
Jesus zu jenen zu bringen, von denen sie glaubte, daß man ihn ihnen
vorenthalten hatte.

Die Jahre 1990/91 erwiesen sich als besonders fruchtbar in bezug
auf die Eröffnung von Niederlassungen in den Ländern des ehemaligen Ostblocks. Im Frühjahr 1990 hatte Mutter Teresa bereits fünf
neue Häuser in der Sowjetunion gegründet, zwei in Moskau, zwei in
Armenien und eines in Georgien. Man hatte sie sogar um vier weitere
Niederlassungen dort gebeten. Der kubanische Präsident Fidel Castro
hatte ihr die Erlaubnis gegeben, die Anzahl der Häuser der Missionarinnen der Nächstenliebe in seinem Land von vier auf sieben zu er-
höhen. In der Zeit zwischen ihrem Rücktritt und ihrer Wiederwahl
hatten die Missionarinnen es geschafft, in Budapest die erste Suppenküche seit 45 Jahren zu eröffnen. In einer Fertigbaubaracke in

dem heruntergekommenen Bezirk Josephstadt verteilten sie Mittagessen an die Alten, Obdachlosen und Behinderten.

In seiner Ansprache »Urbi et Orbi« am Weihnachtstag 1989 hatte Papst Johannes Paul II. den besonderen Segen für das »edle Land Rumänien erfleht, das dieses Weihnachtsfest in Angst und Zagen zubringt, voller Kummer um die vielen tragisch verlorenen Menschenleben und doch in der Freude, wieder den Weg der Freiheit zu beschreiten«. Er sprach in leidenschaftlichen Worten über die Not des rumänischen Volkes. Für jene, die die Zeichen zu deuten wußten, war es nicht verwunderlich, daß Mutter Teresa, »zurückgetreten« oder nicht, am 30. April 1990 in Bukarest ankam und den besonderen Wunsch ausdrückte, sich um die an Aids erkrankten Kinder zu kümmern. Sie traf mit Premierminister Roman und Außenminister Serak zusammen und machte sich unverzüglich daran, ein Kinderheim zu gründen. Nach Schätzungen von Hilfsorganisationen betrug die Anzahl der verwaisten, »vergessenen« Kinder, die unter dem Ceauşescu-Regime in Heime gepfercht worden waren, etwa hunderttausend. Viele waren HIV-infiziert. Andere waren körperlich und geistig zurückgeblieben. Sie waren unterernährt, hatten Schorf und Gicht. In den »Heimen« gab es so gut wie keine ärztliche Versorgung. Ihre körperliche und geistige Verelendung war schlimmer, als es die aus Indien kommenden Schwestern jemals erlebt hatten. Ein Mit-Arbeiter, der den Schwestern dringende Hilfsgüter nach Rumänien brachte, beschrieb nachträglich mit Entsetzen, wie er in ein Waisenhaus gekommen war, das nach Urin und Exkrementen stank. »Da lag ein Junge auf einem Bett – ohne Laken und Decken, nur ein blauer Plastikbezug, und er lag in einer Pfütze aus Erbrochenem und Urin und leckte es auf.«

Mit der vollen Unterstützung der neuen rumänischen Regierung richteten die Missionarinnen der Nächstenliebe ihr Kinderheim vorübergehend in einem Sportpavillon in einem Vorort von Bukarest ein. In den Umkleideräumen, in denen noch die Fotografien der Sportmannschaften hingen, stellten die Schwestern Reihen von Feldbetten mit frischen Laken und Decken auf. Das Gesundheitsministerium hatte ihnen mitgeteilt, daß sie 30 Kinder aus einem Waisenhaus aufnehmen konnten, in dem im vorhergehenden Winter etwa 180 Kinder gestorben waren. Sie brachten es aber fertig, 60 Kinder unterzubringen und sie mit Dingen zu versorgen, die ihnen bis dahin unbekannt gewesen waren: regelmäßiges Essen, neue Kleider, Lächeln und Liebe. Sie blieben nicht lange in dem Sportpavillon, denn auf einem Flug von Rom nach Rumänien kam Mutter Teresa mit einem Geschäftsmann ins Gespräch, der sie nach dem Zweck ihrer Reise fragte. Als sie mit ihrer Erklärung fertig war, bot er ihr die Errichtung eines neuen, dem Zweck entsprechenden Heimes an.

Als Ost-Europa begann, ihr die Türen zu öffnen, ging Mutter Teresa in die damalige Tschechoslowakei. Am 13. Mai wurde sie in der Stadt Nita in der Mitte des Landes warmherzig willkommen geheißen, wo sie auch sofort zwei Häuser eröffnete. Zur Gründungsfeier kamen die Besucher busweise, um die Schwestern in ihren weißen »Laken« bei ihrer Ankunft zu begrüßen. Die scheuen Schwestern waren überwältigt von der offenen Herzlichkeit der älteren Menschen, die ihren Glauben unter sehr schwierigen Umständen bewahrt hatten und die sie mit Liedern und Freudentränen begrüßten. Mutter Teresa ließ eine kleine Gruppe von Schwestern zurück, die Familien besuchen und sich um deren geistige und materielle Bedürfnisse kümmern sollte, und kehrte im Juli nach Kalkutta zurück.

Damals bat sie ihre »Familie« um besondere Gebete für die Erfüllung zweier langgehegter und außergewöhnlicher Sehnsüchte. Die eine war die Eröffnung eines Hauses in China; die andere eine Niederlassung der Missionarinnen in ihrem Heimatland, das immer noch eine besondere Anziehung auf sie ausübte – Albanien. Nicht nur war es das Land, in dem sie ihre Wurzeln hatte – es war auch das ärmste Land Europas und die letzte Diktatur in Ost-Europa, ein Land, das, wie Mutter Teresa es ausdrückte, »legal atheistisch« war und in dem religiöse Praxis seit langem mit Gefängnisstrafen zwischen drei und zehn Jahren belegt worden war. Seit 1967 waren 2000 Stätten der Andacht geschlossen worden; die meisten davon waren Moscheen, aber es gab auch 600 orthodoxe Kirchen und 327 katholische Kirchen, die zu Sportzwecken dienten oder auf eine andere Weise weltlich genutzt wurden. Die orthodoxe Kirche hatte sehr gelitten, aber das Hauptziel der Verfolgung war die katholische Kirche gewesen, da der Widerstand gegen den Kommunismus hauptsächlich aus dem gegischen, katholischen Norden gekommen war.

1990 saßen 100 von 160 katholischen Geistlichen im Gefängnis

oder waren in Arbeitslagern gestorben, viele in den ersten Jahr-
zehnten nach dem Zweiten Weltkrieg. Die Menschen durften ohne
amtliche Erlaubnis noch nicht einmal zu einer Hochzeit reisen, und
da die überlebenden Geistlichen unter strenger Aufsicht standen,
war auch die Organisation einer Kirche im Untergrund nicht möglich gewesen. Die Schulkinder wurden aufgefordert, Eltern, die beteten, Ikonen, Bibeln oder Kruzifixe in ihren Häusern hatten, zu de-
nunzieren. Die meisten Eltern hatten deshalb ihren Glauben
geheimgehalten; es gab keinen Religionsunterricht; wie in Rumänien hatten 40 Jahre Kommunismus grundlegende moralische und
geistige Werte untergraben, und Gott war völlig aus Albanien ver-
bannt. Mutter Teresa hatte jedoch in aller Stille einen Kreuzzug geführt, um ihn zurückzubringen. Im Mai 1990 wurde das Regime in
Albanien in die Defensive gezwungen. Der 23 Jahre während Bann
war gebrochen. Religionsausübung war nicht mehr strafbar, aber
die Wiederherstellung ehemaliger Andachtsstätten wurde noch
hinausgezögert. Mutter Teresa erkannte sofort eine langersehnte
Gelegenheit.

Noch bevor der Bann aufgehoben wurde, war sie an die Regierung
unter Präsident Ramiz Alia herangetreten. Wie immer hatte sie ihm
dargelegt, daß sie und ihre Schwestern dem albanischen Volk lediglich liebevolle Sorgfalt zukommen lassen wollten. »Der Präsident
sagte mir, daß ich, um ein Haus zu eröffnen, das Gesetz übertreten
müßte«, berichtete sie im Vertrauen im Februar 1992 mit verschmitz-
ter Genugtuung. »Ich sagte zu ihm: ›Gut, dann bin ich bereit, das Gesetz zu übertreten.‹« Die Vorstellung, eine Rechtsbrecherin für Gott
zu sein, amüsierte sie offensichtlich. Es gelang Mutter Teresa, für ihre
Schwestern eine Aufenthaltserlaubnis zu bekommen. Das erste
Datum, das für die Gründung einer Niederlassung der Schwestern
dort genannt wurde, war der 8. Dezember 1990, aber schließlich
wurde es Frühling, bis Mutter Teresas Zeitplan, der nie ein strenges
Korsett, sondern mehr ein offener Leitplan war, sie nach Rom führte,
von wo aus sie dann die Reise nach Albanien unternahm. Am 21. Februar stürzte eine jubelnde Menge eine riesige Statue von Enver
Hoxha, des verhaßten Symbols von Albaniens diktatorischer Vergangenheit. Zehntausende versammelten sich in der Hauptstadt Tiranë,
um Demokratie und mehr Freiheit zu fordern. Am 27. kam Mutter

Teresa auf der Rückreise von Kambodscha in Rom an. Ihr geplanter Besuch in Albanien sollte absolut geheim bleiben. Ihr Name erschien noch nicht einmal auf der Passagierliste von Air India, die den Missionarinnen der Nächstenliebe in Rom zugesandt wurde. In Tiranë hatte man eine leerstehende Kirche für die Missionarinnen der Nächstenliebe ausfindig gemacht, und am 1. März ließ Mutter Teresa bereits den grundbuchlichen Eintrag vornehmen. Sie hatte gleichzeitig zu ihrer übergroßen Freude einen albanischen Priester gefunden, der die ersten vier Schwestern, von denen eine wie Mutter Teresa Jugoslawin albanischer Herkunft war, nach Tiranë begleiten sollte. Ursprünglich war ihr Ankunftsdatum vom albanischen Präsidenten auf den 4. März gelegt worden, doch verlegte er es auf den 2. vor, ein Umstand, den Mutter Teresa als bedeutsam ansah, denn dies war der Geburtstag von Papst Pius XII., des ersten Papstes, der ihrer Gemeinschaft seinen Segen erteilt hatte. Gleichzeitig war es der Geburtstag von Kardinal James Knox, der ihr und ihren Schwestern in den Anfängen der Gemeinschaft soviel Ermutigung hatte zukommen lassen. Bevor sie am 2. März nach Albanien flog, erhielt Mutter Teresa den Segen von Papst Johannes Paul II. und dessen Anweisung: »Geht und bereitet den Weg.«

Im Jahr des diamantenen Jubiläums ihrer heiligen Gelübde brachte Mutter Teresa schließlich ihre Missionarinnen der Nächstenliebe in ihr Heimatland. Es war eine Zeit, in der Hunderte von Albanern verzweifelt versuchten, ihr Land zu verlassen. Im Hafen von Vlorë, im Süden des Landes, kämpften die Menschen erbittert um einen Platz auf alten ausgedienten Lastkähnen, um in den italienischen Hafen von Brindisi zu gelangen, wo sie sich eine Verbesserung ihrer wirtschaftlichen Lage erhofften. Und doch blieb die Heimkehr eines der berühmtesten Landeskinder nicht ohne Auswirkungen. Trotz der Tatsache, daß die Menschen in Albanien so rigoros vom Rest der Welt abgeschnitten gewesen waren, schien man Mutter Teresa zu kennen, wo sie auch hinkam. Sicher war das auch darauf zurückzuführen, daß das albanische Fernsehen den Film der Petrie-Schwestern über Mutter Teresa gezeigt hatte. Für die Schwestern aber, die später in die Bergdörfer kamen und feststellten, daß man ihre Saris erkannte und sie willkommen hieß, blieb die Art, wie man sie mit dem Ruf »Nonna Teresa« begrüßte, so etwas wie ein Wunder.

Für Mutter Teresa war die Warmherzigkeit, mit der sie empfangen wurde, besonders bewegend. In ihrem hohen Alter war es für sie tröstlich zu entdecken, daß die Gräber ihrer Mutter und Schwester von unbekannter Hand gepflegt worden waren. Jeden Tag versammelte sich eine Menschenmenge vor dem ersten Haus der Schwestern in Tiranë. Mutter Teresa, körperlich zwar schwach, aber entzückt, begrüßte sie und gab den Menschen ihren Segen. »Wir sind gekommen, um zärtliche Liebe und Pflege zu bringen, wie wir das in der ganzen Welt tun«, sagte sie. »Wir werden langsam beginnen und sehen, wo die größte Not herrscht.« Innerhalb von drei Wochen hatte Mutter Teresa weitere Schwestern in Rom gesammelt und kehrte nach Albanien zurück, um ein zweites Haus zu eröffnen. Sie plante bereits ein drittes, und als sie schließlich Albanien verließ, waren es auch tatsächlich drei: zwei in Tiranë, davon eines für kranke Obdachlose, und ein anderes für ausgesetzte verkrüppelte und geistig behinderte Kinder in Shkodër.

Zwei der vom Staat überlassenen Gebäude waren zuvor Sitz von Regierungsstellen gewesen. Es handelte sich um recht stattliche Anwesen. Das dritte hatten die Missionarinnen der Nächstenliebe selbst gekauft. Da stellte sich heraus, daß die staatlichen Gebäude ursprünglich den Franziskanern gehört hatten. Mutter Teresa bestand darauf, daß die Franziskaner ihr Eigentum zurückerhielten. Das kleine Haus, das sie als Ersatz erstanden, wurde ein Zentrum, wo die Schwestern den Katechismus lehrten und die Menschen unterwiesen, die nach Mutter Teresas Worten »so sehr nach Gott hungerten«. Eine Quelle besonderer Befriedigung war es für sie, daß sie mitverantwortlich für die Wiedereröffnung der Kathedrale von Tiranë, der Kirche des Heiligen Herzens, gewesen war, die lange Jahre als Kino gedient hatte. Tausende nahmen dort an der ersten Messe nach dem Bann der Religion teil. Der Präsident bat sie, weitere sechs säkularisierte Kirchen zu eröffnen, was sie auch tat und gleichzeitig darum bat, auch eine Moschee für die Moslems eröffnen zu dürfen. Nachdem sie und ihre Schwestern beim Kehren und Reinigen geholfen hatten, nahmen die moslemisch-christlichen Beziehungen im neuen Albanien einen guten Aufschwung. Mutter Teresas Rückkehr nach Albanien wurde im nachhinein von vielen als Voraussetzung dafür angesehen, daß die Religion wieder ihren Platz im Lande erhielt. Im

Juli traf Papst Johannes Paul II. mit dem albanischen Premier Yilli Bufi zusammen, und die im Mai 1945 abgebrochenen Verbindungen zwischen Albanien und dem Vatikan wurden im September 1991 wiederaufgenommen. Der Vatikan ernannte Erzbischof Iwan Dias, einen aus Bombay stammenden Inder, zum neuen Nuntius in Tiranë. Albanien gab Indien eine Tochter, so hieß es im Land, und nun gab Indien Albanien einen Sohn.

Mutter Teresa kehrte am 20. April 1990 mit einem hartnäckigen Husten nach Rom zurück, war aber entschlossen, nach Rumänien zu reisen. Die drei Häuser für körperlich und geistig behinderte Kinder in Rumänien blühten. Unter der Pflege und Anregung entwickelten sich viele Kinder rasch, und der Auftritt Mutter Teresas im rumänischen Fernsehen zusammen mit der Arbeit der Schwestern war Anlaß zu zahlreichen Berufungen. Mutter Teresa wollte eine Gruppe junger rumänischer Postulantinnen nach Rom bringen. »Ein Haus wurde in Kambodscha eröffnet«, verkündete sie am 22., »und man will, daß ich nach Vietnam gehe, aber ich muß nach Rumänien wegen 16 Pässen.« Sie wollte auch nach Washington, wo 30 Schwestern ihre heiligen Gelübde ablegen wollten, aber die wichtigste Nachricht war eine, über die sie ihre Begeisterung nicht verbergen konnte: »Und wir sind nach China eingeladen worden!« In einem Geburtstagsbrief, den sie in diesem Monat an eine Freundin schrieb, erwähnte sie die Kürze der noch verfügbaren Zeit. Nichts konnte ihr von nun an schnell genug gehen.

Mutter Teresa brachte die 16 älteren Postulantinnen nach Rom und nahm im Juni eine Einladung von Saddam Hussein an, nach Bagdad zu kommen. Es blieb unklar, ob er tatsächlich den Brief mit dem Friedensappell bekommen hatte, den sie ihm vor dem Golf-Krieg geschickt hatte, aber sie setzte ihre Bemühungen fort. Im Oktober 1990 hatte sie einen inoffiziellen Botschafter, Pater Kevin Doheny, nach Bagdad entsandt, um die Freilassung des britischen Geschäftsmannes Ian Richter zu erwirken, der dort unter Anklage der Korruption seit Juni 1986 festgehalten wurde. Ian Richter wurde erst 1991 freigelassen. Er war aber Katholik, und so hatten ihm die Gebetskarte und ein Medaillon des heiligen Franziskus, Mutter Teresas Engagement für seine Notlage und die Versuche ihres persönlichen Botschafters »ein bißchen zusätzliche Hoffnung« gegeben. Anfang 1992 kam eine Bot-

schaft aus Bagdad, daß sie willkommen sein würde, auch anderen im
Irak Hoffnung zu bringen. Es gab viele widersprüchliche Meinungen
über die Einladung, dort ein Haus zu eröffnen, aber Mutter Teresa
konnte die Bitte nicht abschlagen. Während der »Operation Desert
Storm« waren Tausende getötet worden, viele waren obdachlos, verwundet oder hungerten. Mutter Teresa hatte nur Augen für dieses
Leiden. Bruder Lukas aus Los Angeles bemerkte: »Während wir uns
in Amerika auf unsere Paraden und Feiern vorbereiteten, ging Mutter Teresa in die entgegengesetzte Richtung. Sie hatte es geschafft, mit
ihren Schwestern nach Bagdad hineinzukommen, und richtete dort
Unterkünfte ein für die unterernährten und verkrüppelten Kinder
und organisierte mobile Kliniken für die Kranken und Verwundeten.« Am 11. Juni kam sie mit zwei Schwestern in einem von der UNO
gecharterten Flugzeug aus der Schweiz in Bagdad an. Die Begrüßung
durch Bischöfe, Nonnen, den Gesundheitsminister, den Minister für
soziale Angelegenheiten und den Innenminister und viele andere war
herzlich, aber anschließend erwartete sie ein Bild völliger Verwüstung. Für Mutter Teresa war der Krieg immer noch unfaßbar in seinem Schrecken: »Die Frucht des Krieges ist so schrecklich; es ist unverständlich, wie ein menschliches Wesen einem anderen so etwas
antun kann – und wozu?« Mutter Teresa hatte ein Treffen mit dem
Gesundheitsminister Mohammed Sai, von dem sie Auskunft über die
medizinischen und humanitären Bedürfnisse des Irak erhielt. Es gab
einen akuten Mangel an Nahrungsmitteln und Medikamenten, und
es sollte noch lange dauern, bis die vielen im Krieg zerstörten Häuser
wiederaufgebaut waren.

Während der Planung für die Eröffnung des Hauses in Bagdad
wurde ihr ein großes, imposantes Gebäude gezeigt, das ihr als Kinderheim zur Verfügung stehen sollte. Es war riesig und unpersön-
lich, und sie wollte es nicht. Sie verabscheute generell große, ele-
gante oder seelenlose Häuser. Manchmal war sie gezwungen, damit
vorliebzunehmen, aber sie gab unweigerlich ihren Gefühlen Ausdruck. Bei dieser Gelegenheit bat sie darum, daß man ihr etwas anderes zeige, und stieß so auf ein Haus mitten im Herzen von Bagdad,
auf dem Gelände des Dominikanerinnenklosters. Mutter Teresa
fühlte sich sofort davon angezogen und machte ihren Anspruch in
der üblichen Weise geltend, indem sie ein wundertätiges Medaillon

auf das Grundstück warf. Mit der Hilfe der Dominikanerinnen und
»vieler hochgestellter Leute« – so ihre Aussage – war es rasch gereinigt und bereit, mit Kindern gefüllt zu werden, die verkrüppelt
waren und an Unterernährung litten. Die Regierung stellte ihr auch
ein Fahrzeug zur Verfügung, in dem sie eine mobile Klinik für die
Armen einrichten konnte, die nicht weit gehen konnten, um sich
versorgen zu lassen.

Als sich die Nachricht von Mutter Teresas Anwesenheit verbreitete, wollten so viele Menschen kommen und sie sehen, daß die Nonnen ihr Kloster vor dem Ansturm der Besucher schützen mußten. Katholiken und Nichtkatholiken wollten ihre Kinder für einen Segen
bringen: Die Tauben, die Geistesschwachen, die Blinden und die Körperbehinderten kamen alle zu ihrer Tür. Sie betete mit ihnen und gab
ihnen wundertätige Medaillons, bis ihr anscheinend unbegrenzter
Vorrat erschöpft war. Sie wollte so rasch wie möglich eine Handvoll
Schwestern ins Land bringen. Nach drei oder vier Tagen fand sie
einen Weg, fünf Schwestern nach Amman in Jordanien zu bringen.
Von Amman aus fuhr sie der Regionalobere für den Nahen Osten per
Bus und Personenwagen nach Bagdad.

Mutter Teresa machte sich gewöhnlich nichts aus Sehenswürdig-
keiten. Ihr Interesse galt mehr den Menschen als den Gebäuden oder
Orten, aber im Irak äußerte sie den Wunsch, Babylon zu besichtigen.
Die Schwestern fuhren sie dorthin, aber es war so heiß, daß sie sich
unter einem Baum ausruhen mußte. Sie hatte zu sehr geschwitzt und
war völlig übermüdet, aber in der Erinnerung einer der Schwestern
in ihrer Begleitung war es, als werde sie vom Glauben des irakischen
Volkes getragen, das sich in einer extremen Notlage als außerordentlich tapfer erwies. »Wer hätte je gedacht, daß die Missionarinnen
hierher kommen würden, um das Wort Gottes durch Werke der Liebe
zu verkünden?« schrieb Mutter Teresa am 23. Juni. »Ich hätte nie gedacht, daß unsere Anwesenheit Tausenden von Menschen so viel
Freude bereiten würde. So viel Leiden überall. Einige unserer Schwestern können Arabisch; da wird es nicht so schwierig sein.«

Moslems und Christen, Menschen aller Glaubensrichtungen und
Herkunft kamen zu Mutter Teresa mit Flaschen voll Wasser, das allein durch ihren Segen gereinigt werden sollte. Ein Ehepaar brachte
eine unvorstellbar anstrengende Reise hinter sich, damit sie ihnen

das Brot segnete. Sie erzählten ihr von ihrer Überzeugung, daß ihr
Segen über das Brot und das Trinkwasser ausreichen würde, um sie
zu beschützen.

Als sie am 30. Juni mit dem Flugzeug der Vereinten Nationen den
Irak verließ, hatte die irakische Regierung sie gebeten, zwei weitere
Häuser zu eröffnen. Sie wollte auch eine Niederlassung nicht weit
von Mekka gründen, aber zu diesem Zeitpunkt erlaubte die politische
Situation das nicht. Die schrecklichen Kriegsfolgen veranlaßten sie,
ihre Gedanken ihren »liebsten Kindern in aller Welt« mitzuteilen:

»Als ich dieses schreckliche Leiden und die Früchte des Krieges sah –
dachte ich, das gleiche kann durch lieblose Worte und Taten geschehen – wir zerstören keine Gebäude – aber wir zerstören gerade das
Herz der Liebe, des Friedens und der Einheit – und brechen so das
wunderbare Gebäude unserer Gemeinschaft – das von unserer Gnadenmutter mit so viel Liebe aufgebaut worden ist. Ich weiß, Ihr alle
liebt Mutter und würdet alles tun, um ihr Eure Liebe und Dankbarkeit zu erweisen. Ich bitte Euch nur um eines. Seid wahre Missionare
und Missionarinnen der Nächstenliebe, und stillt so das Verlangen
Jesu nach Liebe für die Seelen, indem Ihr für die Erlösung und Heiligung Eurer Gemeinde, Eurer Familie und der Armen wirkt. Laßt uns
beten.«

Die Briefe, die sie jetzt schrieb, spiegelten in gewisser Weise ihr Alter
und ihre Müdigkeit. Wie oft hatte sie denen, die mit ihr zusammenarbeiteten, gesagt, daß sie leer sein mußten, damit Gott sie mit sich
selbst und seiner Liebe füllen könne. Leer zu sein, arm im Geiste,
hatte seinen Preis. »Ich habe mich oft gefragt«, gestand einer der Brüder, »was der Preis für Mutter Teresa war, damit Gott in ihrem Herzen Platz für uns alle machte.« Die Antwort findet sich vielleicht in
ihren oft wiederholten Ansichten über die Hinnahme, die Hingabe
und die damit verbundene Freiheit. Völlige Selbstaufgabe bedeutete
für sie nicht, danach zu streben, daß man auf die Straße gesetzt
wurde, sondern daß man den Verlust alles Besitztums und das Ver-
stoßensein akzeptierte, wenn das Gottes Wille war. Gleichermaßen
bedeutete es nicht, in einem Palast leben zu wollen, sondern zu akzeptieren, wenn Gott einen dorthin versetzte.

»Völlige Selbstaufgabe bedeutet, mit einem Lächeln das zu akzeptieren, was er gibt und was er nimmt. Es ist das Akzeptieren, daß man in Stücke gerissen wird und jedes Stück noch ihm gehört. Wir müssen Leere hinnehmen, zerbrochen zu werden, Erfolg und Fehlschlag hinnehmen. Zu geben, was immer verlangt wird – und wenn es dein guter Name oder deine Gesundheit ist – das ist Selbstaufgabe, und dann bist du frei.«

»AN IHREN FRÜCHTEN SOLLT IHR SIE ERKENNEN«

Mutter Teresas Werk und ihre Mathematik der Liebe

Ein US-Senator soll Mutter Teresa einmal gefragt haben: »Sind Sie nie entmutigt, wenn Sie das Ausmaß der Armut sehen und begreifen, wie wenig Sie wirklich tun können?« »Gott hat mich nicht dazu bestellt, erfolgreich zu sein«, hatte sie geantwortet. »Gott hat mich bestellt, treu zu sein.« In der Tat gab es Momente, wo Mutter Teresa traurig aussah, eine Weile lang überwältigt von dem Gefühl, daß trotz allen Lobes, das die Missionarinnen der Nächstenliebe für ihre Arbeit erhielten, ihre »Erfolge« wenig Wirkung zeigten im riesigen Ozean der Not. Dieses Gesicht zeigte sie freilich nicht in der Öffentlichkeit, und es gab viele, die mit ihrer Mathematik der Liebe nicht zufrieden waren, mit ihrer Beteuerung, daß sie niemals in Mengen dachte, sondern lediglich an den einzelnen Menschen. Sie waren unbeeindruckt von ihrer Ansicht, daß es ausreichte, wenn die Schwestern auch nur einem Menschen geholfen hätten. Auch Jesus wäre für einen einzelnen gestorben. Ihre scheinbare Heiterkeit irritierte manche soziale Aktivisten, die in Mutter Teresas Arbeit wenig mehr als eine erweiterte Suppenküche sahen, in der man sich aber ansonsten nicht in angemessener Weise um Angelegenheiten sozialer Gerechtigkeit und institutionalisierter Unterdrückung kümmerte. Als Mutter Teresa den Friedensnobelpreis erhielt, behauptete man, damit sei sie über alle Kritik erhaben. Das war aber nicht der Fall. Wenn sie sich auch weltweiter Anerkennung erfreute, so war sie zugleich die Zielscheibe mißbilligender Vorhaltungen, nicht zuletzt deswegen, weil sie der Not nicht an der Wurzel begegnete. Manche Kritiker meinten sogar, daß sie lediglich das Gewissen der Leute entlaste, die sonst gezwungen gewesen wären, einen umfassenderen Wandel herbeizuführen. Indem sie Steine des öffentlichen Anstoßes entferne, diene sie nicht der Sache der Armen, sondern trage eher dazu bei, den Status quo aufrechtzuerhalten. Für Mutter Teresa kam der betroffene Mensch zuerst, dann das zugrundeliegende Problem. Angesichts des Vorwurfs, sie solle den Armen keinen Fisch geben, sondern Angeln, mit denen sie ihren eigenen Fisch fangen könnten, seufzte sie tief auf. »Ach Gott, Sie sollten diese Leute sehen. Sie haben noch nicht einmal die Kraft, eine Angel zu halten, geschweige denn zu fischen. Ich gebe ihnen Fisch, um sie so weit wiederherzustellen, daß sie morgen fischen können.«

Wer einmal mit einem Menschen in den letzten Stadien des Verfalls in Berührung gekommen ist, weiß, daß das stimmt. Menschen, deren Haut lose über den Knochen hängt, Kinder mit von Würmern aufgeblähten Bäuchen, hohle Augen, die aus Vitaminmangel blind geworden sind, Leprakranke mit löwenartigen Gesichtszügen und offenen Wunden – das sind Bilder, die sich in die Seele brennen und die oft die notwendigen politischen Bemerkungen über den Status quo in den Hintergrund treten lassen. Sie verändern vielleicht auch das Gefühl für das, was wichtig ist und was nicht. Wer einmal den letzten Rest menschlichen Lebens in einem Körper genährt hat, der von Hunger, Krankheit und Vernachlässigung ausgezehrt worden ist, der weiß um den unermeßlichen Wert der bloßen Berührung durch eine warme Hand. Die Allerärmsten sind Menschen, die sogar ihres Menschseins beraubt worden sind. Sie sind oft völlige Sklaven der biologischen Bedürfnisse Hunger und Durst. Ihr Horizont ist auf die Größe einer Schüssel Reis oder eines Brotkanten geschrumpft, den sie so sehnlichst begehren. Wenn sich die Not eines anderen Menschen, und sei es auch in der geringfügigsten und unbedeutendsten Weise, als Wunsch nach einem sauberen Hemd, danach, die Fußnägel geschnitten zu bekommen oder rasiert zu werden, ausdrückt, dann darf dieses Wunder der Wiederherstellung des Menschseins, diese Wiederentdeckung dessen, was schön und richtig ist, nicht herabgewürdigt werden. Ein Ort wie Kalkutta macht uns rasch deutlich, daß seine Probleme die eigene Lebensspanne überdauern werden. Man erkennt den Wert, der darin liegt, einen Becher Wasser mit jemandem zu teilen, Zeit mit einem behinderten Kind zu verbringen, einen Rentner zu besuchen. Die Menschen, die tatsächlich mit Mutter Teresa zusammenarbeiteten, machten die Erfahrung, daß, je enger man sich mit den Menschen in Not beschäftigte, viele aktivistische Ansätze desto unrealistischer erschienen. Das Problem der Armut in-

tellektuell zu verstehen bedeutete nach Mutter Teresas Meinung
nicht, es auch wirklich zu verstehen: »Nicht durch Lesen, einen Gang
durch die Slums, durch Bewundern und Bedauern des Elends verstehen wir es und entdecken darin, was gut oder schlecht ist. Wir müssen hineintauchen, es erleben, es teilen.« In Äthiopien bat Mutter Teresa einmal einen der Gouverneure, ihr ein Stück Land zu geben, auf
dem sie ein Krankenhaus errichten wollte. »Mutter«, antwortete er,
»wissen Sie nicht, daß wir hier eine Revolution haben und daß die
sich um solche Dinge kümmert?« »Ja, ich weiß«, entgegnete sie. »Ich
bin auch ein Revolutionär, aber meine Revolution kommt von Gott
und geschieht aus Liebe.«

Die Gemeinschaft der Missionarinnen der Nächstenliebe wurde
in Indien aus der Taufe gehoben. Es ist zweifelhaft, ob sie in der kom-
plexen, hoch professionellen Gesellschaftsform des Westens hätte
entstehen können. Die Armen mit ihrer drängenden Not verlangen
nach einer freien, unmittelbaren Reaktion, die auch für den Helfen-
den eine Befreiung ist. Es ist eine Befreiung von dem Ärger, den Lang-
zeitstudien und den Ideologien, die so viele Menschen im Westen
blockieren, die sich über das Leiden in der dritten Welt und die Ausgestoßenen Sorgen machen. Mutter Teresa leugnete nicht, daß Indien
wie viele andere Länder Wissenschaftler, Techniker, Wirtschafts-
fachleute und einen funktionierenden Plan brauchte, aber zu warten,
bis dieser Plan verwirklicht wurde, dauerte ihr zu lange. Sollte sie in
der Zwischenzeit die Armen auf ihrer Schwelle ohne Trost sterben
lassen? »Wir alle haben die Pflicht, Gott in der Weise zu dienen, wie
wir uns berufen fühlen«, betonte sie. »Ich fühle mich berufen, einzelnen zu helfen und mich nicht für Organisationen und Institutionen
zu interessieren. Ich habe keine Lust, zu beurteilen oder zu verurtei-
len.« Das tat sie auch nicht. Sie hatte auch kein Interesse daran, Menschen gegeneinander aufzubringen; sie wollte eine Brücke zwischen
ihnen sein. Sie wollte, daß die Reichen die Armen retten und die
Armen die Reichen. Das einzige, was sie ärgerlich machte, war Vergeudung. Es war hart für sie, die so lange in einer Stadt gelebt hatte,
wo die Wiederverwendung von Abfall eine spontane und ausgeklü-
gelte Kunst war, der viele ihr Leben verdankten, mitanzusehen, daß
die nicht angerührten Essensportionen der Fluglinien in ihren hygie-
nischen Zellophanverpackungen weggeworfen wurden. In Kalkutta

wurde nichts verschwendet. Tausende von Menschen verdienten ihren Lebensunterhalt, indem sie systematisch die stinkenden Abfallhaufen nach eßbaren Schalen durchsuchten, nach Papier, das sie für ein paar Paisa (Kupfermünzen) verkaufen konnten, Marmeladengläsern, Schnur, Pappe und Lumpen. Kinder suchten die Bahngleise nach halbverbrannten Kohlestücken ab, deren Verkauf ihnen für einen Tag das Überleben sicherte. Mutter Teresa schickte ihre Missionarinnen der Nächstenliebe zum Flughafen, um die überzähligen Essensportionen der Fluggesellschaften zu sammeln und an jene zu verteilen, die nie erfahren hatten, was es bedeutete, zu viel zu essen zu haben.

Von Anfang an hatte sie sich bewußt dafür entschieden, den Ärmsten der Armen zu dienen, nicht also bloß den Armen, sondern den Allerärmsten. Demgemäß benutzten die Missionarinnen der Nächstenliebe aus eigenem Entschluß nur die bescheidensten Mittel bei ihrer Arbeit. Dadurch, so behauptete Mutter Teresa, würden sie für die Schwächsten erreichbar bleiben, und diese würden sie verstehen. Genauso wie sie Waschmaschinen und Ventilatoren zurückwies, die man den Schwestern anbot, lehnte sie auch komplizierte Geräte in den Sterbehäusern ab. Man verstand sie nicht immer, aber nach ihrer Ansicht war die Anschaffung einer hochmodernen medizinischen Ausrüstung der erste Schritt in Richtung einer Institution. Es lag im Wesen von Institutionen, daß diejenigen mit den besten Heilungschancen den Vorrang und die beste Behandlung bekamen. Angesichts der geringen Bettenzahl würden schließlich nur noch Menschen mit guten Heilungschancen aufgenommen werden. Die Sterbenden würden letztlich von genau der Institution zurückgewiesen werden, die ursprünglich für sie bestimmt war. Solche Einrichtungen mochten den Armen dienen, aber nicht den Ärmsten. Die Missionarinnen der Nächstenliebe mußten dagegen stets die Tür auch den Geringsten offenhalten, die keine Hoffnung auf eine Genesung hatten, oder denen, die, nachdem man sie geduldig wieder aufgepäppelt hatte, innerhalb weniger Wochen in einem noch schlimmeren Zustand als zuvor zurückkamen. Die Schwestern und Brüder nahmen sie immer wieder auf, aber nach konventionellen westlichen Vorstellungen von Effizienz machte das keinen Sinn. Mutter Teresas Berufung, »klein« zu bleiben, bedeutete auch, daß Unzulänglich-

keiten nicht ausgeschlossen waren und daß Fehler gemacht wurden.
Die Leute waren manchmal schockiert und kritisierten die simplen
Behandlungsmethoden, aber Mutter Teresa glaubte, das sei der einzige Weg, wie man den Ärmsten der Armen aufrichtig dienen konnte.
Intellektuelle waren von ihr nicht beeindruckt. Sie war durchaus
kein Schrittmacher des neuen Denkens in der Psychologie, Sozialarbeit, Wirtschaft oder Theologie. Als sie einmal von einem Soziologie-
professor nach den Gründen gefragt wurde, warum sie auf diese Weise
für die Menschen sorge, stellte sie ihm die Gegenfrage, ob er einen Garten habe. Als er bejahte, fragte sie ihn, ob er sich um die Blumen darin
kümmere. Und natürlich tat er das. »Meinen Sie nicht«, erkundigte sie
sich, »daß ein Mensch viel mehr ist als eine Blume?« Mit der Schlichtheit ihrer Ansichten und Aussagen gewann sie aber nicht alle Herzen.
Feministinnen waren oft verärgert über ihre ständigen Ermahnungen,
daß Frauen Hausmütter sein und den Männern überlassen sollten,
was diese am besten verstünden. Mutter Teresa hatte auch kein Verständnis für Frauen, die zu Priesterinnen geweiht werden wollten. Im
Januar 1979 sprach sie vor einer Versammlung von Delegierten der
Weltvereinigung Katholischer Frauenorganisationen in Bangalore:
»Heute drängt es viele Frauen, Priester zu werden«, sagte sie. »Wer
hätte ein besserer Priester sein können als unsere Gnadenmutter?
Und doch blieb sie an ihrem Platz, so wunderschön, so rein, so
demütig. Laßt uns also wie sie sein, und laßt uns die Hände des Herrn
sein und ein Zeichen der Freude, des Friedens, der Liebe.« Diese Ansicht vertrat sie immer, wenn man sie nach ihrer Meinung zur Ordination von Frauen fragte: »Unsere Gnadenmutter wäre der beste Priester gewesen, aber sie blieb an ihrem Platz.« Im Jahre 1984 jedoch ging
ein Bericht um die Welt, der den Titel trug: »Mutter Teresa billigt Ordination von Frauen.« Wer ihre Haltung kannte, war verwundert. Später stellte sich jedoch heraus, daß der indische Hindu-Journalist, der
sie interviewt hatte, ihre Aussage falsch verstanden hatte, daß, wenn
überhaupt jemand, so Unsere Gnadenmutter ein Anrecht auf Priesterschaft hätte. Er glaubte, »unsere Frauen« verstanden zu haben. Bei
der Richtigstellung des Artikels sagte Mutter Teresa bestimmt: »Ich
halte mich an das, was der Heilige Vater gesagt hat.«
    Ihre Treue gegenüber der traditionellen Autorität und Lehre der
römisch-katholischen Kirche war ein weiterer Punkt, der zu Kontro-

versen führte. Zu einer Zeit, als einige Theologen, Priester und Laien
in der katholischen Kirche Dogmen wie die Gegenwart Christi in der
Eucharistie und die Unfehlbarkeit des Stellvertreters Christi in Frage
stellten, waren ihre festen traditionellen Kundgebungen eine Quelle
des Trostes für andere Traditionalisten. In einer Privataudienz im
November 1976 erklärte Papst Paul VI. auch tatsächlich, sie sei »sein
größter Trost in der Kirche«. Andere meinten, sie hätte ihren Einfluß
geltend machen können, um die Position der Frau in der Kirche zu
stärken. Bei einer Ansprache vor Mitgliedern holländischer Orden
am 24. Oktober 1983 gab Mutter Teresa ihrem Standpunkt in bezug
auf Umwälzungen in der Kirche sehr deutlich Ausdruck:

»Es gibt heutzutage im religiösen Leben einen großen Aufruhr.
Glaubt mir, Schwestern, alles wird gut, wenn wir nachgeben und gehorchen. Gehorcht der Kirche, gehorcht dem Heiligen Vater, denn er
liebt uns sehr, und er will, daß wir wirklich die Bräute des gekreuzigten Jesus sind. Wir sind umgeben von vielen Versuchungen unserer
Berufung, Versuchungen unserer selbst, alles zu verändern, alles
mögliche hereinzubringen. Das ist nicht unsere Aufgabe. Unsere jungen Leute wollen Heiligkeit, die völlige Hingabe an Gott.«

Im Juli 1981 warfen amerikanische Nonnen mit »progressiven« Ansichten Mutter Teresa vor, daß sie bei all ihrer Heiligkeit und ihrem
Mitgefühl gleichzeitig den Standpunkt verkörperte, der vor dem
Zweiten Vatikanischen Konzil geherrscht habe, und das Ideal einer
Frau vertrat, die gehorsam war und »ihrer weiblichen Sorgfaltspflicht
nachkam«. Das war der Anfang eines lebhaften Briefwechsels. Im Oktober 1983 sollte auf Anregung des Heiligen Stuhls von einer Kommission für das Ordensleben unter dem Vorsitz des Erzbischofs von
San Francisco, John Quinn, eine Studie über amerikanische Nonnen
gemacht werden. Als Mutter Teresa von der Kommission hörte,
schrieb sie einen Brief über die Berufung von Schwestern, der in der
Presse erschien:

»Obwohl ich unwürdig bin, Euch zu schreiben, fühle ich dennoch das
Bedürfnis, mich an Euch mit der Bitte zu wenden, unseren Ordens-
schwestern in den USA zu helfen, sich unserem Heiligen Vater mit

kindlichem Vertrauen und Liebe zuzuwenden... Wir, die wir unser
Leben Gott geweiht haben – wir alle wissen, daß diese Weihe
uns in besonderer Weise an die Kirche und
an seinen Stellvertreter auf Erden bindet
und durch ihn an den klaren Willen Gottes, der so wunderbar ausgedrückt ist durch
die Lehre des Heiligen Vaters,
den geschriebenen Willen Gottes, unsere Ordensregel, die durch die
Kirche als unsere Lebensweise bestätigt worden ist.«

Ihre Behauptung, daß sehr viel Unruhe im religiösen Leben der
Schwestern »von irreführendem Rat und Ehrgeiz herrühre«, sowie
ihre Ermahnungen, den Bischöfen noch getreulicheren Gehorsam zu
erweisen, trug wenig dazu bei, sie bei denen beliebter zu machen, die
sie für autoritär und matriarchalisch hielten. Sie stand dennoch zu
dem Rat, den sie ihren eigenen Missionarinnen der Nächstenliebe gegeben hatte:

»Das Leiden der Kirche ist durch falsch verstandene Freiheit und Erneuerung entstanden. Wir können nicht frei sein, außer wenn wir
fähig sind, unseren Willen dem ihren unterzuordnen. Wir können uns
nicht erneuern, ohne die Demut zu haben, zu erkennen, was in uns zu
erneuern ist. Traut jenen nicht, die mit großartigen Worten wie Freiheit und Erneuerung zu Euch kommen – sie täuschen nur.«

Es sollte erwähnt werden, daß es in den USA Nonnen gab, die Mutter
Teresas Standpunkt befürworteten. Im Oktober 1988 schlossen sich
nach einer anhaltenden Auseinandersetzung mit einer als zu liberal
empfundenen Priorin fünf Karmeliterinnen in der Küche der Kran-
kenstation ihres Klosters ein. Sie sahen in der Einführung von Fernsehen, Musik, Zeitungen und Naschereien in das Kloster eine Bedrohung der Disziplin und Strenge ihres Lebens. Sie wandten sich an
Mutter Teresa und baten sie, für sie beim Papst vorstellig zu werden,
worauf sie zu ihrer Freude gebeten wurden, einen schriftlichen Bericht über die Sache nach Indien zu senden. Sie waren nicht die einzigen, die ihr ihre Dankbarkeit ausdrückten.
    In der nichtkirchlichen Welt stellte Mutter Teresa die Meinung

vieler Menschen über die angeborene Überlegenheit des Westens und
die Hilfe, die von dort in die »unterentwickelten« Länder ging, durch
ihre Bemerkungen über die Armut der Reichen auf den Kopf. Als sie
1965 zum erstenmal mit der Bitte um Ausreisevisa für Venezuela an
die indische Regierung herantrat, waren die Beamten begeistert darüber, für indische Missionarinnen, die nach Übersee gehen wollten,
die Erlaubnis ausstellen zu können. Es geschah nicht oft, daß man
mit einer solchen Bitte an sie herantrat. Die Vorstellung einer in Indien ansässigen Gemeinschaft, die aus den Slums eine spirituelle Botschaft in die angeblich fortschrittlicheren Länder trug, kehrte die traditionellen Ideen missionarischer Tätigkeit um und wurde deshalb in
Europa und Nordamerika nicht immer wohlwollend aufgenommen.
Ebensowenig die Bemerkung, daß körperlicher Hunger relativ leicht
mit einem Laib Brot und Vitamintabletten zu stillen sei, während die
geistige Armut des Westens ein viel komplizierteres Thema sei. Manche dachten, daß Mutter Teresa die Armut idealisiere und so auch dadurch zu deren Fortbestand beitrug, aber es war nicht die Armut
selbst, die sie bewunderte:

»Das Schöne liegt nicht in der Armut, sondern in dem Mut, daß die
Armen immer noch lächeln und trotz allem noch Hoffnung haben. Ich
bewundere Hunger, Feuchtigkeit und Kälte gar nicht, sondern die Einstellung, damit fertig zu werden, zu lächeln und weiterzuleben. Ich bewundere die Liebe der Armen zum Leben, die Fähigkeit, Reichtum in
kleineren Dingen zu entdecken – wie ein Stück Brot, das ich einem
Jungen gab und das er Krümel um Krümel aß, weil er dachte, daß es so
besser sei. Während die Ärmsten der Armen frei sind, sorgen wir uns
übermäßig um Häuser, um Geld. Die Armen stellen den größten
menschlichen Reichtum dar, den die Welt besitzt, und doch verachten
wir sie, verhalten uns so, als wären sie Abfall.«

Die Armen Indiens hatten Mutter Teresa die Freude und die Freiheit
gezeigt, die in einem nicht überladenen Leben liegt und darin, in ein-
facher, direkter Weise zu leben und zu arbeiten, das Leben und die
Schönheit zu genießen, ohne sie zu besitzen, beherrschen oder intel-
lektuell meistern zu müssen. Ihre Botschaft war für viele unbequem:
Die Menschen, die den Luxus der Wahl unter so vielen Dingen hat-

ten, sollten sich für bessere Ziele entscheiden. Der Zusammenbruch des Familienlebens sei die Ursache vieler Übel. Menschen, die nur dem materiellen Besitz nachjagten, hätten keine Zeit mehr, zusammenzusein und füreinander zu sorgen. Sie erzählte die Geschichte eines Kindes, das sie auf der Straße aufgelesen und ins »Shishu Bhavan« gebracht hatte. Die Schwestern badeten es, zogen ihm saubere Sachen an, fütterten es und umsorgten es mütterlich, aber es rannte fort. Anderntags wurde es von jemand anderem gebracht, aber es lief wieder weg. Als das Kind zum drittenmal gebracht wurde, wies Mutter Teresa eine der Schwestern an, ihm zu folgen.

»Ein drittes Mal rannte das Kind fort, und da, unter dem Baum, war die Mutter. Sie hatte ein Tongefäß auf zwei Steine gestellt und kochte etwas, das sie aus den Mülltonnen geholt hatte. Die Schwester fragte das Kind: ›Warum bist du von zu Hause weggerannt?‹ Und das Kind antwortete: ›Aber hier ist mein Zuhause, denn das ist da, wo meine Mutter ist.‹ Die Mutter war da. Das war zu Hause. Das Essen aus der Mülltonne war in Ordnung, denn es war die Mutter, die es kochte. Es war die Mutter, die das Kind umarmte, die das Kind wollte. Das Kind hatte seine Mutter. Zwischen Eheleuten ist es dasselbe. Er ist die Hand. Er muß arbeiten. Empfangen wir ihn mit Freude, mit Dankbarkeit, mit Liebe?«

Sie brachte es sogar oft fertig, daß sich die Leute, die ihre Sichtweise nicht teilen konnten, unwohl fühlten. Es war besonders Mutter Teresas absolute Ablehnung der Abtreibung und der künstlichen Geburtenkontrolle, die den größten Meinungsstreit verursachte. So erzählte sie den Zuhörern:

»Neulich hob ich ein Bündel von der Straße auf. Es sah aus wie ein Bündel Kleider, das jemand dort verloren hatte, aber es war ein Kind. Dann sah ich: Beine, Hände, alles war verkrüppelt. Kein Wunder, daß man es so liegengelassen hatte. Aber wie kann eine Mutter, die so etwas tut, Gott gegenübertreten? Aber etwas kann ich Ihnen sagen: die Mutter – eine arme Frau – verließ das Kind zwar, aber sie tötete das Kind nicht, und das ist etwas, das wir von unseren Frauen lernen sollten: die Liebe für das Kind.«

In Kanada erklärte sie: »Wenn eine Nation ihre ungeborenen Kinder
vernichtet, weil da Angst ist, daß man sie nicht in Wohlstand
ernähren und erziehen kann, dann ist das die größte Armut.« Es war
eine Botschaft, die sie in derselben unumwundenen Weise in den meisten westlichen Ländern vermittelte. Es ging schließlich um eines der
moralisch herausforderndsten Probleme unserer Zeit, und manche
Menschen empfanden ihre Worte geradezu als Aufhetzung. Zu ihnen
gehörte Germaine Greer, die Mutter Teresa als religiöse Imperialistin
bezeichnete. In einem Artikel im »Independent Magazine« vom
22. September 1990 schrieb sie über Mutter Teresas Behandlung der
Vergewaltigungsopfer, als sie 1972 nach der Befreiung von den Paki-
stani nach Dacca eingeladen wurde:

»Man hatte dreitausend nackte Frauen in den Armeebunkern gefunden. Ihre Saris hatte man ihnen weggenommen, damit sie sich nicht
damit aufhängen konnten. Die Schwangeren brauchten eine Abtreibung. Mutter Teresa jedoch ließ ihnen keine andere Wahl, als die
Frucht des Hasses auszutragen. In Mutter Teresas Universum gibt es
keinen Platz für die moralischen Prioritäten anderer; notleidende
Frauen haben keine Wahl.

Einige Laienhelfer haben mir erzählt, daß Frauen, bei denen
gegen Ende der Schwangerschaft durch Mißhandlung und Unterernährung Komplikationen auftraten oder die eine Fehlgeburt hatten,
in Kliniken auftauchten und behaupteten, sie seien von Mutter Teresas Nonnen der versuchten Abtreibung beschuldigt und abgewie-
sen worden.«

Was man Mutter Teresa nicht absprechen konnte, war die Tatsache,
daß sie moralisch und logisch konsequent war in ihrem Glauben an
die Heiligkeit des Lebens und ihrem Abscheu vor einem Tod, der aus
welchem Grund auch immer durch Menschenhand verursacht
wurde. Ihr ausdrücklicher Glaube war, daß »keine menschliche Hand
erhoben werden durfte, um Leben zu beenden«, und sie lebte diesen
Glauben. Die Frage, in welchem Maße sie missionierte, war kompli-
zierter. Für viele Bengalis wurde sie zur »Predigerin der Liebe, die
nicht predigt«, aber die Vorwürfe des »Reis-Christentums« wurden
nie ganz entkräftet. Es gab weiterhin Menschen, die spürten, daß

Mutter Teresa den Hinduismus und den Islam für falsch und den Katholizismus für richtig hielt, und die vermuteten, daß sie die Armen
in Kalkutta und der Welt um ihres katholischen Gottes willen und
nicht um ihrer selbst willen betreute. Ihre Behauptung »Wir versuchen nie, diejenigen, die etwas bekommen, zum Christentum zu be-
kehren«, wurde relativiert durch eine andere: »Zusammen mit unserem Werk legen wir jedoch Zeugnis ab von Gottes Gegenwart.« Hinter
der Behauptung »Wenn Katholiken, Protestanten, Buddhisten und
Agnostiker aus diesem Grunde bessere Menschen werden, einfach
besser, werden wir zufrieden sein« stand immer das erklärte Ziel der
Gemeinschaft, das Verlangen Christi nach Seelenliebe zu stillen.

Die Zyniker fragten sich, ob ihre Zurückhaltung, offener zu mis-
sionieren, nicht durch den diplomatischen Seiltanz bedingt war, den
sie vor der indischen Regierung aufführte. Ein Grund für die Weige-
rung, öffentliche Darlehen, Gelder von Stiftungen, feste Einkommen
und Aktienfonds für die Arbeit der Missionarinnen der Nächstenliebe zu akzeptieren, war die Aufrechterhaltung der Abhängigkeit
von göttlicher Vorsehung. Ein anderer Grund bestand darin, die
ganze komplizierte Buchführung und die »Fallstricke« zu vermeiden,
die eine solche Finanzierung mit sich gebracht hätte. Trotz allem erhielt sie eine Unterstützung von seiten der indischen Regierung, wie
sie nur selten christlichen Institutionen zuteil wurde. Von den ersten
Tagen an war sie klug genug gewesen, sich unter den indischen Beamten keine Feinde zu schaffen. Als B. C. Roy, oberster Minister von
Bengalen und ein mächtiger Verbündeter von Mutter Teresa, sie bat,
die Verwaltung von vier staatlichen Obdachlosenheimen zu übernehmen, und dabei durchblicken ließ, er würde sie nicht in Verlegenheit
bringen, indem er ihre Buchhaltung überprüfe, weigerte sie sich mit
der Begründung, die Schwestern nicht entbehren zu können. Zu diesem Zeitpunkt stimmte das, aber wer ihr nahestand, vermutete, daß
sie die Feindschaft vermeiden wollte, die automatisch entstehen
würde, wenn sie anderen deren Arbeit wegnähme. Ein allzu offensichtlicher Bekehrungsversuch hätte zweifellos in ähnlicher Weise
die Zugeständnisse aufs Spiel gesetzt, die ihr von seiten der Zoll-
behörden und anderer Stellen im Labyrinth der indischen Bürokratie
gemacht worden waren. Ein indischer Regierungsbeamter sagte einmal zu ihr: »Sagen Sie mir die Wahrheit: Sie würden es gerne sehen,

wenn ich Christ würde? Sie beten dafür?« Und sie antwortete: »Wenn
Sie etwas wirklich Gutes besitzen, dann möchten Sie es mit Ihren
Freunden teilen. Ich denke, daß Christus das Beste in der Welt ist, und
ich möchte, daß alle ihn kennen und lieben wie ich. Aber der Glaube
an Christus ist eine Gabe Gottes, die er nach seinem Belieben verteilt.« Der Beamte war anscheinend damit zufrieden.

Mutter Teresa verbarg nicht ihre Freude, als Malcolm Muggeridge
zusammen mit seiner Frau Kitty in seinem 80. Lebensjahr in die katholische Kirche eintrat. Mutter Teresa hatte einen Mann am Abend seines
Lebens, gequält von intellektuellen Zweifeln in bezug auf die Kirche
und die Eucharistie, dazu gebracht, wie ein kleines Kind zu werden:

»Ich bin sicher, Sie werden alles wunderbar verstehen – wenn Sie nur
wie ein kleines Kind in Gottes Hand werden könnten. Ihr Sehnen
nach Gott ist so tief, und doch hält er sich vor Ihnen verborgen. Er
muß sich dazu zwingen, denn er liebt Sie so sehr, daß er Jesus hingab,
um für Sie und mich zu sterben. Christus sehnt sich danach, Ihre
Speise zu sein. Umgeben von der Fülle lebendiger Speise, lassen Sie
sich selbst verhungern.

Die persönliche Liebe, die Christus für Sie hat, ist unendlich – die
kleine Schwierigkeit, die Sie bezüglich der Kirche haben, ist endlich.
Überwinden Sie das Endliche durch das Unendliche. Christus hat Sie
erschaffen, weil er Sie wollte.«

Über die Frau, die ihm diesen »wunderbaren« Brief geschrieben hatte,
sagte Malcolm Muggeridge: »Worte können nicht vermitteln, wie sehr
ich ihr verpflichtet bin. Sie hat mir eine ganz neue Sichtweise davon
gegeben, was Christ-Sein bedeutet, von der erstaunlichen Macht der
Liebe und wie sie in einer hingebungsvollen Seele aufblühen kann,
um die ganze Welt zu bedecken. Mutter Teresa hatte mir in Kalkutta
gesagt, daß die Eucharistie ihr jeden Morgen half, weiterzumachen;
ohne das würde sie straucheln und vom Wege abkommen. Wie hätte
ich mich solcher geistigen Nahrung versagen können?« Ein Jahr vor
seinem Tod machte Mutter Teresa einen ihrer ungeplanten Abstecher in das Haus der Muggeridges in England. Die Nachricht von
seinem Tod im November 1990 überraschte sie, aber sie hatte immer
gesagt, wenn ein Buch auch nur eine einzige Seele Gott näherbrach-

te, sei es der Anstrengung des Schreibens wert gewesen. Sie empfand
große Freude darüber, daß das Schreiben von »Mutter Teresa. Ein
Leben für die Ausgestoßenen« die Seele des Autors gewonnen hatte.
Der Mann, der sich selbst als »Wortverkäufer« bezeichnet hatte, war
nun bei Gott.

Die Tatsache, daß so viele Autoren, Regisseure, Journalisten und
Fotografen Mutter Teresa zum Gegenstand ihrer Aufmerksamkeit
machten, rief natürlich Unmut und Eifersucht hervor. Kalkutta mit
seinen Nöten war voll von erstaunlichen Persönlichkeiten, die gekommen waren, um das Elend zu bekämpfen: unbekannte Heilige,
die sich nie bemerkbar machten und so nie in den Genuß der Unterstützung und des Schutzes kamen, die einem das Interesse der
Medien bei all seinen Nachteilen verschaffen konnten. Mutter Teresa
war sich wohl der lobenswerten Arbeit zahlreicher anderer Menschen in Indien und anderswo bewußt: »Warum dieses ganze Getue
um uns?« protestierte sie gelegentlich. »Andere tun dieselbe Arbeit
wie wir. Vielleicht sogar besser. Warum hebt man uns so hervor?«
Alle ihre privaten Beteuerungen, daß sie lieber einen Leprakranken
waschen würde, als eine Pressekonferenz zu geben, konnten allerdings nichts daran ändern – das erste BBC-Interview mit Malcolm
Muggeridge hatte es bereits deutlich gemacht –, daß sie auf ihre ganz
natürliche Weise ein »Medienmensch« war.

In Benares oder Varanasi, der »Ewigen Stadt« und einem der wichtigsten hinduistischen Wallfahrtsorte in Indien, hatte es einmal
großen Widerstand gegen die Anwesenheit der Missionarinnen der
Nächstenliebe gegeben. Fromme Hindus kamen in Scharen in die
»Stadt Shivas«, um ihre letzten Tage am Ufer des heiligen Flusses
Ganges zu verbringen. Es galt als besonders günstig, dort zu sterben,
weil man dann die sofortige Befreiung vom Rad der Wiedergeburt erlangte, an das einen das Karma sonst fesseln würde, bevor die Erlösung erreicht war. Es war kaum verwunderlich, daß in dem Heim für
die kranken und sterbenden Obdachlosen, das die Schwestern dort
eröffneten, besonders viel zu tun war und daß es eine außergewöhn-
lich hohe Sterbequote hatte. Gerüchten zufolge töteten die Schwestern die Insassen. Die Polizei sah sich aufgefordert, die Umstände
zu untersuchen, und stellte fest, daß die Schwestern in keiner Weise
für die hohe Sterbequote verantwortlich waren. Es war ein publi-

zistisches Manöver, doch es trug letztendlich dazu bei, den Ruf der Schwestern wiederherzustellen. Als in Varanasi zehn Missionarinnen der Nächstenliebe in einer Feier im Freien ihre ewigen Gelübde ablegten, waren Journalisten und Fotografen dazu eingeladen. Ein Kommentator erläuterte sorgfältig den meist nichtchristlichen Zuschauern die Bedeutung der Gelübde.

Mutter Teresa war nicht immer ganz so erfolgreich. Trotz ihrer tiefen und unwandelbaren Liebe zum indischen Volk und ihrer Zuneigung zu der Stadt, die für sie »Heimat« geworden war, gelang es ihr doch nie, die Kritik mancher Intellektueller Kalkuttas zu entkräften, daß sie die Armut der Stadt in einer Weise bekanntmachte, die den großen Reichtum der bengalischen Kultur außer Betracht ließ. Sie wußte, was es bedeutete, wenn Bemühungen erfolglos blieben. Da sie glaubte, daß Papst Paul VI. unter der Trennung Erzbischof Lefebvres von Rom gelitten hatte, schrieb sie wiederholte Male an den Erzbischof mit der dringenden Bitte zurückzukehren, erhielt jedoch nie eine Antwort. Ihre Ermahnungen an den Reverend Ian Paisley waren ebenfalls erfolglos. Der indische Premierminister Morarji Desai war von ihren Argumenten zugunsten der Religion als einer Sache des individuellen Gewissens nicht überzeugt. Darüber hinaus enthielten sogar ihre »Erfolge« manchmal eine Spur Ironie des persönlichen Schicksals. 1992 verlieh Präsident Ramiz Alia von Albanien jener Frau die albanische Ehrenbürgerschaft, die einst gezwungen gewesen war, zwischen dem Besuch bei der sterbenden Mutter und dem Dienst an den Armen der Welt zu wählen. Der Erlaß des Präsidenten berechtigte sie zu Reisen mit einem albanischen Diplomatenpaß. Alia stiftete auch einen »Mutter-Teresa-Preis«, der an Persönlichkeiten verliehen wurde, die sich im Bereich humanitärer und wohltätiger Arbeiten ausgezeichnet hatten.

Für diejenigen, denen es um kollektiven Wandel und »Bewußtwerdung« ging, machten das starke Profil und der von manchen beneidete Einfluß Mutter Teresas alles andere wett. Die öffentliche Meinung ist schließlich einer der wichtigsten Faktoren für die Veränderung sozialer Strukturen, und man konnte mit Fug und Recht behaupten, daß nur wenige Menschen die öffentliche Meinung so sehr bewegt haben wie Mutter Teresa. Über 100 000 Schüler in Dänemark verzichteten täglich auf ein Glas Milch, damit andere essen konnten;

800 000 Kapseln des Medikaments Lampren wurden jährlich aus der
Schweiz an die Leprakranken in West-Bengalen geschickt; 5000 Ton-
nen qualitativ hochwertiger Nahrungskonserven wurden innerhalb
einer Woche an die hungernde Bevölkerung in Äthiopien und Tanzania geschickt – das alles waren Hinweise auf Mutter Teresas Einfluß.
Dank ihrer und der Publicity, die sie gegen ihren Willen erhielt, wurden die Armen bekannter, beliebter und besser geschützt, selbst wenn
die Publicity manchmal in keinem Verhältnis zu dem stand, was sie
wirklich tat. Die Niederlassungen der Schwestern waren oft winzig;
ihre täglichen Besuche bei den Armen, die Pflege der Kranken, das
Unterrichten der Kinder im Katechismus waren oft wenig spekta-
kulär. Und doch waren dank der vereinten Bemühungen von unbedeutenden Menschen, die durch Mutter Teresas Inspiration bereit
waren, alles zu geben, Tausende von Leben gerettet worden, und Tausende anderer hatten ein neues Bewußtsein für die Armut bekommen. »Ek, Ek, Ek«, pflegte Mutter Teresa auf Hindi zu sagen: »Einer
nach dem anderen, einer nach dem anderen.« Diejenigen, deren
Leben gerettet wurde, machten sich keine Gedanken darüber, ob die
Linderung menschlicher Not um ihrer selbst willen erfolgte oder weil
eine Mutter Teresa glaubte, daß sie den notleidenden Christus in
ihnen versorgte.

1991 rief der oberste Minister von West-Bengalen, Jyoti Basu, ein
altgedienter Kommunist, Mutter Teresa an. Sie kannten und respektierten einander seit Jahren. Weil seine Regierung nur wenig Geld für
Sozialarbeit ausgeben konnte, waren viele Frauen, die zur Prostitution entführt oder verlockt worden waren, in Gefängnissen untergebracht worden, weil es keine andere Möglichkeit gab. Der oberste Minister war der Ansicht, daß sie da nicht hingehörten. Mutter Teresa
nahm 40 Frauen. Er stellte ein öffentliches Grundstück zur Verfügung, und Mutter Teresa baute ein Heim für sie. Die Frauen, die
durch die Zusammenarbeit einer christlichen Schwester und eines
engagierten Kommunisten aus dem Gefängnis in Kalkutta befreit
worden waren, zählten nicht zu Mutter Teresas möglichen Kritikern.

Vielleicht ist es wahr, daß die Art, wie wir auf Mutter Teresa als
Mensch reagieren, der opferbereite Liebe predigte und vorlebte, mehr
über uns selbst aussagt als über sie. Sie war eine Persönlichkeit von
scheinbar grenzenloser Energie, reicher innerer Schönheit und an-

steckendem Lebensmut. Bruder Andrew schrieb einmal: »Solange mein Leben in seiner Fürsorge für die Armen und Notleidenden nicht auch nur annähernd an das ihre heranreicht, stehe ich nur recht dumm da mit meinen relativ kläglichen negativen Bemerkungen.« Sie selbst glaubte, daß sie schließlich in der Stunde, wo sie »heim zu Gott gehen würde«, nach ihrem Tun gefragt werden würde und der Liebe, die sie dabei hatte einfließen lassen:

»Heute hungern die Armen nach Brot und Reis – und nach Liebe und dem lebendigen Wort Gottes; die Armen dürsten – nach Wasser und nach Frieden, Wahrheit und Gerechtigkeit; die Nacktheit der Armen schreit – nach Kleidung, menschlicher Würde und Mitleid für den nackten Sünder.

Die Heimatlosigkeit der Armen schreit – nach einem Obdach aus Ziegelsteinen und nach einem freudigen Herz, das versteht, schützt, liebt. Ihre Krankheit schreit – nach ärztlicher Versorgung und nach der zärtlichen Berührung und dem warmen Lächeln.

Die ›Eingeschlossenen‹, die Ungewollten, die Ungeliebten, die Alkoholsüchtigen, die sterbenden Obdachlosen, die Verlassenen und die Einsamen, die Ausgestoßenen und die Unberührbaren, die Leprakranken – alle, die der menschlichen Gesellschaft zur Last fallen – die alle Hoffnung und allen Glauben ans Leben verloren haben – die vergessen haben, wie man lächelt – die das Gefühl für die Berührung einer warmen Hand mit Liebe und Freundschaft verloren haben – sie schauen auf uns und suchen Trost. Wenn wir uns abwenden, wenden wir uns von Christus ab, und in der Stunde unseres Todes werden wir danach beurteilt werden, ob wir Christus in ihnen erkannt haben, und danach, was wir für sie und an ihnen getan haben. Da wird es nur zwei Antworten geben: ›Komm‹ oder ›Geh‹.«

»An ihren Früchten sollt ihr sie erkennen.« Diese Bibelstelle zitierte sie regelmäßig, und darauf stützte sie ihre Sache.

HEIM ZU GOTT

»Warum haben sie das getan?« Mutter Teresas Frage bezog sich auf
eine Welle der Kritik, die ihren massivsten Ausdruck in einer Sendung des britischen Fernsehens vom November 1994 und einem kurz
darauf erschienenen Buch fand, das den Titel trug: »The Missionary
Position: Mother Teresa in Theory and Practice« [Die Missionarsstel-
lung: Mutter Teresa in Theorie und Praxis]. Die Angriffe lösten einen
noch lautstärkeren Feldzug zu ihrer Verteidigung aus, aber es melde-
ten sich nun auch jene zu Wort, die zwar nicht unbedingt die Ansicht
teilten, Mutter Teresa sei eine »Demagogin, Obskurantin und Dienerin weltlicher Mächte«, die aber zumindest der Meinung waren, daß
ihr Dienst an der Menschheit nicht frei von vermeidbaren Fehlern
sei. Die Diskussion über die Stichhaltigkeit solcher Anschuldigungen
erfaßte nach und nach die ganze Welt. Es war Mutter Teresa offensichtlich nicht vergönnt, ihren Lebensabend friedlich und unbehelligt
im Sterbeheim von Kalkutta zu verbringen. Vielmehr sollte sie erfahren, was es heißt, im Mittelpunkt einer allgemeinen öffentlichen Kon-
troverse zu stehen – und das bei schwindenden körperlichen Kräften
und wachsender Verletzbarkeit.

Die Gesundheit bereitete ihr zunehmend Probleme. Im Dezember 1991 kam Mutter Teresa nach Washington zu einem Gottesdienst,
bei dem 27 Missionarinnen der Nächstenliebe das Ordensgelübde ablegten. Sie nutzte diese Reise zu einem Gespräch mit Präsident Bush
im Oval Office über die gegenwärtige Arbeit des Ordens in Albanien
und über ihre Zukunftspläne. Anschließend begab sie sich nach Mexi-
ko zur dortigen Niederlassung des Ordens in Tijuana. Auf alle, die sie
näher kannten, wirkte sie äußerst zerbrechlich, noch auffallender
aber war ihre Rastlosigkeit. Noch nie hatte sie sich ein so umfangrei-
ches Programm abverlangt. Unter den Missionsvätern und Schwestern, denen ihr Besuch galt, deuteten einige die von Mutter Teresa
gewünschte Vorverlegung der Gelöbnisfeier und ihr Drängen, daß die
in einigen Monaten fällige Ordinierungen anderer Novizinnen eben-

falls schon jetzt stattfinden solle, als Anzeichen, Mutter Teresa hege die Befürchtung, daß dies ihre letzte weite Reise außerhalb Indiens sein könnte.

Auf dieser Reise erkrankte Mutter Teresa schwer. Als der Arzt darauf drang, daß sie sich in klinische Behandlung begeben müsse, wollte sie zunächst nichts davon wissen. Erst die vereinten Bemühungen von Pater Joseph Langford, der Schwestern, die sie begleiteten, und des örtlichen katholischen Bischofs vermochten sie umzustimmen, doch Mutter Teresas Protest flammte erneut auf, als sie über die Grenze in die Vereinigten Staaten gebracht werden sollte. Wenn es nach ihr gegangen wäre, hätte sie sich in das örtliche Krankenhaus von Tijuana gelegt, doch statt dessen fand sie sich in Kalifornien in der Scripps Clinic and Research Foundation im Ortsteil La Jolla von San Diego wieder.

Dort kam es durch die Lungenentzündung zu einem Herzversagen, das eine sogenannte Angioplastie notwendig werden ließ, bei der die verstopften Koronargefäße mit einem Ballonkatheter geweitet werden. Die allgemeine Besorgnis um Mutter Teresas Leben war groß, doch ihr Zustand besserte sich Schritt für Schritt. Als der Papst anrief, konnten die Ärzte nur mit großer Mühe verhindern, daß Mutter Teresa ihre Sauerstoffmaske herunterrriß, um sich am Telefon besser verständlich zu machen.

Drei Wochen danach war sie fast schon wieder so quicklebendig wie zuvor. Anfang Februar 1992 traf sie in Rom ein. Es war bitterkalt und die Räume des Ordenshauses in San Gregorio waren kaum der geeignete Genesungsort für eine alte Dame, die kurz zuvor noch mit dem Tode gerungen hatte. Mutter Teresa erlaubte den Schwestern, den nackten Steinfußboden ihres Zimmers zur Isolierung mit zerstückelten Pappkartons zu belegen, doch das war das einzige Zugeständnis an ihren geschwächten Zustand, zu dem sie sich bereitfand.

Mutter Teresa war zwar äußerst hinfällig, aber das hielt sie keineswegs davon ab, eifrigen Kontakt mit dem Vatikan zu pflegen. Sie bemühte sich nachhaltig um die Einrichtung eines Hauses für die Missionsväter in Rom. Auch hatte der Andrang der Menschen, die sie sehen wollten, keineswegs nachgelassen. Als sie endlich den »Salon« betrat, in dem viele, auch ich, schon seit Stunden auf sie warteten, kam es zu einem Zusammentreffen von einer bis dahin nicht üblichen Emotionalität.

»Meine Leidensgeschichte«, sagte sie zu Ann Blaikie nicht ohne Genugtuung, »hat die Welt zum Gebet aufgerüttelt.« Dann deutete sie auf den Tisch, auf dem man etwas Mozzarellakäse angerichtet hatte. »Den müßt ihr probieren, er ist köstlich!« forderte sie uns auf. Sie selbst wollte sich eine, allerdings nur kurze, Ruhepause gönnen.

Als wir am nächsten Tag Rom wieder verließen, rief sie mir zum Abschied zu: »Sie fliegen doch nach London zurück, nicht wahr? Wären Sie so nett, Prinzessin Diana auszurichten, daß sie mich in Kalkutta zum Zeitpunkt ihres geplanten Besuches vermutlich nicht antreffen wird – aber ich würde mich freuen, wenn sie mich hier besuchen kommt!«

Ganz so formlos wurde diese Mitteilung dann doch nicht übermittelt. Als die Prinzessin von Wales am 15. Februar das Mutterhaus der Missionarinnen der Nächstenliebe in Kalkutta besuchte, hatte Mutter Teresa noch in Rom wieder ein Krankenhaus aufsuchen müssen, und sie war immer noch so krank, daß sie die Heilige Stadt nicht verlassen konnte. Die Prinzessin wurde von Schwester Frederick und einer Gruppe von Novizinnen willkommen geheißen, die für sie sangen und tanzten und den königlichen Gast nach indischer Tradition mit Blütenblättern überschütteten. Bei ihrem Aufenthalt in Kalkutta stattete Prinzessin Diana auch dem Sterbeheim einen Besuch ab, der sie unverkennbar tief erschütterte. Mutter Teresa hatte ihr aus Rom eine handschriftliche Grußbotschaft gesandt, von der die Prinzessin ebenfalls sehr bewegt war. Prinzessin Diana flog noch in derselben Woche nach Rom, um dort zum ersten Mal mit der Frau, die sie schon so lange bewunderte, persönlich zusammenzutreffen.

Im darauffolgenden Juli, als Andrew Mortons Buch »Diana: Her True Story« in Fortsetzungen in den Zeitungen erschien, pfiffen die Spatzen die Eheprobleme des Prinzen und der Prinzessin von den Dächern. Mutter Teresas Reaktion zeigte wieder einmal, welche Bedeutung sie einer intakten Familie zumaß. »Ich bete inbrünstig für ihr Glück«, sagte sie, als sie nach ihrer Meinung über Dianas Eheproblemen gefragt wurde. »Ich bete darum, daß ihre Ehe nicht zerbrechen möge, denn das ist sehr wichtig.« Und sie fügte hinzu: »Sie selbst und ihr Mann sollten ebenfalls beten. Das Gebet kann ihnen über die Schwierigkeiten hinweghelfen.«

Am 9. September 1992 kam es zu einer weiteren Begegnung mit

Prinzessin Diana, die diesmal auf Vorschlag Mutter Teresas im Haus
der Missionarinnen der Nächstenliebe im Londoner Stadtteil Kilburn
und unter Ausschluß der Öffentlichkeit stattfand. Die Presse konnte
lediglich darüber spekulieren, welchen Rat Mutter Teresa der Prinzessin gab, die offensichtlich ihre besondere Sympathie gewonnen
hatte.

Mutter Teresa hatte sichtlich nichts von ihrer Fähigkeit eingebüßt,
sich mit einflußreichen Leuten zu schmücken, selbst mit solchen,
denen andere jene menschlichen Qualifikationen absprachen, die Mutter Teresa jedem menschlichen Wesen von vornherein zubilligte. Auch
war sie nach wie vor entschlossen, nach Möglichkeit bei sämtlichen
Gelöbnisfeiern und Einweihungen von Ordenshäusern der Missionarinnen der Nächstenliebe persönlich anwesend zu sein.

Dennoch wurde sie zu jener Zeit selbst immer verletzlicher und
bedurfte zusehends des Rates und der Unterstützung ihrer Mitschwestern und anderer Personen aus ihrer unmittelbaren Umgebung.
Außerdem empfand sie offenbar den Wunsch, bestimmte Dinge in
ihrem eigenen »Haus« in Ordnung zu bringen.

An dem Wochenende vom 7. bis zum 9. Mai 1993 fand in Belgien
eine Versammlung der Mit-Arbeiter statt. Der Hauptanlaß dafür war
der 80. Geburtstag von Jacqueline de Decker. Mit-Arbeiter aus den ersten Jahren und langjährige Freunde reisten nach Antwerpen, einige
von ihnen aus so entfernten Ländern wie den USA, um ein freudiges
Wiedersehen zu feiern. Da aber bei dieser Gelegenheit so viele Personen aus der Verwaltung der Mit-Arbeiter zusammenkamen, wurde
beschlossen, gleichzeitig ein Meeting über die im nächsten Jahr geplante Mit-Arbeiter-Konferenz in San Diego abzuhalten. Da auch
Mutter Teresa sich zu diesem Zeitpunkt bereits in Europa aufhielt,
konnte sie die Gelegenheit nutzen, um einige wichtige Dinge, auf die
man sie im Mutterhaus in Kalkutta aufmerksam gemacht hatte, mit
den Verwaltungsleuten zu besprechen. Wegen dieser Probleme hatte
sie schon ein paar Monate zuvor vergeblich versucht, einige der leitenden Mit-Arbeiter in Kalkutta zusammenzurufen. Deshalb war das
Treffen in Antwerpen für Mutter Teresa die ideale Möglichkeit, sich
mit leitenden Mit-Arbeitern zusammenzusetzen.

Mutter Teresa sollte am 8. Mai an den Feierlichkeiten teilnehmen.
Am Abend des 7. jedoch erklärte Bruder Geoff, der Oberste der Mis-

sionsbrüder der Nächstenliebe, einem verblüfften Publikum, es gebe
Behauptungen, daß Geld, das den Armen zugute kommen sollte, zur
Finanzierung zum Beispiel der Weltreisen der Mit-Arbeiter, Zeitungen für sie und ihre Post mißbraucht worden sei. Außerdem informierte er die Zuhörer über Mutter Teresas Absicht, die Mit-Arbeiter
als offizielle Organisation am nächsten Tag aufzulösen und die Konferenz in San Diego abzusagen.

Diese Ankündigung war ein Schock und für viele eine schmerz-
hafte Verletzung. Wer Mutter Teresa allerdings aus der Frühzeit in
Kalkutta kannte, wußte, daß solche Spontanentschlüsse durchaus zu
ihrem Charakter gehörten. Es war niemals leicht gewesen, den Ansprüchen einer Frau zu genügen, die in einem Moment Mittel zur
Versorgung der Armen forderte und die nur einen Augenblick später
untersagte, daß Weihnachtskarten verschickt würden, um eben dieses Geld aufzubringen. Einige Leute waren sich bewußt, daß Mutter
Teresa eine alte, tief verwurzelte Angst vor einer allzu durchstruktu-
rierten Organisation der Vereinigung, vor zu vielen Amtsträgern und
vor dem Verlust der Einfachheit hegte. Es war tatsächlich nicht das
erste Mal, daß sie den Wunsch geäußert hatte, die internationale Vereinigung der Mit-Arbeiter als Organisation aufzulösen. Einige Jahre
zuvor hatte sie in diesem Sinne an Ann Blaikie geschrieben. Die damalige internationale Vorsitzende hatte Mutter Teresas Befürchtungen entkräften können und behandelte den Brief vertraulich. Obwohl
Ann Blaikie sich auch in Antwerpen aufhielt, konnte sie sich nicht
mehr in dieser Sache einsetzen.

Am nächsten Tag wiesen Margaret Cullis und die Mit-Arbeiter,
unterstützt von Bruder Geoff, alle Behauptungen über den Miß-
brauchs des Geldes auf das Entschiedenste zurück. Mutter Teresa
war unerbittlich in dem Punkt, daß jeder Pfennig, der für die Armen
gespendet wurde, die Bedürftigen auch tatsächlich erreichen sollte.
Jeder, der mit ihr arbeitete, wußte das und teilte diese Ansicht aus
ganzem Herzen. Das Geld, das für die Reisen zu Mit-Arbeiter-Konfe-
renzen und ähnlichen Veranstaltungen ausgegeben wurde, stammte
ausschließlich aus ihren eigenen Taschen. Das gleiche galt für die
Zeitungen und die Postgebühren. Es war kein Geld, das sonst an die
Armen gegangen wäre. Die Mit-Arbeiter argumentierten, die Korrespondenz und gelegentliche Treffen seien wichtig, um jene Art fami-

liären Gemeinschaftsgefühls aufrechtzuerhalten, das die Arbeit rund um die Welt überhaupt möglich machte. Mutter Teresa schien überzeugt. Was ihr am meisten Sorgen bereitete, war die Rückkehr der Mit-Arbeiter zu jener Einfachheit, die ihre Rolle gekennzeichnet hatte, als sie damals im Sterbehaus begonnen hatten »zu teilen, zu dienen und zu lieben«. Mutter Teresa befürchtete, sie würden »wie eine Firma, in der es nur noch ums Geld geht«. Sie wollte dagegen Menschen sehen, die »aus einem Herzen heraus die Freude des Liebens teilen«. Gleichzeitig strebte Mutter Teresa an, den Orden der Missionarinnen der Nächstenliebe zu einer Organisation ohne halb unabhängige, untergeordnete Strukturen umzugestalten. Die gesamte Finanzierung sollte nur noch über die Schwestern laufen, und die Mit-Arbeiter sollten nach Möglichkeit eng mit den Missionarinnen der Nächstenliebe kooperieren.

Viele der Befürchtungen Mutter Teresas konnten ausgeräumt werden. Angesichts der überzeugenden Beweise, die auf dem Treffen dargelegt worden waren, hielt sie es nun nicht länger für nötig, die Organisation der Mit-Arbeiter aufzulösen. Als Zeichen der Dankbarkeit für 25 Jahre Dienst als Mit-Arbeiter und um den 40. Geburtstag des Ordens zu feiern, gab sie ihre Zustimmung zu dem Ordenskapitel in San Diego. Doch kaum hatte sie Antwerpen verlassen, setzte sie sich hin und schrieb einen Brief, in dem sie das meiste von dem, was sie gesagt hatte, widerrief. Das Ordenskapitel in San Diego sollte nicht stattfinden.

Am 31. Mai traf sie in Dublin ein. Am 1. Juni schenkte sie Mary Robinson eine Muttergottes-Statue und traf mit Vertretern der »Prolife«-Kampagne zusammen. Die Ansichten, die sie in Irland über Abtreibung und Scheidung äußerten, waren kompromißlos wie immer: »Laßt uns den festen Beschluß fassen, daß in diesem wunderschönen Land Irland kein Kind unerwünscht ist... Wir wollen der Mutter Gottes, die Irland so sehr liebt, versprechen, daß es in diesem Land keine einzige Abtreibung mehr geben wird... Laßt uns versprechen, daß es keine Scheidung mehr geben wird.« Am 2. Juni empfing sie die Auszeichnung »Freedom of the City of Dublin« und fuhr dann nach Belfast, allen Gerüchten zum Trotz, nach denen sie wegen Erschöpfung und Schmerzen die nächsten Etappen ihrer Reise absagen könnte. Ihre nächsten Station war Edinburgh. Am 6. Juni schließlich kam sie in London an.

Am 7. Juni eröffnete sie endlich ein 35-Zimmer-Haus für Nichtseßhafte in der St. George's Road in Southwark. Nach einem Aufruf
in den Zeitungen »Daily Mirror« und »Sunday Mirror« von 1988
waren fast 300 000 Pfund an Spenden für die Einsamen und Heimat-
losen in London eingegangen. Die Tatsache, daß dieses Geld noch
nicht für etwas Konkretes eingesetzt worden war, hatte diese Spekulationen über den Mißbrauch von Spenden ausgelöst, die vor allem
der Zeitungsverleger Robert Maxwell schürte. Die Verzögerung war
aber nur dadurch entstanden, daß Mutter Teresa noch kein passen-
des Haus für die Zwecke ihres Ordens gefunden hatte. Ihre Vorstellung von einem Heim war – wie immer – nicht sehr anspruchsvoll. In
diesem Fall trat sie aber derart bescheiden auf, daß ihre Pläne, ein
leerstehendes Amtsgebäude im Stadtteil Kennington in South London in ein Heim für 33 Nichtseßhafte umzuwandeln, im Juni 1993
von der erzbischöflichen Ratsversammlung mit der Begründung
abgelehnt wurde, ein solches Haus führe »zu einem Verlust von
Annehmlichkeiten für die Nachbarn«. Das fünfstöckige Gebäude in
Southwark, dessen Kaufurkunde sie schließlich am 7. Juni unterschrieb, stellte nicht nur für die Menschen, »die auf der Straße schlafen, einen Platz dar, um zu essen und ihr Haupt für die Nacht nie-
derzulegen«, es bot außerdem noch einer Reihe von Schwestern
Unterkunft. Stolz und befriedigt resümierte Mutter Teresa: »Wir haben
gebetet und gebetet für dieses Haus.« Nachdem sie noch eine Stipp-
visite bei Prinzessin Diana im Kensington Palace und eine Messe in
der St. Georges Cathedral in South London in ihr Programm gezwängt
hatte, reiste sie am nächsten Tag nach Oxford, um dort zur »Oxford
Union« zu sprechen. Selbst diejenigen, die ihre Ansichten über Verhütung und Abtreibung heftig ablehnten, waren offensichtlich tief
berührt von ihrer Anwesenheit. Eine Dreiviertelstunde sprach sie zu
einer aufmerksamen Zuhörerschaft aus Studenten, obwohl sie deutlich erschöpft war. Als sie während der anschließenden Diskussion
nach ihrer Meinung über die Befreiungstheologie gefragt wurde, antwortete sie etwas verworren: »Ich weiß es nicht. Sie ist noch nicht bis
nach England vorgedrungen.«

»Sie lebt von einem Tag auf den anderen«, sagte man mir, als ich
sie zwei Tage später am frühen Morgen beobachtete, wie sie vorsichtig die Treppe des Ordenshauses in der Bravington Road in London

hinunterstieg. Normalerweise ging es ihr morgens am besten, aber an
diesem Tag war sie so schwach, daß Schwester Gertrude überhaupt
keinen Puls bei ihr messen konnte. Mutter Teresas behutsame Bewegungen verrieten die Tatsache, daß sie große Schmerzen hatte. Doch
als sie aufbrach, um an einer Messe in der römisch-katholischen Kilburn Church teilzunehmen, drängten sich die Leute immer noch vor
dem Haus. Einige von ihnen wußten, daß sie Schmerzen hatte und
konnten es doch nicht lassen, sie zu berühren. Instinktiv langte sie zurück und verteilte die Gebetskarten, die sie immer als ihre »Visiten-
karten« bezeichnete. Darauf standen die Worte:

»Die Frucht der Stille ist das Gebet.
Die Frucht des Gebets ist der Glaube.
Die Frucht der Glaubens ist die Liebe.
Die Frucht der Liebe ist das Dienen.
Die Frucht des Dienens ist der Friede.«

Das ist ein gutes »Geschäft« sagte sie zu den Leuten, während sie
ihnen Dispens erteilte. In ihrem Verlangen, Mutter Teresas Segnun-
gen zu empfangen, vergaßen die Leute fast den zerbrechlichen Zustand der alten Frau in ihrer Mitte. Es war wohl nicht überraschend,
daß diejenigen, die Tag für Tag mit Mutter Teresa zusammen waren,
es für richtig hielten, sie mehr und mehr vor den Ansprüchen derer
zu schützen, die wider besseres Wissen eine zusätzliche Belastung für
ihre begrenzten Kraftreserven darstellten.

Im August 1993 kam Mutter Teresa dennoch erneut ins Krankenhaus. Sie hielt sich zu dieser Zeit in Delhi auf, um einen Preis der indischen Regierung entgegenzunehmen, » für die Förderung des Friedens und der gemeinschaftlichen Harmonie«. Sie erkrankte jedoch
ein paar Stunden vor der Preisübergabe. Sie litt an Fieber und Erbre-
chen und wurde zuerst in das All India Medical Institute of Science
gebracht. Die Folge dieses Malaria-Anfalls waren ein Blutandrang in
den Lungen und heftige Atembeschwerden. Ein weiteres Mal gab ihr
Herz großen Anlaß zur Sorge. Folglich verlegte man sie in die Herz-
chirurgie. Erneut stand sie am Rand des Todes, als die Ärzte sie an
einem herznahen Gefäß operierten. Ihren 83. Geburtstag verbrachte
sie im Krankenhaus, während zahllose Arme zum Haus der Missio-

narinnen der Nächstenliebe strömten, um eine Nachtwache für
»Mutter« abzuhalten. Am nächsten Tag wurde sie entlassen und an
Bord eines Spezialflugzeugs, das der indische Premierminister zur
Verfügung gestellt hatte, nach Kalkutta gebracht.

Einige von den Mit-Arbeitern waren sich immer noch nicht über
Mutter Teresas präzise Wünsche in bezug auf den Orden schlüssig.
Sie zeigte gelegentlich diese Anzeichen von Gedächtnisverlust, Verwirrung und Abhängigkeit von anderen, die sie seit Jahren verfolgten. Sie war nicht mehr so zugänglich wie früher – selbst für die
Freunde aus den frühesten Jahren –, und man vermutete, daß sie in
ihrer Verletzlichkeit dem Druck einiger Leute erlegen sei, die die
Rolle der Mit-Arbeiter nicht hoch einschätzten und die bisweilen die
hunderttausend »normalen« Menschen in der ganzen Welt aus dem
Blick verloren, die sich treu an die Lebensweise der Mit-Arbeiter hielten und genau »die kleinen Dinge mit großer Liebe« taten, wie Mutter Teresa es von ihnen verlangte. Um die gleiche Zeit gab es aber auch
andere Stimmen. Selbst wenn die Anschuldigungen wegen des Spen-
denmißbrauchs tatsächlich ohne jede Grundlage waren, und selbst
wenn Mutter Teresa ab und zu unlogisch zu handeln schien, so sahen
manche doch in ihrem Appell, zu einer größeren Einfachheit zurückzukehren, das spirituelle Ergebnis eines tiefen Gebets, das nicht ignoriert werden sollte. In früheren Jahren war es eine große Ehre gewesen, Mit-Arbeiter der weltberühmten Mutter Teresa oder gar Mitglied
ihres Ordens zu werden. Bruder Andrew drückte es einmal folgen-
dermaßen aus: »Die zugrundeliegende Wahrheit besteht darin, daß
etwas so Wundervolles und Erfolgreiches wie die Missionarinnen der
Nächstenliebe auch etwas Machtvolles besitzen. Und es gibt Menschen,
die das wissen – bewußt oder unbewußt. Und, da sie Menschen sind,
fühlen sie sich davon angezogen. Das muß so sein. Das geschah auch
mit Franz von Assisi. Es passierte im Laufe der Jahrhunderte mit der
Kirche. Entsprechend schweigt die Kirche zu Politik, Revolutionen,
berühmten Personen in den Medien und finanziellen Transaktionen.
Aber die Unternehmer und Drahtzieher können den Heiligen Geist
nicht aus den Geschäften verbannen. Tatsächlich benutzt er sie. Ich
glaube, daß Mutter Teresa, welchem Druck auch immer sie unter-
liegt, und welchem Rat sie auch folgt, genau um den Wert der Einfachheit als Schlüssel zu Jesus und den Evangelien weiß.«

Am 30. August 1993 verschickte Mutter Teresa einen Brief an die Mit-Arbeiter in der ganzen Welt und dankte ihnen zunächst dafür, daß sie sich um ihre Gesundheit gesorgt hatten. Es war ein handschriftlicher Brief von ihr, und nur das ein oder andere fehlende Wort oder Satzzeichen verrieten, wie schwach und kränklich sie war:

»Eigentlich wollte ich Euch alle zu einem Ordenskapitel nach Kalkutta holen, um Euch zu erzählen, was ich über die Mit-Arbeiter in meinem Herzen fühle. Im Moment geht das aber nicht. Gottes Segen sei mit Euch allen und helfe Euch, meine Entscheidung zu akzeptieren, die ich nach einer langen Zeit des Betens, Büßens und Leidens getroffen habe.

Ich bin sehr dankbar für all die wunderbare Arbeit, die jeder von Euch von Anfang an geleistet hat. Diese 25 Jahre waren für Gott etwas sehr Schönes. Ich möchte Euch danken, besonders denen, die seit den ersten Tagen an meiner Seite sind, und ganz besonders Ann Blaikie. Jesus hat gesagt: ›Ihr habt es für mich getan.‹ Im Himmel erwartet Euch eine große Belohnung.

Liebe Mit-Arbeiter, damit ihr Euren Geist als Mit-Arbeiter bewahrt, braucht Ihr nur, wo immer Ihr auch seid, in engem Kontakt mit den Missionarinnen der Nächstenliebe und mit Euren Kollegen zu bleiben. Ich möchte, daß Ihr mit den Schwestern, den Brüdern und den Vätern der Nächstenliebe direkt zusammenarbeitet – in dieser demütigen Arbeit, die bei Euch zu Hause beginnt, in der Nachbarschaft, der Gemeinde, der Stadt. Ich wünsche mir, daß Ihr auch dort, wo es keine Missionare der Nächstenliebe gibt, in dem gleichen Geist arbeitet, wo immer Ihr auch seid. Das ist es, was die Welt verändern wird. Wenn Ihr betet, wird Gott Euch ein reines Herz schenken, und Euer reines Herz kann das Angesicht Gottes in den Armen erkennen, denen Ihr dient.

Jetzt, wo die Zeiten sich geändert haben und die Schwestern in 105 Ländern der Welt arbeiten, brauchen wir keine Mit-Arbeiter mehr, die als ›Organisation‹ mit Vorständen, Angestellten und Bankkonten funktionieren. Ich möchte nicht, daß Geld für Zeitungen ausgegeben wird oder für die Reisetätigkeit von Mit-Arbeitern. Wenn Ihr irgend jemanden seht, der in meinem Namen Geld sammelt – bitte, haltet ihn auf. Und jedes Geld, daß Euch für Mutter Teresa oder die

Missionarinnen der Nächstenliebe übergeben wird, muß sofort und in voller Höhe an den Orden weitergeleitet werden. So lange Ihr diese Punkte beachtet, gehört Ihr zur Familie der Missionarinnen der Nächstenliebe und könnt Mit-Arbeiter von Mutter Teresa sein. Ich möchte jedoch nicht, daß die Mit-Arbeiter als ›Organisation‹ weiterbestehen. Ich habe an alle Bischöfe in der ganzen Welt geschrieben, daß ich diese Entscheidung getroffen habe. Laßt uns durch die heilige Mutter Gottes im Herzen Jesu als geistige Familie vereint bleiben. Meine Gabe an Euch besteht darin, daß ich Euch erlaube, mit uns an Gottes Werk zu arbeiten, und in einem Geist des Gebets und des Opfers Überbringer der Liebe Gottes zu sein.

Ich bitte Euch noch einmal inständig: Seid, was Mutter von Euch verlangt in jeder Stadt und an jedem Ort – schlichte Mit-Arbeiter, die den Schwestern helfen, Jesus zu den Armen zu bringen. Ich sende Euch meinen besonderen Segen und meine tiefe Dankbarkeit dafür, daß Ihr handelt, wie ich es von Euch erwarte. Laßt uns alle ein Herz sein, ein Herz angefüllt mit Liebe zum Herzen Jesu, das wiederum voller Liebe ist für Maria und durch das unbefleckte Herz der Mutter Gottes, die der Grund Eurer Freude ist.

Laßt uns oft sprechen: Maria, Mutter Jesu, sei nun unsere Mutter. Ich schließe jeden von Euch in meine täglichen Gebete ein. Laßt uns ein Herz voller Liebe sein. Laßt uns beten.«

Am 17. September kämpfte Mutter Teresa wieder um ihr Leben, als die Chirurgen ihr durch eine Arterie einen Katheder einsetzen und ein mit einer ballonartigen Spitze versehenes Instrument benutzten, um ein verstopftes Herzgefäß zu säubern. Papst Johannes Paul II. sandte eine Nachricht, in der es hieß: »Die ganze Welt braucht Sie.« Ihr Arzt konnte sich nur noch über ihre Willenskraft wundern. Mutter Teresa selbst war sich der Arbeit bewußt, die beinahe, aber eben noch nicht ganz getan war.

Drei Tage später starb Pater Celeste Van Exem im St. Xaviers College in Kalkutta, der Mann, der ihr über so viele Jahre ein spiritueller Lehrer und weiser Ratgeber gewesen war. Bis sie selbst krank wurde, war sie in seiner Nähe geblieben. In dem Jahr, als sie eine Gruppe von jungen Schwestern als Missionarinnen der Nächstenliebe aufgenommen hatte, obwohl sie noch nicht offiziell als Orden anerkannt waren, hatte sie ihn am Ostersonntag mit diesen Schwestern besucht. Am 12. April 1993 nun lagen volle 40 Jahre als bekennende Schwestern hinter dieser ersten Gruppe, und ein Besuch am Krankenbett von Pater Van Exem war deshalb ein passender Anlaß, um daran zu erinnern. »Er ist geradewegs heimgegangen zu Gott«, kommentierte Mutter Teresa die Nachricht von seinem Tod. »Er war sehr heilig.« Sie war immer noch zu krank, um am 22. September an der Beerdigung teilzunehmen. Aber sie stand am Fenster und sah dem Sarg nach, wie er die Lower Circular Road hinunter zum St. John's Friedhof getragen wurde. Am 16. September, also kurz vor seinem Tod, hatte er Mutter Teresa, die zu diesem Zeitpunkt unter strengster ärztlicher Aufsicht stand, noch einen Brief geschrieben:

»Liebe Mutter,

morgen früh werde ich in der Heiligen Messe folgende Fürbitten sprechen lassen:
1. daß Sie nicht operiert werden,
2. daß sie am 7. Oktober in China sind,
3. daß Gott nicht Sie zu sich nehmen soll, falls das sein Wille ist, sondern mich.

Sein Wille, nicht der meine.

Ich bin bei Ihnen und den Schwestern, bei jeder einzelnen von ihnen. Es gibt ein Golgatha für jeden Christen. Für Sie ist der Weg zum Kalvarienberg lang. Aber Ihnen ist unterwegs Maria begegnet. Sie sind den Hügel nicht hinaufgegangen; das wird erst später sein.

Ich bete das Heilige Sakrament an, das Sie – da bin ich mir sicher – in Ihrem Zimmer haben.

Beten Sie für mich und meine Begleiter, besonders für Jesu Begleiter, zu denen ich gehöre.

Mit herzlichen Grüßen in O.L
C. Van Exem, SJ.«

Pater Van Exem hatte Mutter Teresa geschrieben, er opfere sein Leben, damit sie nach China gehen könnte, weil er wußte, daß der Plan, Schwestern nach China zu bringen, ihr immer noch sehr wichtig war. Auch viele andere wußten das. Auf der Versammlung in Antwerpen im Mai 1993 hatte Mutter Teresa mit sichtlicher Genugtuung berichtet, daß es Fortschritte in bezug auf eine Einladung nach Shanghai gebe und daß sie die Erlaubnis erhalten habe, den Schwestern einen Priester an die Seite zu stellen. Amüsiert hatte sie erzählt, daß sie gefragt worden sei, ob die Schwestern auch chinesische Kleidung tragen würden. Sie hatte ihre Ablehnung damit begründet, daß der Sari das billigste Kleidungsstück für sie wäre. »Vor allem anderen wünsche ich mir, daß ihr für China betet«, hatte sie auch in dem Priesterseminar Menouth College in Irland im Juni 1993 erklärt. »Ich gebe euch China, okay? Wenn wir keinen Erfolg haben, dann mache ich euch dafür verantwortlich.«

Um die Zeit, als Pater Van Exem starb, plante Mutter Teresa, über Hongkong nach China zu gehen, um dort rechtzeitig zum Jahrestag der Gründung des Ordens am 7. Oktober 1950 die erste Niederlassung zu eröffnen. »Millionen Herzen warten auf Sie!« – Das war ihr sowohl von der Regierung als auch von der Kirche als Begrüßung versprochen worden. Doch wieder einmal wurde der Besuch verschoben. Erst Ende Oktober 1993 kam sie endlich über Singapur in Shanghai an. Mutter Teresa tauchte vor dem Flughafen auf und schob auf ihrem Gepäckwagen den üblichen hohen Stapel brauner Pappkartons vor sich her. Nach dem Grund ihres Aufenthalts befragt, erklärte sie schlicht: »Um den Armen zu helfen.«

Die Eröffnung eines Heims für behinderte Kinder in Shanghai war eine Herzensangelegenheit Mutter Teresas. Sie blieb zwei Tage dort, bevor sie auf Einladung von Deng Pufang nach Beijing (Peking) weiterreiste. Trotz allem war sie im Dezember 1993 wieder einmal in Rom wegen der Gelübdeablegungen am 8. und 9. Dezember. Danach stattete sie Polen einen Besuch ab, bevor sie nach Indien zurückkehrte. Es sah so aus, als brauche China »mehr Zeit und Gebete«.

Am 3. Februar 1994 nahm Mutter Teresa an einem »National Prayer Breakfast« in Washington teil. Sie entsprach damit nur widerwillig einer Einladung Präsident Clintons. Sie hielt eine sehr lange Rede, in der es über weite Strecken um Abtreibung ging. Als sie geendet hatte, regte sich vorn am Tisch des Präsidenten keine Hand zum Applaus. Später entschuldigte sich Präsident Clinton dafür bei Mutter Teresa. Wichtiger aber war, daß sie bei diesem Frühstück mit Hillary Rodham Clinton ins Gespräch kam. Die beiden Frauen fanden eine gemeinsame Verständigungsbasis, und sei es auch nur aufgrund ihrer Einstellung zur Adoption. Ein Jahr später besuchte Hillary Clinton mit ihrer Tochter eines der von den Missionarinnen der Nächstenliebe geführten Heime in New Delhi.

Im März 1994 machte sich Mutter Teresa wiederum auf den Weg nach China, diesmal allerdings, ohne Aufsehen zu erregen. Sie wollte nicht, daß die Öffentlichkeit die höchst empfindliche Situation zusätzlich gefährdete. Sie sah die Chance, das Haus für behinderte Kinder am Fest des heiligen Joseph (19. März) in Shanghai eröffnen zu können. Zuerst traf sie den Erzbischof von Shanghai und reiste dann nach Beijing, wo sie Deng Pufang kennenlernte, den Vorsitzenden einer Organisation für Behinderte, der selbst nach einem Unfall an den Rollstuhl gefesselt war. Deng Pufang, so berichtete sie später, sagte ihr, daß er sich nach dem Tag sehne, wenn China »die Missionarinnen der Nächstenliebe hätte, die zärtliche Liebe und Sorge für die Armen brächten«. Mutter Teresa besuchte auch eine Kathedrale, die der Lady of Sheshan, der Patronin von China, geweiht war, doch ihre Mission schlug zum dritten Mal fehl. Im Mai hatte sie zwar zwei neue Häuser in Vietnam eröffnet, aber das Ziel, das ihrem Herzen am nächsten lag, blieb ihr verwehrt.

Im Mai wurde sie eigentlich auch zur Seligsprechung von Bruder Damien erwartet. Wie verlautete, wurde die Zeremonie verschoben, weil der Papst erkrankte. Eine ihrer Schwestern ließ jedoch wissen, daß China immer noch das vorrangige Ziel für Mutter Teresa war. Es war von entscheidender Bedeutung, daß ihr die Eröffnung des Hauses gelang: »Sie besitzt immer noch dieses Charisma – die Kraft, Türen zu öffnen, die anderen verschlossen bleiben.«

Auch weiterhin bemühte sie sich um Heiligkeit. Sie war schon immer anspruchsvoll in ihren spirituellen Anforderungen gewesen, und vielleicht war sie auch nie recht vertraut geworden mit den Bedingungen und Zwängen dessen, was viele als »normales« Leben bezeichnen würden. Allmählich schien Mutter Teresa in ihrem Wunsch, ihr Vermächtnis so rein und heilig wie möglich zu hinterlassen,

immer weniger Konzessionen in bezug auf die Menschlichkeit »nor-
maler« Leute zu machen. Die Antwort der Mit-Arbeiter auf ihren
Brief vom 30. August 1993 war pure Verwirrung. Einige hielten es für
fraglich, ob Mutter Teresa verfassungsmäßig überhaupt das Recht
hatte, eine Vereinigung aufzulösen, in der sie nur ein einzelnes Mitglied war. Dennoch war die Reaktion auf den Gedanken, die Institution der Mit-Arbeiter auf bodenständiger Ebene weiterzuführen und
gleichzeitig die »Hierarchie« zu beseitigen, alles in allem positiv. Viele
waren in der Lage, den Aufruf als ein Zeichen spiritueller Reife zu
sehen, die nicht länger völlig auf die Person von Mutter Teresa konzentriert war, sondern eine Vorbereitung auf die Zeit, wenn sie nicht
mehr unter ihnen sein würde.

Es blieb jedoch die brennende Frage, wie dieser Dienst praktisch
fortgeführt und wie der Kontakt weiterbestehen konnte zwischen
jenen, die sich den kürzlich vereinfachten Leitlinien der Mit-Arbeiter verpflichtet hatten. Ein solcher Kontakt war für viele ein tiefes
menschliches Bedürfnis, um die spirituelle Hingabe, die Mutter Teresa verlangte, in einer zunehmend atheistischen Welt aufrechtzuerhalten. Darüber hinaus, wie konnte den Armen an den unzähligen
Orten geholfen werden, wo es immer noch keine Schwestern und
Brüder, dafür aber eine Menge Mit-Arbeiter gab, die zudem oft besser ausgerüstet waren, um den örtlichen Bedürfnissen zu entspre-
chen? In Antwerpen zum Beispiel gab es keine Missionarinnen der
Nächstenliebe, aber eine Masse armer Leute mir moralischen, sozialen und psychologischen Problemen. Jacqueline de Decker bemerkte
einmal über die Prostituierten der Stadt, ihre »Mädchen«: »Sie brauchen ein verständnisvolles Herz, daß ihnen in ihrer eigenen Sprache
hilft, nicht bloß eine Suppenküche!« Und wie konnte Mutter Teresa
auf die Idee kommen, daß zum Beispiel eine Schwester die Versor-
gungsabteilung ersetzen könnte. Diese Abteilung koordinierte den
Transport von Containerladungen mit lebenswichtigen Gütern für
die Missionarinnen der Nächstenliebe in verschiedenen Teilen der
Welt. Die Berufung zur Schwester qualifizierte wohl kaum dazu, mit
Schiffstransporten und Exportformalitäten umzugehen. Mutter Teresas Antwort auf diese unangenehme Frage war, daß die Versorgungs-
abteilung bestehen bleiben solle.

In dem Versuch, weitere Verwirrung zu verhindern, schrieb Mutter Teresa am 10, Oktober 1993 erneut einen Brief an »Margaret Cullis und alle Mit-Arbeiter«, in dem sie betonte, daß die ihre am 20. August getroffene Entscheidung unumstößlich sei:

»Ich wiederhole: Ich wünsche keine Amtsträger auf irgendeiner Ebene. Jede Gruppe von Mit-Arbeitern soll mit der örtlichen Gruppe von Schwestern oder Brüdern zusammenarbeiten. Wenn es keine gibt, sollen sie sich an die Regionaloberin wenden und sich mit ihr absprechen, wie sie mit ihrer Arbeit als Mit-Arbeiter in ihrer Nachbarschaft beginnen können.«

Weiter unten in diesem Brief betonte Mutter Teresa noch einmal die Tatsache, daß ihr an einer spirituellen und schlichten Arbeit der Mit-Arbeiter gelegen war:

»Ich möchte, daß alle Mit-Arbeiter-Gruppen sich weiterhin zum Gebet, zur Arbeit und zum Teilen treffen. Ihr Mit-Arbeiter, die Ihr den Armen dient, indem Ihr Schiffsladungen aus getragenen Kleidern, Wolldecken und Bandagen zusammenstellt, bitte, führt diese demütige und wundervolle Arbeit fort.«

Auch der Zweig für die Kranken und Leidenden sollte fortbestehen:

»Der wundervolle Dienst, den Jacqueline de Decker begonnen und weitergeführt hat, nämlich die Kranken und Leidenden in Kontakt zu bringen mit den Missionarinnen der Nächstenliebe, wird weiterbestehen. Da Jacqueline mir mehrere Male geschrieben und wegen ihres Gesundheitszustands um Hilfe gebeten hat, werde ich ihr eine Schwester der Missionarinnen der Nächstenliebe schicken, damit diese den Dienst von ihr lernt.«

Am 26. Mai jedoch schrieb Mutter Teresa an die Regionaloberinnen der Missionarinnen der Nächstenliebe und teilte ihnen mit, daß es keine weitere Korrespondenz zwischen den Schwestern und den Kranken und Leidenden-Mit-Arbeitern geben sollte. »Die spirituelle Verbindung steht im Vordergrund. Auf diese Weise hoffen wir, mehr

Leute zu ermutigen, die gern Verbindung mit dieser spirituellen Gemeinschaft des Gebets und des Opfers aufnehmen würden, die aber
aus irgendeinem Grund nicht schreiben können. »Ihr alle, meine lieben kranken und leidenden Mit-Arbeiter«, fügte sie hinzu, »seid in
meinem täglichen Gebet und in den Gebeten aller Schwestern, und
durch Briefe wie diesen werde ich mit Euch in Verbindung bleiben.«
Daß Mutter Teresa das Geistige wieder in den Vordergrund hob,
wurde völlig akzeptiert. Was jedoch die Menschen betraf, denen die
kleinste Notiz ihrer Patenschwester soviel bedeutete und die eine
große Freude dabei empfanden, gelegentlich selbst einen Brief zu
schreiben oder zu diktieren, war diese Anweisung eine ziemlich bittere Pille.

Für die Mit-Arbeiter war dies eine Zeit, in der sie die Bedingungen ihrer eigenen »Armut« annehmen mußten, mehr eine Zeit des
Akzeptierens als des Verstehens. Wie auch Mutter Teresa selbst sich
genötigt fühlte, Dinge zu akzeptieren, die sie nur zu offensichtlich
kaum verstand, in die sie sich jedoch ohne Bitterkeit fügte. Ihre Reaktion auf den Mann, der sie in einer im November 1994 vom Britischen
Fernsehen ausgestrahlten Sendung als »Hell's Angel« bezeichnet
hatte, bestand in der Aufforderung an ihre Freunde und Gefolgsleute,
sie nicht öffentlich zu verteidigen, sondern lieber zu beten: »Möge
Gott ihm vergeben, er weiß nicht, was er tut.« Sie fügte hinzu: »Betet,
daß dieser Mann sich bewußt wird, was er getan hat, denn Jesus hat
gesagt, was du dem Geringsten antust, tust du auch ihm an.« Ihr
Ankläger setzte sich spöttisch über solche Gebete hinweg. Statt dessen veröffentlichte er im Herbst 1995 ein Buch, in dem er die im Fernsehen geäußerte Kritik noch einmal unterstrich. Es erschien zur gleichen Zeit in den Geschäften wie das Buch »Der einfache Weg«, das,
ähnlich wie viele andere zuvor, eine getreue Beschreibung von Mutter Teresas Spiritualität bot, das aber zum ersten Mal als »Autobio-
graphie« bezeichnet wurde. Allen, die sie kannten, war natürlich klar,
daß dies nicht die Art von Publicity war, die ihr viel Freude bereitete.

Doch es gab auch immer wieder Auszeichnungen und Beifall für sie.
Im August 1992 hatte sie in New York den »Knights of St. Columbus'
Gaudium et Spes Award« entgegengenommen. Gleichzeitig hatte ihr
Kardinal John O'Connor einen Scheck über 52 000 Dollar überreicht.

Im gleichen Monat wurde sie zum Ehrenmitglied des »Royal College of Surgeons« in Irland ernannt. Im Dezember 1992 erhielt sie den »United Nations Cultural Agency's Peace Education Award«, als »Krone eines Lebens das dem Dienst an den Armen geweiht war, der Förderung des Friedens und dem Kampf gegen Ungerechtigkeit«. Die 50 000 Dollar, die ihr der Generaldirektor der UNESCO als Scheck überreicht hatte, wurden zur Einrichtung eines Behindertenheims in der Nähe von Kalkutta genutzt. Im Januar 1993 wurde sie für die päpstliche Auszeichnung »Pro Ecclesia et Pontifice« vorgeschlagen. Im Oktober 1994 erhielt sie den »U-Thant-Friedenspreis« für ihren »unermüdlichen Dienst der Mitmenschlichkeit«. Die meisten dieser Ehrungen wurden ihr an einem Ort ihrer Wahl zuteil, denn sie mußte ihre Reisen mehr und mehr einschränken. Dennoch war sie entschlossen, dorthin zu gehen, wohin Gott sie ihrem Gefühl nach rief, denn sie wußte, daß es immer noch ihre persönliche Anwesenheit war, die Ergebnisse brachte.

Im Alter von 85 Jahren wurde Mutter Teresa zu einem Gegenstand offener Kritik in Indien. Im November 1995 beschuldigte sie Indiens ranghöchster Hindu-Priester, große Geldbeträge in den Nordosten des Landes zu pumpen, um die Menschen zu konvertieren und christliche Kirchen zu bauen. Tatsächlich hatte die Vishwa Hindu Parishad, eine politisch extreme Hindu-Organisation, in den vergangenen Monaten Mutter Teresa mit Verachtung übergossen, weil sie angeblich versuchte, Hindus vom Christentum zu überzeugen. Von anderer Seite wurde sie angegriffen, weil sie sich gegen Verhütung und Abtreibung aussprach, und das in einem Land, das verzweifelt sein Bevölkerungswachstum zu drosseln versuchte. Im Dezember hieß es, sie sei wegen eines Streits über die steigende Anzahl der unterprivilegierten indischen Christen bei den indischen Kirchenfürsten in Ungnade gefallen. Letztere waren darüber verärgert, daß Mutter Teresa scheinbar eine landesweite Kampagne der christlichen Kirche Indiens ignoriert hatte, die die Zahl der Inder aus einer niedrigen Kaste, die sich zum Christentum bekannten, vermehren sollte. Die Kirche wollte das Verfahren eines Bestätigungsprozesses einführen, durch den ein bestimmter Prozentsatz von Regierungsjobs für Christen aus niedrigen Kasten reserviert werden sollte. Mutter Teresa wurde zu einem Gebetstreffen in die Sacred Heart Cathedral in Delhi eingeladen, das den Beginn einer vierzehntägigen Protestkampagne zugunsten des Bestätigungsprozesses markierte. Obwohl sie bei dieser Gelegenheit eine führende Rolle übernahm, wurde sie anschließend von den führenden Bischöfen der Drückebergerei beschuldigt. Auch von der Bharatiya Janata Partei, des rechten Flügels der Hindu-Partei, wurde sie scharf kritisiert. Sie berief sich später darauf, daß ihre Anwesenheit bei dem Gottesdienst nicht als Zeichen der Unterstützung gedeutet werden sollte, doch das Einladungsschreiben gab den Anlaß des Treffens deutlich zu erkennen und informierte zudem über Hintergründe der Kampagne. Die Katholische Bischofskonferenz war dem Vernehmen nach zutiefst schockiert.

Dem äußeren Anschein nach war der Orden der Missionarinnen der Nächstenliebe nun angreifbarer als in den vielen Jahren zuvor. Als sich die Ordensmitglieder 1995 geistig auf das Ordenskapitel von 1996 vorzubereiten begannen, wurden die Spekulationen über die Nachfolge Mutter Teresas und die Zukunft des Ordens wieder lebhafter. Die Frage der Fortsetzung bewegte jedoch immer andere Gemüter mehr als Mutter Teresa selbst. Sie glaubte einfach daran, daß die Kongregation und die Arbeit fortbestehen würde, wenn es Gottes Wille war. Gleichzeitig hatten aber alle das Gefühl, daß der alte Orden sich veränderte. Die Mit-Arbeiter, die »der kleinen, unbekannten Nonne« in den Slums von Kalkutta ihre Freundschaft erwiesen und sie unterstützt hatten, näherten sich dem Ende ihres Lebens. Am 14. Januar 1996 starb Ann Blaikie friedlich im Alter von 79 Jahren an Lungenembolie. Von nah und fern kamen die Mit-Arbeiter zu dem Totenamt in der Kirche von Bramley in Surrey, in der sie über so lange Jahre aktiv gewesen war. Sie hatte an Alzheimer gelitten, so daß ihr diese Krankheit es erspart hatte, die Entscheidungen Mutter Teresas hinsichtlich der Organisation der Mit-Arbeiter, der Ann Blaikie ihr Leben gewidmet hatte, wirklich zu verstehen. In einem Brief vom 15. Januar 1996 an ihre Familie, der bei der Beerdigung verlesen wurde, schrieb Mutter Teresa:

»Heute morgen habe ich in der heiligen Messe Eurer lieben Mutter Ann in besonderer Weise gedacht. Ich war sehr traurig über die Nachricht, daß sie uns verlassen hat, aber ich bin sicher, daß Jesus sie im Himmel willkommen heißen wird mit den Worten: ›Mein liebes Kind

Ann, denke immer daran , daß du Mir zu essen und zu trinken gegeben hast, daß du Mich allezeit gekleidet, Mir ein Heim geboten, Mich besucht und Mich gepflegt hast. Was immer du für die Ärmsten in Kalkutta und auf der ganzen Welt getan hast, du hast es für Mich getan.‹

Ihr wißt, daß ich immer mit großer Liebe und Dankbarkeit an Ann denke. Sie hat soviel mit mir geteilt in den ersten Tagen der Gemeinschaft. Was sie begonnen hat, das wird nun von Mit-Arbeitern in der ganzen Welt weitergeführt.«

In der Nacht vom 31. März auf den 1. April 1996 fiel Mutter Teresa im Mutterhaus in Kalkutta aus dem Bett und brach sich das Schlüsselbein. Durch den chaotischen Verkehr in Kalkutta wurde sie zur Woodlands Klinik gebracht. Am nächsten Tag wurde ihr Zustand wieder als »stabil« bezeichnet, doch war sie gezwungen gewesen, einen wichtigen Termin abzusagen: Sie wollte der Ankunft einer großen Ladung von Pharmazeutika beiwohnen, die von »Heart to Heart International«, einer aus Amerika stammenden Wohltätigkeitsorganisation, gespendet worden war. Nichtsdestoweniger war Mutter Teresa im Juni wieder auf Reisen, in die USA, nach Rom und schließlich nach Irland. Im Konvent in Dublin stürzte sie eine Stufe hinunter und brach sich schlimm den Ellbogen. Sie gab dem Drängen der Ärzte nach und benutzte eine Zeitlang einen Rollstuhl. Doch die Verletzung konnte sie nicht daran hindern, am 14. Juni an der Eröffnung eines Hauses in Armagh teilzunehmen, ein Ereignis, das um so mehr hochzuschätzen war, als die Gründung der Missionarinnen der Nächstenliebe in Belfast vor einigen Jahren geschlossen werden mußte. In Cork, Sligo und Liverpool, wohin sie ebenfalls reiste, wünschte man ihr baldige Genesung. Sowohl Mit-Arbeiter als auch Ordensmitglieder konnten in der Messe und in heiligen Stunden an verschiedenen Orten bei ihr sein. Vier Tage später eröffnete sie den 565. Konvent ihres Ordens in Swansea, bevor sie über London nach Rom reiste. Ihre Stimme und ihre Hände hatten nichts von ihrer Kraft verloren, und in London lehnte sie es ab, einen Rollstuhl zu benutzen. Doch es gab Zeiten, in denen sie sich von einem Tag auf den anderen nicht mehr erinnern konnte, wen sie getroffen hatte und was gesprochen worden war. Schwester Nirmala begleitete Mutter Teresa während des Besuchs in England und Nordirland und reiste dann weiter mit ihr bis nach Rom. Dort übernahm Schwester Gertrude die Begleitung auf der Reise zurück nach Indien.

In der dritten Augustwoche mußte Mutter Teresa erneut in die Woodlands-Klinik in Kalkutta eingeliefert werden, und am 23. August 1996 gab ihr Zustand ernsten Anlaß zur Sorge. Ihr Herz bereitete Probleme, und außerdem litt sie wieder an Malaria. Sie konnte nur noch mit Hilfe eines Respirators atmen. Die Senior-Schwestern versammelten sich vor der Klinik, um zu beten. Am Samstag, den 24. August, kam Schwester Nirmala mit dem Flugzeug aus Brooklyn an, wo sie das nächste Ordenskapitel der Missionarinnen der Nächstenliebe vorbereitet hatte. Wieder waren der Papst und Prinzessin Diana unter denen, die Genesungswünsche an Mutter Teresa sandten. Auf der ganzen Welt beteten Menschen für etwas, das viele allmählich für unmöglich hielten, und tatsächlich – am 25. August war Mutter Teresa wieder bei Bewußtsein. Das Fieber war gesunken. An diesem Abend empfing sie die Schwestern, die sich an der Klinik versammelt hatten. Am Abend ihres 86. Geburtstags konnte sie zum Erstaunen ihrer Ärzte ohne Respirator atmen und machte sich daran, ein paar Zeilen an die Menschen zu schreiben, die ihrer Besorgnis über ihren bedrohlichen Gesundheitszustand Ausdruck gegeben hatten.

Nachdem Mutter Teresa immer wieder energisch darauf hingewiesen hatte, daß sie gesund sei und entlassen werden wolle, willigten die Ärzte schließlich gegen ihr besseres Wissen ein. Als sie am Freitag, dem 6. September, vormittags die Klinik verließ, verkündete sie, ihre Gesundheit und ihr Leben lägen in Gottes Hand. Am Donnerstag, dem 10. September, war der 50. Jahrestag ihres Gelübdes, das den Samen gelegt hatte für den Orden, der nun über 4000 Missionarinnen der Nächstenliebe umfaßte. Schwester Agnes und Schwester Gertrude versammelten sich mit anderen an Mutter Teresas Bett. Sie hatte jedoch wissen lassen, daß sie diesen Tag in stillem Nachdenken zu verbringen wünschte. Sie war eindeutig noch nicht außer Gefahr: Am 16. September wurde sie auf einer Bahre die Treppen des Mutterhauses hinabgetragen und wieder in die Klinik gebracht. Sie war gefallen und hatte gesagt, sie fühle sich schwindelig. Eine Ultraschallaufnahme des Gehirns zeigte einen Schatten, und man behielt sie vorerst zur Beobachtung im Krankenhaus. Aber sie blieb aufgeweckt und fröhlich, und so wurde sie am 25. September wieder entlassen.

Anfang September zogen sich die Missionarinnen der Nächstenliebe zurück, um sich auf die Wahl einer neuen Generaloberin vorzubereiten. Diese Wahl sollte am 7. Oktober stattfinden, und wieder einmal begann die Welt zu spekulieren, wer geeignet sein könnte, in
Mutter Teresas Fußstapfen zu treten. Doch dann wurde das Ordenskapitel abgesagt. Im Oktober erhielt Mutter Teresa – als dritte Persönlichkeit überhaupt – die Ehrenbürgerschaft der Vereinigten Staaten: für die Art und Weise, wie sie sich um die Kranken gekümmert,
für die Armen gesorgt und uns durch konkretes Handeln gezeigt
hatte, wie wir unsere Träume von einer guten und gerechten Gesellschaft wahr machen können. Am Freitag, dem 22. Oktober 1996,
wurde sie jedoch wieder von Schmerzen in der Brust überfallen. In
der folgenden Nacht und erneut am Sonntagmorgen kam es zu Herzversagen. Ihre linke Herzkammer pumpte das Blut nicht richtig, was
zu einem unregelmäßigen Herzschlag führte. In der Herzspezial-
klinik, in die sie vom Woodlands-Krankenhaus gebracht worden war,
sahen sich die Chirurgen gezwungen, eine geplante Angiographie abzusagen, weil Mutter Teresas Verfassung für einen solch intensiven
medizinischen Eingriff zu kritisch war. Am 29. November nahm man
eine lebensrettende Operation vor, bei der die Arterien-Blockaden
beseitigt wurden. Aber Mutter Teresas Gesundheitszustand blieb be-
sorgniserregend. Schon lange bestehende Probleme mit Lunge und
Nieren machten es außerdem schwierig, die Herzrhythmusstörungen
mit Medikamenten zu behandeln.

Jedesmal, wenn das Gerücht ihres Todes auftauchte, kam der Verkehr in dem Gebiet um das Krankenhaus in Kalkutta zum Stillstand,
weil die Leute auf Nachrichten warteten. Die Telefonvermittlung der
Klinik brach zusammen, und Buddhisten, Sikhs, Hindus und Moslems schlossen sich den Schwestern bei ihren ununterbrochenen Gebeten für Mutter Teresas Genesung an. Es gab Berichte, daß sie sogar
das Interesse daran verloren habe, die Kraft für ihre Arbeit wiederzu-
gewinnen und daß sie ihr müdes, schwaches Herz endgültig in Richtung Himmel gewandt habe. Sie hatte so viele Menschen beim Sterben
begleitet, daß sie die Sterblichkeit zweifellos weitaus besser akzeptieren konnte als ihre Ärzte. Dennoch, am 4. Dezember äußerte sie,
daß sie sich besser fühle und nach Hause zu ihren Schwestern in der
A. J. C. Bose Road wolle. Das Lachen und die Freude der Missiona-

rinnen der Nächstenliebe waren für sie stets eine Quelle der Stärke und des Wohlbefindens gewesen. Darüber hinaus war sie darauf hingewiesen worden, daß sie, um wieder gesund zu werden, die Pflicht hatte, hart zu arbeiten, und sie war niemand, der irgendeiner Pflicht nicht nachkam. Am Donnerstag, den 19. Dezember 1996 trat sie aus dem Hospital und wurde mit dem Auto zum Mutterhaus gebracht. Von nun an verbrachte sie jedoch einen Großteil ihrer Zeit mit heftigen Rückenschmerzen im Bett.

Im Januar 1997 verkündete Erzbischof Henry D'Souza von Kalkutta, daß Mutter Teresa den Wunsch geäußert habe, als Generaloberin ihres Ordens zurückzutreten. Es gebe keine Wiederholung der Situation von 1996, als sie – trotz ihres Wunsches abzutreten – diese Position wieder übernommen hatte. Ihre Gesundheit erlaube ihr einfach nicht weiterzumachen. Entgegen den Erwartungen fand die Wahl ihrer Nachfolgerin nicht am 2. Februar 1997 statt. In einem Brief an die Mitglieder des Ordenskapitels der Missionarinnen der Nächstenliebe ermahnte sie der Papst, Gottes Willen in ihrer Entscheidung zu suchen. Folglich wurde angekündigt, die 123 Delegierten, die in Kalkutta zusammengekommen waren, gäben ihre Stimmen ab, sobald sie wirklich bereit wären, Mutter Teresas Nachfolgerin zu wählen. Der Übergang von der charismatischen Gründerin zu einer Nachfolgerin in dieser religiösen Gemeinschaft gestaltete sich unweigerlich sehr problematisch. Offensichtlich war es schwierig, eine Wahl zu treffen. Am Donnerstag den 13. März wurde schließlich bekanntgegeben, Schwester Nirmala, bislang Oberin der Kontemplativen Schwestern, sei die neue Generaloberin. Schwester Nirmala war vom Hinduismus konvertiert, stammte aus einer nepalesischen Familie und war ein tief spirituelle, gebildete und weise Frau. Diese Wahl fand sicherlich Mutter Teresas Zustimmung. Als sie danach gefragt wurde, ob sie sich für die richtige Person halte, um den ehrfurchtgebietenden Umhang der Gründerin überzustreifen, antwortete die soeben gewählte Generaloberin: »Gott wird mich für diesen Job fit machen, wenn sie für mich beten.«

Schwester Nirmalas erste Reise in ihrer neuen Position führte sie nicht, wie Mutter Teresa vielleicht gewünscht hatte, nach China, sondern nach Afrika. Am Eingang des neuen Ordenskonvents in Nairobi trat ihr ein Jesuitenpater entgegen, um sie mit den Worten zu be-

grüßen: »Mutter Nirmala, willkommen in Nairobi und in Afrika.«
Sofort korrigierte sie ihn: »Vater, bitte nennt mich Schwester, denn
wir haben nur eine Mutter, Mutter Teresa.« Solange die Gründerin
lebte – wenn nicht noch länger –, war der bloße Gedanke an eine weitere »Mutter« unvorstellbar.

Es gab aber auch immer noch ungelöste Probleme. Zu Ostern 1997
ging ein Brief an alle Mit-Arbeiter in der ganzen Welt, in dem sie gefragt wurden, ob sie tatsächlich einen internationalen Zweig, Rund-
schreiben, nationale Zweige und nationale Treffen für nötig hielten.
Sie wurden aufgefordert, Mutter Teresa und Schwester Nirmala bis
Ende Mai ihre Ansicht mitzuteilen. Die Ereignisse der folgenden Monate jedoch hinderten sowohl Mutter Teresa als auch Schwester Nirmala daran, auf die Antwortschreiben der Mit-Arbeiter zu reagieren.

Am 16. Mai kam Mutter Teresa in Rom an, wo sie an der Profes-
sion einiger neuer Schwestern teilnehmen wollte. Außerdem wollte
sie dem Papst einen Plan vorlegen, um die Tausenden von Prostituierten in den heruntergekommenen Vierteln von Rom zu »rehabi-
litieren«. Schließlich wollte sie ihm ihre Nachfolgerin vorstellen. Es
gab nun Zeiten, wo sie dreimal am Tag Sauerstoff brauchte, und sie
war nicht in der Lage, wie ursprünglich vorgesehen, nach Polen zu
reisen. Sie brachte es allerdings fertig, in die USA zu fliegen, wiederum zur Gelöbnisfeier einiger ihrer Schwestern. Außerdem nahm
sie eine »Congressional Gold Medal« entgegen, »für ihre außergewöhnlichen und ausdauernden Beiträge zu einem Handeln der Hu-
manität und der Nächstenliebe«. Berichte, nach denen sie an der
Schwelle des Todes stand, wurden Lügen gestraft, als sie zerbrechlich,
aber lächelnd, dabei beobachtet wurde, wie sie Hand in Hand mit
Prinzessin Diana durch die Bronx ging.

Sie sehnte sich danach, nach Kalkutta zurückzukehren. In Indien
fühlte sie sich wohl, selbst zur Zeit des Monsunregens. An ihrem
87. Geburtstag erschien sie vor dem Mutterhaus, immer noch ein
Lächeln für die Welt im Gesicht. Der vorzeitige Tod von Diana, der
Prinzessin von Wales, die in Paris bei einem Autounfall starb, brachte
Mutter Teresa erneut vor die Kameras. Sie sprach von der Liebe der
Prinzessin zu den Armen und versprach, besonders für sie zu beten.
Es sollte ihre letztes öffentliches Auftreten gewesen sein. Am Vor-
abend der Beisetzung von Diana, Prinzessin von Wales, am Freitag,

dem 5. September 1997, tat Mutter Teresas müdes Herz seinen letzten Schlag.

Mutter Teresa hatte Prinzessin Diana einmal geraten, sich in Leid oder Kummer anderen Leidenden zuzuwenden. Sie würde feststellen, daß diese sich auch umgekehrt ihr zuwandten. Der ungeheure Ausbruch von Zuneigung, der die Beisetzung von Prinzessin Diana begleitete, brachte die Wahrheit dieser Worte spürbar zum Ausdruck. Nur eine Woche später unterstrich das Staatsbegräbnis für Mutter Teresa, eine der berühmtesten Staatsbürgerinnen Indiens, noch einmal diese Wahrheit. Mutter Teresa hinterließ ein Vermächtnis von etwa 4000 Schwestern in 150 Ländern und ein Gefühl des unermeßlichen Verlustes. Aus der ganzen Welt strömten Zeichen der Anerkennung für ihr Leben und ihre Arbeit nach Indien.

Es gab immer noch jene Leute, die aus der Sicht der Radio- und Fernsehstudios und der Zeitungsredaktionen dachten, Mutter Teresa hätte alles besser machen können. Nicht an Güte gewöhnt und skeptisch gegenüber Schlichtheit, waren sie nicht in der Lage zu akzeptieren, daß diese Frau Diktatoren wie Freunde behandelte, einfach weil sie glaubte, daß jedes menschliche Wesen göttliches Leben enthält und daß jeder Mensch die Gelegenheit haben sollte, Gutes zu tun. Sie war eine Frau, die zur Geburt Jesu an Weihnachten »Happy Birthday« sang, und für die jener Moment, vor dem sich die meisten von uns so sehr fürchten, nicht mehr und nicht weniger bedeutete als »heimzugehen zu Gott«.

ANHANG

REDE MUTTER TERESAS VOM 11. DEZEMBER 1979
ANLÄSSLICH DER VERLEIHUNG DES FRIEDENSNOBEL-
PREISES IN OSLO

Da wir nun hier zusammengekommen sind, um Gott für den Friedensnobelpreis zu danken, denke ich, es wäre schön, das Gebet des
heiligen Franz von Assisi zu sprechen, das mich immer wieder erstaunt. Wir sprechen dieses Gebet jeden Tag nach dem Abendmahl,
denn es paßt tatsächlich zu jedem einzelnen von uns sehr gut. Und
ich wundere mich immer wieder, daß man vor 400 oder 500 Jahren,
als der heilige Franziskus dieses Gebet verfaßte, dieselben Probleme
hatte wie wir, die wir heute dieses Gebet sprechen. Es paßt auch
genau zu uns. Ich glaube, daß es einige von Ihnen bereits vor sich
haben. Lassen Sie uns also gemeinsam beten:

Mach uns würdig, Herr, unseren Mitmenschen in der ganzen Welt zu
dienen, die in Armut und Hunger leben und sterben. Gib ihnen durch
unsere Hände heute ihr tägliches Brot, durch unsere verstehende
Liebe Frieden und Freude. Herr, mach mich zu einem Boten Deines
Friedens, daß ich dort, wo Haß ist, Liebe bringe; wo Unrecht
herrscht, den Geist des Verzeihens; wo Uneinigkeit ist, Einigkeit; wo
Irrtum herrscht, Wahrheit; wo Zweifel ist, Vertrauen; wo Verzweiflung ist, Hoffnung; wo Schatten sind, Licht; wo Traurigkeit ist,
Freude.
   Herr, gewähre, daß ich suche, eher zu trösten, als getröstet zu werden; zu verstehen, als verstanden zu werden; zu lieben, als geliebt zu
werden; denn durch Selbstvergessen findet man; durch Verzeihen erlangt man Verzeihung; durch Sterben erwacht man zum ewigen
Leben. Amen.

Lassen Sie uns Gott für die Gelegenheit danken, die wir heute alle gemeinsam haben, für dieses Geschenk des Friedens, das uns daran erinnert, daß wir geschaffen wurden, um diesen Frieden zu leben, und
daß Jesus Mensch wurde, um diese frohe Botschaft zu den Armen zu
bringen. Er, der Gott ist, wurde Mensch wie wir in allen Dingen

außer der Sünde, und er verkündete sehr deutlich, daß er gekommen war, um die frohe Botschaft zu bringen.

Die Botschaft war: Frieden für alle Menschen guten Willens, und das ist etwas, was wir alle wünschen – den Frieden des Herzens. Und Gott liebte die Welt so sehr, daß er seinen Sohn gab – es war wirklich ein Geschenk; man könnte sagen, es tat Gott weh zu geben, aber er liebte die Welt so sehr, daß er seinen Sohn gab. Er gab ihn der Jungfrau Maria, und was tat sie mit ihm?

Sobald er in ihr Leben trat, machte sie sich sofort eilig auf, um die gute Nachricht weiterzugeben, und als sie in das Haus ihrer Kusine kam, hüpfte das Kind – das ungeborene Kind – das Kind in Elisabeths Schoß, vor Freude. Dieses kleine ungeborene Kind war der erste Friedensbote. Es erkannte den Friedensfürsten, es erkannte, daß Christus gekommen war, um Ihnen und mir die frohe Botschaft zu bringen. Und als ob das nicht genug sei – es war nicht genug, Mensch zu werden – starb er am Kreuz, um jene größere Liebe zu zeigen, und er starb für Sie und für mich, für den Leprakranken und für den Verhungernden, für den Nackten, der nicht nur auf der Straße Kalkuttas liegt, sondern auch in Afrika und New York und London und Oslo – und bestand darauf, daß wir einander lieben, wie er jeden von uns liebt. Und wir lesen das klar in der Bibel: »Liebt, wie ich euch geliebt habe; wie ich euch liebe; wie der Vater mich geliebt hat, so liebe ich euch.« Und der Vater liebte ihn so sehr, daß er ihn uns gab, und auch wir müssen einander lieben, daß wir geben, bis es weh tut.

Es ist nicht genug, daß wir sagen: »Ich liebe Gott, aber meinen Nachbarn nicht.« Johannes sagt, daß der ein Lügner ist, der behauptet, Gott zu lieben, und seinen Nachbarn nicht liebt. Wie kann man Gott lieben, den man nicht sieht, wenn man nicht den Nachbarn liebt, den man sieht, den man berührt und mit dem man zusammenlebt? Und so ist es sehr wichtig für uns, daß wir begreifen, daß echte Liebe weh tun muß.

Es tat Jesus weh, uns zu lieben. Es tat ihm weh. Und damit wir immer an seine große Liebe denken, machte er sich zum Lebensbrot, um unseren Hunger nach seiner Liebe zu stillen – unseren Hunger nach Gott –, denn wir sind für diese Liebe geschaffen worden. Wir sind nach seinem Bilde geschaffen worden. Wir sind geschaffen worden, um zu lieben und geliebt zu werden, und er ist Mensch geworden, um es uns zu ermöglichen, so zu lieben, wie er uns liebte. Er macht sich zum Hungrigen, zum Nackten, zum Obdachlosen, zum Kranken, zum Gefangenen, zum Einsamen, zum Unerwünschten, und er sagt: »Ihr tatet es mir.« Ihn hungert nach unserer Liebe, und das ist der Hunger unserer Armen. Das ist der Hunger, den Sie und ich suchen müssen. Vielleicht finden wir ihn bei uns zu Hause.

Ich vergesse nie, wie ich einmal Gelegenheit hatte, ein Heim zu besuchen, in das Söhne und Töchter ihre alten Eltern gesteckt hatten und sie dann wohl vergessen hatten. Und ich ging hinein und sah, daß sie da in dem Heim alles hatten, wunderschöne Sachen, aber alle schauten nur zur Tür. Und ich sah keinen einzigen mit einem Lächeln im Gesicht. Und ich wandte mich an die Schwester und fragte: »Wie kommt das? Was ist mit all diesen Menschen, die alles haben, warum schauen sie alle nur zur Tür? Warum lächeln sie nicht?« Ich bin so daran gewöhnt, das Lächeln bei unseren Leuten zu sehen; sogar die Sterbenden lächeln. Und sie sagte: »Das ist fast jeden Tag so. Sie warten, sie hoffen, daß ein Sohn oder eine Tochter kommt, um sie zu besuchen. Sie sind traurig, weil sie vergessen worden sind.« Und sehen Sie – hier kommt die Liebe ins Spiel. Diese Armut schleicht sich geradewegs in unsere eigenen Familien: Wir versäumen es, zu lieben. Vielleicht haben wir in unserer Familie jemanden, der sich einsam fühlt, der sich krank fühlt, der sich besorgt fühlt, und das sind schwierige Tage für alle. Sind wir da? Sind wir bereit, sie anzunehmen? Ist die Mutter da, um das Kind anzunehmen?

Ich war erstaunt zu sehen, wie viele Jungen und Mädchen im Westen Drogen nehmen. Und ich versuchte herauszufinden, warum. Warum ist das so? Und die Antwort war: Weil es in der Familie niemanden gibt, der sich ihrer annimmt. Vater und Mutter sind so beschäftigt, daß sie keine Zeit haben. Junge Eltern sind in irgendeinem Büro, und das Kind geht auf die Straße und wird in irgend etwas verwickelt.

Wir reden von Frieden. Das sind Dinge, die den Frieden brechen, aber nach meiner Überzeugung ist heute der größte Zerstörer des Friedens die Abtreibung, denn sie ist ein direkter Krieg, ein direktes Töten, ein direkter Mord durch die Mutter selbst. Und wir lesen in der Schrift, daß Gott deutlich sagt: »Selbst wenn eine Mutter ihr Kind vergessen könnte, werde ich Euch nicht vergessen, ich habe Euch in meine Hand geschrieben.« Wir sind in seine Hand eingeschrieben, sind ihm so nah; das ungeborene Kind ist in der Hand Gottes eingeschrieben.

Und das berührt mich am meisten, der Anfang dieses Satzes: selbst wenn eine Mutter ihr Kind vergessen »könnte«, etwas Unmögliches – aber selbst wenn sie vergessen könnte – ich werde Euch nicht vergessen. Aber heute ist das größte Mittel, der größte Zerstörer des Friedens die Abtreibung.

Und wir, die wir hier stehen – unsere Eltern wollten uns. Wir wären nicht hier, wenn unsere Eltern uns das angetan hätten. Unsere Kinder, wir wollen sie, wir lieben sie. Aber was ist mit den anderen Millionen. Viele Menschen machen sich große Sorgen über die Kinder in Indien, über die Kinder in Afrika. Dort sterben entsetzlich viele Kinder an Unterernährung, an Hunger und so weiter, aber Millionen Kinder sterben auch vorsätzlich, durch den Willen ihrer Mutter. Und das ist heute der größte Zerstörer des Friedens. Denn wenn eine Mutter ihr eigenes Kind töten kann, was hindert mich dann daran, Sie zu töten, oder Sie, mich umzubringen? Das macht keinen Unterschied.

Und dazu rufe ich in Indien auf, dazu rufe ich überall auf: Bringt das Kind wieder in Erinnerung – und da ja dieses Jahr das Jahr des Kindes ist: Was haben wir für das Kind getan? Am Anfang des Jahres erzählte ich, sprach ich überall, und ich sagte: »Laßt uns in diesem Jahr dafür sorgen, daß jedes Kind geboren wird und daß es erwünscht ist, noch bevor es zur Welt kommt.« Und jetzt haben wir das Ende des Jahres. Haben wir wirklich erreicht, daß die Kinder erwünscht sind?

Ich will Ihnen etwas ganz Tolles erzählen. Wir bekämpfen die Abtreibung durch Adoption. Wir haben Tausende von Leben gerettet. Wir haben an alle Kliniken, alle Krankenhäuser und Polizeistationen geschrieben: » Bitte zerstört das Kind nicht; wir werden das Kind nehmen.« Und so gibt es zu jeder Tages- und Nachtzeit jemanden – wir haben eine ganze Menge unverheirateter Mütter –, der ihnen sagt: »Komm, wir nehmen dich auf, wir werden dein Kind nehmen und ein Heim für es finden.« Und wir haben eine Menge Nachfragen von Familien, die keine Kinder haben, das ist eine Gnade Gottes für uns. Und wir tun noch etwas, das sehr schön ist. Wir bringen unseren

Bettlern, unseren Leprakranken, unseren Slumbewohnern, unseren Leuten von der Straße die natürliche Geburtenkontrolle bei.

Und allein in Kalkutta haben wir in sechs Jahren – wohlgemerkt allein in Kalkutta – 61 273 Babys weniger in Familien, die sie sonst gehabt hätten, wenn sie nicht nach dieser natürlichen Methode des Verzichts lebten, den Weg der Selbstdisziplin aus Liebe füreinander. Wir bringen ihnen die Temperaturmethode bei, die sehr einfach und sehr schön ist. Und unsere armen Leute verstehen es. Und wissen Sie, was sie mir gesagt haben? »Unsere Familie ist gesund, unsere Familie ist zusammen, und wir können ein Baby haben, wann immer wir wollen.« So klar sehen es diese Leute von der Straße, diese Bettler – und ich denke, wenn unsere Leute das können, wie viel mehr Sie und all die anderen, die Mittel und Wege finden können, ohne das Leben zu zerstören, das Gott in uns geschaffen hat. Die armen Menschen sind ganz großartige Menschen. Wir können so viele wunderbare Dinge von ihnen lernen. Neulich kam ein Mann zu uns, um sich zu bedanken, und sagte: »Ihr lebt uns die Keuschheit vor, deshalb seid ihr die richtigen Leute, um uns Familienplanung beizubringen, denn es ist nichts anderes als Selbstdisziplin aus Liebe zueinander.« Und ich fand das einen wunderbaren Satz. Und das mögen Menschen sein, die vielleicht nichts zu essen haben, vielleicht haben sie kein Heim, aber es sind großartige Menschen. Die Armen sind ganz wunderbare Menschen.

Eines Abends gingen wir auf die Straße und sammelten vier Leute auf. Und eine Frau war in einem schrecklichen Zustand. Und ich sagte zu den Schwestern: »Ihr kümmert euch um die anderen drei; ich sorge für diese Frau, die schlimmer dran ist.« Und so tat ich für sie alles, was meine Liebe tun konnte. Ich brachte sie zu Bett, und da erschien ein solch wunderbares Lächeln auf ihrem Gesicht. Sie nahm meine Hand und sagte nur ein Wort: »Danke« – und starb.

Angesichts dieser Frau konnte ich nicht anders, als mein Gewissen zu prüfen. Und ich fragte mich: »Was würde ich an ihrer Stelle sagen?« Und meine Antwort war sehr einfach. Ich hätte versucht, ein wenig Aufmerksamkeit auf mich zu ziehen. Ich hätte gesagt: »Ich bin hungrig. Ich sterbe. Mir ist kalt. Ich habe Schmerzen.« Oder irgend so etwas. Aber sie gab mir viel mehr – sie gab mir ihre dankbare Liebe. Und sie starb mit einem Lächeln auf dem Gesicht – wie der Mann, den wir aus der Gosse zogen, halb von Würmern aufgefressen, und wir brachten ihn in das Heim: »Ich habe wie ein Tier auf der Straße gelebt, aber ich werde wie ein Engel sterben, geliebt und umsorgt.« Und es war so wunderbar, die Größe des Mannes zu sehen, der so sprechen konnte, der so sterben konnte, ohne jemandem einen Vorwurf zu machen, ohne jemanden zu verfluchen, ohne aufzurechnen. Wie ein Engel – das ist die Größe unserer Leute.

Und deshalb glauben wir, was Jesus gesagt hat: »Ich war hungrig, ich war nackt, ich war obdachlos; ich war unerwünscht, ungeliebt, unversorgt – und ihr tatet alles das für mich.«

Ich glaube, daß wir eigentlich keine Sozialarbeiter sind. Wir tun in den Augen der Menschen vielleicht Sozialarbeit. Aber wir sind in Wirklichkeit Kontemplative im Herzen der Welt. Denn wir berühren den Leib Christi 24 Stunden lang. Wir leben 24 Stunden in seiner Gegenwart, auch Sie und ich. Auch Sie müssen versuchen, diese Gegenwart Gottes in Ihre Familie zu bringen, denn die Familie, die zusammen betet, bleibt zusammen. Und ich denke, daß wir in unserer Familie keine Bomben und Kanonen brauchen, um den Frieden zu zerstören oder zu bringen – gehen Sie einfach aufeinander zu, lieben Sie einander, bringen Sie diesen Frieden, diese Freude, die Kraft des füreinander Daseins in Ihr Heim. Und das wird genügen, um alles Übel in der Welt zu überwinden. Es gibt so viel Leid, so viel Haß, so viel Elend, und wir beginnen mit unserem Gebet, mit unserem Opfer zu Hause. Liebe beginnt zu Hause, und es geht nicht darum, wieviel wir tun, sondern wieviel Liebe wir in unser Handeln einfließen lassen. Wir tun es für Gott, den Allmächtigen – wieviel wir tun, spielt keine Rolle, denn er ist unendlich, aber wieviel Liebe wir in die Handlung legen, wieviel wir für ihn tun durch den Menschen, dem wir dienen.

Einmal hatten wir in Kalkutta große Schwierigkeiten, Zucker zu bekommen. Und ich weiß nicht, wie die Kinder das zu Ohren bekommen haben, und ein kleiner vierjähriger Junge, ein Hindu, ging nach Hause und sagte zu seinen Eltern: »Ich werde drei Tage lang keinen Zucker essen. Ich werde meinen Zucker Mutter Teresa für ihre Kinder geben.« Nach drei Tagen brachten ihn sein Vater und seine Mutter in unser Haus. Ich war ihnen nie zuvor begegnet, und dieser Kleine konnte kaum meinen Namen aussprechen. Aber er wußte genau, weshalb er gekommen war. Er wußte, daß er seine Liebe teilen wollte.

Und deshalb habe ich so viel Liebe von allen bekommen. Seit ich hier angekommen bin, wurde ich einfach mit Liebe umgeben, und von echter, verstehender Liebe. Es fühlt sich an, als ob jeder in Indien, jeder in Afrika etwas ganz Besonderes für Sie ist. Und ich habe mich wie zu Hause gefühlt, sagte ich heute zur Schwester Oberin. Ich fühle mich im Konvent der Schwestern, als ob ich in Kalkutta bei meinen eigenen Schwestern wäre, ganz wie zu Hause, gerade hier.

Und so spreche ich nun zu Ihnen. Ich möchte, daß Sie auch hier die Armen finden, zuerst in Ihrem eigenen Heim. Und fangen Sie mit der Liebe dort an. Seien Sie die frohe Botschaft für Ihre eigene Familie. Und erkundigen Sie sich nach Ihren Nachbarn. Wissen Sie, wer sie sind?

Ich hatte eine ganz außergewöhnliche Erfahrung mit einer Hindu-Familie, die acht Kinder hatte. Ein Mann kam zu unserem Haus und sagte: »Mutter Teresa, da ist eine Familie mit acht Kindern; die haben lange nichts gegessen. Tu etwas für sie.« Also nahm ich etwas Reis und ging unverzüglich zu ihnen. Und ich sah die Kinder mit ihren vor Hunger blanken Augen. Ich weiß nicht, ob Sie jemals Hunger gesehen haben. Aber ich sehe ihn sehr oft. Während ich noch dort war, teilte die Mutter den Reis und ging mit einer Hälfte hinaus. Als sie zurückkam, fragte ich sie: »Wo bist du hingegangen, was hast du getan?« Und sie gab mir eine sehr einfache Antwort: »Sie haben auch Hunger.« Was mich am meisten erstaunte, war, daß sie wußte – und wer waren sie? eine moslemische Familie – und sie wußte es. Ich brachte an diesem Abend keinen Reis mehr, denn ich wollte ihnen die Freude des Teilens nicht nehmen.

Aber da waren diese Kinder. Sie strahlten Freude aus, teilten die Freude mit ihrer Mutter, denn sie besaß die Liebe zu geben. Und sehen Sie, wo diese Liebe beginnt – zu Hause. Und das wünsche ich mir auch von Ihnen. Und ich bin sehr dankbar für das, was ich bekommen habe. Es war ein wunderbares Erlebnis, und ich kehre nach Indien zurück – ich werde nächste Woche dort sein, am 15., hoffe ich, und ich werde Ihre Liebe dorthin bringen können.

Und ich weiß wohl, daß Sie nicht von Ihrem Überfluß abgegeben haben, sondern daß Sie gegeben haben, bis es weh tat. Die kleinen

Kinder heute, sie beschenkten mich – ich war so erstaunt – es gibt so viel Freude für Kinder, die hungrig sind. Damit die Kinder sich selbst mögen, brauchen sie Liebe von ihren Eltern.

So laßt uns Gott danken, daß wir einander kennenlernen konnten, und daß dies Wissen voneinander uns nah zusammengebracht hat. Und wir werden den Kindern in der ganzen Welt helfen können, denn wie Sie wissen, sind unsere Schwestern in der ganzen Welt. Und mit diesem Preis, den ich als Friedenspreis erhalten habe, werde ich versuchen, ein Heim für viele zu schaffen, die obdachlos sind. Denn ich glaube, daß die Liebe zu Hause beginnt, und wenn wir ein Heim für die Armen schaffen, glaube ich, wird sich die Liebe immer mehr ausbreiten. Und wir werden durch diese verstehende Liebe Frieden bringen können, werden die frohe Botschaft für die Armen sein. Zuerst für die Armen in unserer eigenen Familie, dann in unserem eigenen Land und in der Welt.

Um das tun zu können, muß das Leben unserer Schwestern eng mit dem Gebet verbunden sein. Sie müssen mit Christus verbunden sein, um verstehen zu können, um teilen zu können. Es gibt heutzutage so viel Leid, und ich fühle, daß die Passion Christi sich in der ganzen Welt wiederholt. Seien wir bereit, diese Passion zu teilen, am Leiden dieser Menschen teilzuhaben – überall in der Welt, nicht nur in den armen Ländern. Ich habe herausgefunden, daß die Armut des Westens viel schwerer zu bekämpfen ist.

Wenn ich jemanden von der Straße auflese, der hungrig ist, gebe ich ihm einen Teller voll Reis, ein Stück Brot – dann ist er befriedigt. Ich habe diesen Hunger gestillt. Aber jemand, der ausgeschlossen ist, der sich unerwünscht, ungeliebt, verängstigt fühlt, der von der Gesellschaft ausgestoßen wurde – diese Armut ist so schmerzhaft, und es gibt so viel davon, und das finde ich sehr schwierig. Unsere Schwestern im Westen arbeiten unter solchen Leuten.

So bitte ich Sie, dafür zu beten, daß wir die gute Botschaft sein können. Wir können das nicht ohne Sie tun. Sie müssen das hier in Ihrem Land tun. Sie müssen die Armen kennenlernen. Vielleicht haben die Menschen hier materielle Dinge, alles, aber ich denke, wenn wir uns alle unser eigenes Heim anschauen, finden wir es manchmal schwierig, einander anzulächeln, und dieses Lächeln ist der Beginn der Liebe.

Und darum wollen wir uns immer mit einem Lächeln begegnen, denn das Lächeln ist der Anfang der Liebe, und wenn wir anfangen, einander zu lieben, ergibt es sich von selbst, daß wir etwas für den anderen tun wollen. Beten Sie also für unsere Schwestern und für mich und unsere Brüder und für unsere Mit-Arbeiter in aller Welt. Beten Sie dafür, daß wir dem Geschenk Gottes treu bleiben, ihn zu lieben und ihm zu dienen in den Armen, gemeinsam mit Ihnen. Was wir getan haben, hätten wir nicht tun können, wenn Sie uns nicht mit Ihren Gebeten, mit Ihren Gaben geholfen hätten, wie Sie es beständig tun. Aber ich möchte nicht, daß Sie mir von Ihrem Überfluß geben. Ich möchte, daß Sie geben, bis es weh tut.

Neulich bekam ich 15 Dollar von einem Mann, der seit 20 Jahren bettlägerig ist, und der einzige Körperteil, den er bewegen kann, ist seine rechte Hand. Und die einzige Freude, die er hat, ist das Rauchen. Und er sagte zu mir:»Ich werde eine Woche lang nicht rauchen, und ich schicke Ihnen das Geld.« Es muß ein schreckliches Opfer für ihn gewesen sein, aber sehen Sie, wie schön es ist, wie er teilte. Und mit dem Geld kaufte ich Brot und gab es jenen, die hungrig sind, mit Freude auf beiden Seiten. Er gab, und die Armen empfingen.

Das ist etwas, das Sie und ich tun können – es ist ein Geschenk Gottes für uns, daß wir unsere Liebe mit anderen teilen können. Und laßt es so sein, wie es für Jesus war. Laßt uns einander lieben, wie er uns liebte. Laßt uns ihn mit ungeteilter Liebe lieben. Laßt uns die Freude, ihn zu lieben und einander – nun schenken, wo Weihnachten so nahe ist. Laßt uns die Freude bewahren, Jesus in unserem Herzen zu lieben, und teilen wir die Freude mit allen, mit denen wir in Berührung kommen. Diese ausstrahlende Freude ist wirklich, denn wir haben keinen Grund, nicht glücklich zu sein, weil wir Christus bei uns haben. Christus in unserem Herzen, Christus in den Armen, denen wir begegnen, Christus im Lächeln, das wir geben, und in dem Lächeln, das wir empfangen. Wir wollen uns das eine vornehmen: daß kein Kind unerwünscht sein wird, und auch, daß wir uns immer mit einem Lächeln begegnen, besonders wenn es schwerfällt zu lächeln.

Ich vergesse nie, wie vor einiger Zeit 14 Professoren von verschiedenen Universitäten aus den USA kamen. Und sie kamen nach Kalkutta in unser Haus. Da sprachen wir darüber, daß sie im Sterbehaus gewesen waren. Wir haben in Kalkutta ein Haus für die Sterbenden, wo wir über 36 000 Menschen allein von den Straßen Kalkuttas aufgelesen haben, und von dieser großen Zahl sind 18 000 einen schönen Tod gestorben. Sie sind einfach zu Gott heimgekehrt. Und die Professoren kamen zu unserem Haus, und wir sprachen von Liebe, von Mitleid. Und dann bat mich einer: »Bitte, Mutter, sagen Sie uns etwas, an das wir uns erinnern können.« Und ich sagte ihnen: »Lächeln Sie einander an, lassen Sie sich in der Familie füreinander Zeit. Lächeln Sie einander an.« Und dann fragte mich einer: »Sind Sie verheiratet?« Und ich sagte: »Ja, und ich finde es manchmal sehr schwierig, Jesus anzulächeln, denn er kann manchmal sehr fordernd sein.« Das ist wirklich etwas Wahres. Und da kommt dann die Liebe ins Spiel – wenn sie fordernd ist, und doch können wir sie ihm mit Freude geben.

Wie ich schon öfter gesagt habe, komme ich – wenn für sonst nichts – wegen all der Publicity in den Himmel, denn sie hat mich geläutert und mir Opfer auferlegt und mich wirklich bereit gemacht, in den Himmel zu gehen.

Ich glaube, es ist wichtig, daß wir unser Leben schön leben; denn Jesus ist bei uns, und er liebt uns. Wenn wir uns nur immer erinnern könnten, daß Gott uns liebt, und wir eine Gelegenheit haben, andere zu lieben, wie er uns liebt, nicht in großen Sachen, sondern in kleinen Dingen mit großer Liebe, dann wird aus Norwegen ein Hort der Liebe. Und wie wunderbar wird es sein, daß hier ein Zentrum des Friedens gegen den Krieg entstanden ist. Daß von hier die Freude über das Leben des ungeborenen Kindes ausgeht. Wenn Sie ein brennendes Licht des Friedens in der Welt werden, dann ist der Friedensnobelpreis wahrhaftig ein Geschenk des norwegischen Volkes.

MEDITATION MUTTER TERESAS ÜBER DAS THEMA
»IHR ABER, FÜR WEN HALTET IHR MICH?« (Mt.16,15).
Entstanden während eines Krankenhausaufenthaltes im Jahr 1983

»Ihr aber, für wen haltet ihr mich?«
Du bist Gott.
Du bist Gott von Gott.
Du bist erzeugt, nicht Meister.
Du bist im Wesen eins mit dem Vater.
Du bist der Sohn des lebendigen Gottes.
Du bist der Zweite in der Heiligen Dreifaltigkeit.
Du bist eins mit dem Vater.
Du bist im Vater von Anbeginn.
Alle Dinge kommen von Dir und dem Vater.
Du bist der geliebte Sohn, an dem der Vater großen Gefallen findet.
Du bist der Sohn Mariens.
Empfangen vom Heiligen Geist im Schoß Mariens.
Du wurdest in Bethlehem geboren.
Du wurdest von Maria in Windeln gewickelt und in die Krippe
voll Stroh gelegt.
Du wurdest vom Atem des Esels warmgehalten, der deine Mutter –
und dich in ihrem Schoß – trug.
Du bist der Sohn Josephs des Zimmermanns, wie er bei den Leuten
in Nazareth hieß.
Du bist ein gewöhnlicher Mann, ohne viel Wissen nach Meinung
der Gelehrten von Israel.

Wer ist Jesus für mich?
Jesus ist das fleischgewordene Wort.
Jesus ist das Brot des Lebens.
Jesus ist das Opfer für unsere Söhne,
Dargebracht am Kreuz.
Jesus ist die Opfergabe,
Dargebracht in der Heiligen Messe,
Für die Sünden der Welt und die meinen.

Jesus ist das Wort, das zu sprechen ist.
Jesus ist die Wahrheit, die gesagt zu werden ist.
Jesus ist der Weg, den es zu beschreiten gilt.
Jesus ist das Licht, das zu entzünden ist.
Jesus ist das Leben, das zu leben ist.
Jesus ist die Liebe, die es auszuüben gilt.
Jesus ist die Freude, die zu teilen ist.
Jesus ist der Frieden, der zu schenken ist.
Jesus ist das Brot des Lebens, das zu essen ist.
Jesus ist der Hungrige, der Speise braucht.
Jesus ist der Durstige, dessen Durst zu stillen ist.
Jesus ist der Nackte, der zu kleiden ist.
Jesus ist der Obdachlose, der ein Heim braucht.
Jesus ist der Kranke, der gesundzupflegen ist.
Jesus ist der Einsame, der Liebe braucht.
Jesus ist der Unerwünschte, den es anzunehmen gilt.
Jesus ist der Leprakranke, dessen Wunden gewaschen
werden müssen.
Jesus ist der Bettler, dem ein Lächeln zusteht.
Jesus ist der Trunkenbold, dem man zuhören muß.
Jesus ist der Geisteskranke, der geschützt werden muß.
Jesus ist der Kleine, der umarmt werden will.
Jesus ist der Blinde, der Führung braucht.
Jesus ist der Stumme, für den man sprechen muß.
Jesus ist der Krüppel, der Begleitung braucht.
Jesus ist die Prostituierte, die aus der Gefahr zu befreien ist
und Betreuung braucht.
Jesus ist der Gefangene, der besucht werden will.
Jesus ist der Kaltherzige, dem gedient werden muß.

Mir ist Jesus dies:
Jesus ist mein Gott
Jesus ist mein Gemahl
Jesus ist mein Leben
Jesus ist meine einzige Liebe
Jesus ist mein alles in allem
Jesus ist mein ein und alles.

Jesus liebe ich mit meinem ganzen Herzen, mit meinem
ganzen Wesen – ich habe ihm alles gegeben, sogar meine Sünden,
und er hat sich mir vermählt in Zärtlichkeit und Liebe jetzt
und immerdar. Ich bin die Gemahlin meines gekreuzigten Gemahls.

Amen

ZEITTAFEL

1910   26. August: Gonxha Agnes Bojaxhiu (sprich: Bojadschiu)
        wird in Skopje, damals zum serbischen Königreich
        gehörend, als Tochter von Nikola und Dranafile Bojaxhiu
        geboren. Sie hat zwei ältere Geschwister, den Bruder
        Lazar und die Schwester Aga.

1912   28. November: Albanien erklärt seine Unabhängigkeit von
        Serbien.

1919   Tod Nikola Bojaxhius. Vermutlich ist er von politischen
        Gegnern vergiftet worden.

1922   Agnes Bojaxhiu fühlt sich zum religiösen Leben berufen.

1928   Agnes meldet sich freiwillig zur Bengalenmission.
        Sie wird zur Loreto-Abtei in Rathfarnham in Dublin
        geschickt, weil die Schwestern von Loreto in der
        Erzdiözese von Kalkutta arbeiten. Agnes beginnt dort
        ihr Postulat und nimmt den Namen Schwester Maria
        Teresa des Jesuskindes an, nach der heiligen Thérèse de
        Lisieux.

1929   Januar: Ankunft in Kalkutta. Beginn des Noviziates in
        Darjeeling in Nordindien.
        23. Mai: Förmliche Aufnahme Schwester Teresas in den
        Loreto-Orden.

1931   24. Mai: Ablegen der ersten zeitlichen Gelübde.
        Schwester Teresa unterrichtet an der Loreto-Ordensschule
        in Darjeeling, dann in Entali in Kalkutta.

1937   24. Mai: Schwester Teresa legt in Darjeeling die ewigen
         Gelübde ab. Sie heißt nun »Mutter Teresa«.

1939   Pius XII. folgt Papst Benedikt XV. im Amt.

1943   Während des Krieges leitet Mutter Teresa die in
         die Convent Road ausgelagerte Loreto-Ordensschule
         in Kalkutta.

1944   Mutter Teresa lernt Pater Céleste van Exem, einen
         belgischen Jesuiten, kennen und wählt ihn zu ihrem
         geistlichen Vater.

1946   Der Konflikt zwischen Hindus und Moslems,
         der der Teilung Indiens vorausgeht, weitet sich aus.
         16. August: Am »Direct Action Day« kommt es in
         Kalkutta zu blutigen Unruhen.
         10. September: »Tag der Inspiration« Mutter Teresas.
         Sie fühlt sich berufen, den Orden zu verlassen, um unter
         den Ärmsten der Armen zu leben und zu arbeiten.

1948   Mutter Teresa nimmt die indische Staatsbürgerschaft an.
         30. Januar: Ermordung Mahatma Gandhis.
         12. April: Der Papst stimmt dem Privileg der
         Exklaustrierung Mutter Teresas, befristet auf ein Jahr
         zu, – das heißt, der Form nach ist sie aus dem gemein-
         schaftlichen Leben des Ordens ausgesondert.
         16. August: Mutter Teresa verläßt das Kloster von
         Loreto. Bei den Missionsärztlichen Schwestern
         in Patna, Indien, eignet sie sich grundlegende medizinische
         Kenntnisse an. Zurück in Kalkutta findet sie Unterkunft
         im Haus der Kleinen Schwestern der Armen und
         nimmt im Dezember ihre Arbeit in den Slums von Motijhil
         auf.

1949   Mutter Teresa bezieht einen Raum in der Creek Lane 14.
         Die ersten zehn Schwestern, die sich ihr anschließen, sind

ehemalige Schülerinnen aus Loreto.
26. November: Indien konstituiert sich als Republik.

1950 Pater van Exem formuliert die Statuten für die
geplante Gemeinschaft der »Missionarinnen der
Nächstenliebe« (Missionaries of Charity).
7. Oktober: Papst Pius XII. genehmigt die neue
Kongregation.
Erzbischof Périer liest die erste Messe in den Räumen
der Schwestern.

1951 Oktober: Beginn des sechsmonatigen Postulats
(einer unverbindlichen, formfreien Probezeit) der ersten
Schwestern.

1952 April: Beginn des Noviziats (der strengen Probezeit)
der ersten Schwestern. Die Gemeinschaft der kranken und
leidenden Mit-Arbeiter unter Leitung der Belgierin
Jacqueline de Decker schließt sich zusammen.

1953 Umzug der Missionarinnen der Nächstenliebe in die
Lower Circular Road 54A (jetzt: Acharya Jagadish Chandra
Bose Road) in Kalkutta.

1954 Laien, wie zum Beispiel die Engländerin Ann Blaikie,
werden im Geiste Mutter Teresas tätig, zunächst in Indien,
später in vielen Teilen der Welt. Sie nennen sich
Co-Workers/Mit-Arbeiter.
Das erste Sterbehaus »Nirmal Hriday« im Kalighat-Bezirk
von Kalkutta wird eröffnet.

1955 Einweihung des ersten Kinderheims »Shishu Bhavan« in
Kalkutta.

1956 23. März: Gründung der Islamischen Republik Pakistan.

1958   Papst Johannes XXIII. tritt die Nachfolge Pius' XII. an.
        Die Gemeinschaft der Missionarinnen der Nächstenliebe
        erhält das Recht, auch außerhalb Kalkuttas zu arbeiten.

1959   In Titagarh wird die erste stationäre Lepraklinik eröffnet.

1960   Erste internationale Spendenreise Mutter Teresas als
        Missionarin der Nächstenliebe. Auf dem Rückweg aus den
        USA bittet sie in Rom den Papst um die Anerkennung ihrer
        »Missionarinnen« als Gemeinschaft päpstlichen Rechts.
        Vivian Dyer wird Nachfolger Erzbischof Périers.

1962   20. Oktober: Beginn des Indisch-Chinesischen Krieges.

1963   Papst Paul VI. tritt sein Amt an.
        Gründung der Missionsbrüder der Nächstenliebe.

1964   Eröffnung eines Sterbehauses in Bombay.
        Besuch Papst Paul VI. in Kalkutta.

1965   26. Januar: Hindi wird Amtssprache in Indien.
        1. Februar. Die Missionarinnen der Nächstenliebe werden
        formell eine Gemeinschaft päpstlichen Rechts.
        In Cocorote, Venezuela, wird die erste Niederlassung der
        Missionarinnen in Lateinamerika eröffnet.
        Mutter Teresa besucht England.

1966   Indira Gandhi wird Premierministerin.
        Der ehemalige Jesuitenpater Ian Travers-Ball, Bruder
        Andrew, wird Führer der Missionsbrüder der Nächstenliebe.

1967   Die römisch-katholische Kirche erkennt die Bruderschaft
        als diözesane Institution an. Die Missionsbrüder arbeiten
        unter anderem in Kalkutta, Saigon, Kambodscha und später
        in den USA.

1968   Der Papst bittet um die Eröffnung eines Hauses in Rom.
        Anfragen kommen auch aus Tanzania und Australien.

1969   April: In Rom beteiligt sich Mutter Teresa an der
        Formulierung der Statuten der Mit-Arbeiter.
        Die Heilige Kongregation für die Verkündigung des
        Glaubens bestätigt die Statuten des Internationalen
        Verbandes der Mit-Arbeiter Mutter Teresas.
        Ein britisches Fernsehteam unter Malcolm Muggeridge
        filmt Mutter Teresa in Kalkutta.
        Eröffnung eines Zentrums für Aborigines in Australien.

1970   Juni: Mutter Teresa reist nach Jugoslawien und besucht
        auch ihren Geburtsort Skopje.
        Im Londoner Vorort Southall wird ein Haus für die
        Novizinnen der Gemeinschaft aus Europa und Amerika
        eingerichtet.

1971   Die Missionarinnen eröffnen Heime in Belfast und
        New York.
        Malcolm Muggeridge veröffentlicht sein Buch »Something
        Beautiful for God« (deutsch: Mutter Teresa).

1972   12. Juli: Die Mutter, Dranafile Bojaxhiu, stirbt in Arras,
        Albanien.
        Niederlassungen der Missionarinnen auf Mauritius und in
        Israel.

1973   25. August: Aga Bojaxhiu, Mutter Teresas Schwester,
        stirbt in Albanien.
        Audienz bei Kaiser Haile Selassie von Äthiopien. Eröffnung
        von Häusern in Äthiopien.

1974   Reise zu den Mit-Arbeitern in Europa.

1975   7. Oktober: 25. Jahrestag der Gründung der Gemeinschaft
        der Missionarinnen der Nächstenliebe.
        Mutter Teresa nimmt als Gesandte des Papstes an der
        Weltfrauenkonferenz in Mexico City teil.

1976   Gründung der Kontemplativen Missionarinnen der
        Nächstenliebe.
        14./15. August: Treffen der europäischen Landesvertreter
        der internationalen Gemeinschaft der Mit-Arbeiter Mutter
        Teresas in Lippstadt in Westfalen.
        Mutter Teresa reist zum Gebetstreffen der Jugend nach
        Taizé/Frankreich und trifft Frère Roger, der sie bald darauf
        in Kalkutta besucht.

1978   Papst Johannes Paul I. folgt Paul VI. Nach seinem
        plötzlichen Tod im selben Jahre übernimmt Papst Johannes
        Paul II. das Amt.
        Reise nach Jugoslawien, Besuch in Skopje.
        Mutter Teresa gründet in Rom die Gemeinschaft der
        Kontemplativen Missionsbrüder der Nächstenliebe.

1979   10. Dezember: Verleihung des Friedensnobelpreises in Oslo.
        Die Mission der Nächstenliebe umfaßt zu diesem Zeitpunkt
        1187 Schwestern, 411 Novizinnen und 120 Postulantinnen.
        Die Gemeinschaft unterhält 158 Niederlassungen in aller
        Welt. 29 Neugründungen.
        Prinz Charles ist einer der vielen Prominenten, die Mutter
        Teresa nun in Kalkutta besuchen.

1980   Eröffnung eines Hauses in Mutter Teresas Geburtsort
        Skopje.

1981   24. Mai: 50. Jahrestag von Mutter Teresas ersten zeitlichen
        Gelübden.
        3. Juli: Lazar Bojaxhiu, Mutter Teresas Bruder, stirbt in
        Palermo.

1981   Gründung einer Niederlassung in Ost-Berlin. Es ist das
        erste Haus in der damaligen DDR.
        Zusammenschluß einer Gruppe von Mit-Arbeitern, die sich
        besonders um junge Menschen kümmert.
        In Harlem, New York, wird ein Heim für Obdachlose und
        Drogenabhängige eröffnet.

1982   Internationales Kapitel der Mit-Arbeiter in Rom.
        15. Mai: In Beirut holt Mutter Teresa 38 Kinder aus dem
        verwüsteten Westteil der Stadt.

1983   Mehrere Krankenhausaufenthalte Mutter Teresas.
        Zusammenschluß der Gemeinschaft der Patres
        der Missionarinnen der Nächstenliebe, die aus Priestern
        besteht, unter Pater Joseph Langford.

1984   Mutter Teresa besucht auf Einladung von Kardinal Glemp
        Polen.
        31. Oktober: Ermordung Indira Gandhis. Daraufhin kommt
        es in Kalkutta zu Unruhen.
        Zusammenschluß der ärztlichen Mit-Arbeiter Mutter
        Teresas.
        3. Oktober: Offizielle Gründung der Gemeinschaft der
        Patres der Missionarinnen der Nächstenliebe.

1985   Besuch in der Volksrepublik China.
        Mutter Teresa bezeichnet Aids als »die Lepra des Westens«.
        24. Dezember: Das erste Aids-Pflegeheim »Gift of Love«
        (Geschenk der Liebe) wird in Greenwich Village, New York,
        eröffnet.
        36 neue Häuser.

1986   Mutter Teresa überlebt einen Flugzeugabsturz mit fünf
        Toten in Tanzania.
        Bruder Andrew tritt als Leiter der Missionsbrüder zurück.

1986   Weitere Aids-Pflegeheime entstehen, unter anderem
        in Washington, Denver, Addis Abeba und San Francisco.
        Papst Johannes Paul II. besucht Indien.

1988   Die Missionarinnen der Nächstenliebe eröffnen
        41 neue Häuser unter anderem in Südafrika, Moskau und
        Armenien.

1989   Eine weitere Mit-Arbeiter-Gruppe organisiert sich:
        Die Laienmissionarinnen der Nächstenliebe, die jedes Jahr
        ihre persönlichen Gelübde erneuern.
        Mutter Teresa verbringt längere Zeit im Krankenhaus.
        Ende des Jahres wird ihr ein Herzschrittmacher eingesetzt.

1990   Mutter Teresa tritt als Generaloberin der Gemeinschaft
        zurück, wird aber dennoch wiedergewählt.
        Eröffnung neuer Häuser, zum Beispiel in der damaligen
        UdSSR, der damaligen Tschechoslowakei, in Rumänien
        und Kuba.

1991   September: Der Kontakt zwischen dem Vatikan und
        Albanien wird wiederaufgenommen.
        Die Missionarinnen der Nächstenliebe eröffnen Häuser
        in Tiranë und Shkodër.

1992   Der albanische Ministerpräsident Ramiz Alia verleiht
        Mutter Teresa die albanische Ehrenbürgerschaft.
        Er stiftet den Mutter-Teresa-Preis als Auszeichnung für
        humanitäre Arbeit.

1993   Januar: Die Missionarinnen unterhalten 494 Pflege-
        heime in der ganzen Welt. Hinzu kommen 16 Häuser der
        Kontemplativen Missionarinnen der Nächstenliebe.
        Der Gemeinschaft gehören fast 4000 Schwestern an.
        Die Missionsbrüder sind international in 76 Häusern tätig.
        Die Kontemplativen Missionsbrüder haben 2, die Patres
        der Missionarinnen der Nächstenliebe 3 Häuser.

1993   Die Gesamtzahl der Brüder beträgt etwa 400.
        Es gibt etwa 300 000 Mit-Arbeiter Mutter Teresas in
        80 Ländern.

1994   Mutter Teresa strafft sehr energisch die Organisation des
        Ordens und richtet ihn streng hierarchisch auf sich als
        Ordensleiterin aus, was ihr teilweise von der Presse Unver-
        ständnis und Kritik einbringt. Im selben Jahr erhält sie
        weitere Auszeichnungen für ihr Tätigkeit.

1995   Intern verstärken sich die Diskussionen um die zukünftige
        Leitung und Organisation des Ordens nach einem künftig
        zu erwartenden Ableben von Mutter Teresa.

1996   Ende März: Bei einem Sturz bricht sich Mutter Teresa das
        Schlüsselbein, kann aber schon im Juni wieder auf Missions-
        reisen gehen. Doch noch mehrfach in diesem Jahr hat sie
        ernsthafte gesundheitliche Probleme, die zum Teil so schwer-
        wiegend sind, daß mit ihrem Tod gerechnet wird. Erneut
        Diskussionen um die Nachfolge.

1997   13. März: Schwester Nirmala wird zur offiziellen Nachfolge-
        rin gewählt. Mutter Teresa erneut auf Missionsreisen.
        Am 5. September stirbt Mutter Teresa in Kalkutta an einem
        Herzinfarkt.

AUSZEICHNUNGEN MUTTER TERESAS

1962 Magsaysay-Preis für internationale Verständigung, Philippinen

»Padma Shri« (Strahlen verbreitender Lotus), zweithöchste Auszeichnung Indiens

1971 Papst Paul VI. verleiht den »Friedenspreis Papst Johannes XXIII.«

Preis der Joseph-P.-Kennedy-Jr.-Stiftung, Washington

1972 Jawaharlal-Nehru-Preis für internationale Verständigung, New Delhi

1973 Preis der Templeton-Stiftung für Fortschritt in der Religion, überreicht durch Prinz Philip in London

1975 Ehrennadel des International Women's Year des Senders Voice of America

Albert Schweitzer International Prize der University of North Carolina in Wilmington, USA

Ernennung zum Ehrendoktor der Rechte an der St. Francis Xavier University in Antigonish, Kanada

Abbildung auf der Ceres-Medaille der Ernährungs- und Landwirtschaftskonferenz der Vereinten Nationen, Rom

1976   »Deshikottama-Schärpe« (Ehrendoktor der Literatur),
        verliehen durch Indira Gandhi als Kanzlerin der Vishwa
        Bharati University in Delhi

1977   Ernennung zum Ehrendoktor der Theologie an der
        University of Cambridge

        Cavalieri-dell'Umanità-Preis, verliehen durch den
        Internationalen Ritterorden und die Unione Cavaleria
        Cristiana Internazionale in Mailand

1978   Balzan-Preis zur Förderung von Frieden und Brüderlichkeit
        unter den Völkern, Zürich/Mailand

1979   Friedensnobelpreis, Oslo

        »Bharat Ratna« (Juwel von Indien), höchste zivile
        Auszeichnung Indiens

1981   Ernennung zum Ehrendoktor der Medizin an der
        Katholischen Universität Rom

1985   Freiheitsmedaille der USA, verliehen durch den Präsidenten
        Ronald Reagan

1988   Honorary Order of Merit, verliehen durch Königin
        Elizabeth II. in London

1989   Auszeichnung Women-of-the-World, verliehen durch
        Lady Diana in London

1994   U-Thant-Friedenspreis

1996   Ehrenbürgerschaft der USA

1997   Congressional Gold Medal (USA)

FILME ÜBER MUTTER TERESA

1969   Malcolm Muggeridge dreht in Kalkutta einen Fernsehfilm
        über Mutter Teresa und ihre Gemeinschaft.

1982   In italienisch-jugoslawischer Koproduktion entsteht
        der Film »Die Stimme« über Mutter Teresas Kindheits- und
        Jugendgeschichte.

        Anne und Jeanette Petrie drehen auf Reisen nach Beirut,
        in die USA und andere Länder den Dokumentarfilm
        »Mutter Teresa«. Der Film wird 1987 im UNO-Hauptquar-
        tier, auf dem 9. Internationalen Filmfestival in Kuba und
        auf dem 15. Internationalen Filmfestival in Moskau gezeigt.
        Dort erhält er den Preis des sowjetischen Friedens-
        komitees.

        Ende des Jahres erhält das französische Ehepaar Lapierre
        das Exklusivrecht, einen Film über Mutter Teresa und
        ihre Missionarinnen der Nächstenliebe zu drehen. Nach
        diversen Meinungsverschiedenheiten zieht Mutter Teresa
        Anfang 1992 ihr Einverständnis zurück.

HÄUSER DER MISSIONARINNEN DER NÄCHSTENLIEBE
(Stand: Anfang 1993)

Anzahl der Häuser, aussereuropäisch

172: Indien/31: USA/12: Philippinen/10: Äthiopien/9: Bangladesh, Mexico/6: Australien, Papua-Neuguinea/5: Haiti, Kanada, Kuba, Venezuela/4: Ägypten, Jemen, Kolumbien, Pakistan, Sri Lanka/3: Argentinien, Bolivien, Brasilien, Guatemala, Japan, Honduras, Sudan, Tanzania, Uganda/2: Chile, Dominikanische Republik, Ecuador, El Salvador, Grenada, Guyana, Hongkong, Israel, Jordanien, Kamerun, Kongo, Madagaskar, Moçambique, Peru, Republik Südafrika, Ruanda, Sierra Leone, Süd-Korea, Uruguay, Zaire/1: Benin, Burundi, Costa Rica, Elfenbeinküste, Ghana, Guinea, Irak, Jamaica, Kambodscha, Kenia, Libanon, Liberia, Macao, Marokko, Mauritius, Nepal, Nicaragua, Nigeria, Panama, Paraguay, Puerto Rico, Sambia, Seychellen, Singapur, Syrien, Taiwan, Thailand, Trinidad und Tobago, Virgin Islands, Zentralafrikanische Republik, Zimbabwe.

Anzahl der Häuser in Europa

17: Italien/8: Großbritannien, GUS (einschließlich asiatischem Teil)/7: Albanien, Bundesrepublik Deutschland/5: ehemaliges Jugoslawien/4: Polen, Rumänien/3: Portugal, Spanien, Ungarn/2: Belgien, Frankreich, Niederlande, Tschechische Republik/1: Estland, Georgien, Griechenland, Irland, Litauen, Malta, Österreich, Schweiz, Slowakei.

Weitere Häuser unter anderem in China, Burma, London, der Türkei und in Vietnam sind inzwischen eröffnet worden oder stehen kurz davor.

ADRESSEN DER NIEDERLASSUNGEN
IN DER BUNDESREPUBLIK DEUTSCHLAND

Wrangelstraße 51, 10997 Berlin
Linienstraße 19, 09130 Chemnitz
Elisenstraße 15, 45139 Essen
Budapester Straße 23 A, 20359 Hamburg
Karolingerweg 19, 68239 Mannheim
Kidlerstraße 34, 81371 München

BIBLIOGRAPHIE

Andrew, Bruder: Ich bin ein Pilger in dieser Welt.
Der Mitbegründer der Brüdergemeinschaft von Mutter Teresa
erzählt. München/Zürich/Wien: Neue Stadt 1988
Doig, Desmond: Mutter Teresa. Ihr Leben und Werk in Bildern.
Freiburg i. Br.: Herder [10]1981
Egan, Eileen: Such a Vision of the Street. Garden City,
N.Y.: Doubleday 1985/86
Fischer, Werner: Mutter Teresa. München: dtv 1985
Gosselke, Josepha: Mit Mutter Teresa unterwegs.
Freiburg i. Br.: Herder 1983
Hofmeister, Ilse M. (Hg.): Das Charisma von Mutter Teresa.
Ostfildern: Schwabenverlag 1985
Kornprobst, Roswitha: Mutter Teresa. Zeichen der Hoffnung.
Freiburg/Schweiz: Kanisius 1981
– Beten mit Mutter Teresa. Freiburg/Schweiz: Kanisius [3]1991
– Mutter Teresa – Nur ein Lächeln. Freiburg/Schweiz:
Kanisius [3]1992
LeJoly, Edward: Wir leben für Jesus.
Mutter Teresas geistlicher Weg. Freiburg i. Br.: Herder [2]1981
– Wir lieben Gott in dieser Welt.
Die Frömmigkeit Mutter Teresas. Freiburg i. Br.: Herder 1985
MacGovern, James: Christi Liebe weitergeben. Das Leben der
Mutter Teresa. Freiburg/Basel/Wien: Herder 1980
Muggeridge, Malcolm: Mutter Teresa. Leben und Wirken
der Friedensnobelpreisträgerin. Freiburg i. Br.: Herder 1984
(Die erste Auflage erschien 1972 unter dem Titel: »Mutter
Teresa. Erste authentische Biographie«, in späteren Ausgaben
auch mit den Untertiteln »Missionarin der Nächstenliebe«
und »Ein Leben für die Ausgestoßenen«.)

Mutter Teresa:
– Der einfache Weg. Zusammengestellt von Lucinda Vardey.
  Bergisch Gladbach 1997
– Words to Love By. Notre Dame / Canada:
  Ave Maria Press 1983
– Worte der Liebe. Freiburg i. Br.: Herder 1993
– Für jeden Tag. Gedanken. Hg. von Angelo Devananda.
  Freiburg i. Br.: Herder ²1992
– Gedanken für jeden Tag. Freiburg i. Br.: Herder 1992
– Lieben bis es weh tut. Ansprache von Cambridge.
  Freiburg / Schweiz: Kanisius ⁸1993
Mutter Teresa / Frère Roger:
– Gebet. Quelle der Liebe. Freiburg i. Br.: Herder 1991
– Kreuzweg. Freiburg i. Br.: Herder ⁵1991
– Maria. Mutter der Versöhnung. Freiburg i. Br.: Herder ²1992
Porter, David: Mutter Teresa. Von Skopje nach Kalkutta.
  Die Geschichte einer Berufung. München / Zürich / Wien:
  Neue Stadt ²1989
Schilde, Hans-Joachim: Mein Geheimnis ist ganz einfach.
  Freiburg / Schweiz: Kanisius ⁴1990
Serrou, Robert: Mutter Teresa. Freiburg i. Br.: Herder 1980
Spink, Kathryn: Aus der Stille des Herzens.
  Beten mit Mutter Teresa. Freiburg i. Br.: Herder ³1986
Vogt, Eugen: Mutter Teresa – Lebensbild und geistliche Texte.
  Freiburg / Schweiz: Kanisius 1990
Von der Kraft des Leidens. Verbunden mit Mutter Teresa.
  Hg. von Kathryn Spink. Freiburg i. Br. 1992

BILDNACHWEIS

REGISTER

Autorisierte Biographie
Titel der englischen Originalausgabe: Mother Teresa. A Biography.
London: HarperCollins
Copyright © 1997 by Kathryn Spink.
Published by Arrangement with the Author

Für die deutsche Ausgabe:
Copyright © 1997 by Gustav Lübbe Verlag GmbH,
Bergisch Gladbach
Übersetzung aus dem Englischen: Michael Larrass
Redaktion: Ulrike Brandt-Schwarze, Bonn
Schutzumschlag: Manfred Peters, Bergisch Gladbach
Satz: Siebel, Lindlar
Gesetzt aus der ITC Esprit book (Linotype-Hell/Eschborn)
Druck und Einband: Friedrich Pustet, Regensburg

Printed in Germany
ISBN 3-7857-0707-X

5 4 3 2

Wichtige Missionshäuser
im Überblick